宗喀巴大师经典文丛

密宗道次第广论

宗喀巴 著

法尊 译

青海人民出版社

图书在版编目（CIP）数据

密宗道次第广论 / 宗喀巴著；法尊译. —— 西宁：青海人民出版社，2012.5（2022.4 重印）
ISBN 978-7-225-04199-5

Ⅰ. ①密… Ⅱ. ①宗… ②法… Ⅲ. ①密宗—研究 Ⅳ. ①B946.6

中国版本图书馆 CIP 数据核字（2012）第 087622 号

密宗道次第广论

宗喀巴　著

法　尊　译

出 版 人　樊原成
出版发行　青海人民出版社有限责任公司
　　　　　西宁市五四西路 71 号　邮政编码：810023　电话：(0971)6143426（总编室）
发行热线　（0971）6143516 / 6137730
网　　址　http://www.qhrmcbs.com
印　　刷　青海新华民族印务有限公司
经　　销　新华书店
开　　本　720mm×1010mm　1/16
印　　张　17.5
字　　数　310 千
版　　次　2012 年 7 月第 1 版　2022 年 4 月第 7 次印刷
书　　号　ISBN 978-7-225-04199-5
定　　价　52.00 元

版权所有　侵权必究

密宗道次第广论科目

甲一　明唯佛教是求解脱之道	(1)
甲二　明入佛教次第不同诸门分二	(3)
乙一　总分诸乘分四	(3)
丙一　如何分别	(3)
丙二　依何分别	(3)
丙三　乘体不同分二	(3)
丁一　小乘建立	(3)
丁二　大乘建立	(4)
丙四　显示一切皆是成佛支分	(5)
乙二　别辨大乘分二	(6)
丙一　总分二种大乘分三	(6)
丁一　分数类	(6)
丁二　释名义	(6)
丁三　明所以分二	(7)
戊一　叙他疑窦	(7)
戊二　答释彼疑分二	(7)
己一　破他计执	(7)
己二　安立善说分二	(8)
庚一　正明分别二乘之理分三	(8)
辛一　明正义	(8)
辛二　出教证分二	(8)
壬一　无上瑜伽教中所说分二	(8)
癸一　续中所说	(8)
癸二　释论所说分二	(9)
子一　智足论中所说	(9)
子二　余师论中所说	(12)

　　　　壬二　下三续部教中所说 …………………………… (13)
　　　辛三　断诤论 ………………………………………… (13)
　　庚二　明道有别果无胜劣分二 …………………………… (14)
　　　辛一　解释正义 ………………………………………… (14)
　　　辛二　释道差别分二 …………………………………… (15)
　　　　壬一　自宗所说之差别 ……………………………… (15)
　　　　壬二　余师所说之差别分二 ………………………… (15)
　　　　　癸一　《律生释》中所说 ………………………… (15)
　　　　　癸二　《三理炬》中所说 ………………………… (16)
丙二　别说入金刚乘差别分三 ……………………………………… (17)
　丁一　明趣入密咒之异门 ………………………………………… (17)
　丁二　明安立异门之差别分二 …………………………………… (17)
　　戊一　问 ……………………………………………………… (17)
　　戊二　答分二 ………………………………………………… (18)
　　　己一　明余倒说 ………………………………………… (18)
　　　己二　出自正答 ………………………………………… (18)
　丁三　明具彼差别之诸道分二 …………………………………… (20)
　　戊一　二种大乘共道次第 …………………………………… (20)
　　戊二　金刚乘不共道次第分三 ……………………………… (22)
　　　己一　事行部道次第分二 ……………………………… (22)
　　　　庚一　观察二部有无自起及入智尊分二 …………… (22)
　　　　　辛一　标列诸师所许 ………………………………… (22)
　　　　　辛二　释其应理之宗 ………………………………… (23)
　　　　庚二　别释事行部道次第分二 …………………… (25)
　　　　　辛一　解释摄道总颂 ………………………………… (25)
　　　　　辛二　正释道之次第分二 …………………………… (26)
　　　　　　壬一　事部道次第分四 ……………………………… (26)
　　　　　　　癸一　为成修道之器而行灌顶 ………………… (26)
　　　　　　　癸二　成器已净律仪及三昧耶 ………………… (26)
　　　　　　　癸三　住三昧耶先应如何承事分二 …………… (27)
　　　　　　　　子一　须承事之理 ……………………………… (27)
　　　　　　　　子二　承事之次第分二 ………………………… (28)
　　　　　　　　　丑一　有念诵静虑分三 ……………………… (28)
　　　　　　　　　　寅一　四支念诵静虑之前行分四 ………… (28)

卯一　先于房中所修 …………………… (28)
　　　卯二　出外沐浴入佛堂法 ………………… (28)
　　　卯三　著衣入座加持供物 ………………… (29)
　　　卯四　守护自身及其处所 ………………… (29)
　寅二　四支念诵静虑之正修分二 ……………… (31)
　　卯一　四支念诵静虑分二 …………………… (31)
　　　辰一　自起为天 ………………………… (31)
　　　辰二　前请智尊修供养等分六 ………… (35)
　　　　巳一　起所依处 …………………… (35)
　　　　巳二　请能依天 …………………… (35)
　　　　巳三　示印 ……………………………… (36)
　　　　巳四　供赞分二 …………………… (36)
　　　　　午一　供养 ………………………… (36)
　　　　　午二　称赞 ………………………… (37)
　　　　巳五　行忏悔等 …………………… (37)
　　　　巳六　修四无量 …………………… (38)
　　卯二　依彼如何念诵分三 …………………… (38)
　　　辰一　预备数珠数念之法 …………… (38)
　　　辰二　缘何所缘念诵之法分二 ………… (39)
　　　　巳一　缘字形念诵分二 ……………… (39)
　　　　　午一　缘前尊心间字形 ………… (39)
　　　　　午二　缘自心间字形 …………… (39)
　　　　巳二　缘字声念诵 …………………… (40)
　　　辰三　遇障重修念诵之法 …………… (40)
　寅三　四支念诵静虑之后行 ………………… (41)
　丑二　不待念诵静虑分二 …………………… (41)
　　寅一　释住火住声静虑 …………………… (41)
　　寅二　释声后静虑分二 …………………… (43)
　　　卯一　放舍住声次第 …………………… (43)
　　　卯二　正释声后静虑 …………………… (44)
　癸四　得堪能已如何修习成就 ……………… (45)
壬二　行部道次第分四 ………………………… (48)
　癸一　为成修道之器而行灌顶 ……………… (48)
　癸二　成道器已净三昧耶及律仪 …………… (48)

癸三　住三昧耶先应如何承事分二 ………………… (48)
　　　　子一　分别瑜伽 …………………………………… (48)
　　　　子二　别释其义分二 ………………………………… (49)
　　　　　丑一　释有相瑜伽分二 …………………………… (49)
　　　　　　寅一　外四支念诵 ……………………………… (49)
　　　　　　寅二　内四支念诵 ……………………………… (50)
　　　　　丑二　释无相瑜伽 ………………………………… (50)
　　　癸四　善承事已应如何修成就 ……………………………… (51)
己二　瑜伽部道次第分二 ………………………………………… (52)
　庚一　经中所说 ………………………………………………… (52)
　庚二　修彼次第分四 …………………………………………… (53)
　　辛一　为成修道之器而行灌顶 ……………………………… (53)
　　辛二　成器已净三昧耶及律仪 ……………………………… (54)
　　辛三　住三昧耶应先如何承事分二 ………………………… (54)
　　　壬一　有相瑜伽分二 ……………………………………… (54)
　　　　癸一　缘粗天身四座瑜伽分二 ………………………… (54)
　　　　　子一　四座修法分二 …………………………………… (54)
　　　　　　丑一　唯得弟子灌顶之四座瑜伽 ………………… (54)
　　　　　　丑二　得阿阇黎灌顶之四座瑜伽 ………………… (55)
　　　　　子二　不能时如何修 ………………………………… (56)
　　　　癸二　缘细标帜四座瑜伽分三 ………………………… (56)
　　　　　子一　修习细相之所为事 ……………………………… (56)
　　　　　子二　由缘细相令心坚固 ……………………………… (56)
　　　　　子三　得坚固已修收放等 ……………………………… (57)
　　　壬二　无相瑜伽分三 ……………………………………… (58)
　　　　癸一　《摄真实》所说 ………………………………… (58)
　　　　癸二　《释续》中所说分四 …………………………… (58)
　　　　　子一　佛部修法 ……………………………………… (58)
　　　　　子二　金刚部修法 …………………………………… (58)
　　　　　子三　宝部修法 ……………………………………… (59)
　　　　　子四　莲华部修法 …………………………………… (59)
　　　　癸三　略说修法 ……………………………………… (59)
　　辛四　善承事已应如何修悉地分三 ………………………… (61)
　　　壬一　由静虑修悉地法 …………………………………… (61)

壬二　由念诵修悉地法 …………………………………（62）
　　壬三　由护摩修悉地法 …………………………………（63）
己三　无上瑜伽部道次第分三 …………………………………（63）
　庚一　摄道之总聚 …………………………………………（63）
　庚二　释道之次第 …………………………………………（65）
　庚三　释次第之道分四 ……………………………………（66）
　　辛一　成就修道法器分四 ………………………………（66）
　　　壬一　闻修咒道定须灌顶 ……………………………（66）
　　　壬二　灌顶师资须互观察分二 ………………………（67）
　　　　癸一　不观察之过失 ………………………………（67）
　　　　癸二　善观察之方便 ………………………………（67）
　　　壬三　观知其可劝请承事分三 ………………………（69）
　　　　癸一　弟子劝请 ……………………………………（69）
　　　　癸二　师长守护 ……………………………………（69）
　　　　癸三　先修承事 ……………………………………（70）
　　　壬四　承事已灌顶之次第分二 ………………………（73）
　　　　癸一　明作法之时 …………………………………（73）
　　　　癸二　作法之次第分二 ……………………………（73）
　　　　　子一　正作灌顶仪轨次第分三 …………………（74）
　　　　　　丑一　地仪轨分六 ……………………………（74）
　　　　　　　寅一　观地 …………………………………（74）
　　　　　　　寅二　乞地 …………………………………（75）
　　　　　　　寅三　净地分三 ……………………………（75）
　　　　　　　　卯一　由掘净地分二 ……………………（75）
　　　　　　　　　辰一　为净地箭而掘 …………………（75）
　　　　　　　　　辰二　为观蟒神而掘分三 ……………（76）
　　　　　　　　　　巳一　观蟒神行住之理 ……………（76）
　　　　　　　　　　巳二　知已应如何掘法 ……………（77）
　　　　　　　　　　巳三　掘地好恶之德失 ……………（77）
　　　　　　　　卯二　由物咒定三法净地 ………………（78）
　　　　　　　　卯三　由无上清净净地 …………………（78）
　　　　　　　寅四　摄地分三 ……………………………（78）
　　　　　　　　卯一　修天瑜伽启白举坛 ………………（78）
　　　　　　　　卯二　起持天慢诚敕魔碍 ………………（79）

卯三　作天步法及例外事 ………………… (81)
　寅五　守护加持分二 ……………………………… (82)
　　卯一　先起为天钩召魔碍 ………………… (82)
　　卯二　以金刚橛钉所召魔分二 …………… (82)
　　　辰一　橛及生起仪轨 …………………… (82)
　　　辰二　钉橛法及其他 …………………… (83)
　寅六　余处余坛须否地轨 ………………………… (84)
丑二　预备仪轨分三 ……………………………………… (85)
　寅一　预备总建立 ………………………………… (85)
　寅二　各别预备仪轨分五 ………………………… (86)
　　卯一　地神预备 …………………………… (86)
　　卯二　诸尊预备分二 ……………………… (87)
　　　辰一　为定天处故弹线分四 ………… (87)
　　　　巳一　弹线曼陀罗之量 …………… (87)
　　　　巳二　弹线次第与时间 …………… (87)
　　　　巳三　弹羯摩线之次第分二 ……… (89)
　　　　　午一　预备绳线 ………………… (89)
　　　　　午二　弹线之法分二 …………… (89)
　　　　　　未一　弹曼陀罗外线法分二 … (89)
　　　　　　　申一　弹二派共同线法 …… (89)
　　　　　　　申二　弹二派各别线法 …… (92)
　　　　　　未二　弹曼陀罗内线法 ……… (94)
　　　　巳四　释所弹诸线之义分二 ……… (97)
　　　　　午一　释曼陀罗外线义分二 …… (97)
　　　　　　未一　释圆线及牌楼线义分二 … (97)
　　　　　　　申一　释圆线及杵股线义 … (97)
　　　　　　　申二　释牌楼线义 ………… (98)
　　　　　　未二　释垛线至墙线义分二 … (100)
　　　　　　　申一　释墙线义 …………… (100)
　　　　　　　申二　释砖线至垛线义 …… (102)
　　　　　午二　释曼陀罗内线义 ………… (103)
　　　辰二　应如何修天预备 ……………… (104)
　　卯三　瓶预备分四 ……………………… (105)
　　　辰一　明瓶之因量数 ………………… (105)

辰二　瓶物及画相法 …………… (106)
　　　辰三　如何陈设诸瓶 …………… (107)
　　　辰四　修瓶法及支分 …………… (108)
　卯四　启白诸尊 ………………………… (110)
　卯五　弟子预备分四 …………………… (110)
　　辰一　四门阿阇黎与业金刚预备 …… (110)
　　辰二　弟子预备数及次第 …………… (111)
　　辰三　正弟子预备仪轨分五 ………… (111)
　　　巳一　教正法起传内灌顶 ………… (111)
　　　巳二　请白令持 …………………… (112)
　　　巳三　受戒加持 …………………… (113)
　　　巳四　令投齿木给三水等 ………… (115)
　　　巳五　慰励守护观察梦相 ………… (116)
　　辰四　举升曼陀罗梦相吉凶应如何
　　　　　行 …………………………… (117)
　寅三　余曼陀罗预备 …………………… (118)
丑三　正行仪轨分三 ……………………… (118)
　寅一　弹智线分彩法分三 ……………… (118)
　　卯一　弹智线分二 …………………… (118)
　　　辰一　预备智线 …………………… (118)
　　　辰二　正弹次第及送往法 ………… (119)
　　卯二　分彩仪轨分四 ………………… (121)
　　　辰一　预备彩色拔所钉橛 ………… (121)
　　　辰二　师资分彩法 ………………… (122)
　　　辰三　明曼陀罗分绘彩处分二 …… (123)
　　　　巳一　曼陀罗外分绘彩处 ……… (123)
　　　　巳二　曼陀罗内分绘彩处 ……… (124)
　　　辰四　于曼陀罗安立标帜送往智色 … (125)
　　卯三　绘坛辟魔 ……………………… (125)
　寅二　安诸瓶饰坛场分二 ……………… (126)
　　卯一　安布诸瓶 ……………………… (126)
　　卯二　严饰坛场 ……………………… (126)
　寅三　修行供养灌顶分二 ……………… (127)
　　卯一　修行供养分二 ………………… (127)

辰一　修曼陀罗分二 ……………… (127)
　　巳一　修彩土曼陀罗法 …………… (127)
　　巳二　修其余曼陀罗法 …………… (128)
辰二　供曼陀罗分二 ……………… (131)
　　巳一　正作供养分二 ……………… (131)
　　　午一　内供诸尊分二 …………… (131)
　　　　未一　总说供养次第 ………… (131)
　　　　未二　别释供阏伽法 ………… (131)
　　　午二　外施诸食 ………………… (132)
　　巳二　息增减过旋绕开门 ………… (132)
卯二　灌顶仪轨分二 ………………… (134)
　辰一　自入坛请悉地谛语加持分二 … (134)
　　巳一　入坛灌顶请其听许 ………… (134)
　　巳二　请求悉地谛语加持 ………… (135)
　辰二　为他灌顶仪轨分二 …………… (137)
　　巳一　为弟子灌顶成法器仪轨分
　　　　　三 …………………………… (137)
　　　午一　灌顶仪轨分二 …………… (137)
　　　　未一　依彩绘曼陀罗灌顶仪
　　　　　　　轨分五 ………………… (137)
　　　　　申一　入曼陀罗分二 ……… (137)
　　　　　　酉一　遮面入坛分二 …… (137)
　　　　　　　戌一　入幔帐外 ……… (137)
　　　　　　　戌二　入幔帐内分三 … (138)
　　　　　　　　亥一　入坛绕礼 …… (138)
　　　　　　　　亥二　立三昧耶 …… (140)
　　　　　　　　亥三　降智谛语 …… (142)
　　　　　　酉二　见坛而入 ………… (143)
　　　　　申二　入后灌顶分四 ……… (147)
　　　　　　酉一　瓶灌顶分二 ……… (147)
　　　　　　　戌一　金刚弟子共灌顶
　　　　　　　　　　分二 …………… (147)
　　　　　　　　亥一　五种灌顶共同
　　　　　　　　　　　建立 ………… (147)

亥二　各别建立分
　　　　　二 ……………(149)
　　　　乾一　水灌顶仪轨
　　　　　分二 ………(149)
　　　　　坤一　祈请清净…(149)
　　　　　坤二　传水灌顶…(150)
　　　　乾二　余灌顶仪轨…(151)
　　戌二　金刚阿阇黎不共灌
　　　　顶分二 …………(153)
　　　亥一　阿阇黎灌顶建
　　　　　立 ……………(153)
　　　亥二　阿阇黎灌顶仪轨
　　　　　分二 …………(154)
　　　　乾一　阿阇黎灌顶正
　　　　　仪轨分二 …(154)
　　　　　坤一　授三三昧
　　　　　　耶 ………(154)
　　　　　坤二　受三三昧耶
　　　　　　开示真实 …(156)
　　　　乾二　彼后依仪轨 …(156)
　酉二　密灌顶 ……………(158)
　酉三　慧智灌顶分二 ……(160)
　　戌一　明慧智灌顶 ……(160)
　　戌二　明第三灌顶之智
　　　　分二 ……………(161)
　　　亥一　正义 …………(161)
　　　亥二　断诤 …………(163)
　酉四　第四灌顶分二 ……(164)
　　戌一　余经规分二 ……(164)
　　　亥一　明第四灌顶 …(164)
　　　亥二　第四灌顶之语云
　　　　何表示 …………(165)
　　戌二　时轮规 …………(167)
申三　灌顶后法分二 ………(169)

　　　　　　酉一　禁行授记 …………（169）
　　　　　　酉二　随喜庆慰 …………（170）
　　　　申四　释灌顶义分二 …………（173）
　　　　　　酉一　解释灌顶及后依义
　　　　　　　　　分二 …………………（173）
　　　　　　　　戌一　释初瓶灌顶及后
　　　　　　　　　　　依义 ……………（173）
　　　　　　　　戌二　释上三灌顶及后
　　　　　　　　　　　依义 ……………（174）
　　　　　　酉二　以灌顶义配道次
　　　　　　　　　第 ………………………（176）
　　　　申五　释后法理灌顶开合 …（177）
　　　未二　依止余曼陀罗灌顶断
　　　　　　疑 ………………………………（179）
　　　午二　犯三昧耶还净法 …………（180）
　　　午三　曼陀罗后法 …………………（180）
　　巳二　为天灌顶善住仪轨 …………（183）
　子二　灌顶支分仪轨次第 ……………（183）
辛二　净三昧耶律仪 ………………………（183）
辛三　住彼如何修道分二 ………………（184）
　壬一　闻思了知其道 ……………………（184）
　壬二　修习所知之义分四 ……………（186）
　　癸一　破离二次第之妄说分二 …（186）
　　　子一　破离圆满次第说唯生起次第成佛分二 …（186）
　　　　丑一　述宗 ………………………（186）
　　　　丑二　破执 ………………………（186）
　　　子二　破离生起次第说唯圆满次第成佛分二 …（187）
　　　　丑一　述宗 ………………………（187）
　　　　丑二　破执分二 …………………（188）
　　　　　寅一　正破 ……………………（188）
　　　　　寅二　断诤 ……………………（190）
　　癸二　不离二次第之修法分四 …（192）
　　　子一　二次第之名义 ……………（192）
　　　子二　二次第之数量 ……………（194）

子三　二次第之次第 …………………………（194）
子四　二次第之修学分二 ………………………（196）
　丑一　学生起次第分二 ………………………（196）
　　寅一　总立生起次第分三 …………………（196）
　　　卯一　生起次第之对治分二 ……………（196）
　　　　辰一　明所断事显破彼理 ……………（196）
　　　　辰二　明修显了及安住规分三 ………（197）
　　　　　巳一　修几现观 …………………（197）
　　　　　巳二　修显了法 …………………（199）
　　　　　巳三　修安住法分二 ……………（200）
　　　　　　午一　于初二位修微细点 ………（200）
　　　　　　午二　于第三位修微细点 ………（202）
　　　卯二　生起次第之差别分二 ……………（203）
　　　　辰一　明四支与四种瑜伽之总颂 ……（203）
　　　　辰二　明六支与三三摩地之总颂 ……（205）
　　　卯三　尔时云何修空性 ………………（207）
　　寅二　别释现观次第分三 …………………（209）
　　　卯一　修时之瑜伽分三 …………………（209）
　　　　辰一　瑜伽加行分二 ………………（209）
　　　　　巳一　成顺缘集积资粮 ……………（209）
　　　　　巳二　除违缘修守护轮 ……………（211）
　　　　辰二　瑜伽正行及其支分分三 ………（212）
　　　　　巳一　生所依宫殿 ………………（212）
　　　　　巳二　生能依诸尊分三 ……………（213）
　　　　　　午一　正生天法分二 ……………（213）
　　　　　　　未一　依止五相生起法 ………（213）
　　　　　　　未二　化后歌劝生起法 ………（215）
　　　　　　午二　以所净事配能净道 ………（215）
　　　　　　午三　摄诸要义 ………………（217）
　　　　　巳三　圆满之支分分二 ……………（219）
　　　　　　午一　召入智尊印证供赞 ………（219）
　　　　　　午二　尝甘露味修念诵法 ………（220）
　　　　辰三　结行分二 …………………（223）
　　　　　巳一　养身修食法 ………………（223）

　　　　巳二　修天供食法 …………………………（225）
　　　卯二　中间之瑜伽 ……………………………（227）
　　　卯三　安立彼瑜伽为广大之理 ………………（227）
　丑二　学圆满次第分二 ……………………………（229）
　　寅一　圆满次第总相建立分二 ……………………（229）
　　　卯一　父续圆满次第之建立分二 ………………（229）
　　　　辰一　龙猛派圆满次第之建立分二 …………（229）
　　　　　巳一　明二谛别之圆满次第 ………………（229）
　　　　　巳二　明三远离之圆满次第 ………………（231）
　　　　辰二　智足派圆满次第之建立 ………………（232）
　　　卯二　母续圆满次第之建立分二 ………………（234）
　　　　辰一　时轮派之圆满次第分三 ………………（234）
　　　　　巳一　明所得之乐空无别 …………………（234）
　　　　　巳二　决定修彼道之数量次第 ……………（236）
　　　　　巳三　别释不变之乐分二 …………………（237）
　　　　　　午一　明由不变妙乐证无我理 …………（237）
　　　　　　午二　破以全无思取为时轮轨 …………（238）
　　　　辰二　诸余派之圆满次第分二 ………………（242）
　　　　　巳一　胜乐金刚之圆满次第 ………………（242）
　　　　　巳二　欢喜金刚之圆满次第 ………………（245）
　　寅二　圆满次第最初所修分三 ……………………（247）
　　　卯一　明修行所依之脉风分二 …………………（247）
　　　　辰一　释脉 ……………………………………（247）
　　　　辰二　释风 ……………………………………（249）
　　　卯二　如何专住分二 ……………………………（251）
　　　　辰一　风瑜伽 …………………………………（251）
　　　　辰二　火瑜伽 …………………………………（253）
　　　卯三　依此修空性法 ……………………………（255）
　癸三　增进二次第之方便 ……………………………（257）
　癸四　彼等为三士道之理 ……………………………（258）
辛四　现证所修之果 ……………………………………（260）

密宗道次第广论卷一

总明入圣教次第不同诸门品第一之一

一切生中以大恭敬稽首皈依诸善尊长及至尊妙音足莲。

恭敬顶戴师足莲	哀愍正授无垢道	著有滞灭衰能断
诚礼诸善知识足	如净空中现彩霞	灭诸戏论而不动
现诸天众无央身	愿坛轮主恒摄持	尽佛所说诸密处
无余结集持明主	我今敬礼威力尊	诸魔眷属应敛摄
闻说佛父妙音尊	欣然举目微顾视	皆能授与最胜慧
通达甚深佛密意	久远恒依为本尊	终不弃舍更依余
惟愿慈悲妙智藏	令我妙果得成就	有欲如续义所释
依之如理修行者	译师智达无尽教	亦曾为此久劝请
福贤威严众生钦	荷负吉祥金刚乘	意欲咸令遍十方
众亦数数而劝请	得少便足迷经意	不以净理观教义
或有多闻不勤行	彼等不能令佛喜	诸如正理善学教
先觉妙行感我意	我今为明先觉规	故于此事而策励
刹生俱生及咒生	空行视我如母子	哀愍恩施诸成就
消灭一切诸障碍		

若有殊胜大乘种性为善知识之所摄受，于诸共道已善修习，由大悲心最极发动，急欲救度漂流生死诸有恩者，则当趣入甚深捷径金刚大乘，速疾施与一切有情唯一依处佛世尊果。故此当说大金刚持道之次第。

此中分二：甲一 明唯佛教是求解脱之道，甲二 明入佛教次第不同诸门。 今初

若已观察自他广大利益，则知非可仅为一生求乐遮苦而依世间耆老所启

法则。为求后世所有胜道，非诸有情所能随喜，是由违诸世间言说所依，爱他胜自大菩提心。要当起修菩萨大行，依行证得希有胜果，下至一呼一吸亦成利生广大方便，是能资育一切众生根本。妙名普闻三地，谓佛世尊所说圣教。如《杂赞》云："安住无边际，生死大海中，贪等极暴恶，大鲸噬其身，今当皈依谁？若谁毕竟无，一切诸过失，若是一切种，诸功德依处。则诸含识者，应即皈依此，赞此恭敬此，住其圣教中。"理虽如是，然毗劫啰等自实不知真解脱道妄以为知，由彼我慢毒水所醉妄称大师，离诸善逝善说法外，别说诸法真实，造诸异论立相似道，教诲诸欲求解脱者。故当了知唯正等觉，及彼圣教，并于圣教如理行众，是诸乐解脱者大师正道趣解脱伴。离此法外，诸余大师教法学众则非如是。于皈依处得决定解不被引转。是则能知唯佛圣教是诸乐解脱者所行道阶。又此定解，慧力强者当求正量所引坚固定解，慧力劣者唯是分别觉意，仰信而已。如《超胜天赞》云："我非朋佛说，非瞋数论等，若所说如理，奉彼为大师。"谓于自他大师教法，应离朋党及舍瞋恚，观察彼二谁为善说谁为恶说，谁于成办所化二利方便，有真能立即是应取。尔时二宗教典是否实义属所观察。非所诤事即为能立。是故唯以正理而分是否真实。观察之理，若依补特伽罗生起次第，则于现时先得增上生已，后乃能得决定胜果。然若观察某经所说成办有情二种义利是否欺诳，则应先以正理成立决定胜果主要义利是不诳已，次乃比知庸常所得现事无欺。此是智者之所共许。《释量论》云："正义无欺故，亦比知所余。"《四百论》中亦云："若于佛所说，不现事生疑，当依于空性，令彼唯信此。"由我执故，结生相续生死苦蕴，由达无我证解脱果。能趣解脱诸次第等，须以正理而善成立。正理论中以理成立。有说彼等是诸异生极不现事，故能立者唯依教量。此说不啻自出皈依之过。"我舍余大师，皈依佛世尊，"此唯随自欲乐而说，全无真能立故。以于尔时教非能立，自许无有能立理故。若唯依教，自他大师所说有无前世后世，蕴常无常，有无我等教义不同。何者应理何者非理。自宗论师若与他宗论议，则亦不能成立自救清净。诸说极不现事之教，非有事力正量之所能成，彼义须以三种无倒观察清净正因而善成立。立彼相时，须以理成，不得自许教为能立。今唯略示门径广说如余。他宗教典开示有情真义利者，前后相违。如说自性大自在等，体是常住作生死者，复许求解脱者修道之后解脱生死。若因是常，则应终不可灭。若未能灭生死正因，决定不能灭生死故。如是若破无我正见，而说断生死缚得于解脱，亦成相违。如前所说，若未了解自宗大师等三，是乐解脱真皈依处，与此相违余大师等，非真皈依，则于自皈依处不生坚固专一觉慧。生此觉慧要以正理观见二宗诸德失故。至于有无外道，非关紧要。诸广慧者欲生殊胜皈依觉慧，当如前学。以是应知七部论等诸正理论，是于自宗大师佛陀，及佛教证二种正法，并于如理修正法者，引发真诚广大恭敬最胜方便。

甲二　明入佛教次第不同诸门分二：乙一　总分诸乘，乙二　别辨大乘。初又分四：丙一　如何分别，丙二　依何分别，丙三　乘体不同，丙四　显示一切皆是成佛支分。　　今初

《摄行炬论》依于所化三种胜解，摄为三行而分三乘，于胜解下劣者说离欲行，于胜解广大者说地及波罗蜜多行，于诸增上胜解甚深法者说具贪行。迦日毗达迦摩拉师，摄为四谛瑜伽行等三行。如彼《三理炬论》亦作是说："所说谛性义，波罗蜜多义，广大密咒义，今总摄而说。"智称论师《略释一切经品》亦如是说。《庄严经论》云："诸藏三或二。"谓大小乘所有二藏。彼等俱可引为经典差别及乘差别。

丙二　依何分别。

论分二门，今释其义。有所为下劣，唯为自故；及所得下劣，唯欲解脱生死众苦求寂灭果故。有所为殊胜，普为一切诸有情故；及所得殊胜，欲求佛果故。如斯胜劣二所化机，彼由何乘各趣自果。即说彼二乘，名小乘大乘。依彼二增上，所说二种法，即名大小乘藏。于小乘中复有声闻、独觉二种，能导彼等各趣自果之道，即分声闻、独觉二乘，共为三乘。

丙三　乘体不同分二：丁一　小乘建立，丁二　大乘建立。　　今初

《本地分》说声闻、独觉根果虽有胜劣，其道建立，大致相同。详明差别诚恐文繁。今当略说彼二粗分总共建立。此二种性于利他事厌背荷负，唯为自利解脱修行。能证解脱正因，是证无我义慧。良以系缚生死正因即我执故。以是彼等为达是义而求彼慧，以戒定等余道为伴而正修习，故能尽断一切烦恼。经部师、婆沙师、唯识师及一分中观师，说彼非达补特伽罗自性本空然如幻有。乃达无诸外道所计实我，是为通达补特伽罗无我之义。月称论师意谓，是则于补特伽罗，不能少遣实执，如是亦无通达补特伽罗无我之义。若于补特伽罗有实执时，亦不能遣补特伽罗我执。如达蕴等诸法皆无自性，立为通达法无我义，是则通达补特伽罗无自性者，亦须立为通达补特伽罗无我义故。以是乃至于蕴执实，则于补特伽罗亦起实执。乃至于彼实执起时，则亦不能尽灭烦恼。若尔，则应声闻、独觉任何精勤终于不能解脱生死。然此非理。《入中论》云："汝见无我瑜伽师，不能通达色等性，以未达彼自性故，缘色转故生贪等。"《入中论疏》亦云："由缘色等自性起颠倒故，亦不能达补特伽罗无我，以彼尚缘假安立我所依蕴故。"此即龙猛菩萨之义，如《宝鬘论》云："乃至有蕴执，尔时有我执，有我执造业，由业复受生。"《中论》亦云："业惑尽解脱，业惑从分别，分别依戏论，戏论以空灭。"此说于蕴执实

系缚生死，解脱生死必须遮遣生死根本实执戏论。此由通达自性空义而遣除故。《无分别赞》亦云："诸佛及独觉，诸声闻所依，唯一解脱道，除汝更无余。"此说通达法无自性唯一无分别母，乃是三乘真解脱道。《般若经》云："欲学声闻地者，当学般若波罗蜜多。"于独觉及佛地亦如是说。又《摄颂》云："欲成声闻众，独觉及法王，若不依此忍，莫能得成就。"前赞即摄此义。声闻藏中亦云："色蕴同聚沫，受蕴犹水泡，想蕴如阳焰，诸行似芭蕉，识蕴如幻化，日亲所宣说。"《中论》亦说彼义云："佛知性无性，故于善教授，迦旃延那中，俱遮于有无。"故知小乘藏中亦非不说法无我义，然彼多说由无常等十六行见乃至趣证阿罗汉果。于大乘中亦有二说，谓能通达法无自性，及以无常等道趣证。此如大乘经中虽说以唯识见及中观见二种趣证一切种智之理，然宣说中观理诸经，不可引作余释。龙猛、提婆以正理聚成立决定，故显示唯识理诸经，如其所说须向余引。当许此中理亦如是。诸续部中亦多有说声闻、独觉不达诸法真实，复有说若不达诸法真实即不能出生死，及由于法执实分别系缚生死，故当了知会释不违之理。若依无常等道不能解脱生死，然则为何而宣说耶？此如《六十正理论》云："生起及灭道，为需要而说，知生故知灭，知灭故无常，由知无常性，亦能达正法。诸了知缘起，远离于生灭，彼成就正见，能越三有海。"当知耽著诸有为者，不起出离生死之欲，为对治彼宣说无常苦道，由此便欲出离三有。若由生灭为因，能达缘起正法全无自性生灭，则当解脱生死。真解脱道，即是通达人法无性。无常等道，惟是生彼方便，调治相续之道。诸余论师虽许空无我道是能解脱，修无常等余相之道，是为趣证无我，净治相续。然于十六行相中之空及无我，亦唯定解无诸外道所执之我，非是俱生补特伽罗有自相执真能对治。故应了知无常苦等十六行相，一切皆非真解脱道，同是为净相续之道。由是小乘人中，有是净治相续道器而非解脱道器，及是器者，即钝根与利根。小乘法藏正为后机宣说。前者唯是兼收之机。小乘人中虽亦通达法无自性，然大小乘非无差别。以大乘教非唯光显法无我性，彼亦宣说诸地波罗蜜多、大悲愿等，及说回向，二种资粮，无余垢净不思议法性故，《宝鬘论》云："诸声闻乘中，未说菩提愿，大行及回向，何能成菩萨，彼经未曾说，安住菩萨行，大乘中宣说，故智者受持。"故圣父子许大小乘不以见分，而以善巧方便行判。犹如母是诸子共因，父是彼等族姓别因，如是佛母般若波罗蜜多，即是四子共因。判别彼等为大小乘之因，是发心等诸方便故。

丁二　大乘建立。

为求利益一切有情，希欲证得无上菩提，由此而修六度行者，是为大乘总义。密咒乘人亦以彼道而行，诸续部中数宣说故。然于彼上多有异义。此诸补特伽罗之道，即是趣向一切种智之大乘也。波罗蜜多大乘，其道总体唯有尔许。此就见解分别有二，谓中观师及唯识师。然彼二师非可说其乘有不同，故乘唯一。由于实义有尽未尽，故知前是利根，后是钝根。此般若波罗蜜多乘，正为中观师宣说。其唯识师为彼所兼摄庸常之机耳。波罗蜜多乘中，若就迟速而分，《入定不定印经》说有五种：谓如牛车、象车行走之二，如日月行之一，及如二乘与佛神通飞行之二。彼等进行迟速虽如上诸喻，有大差别，然乘无差别。故唯由根利钝，行程大小，不能分判乘有别也。若所趣果乘，有胜与劣最大差别，或彼能趣因乘，有余不同之道，乃能安立为各别乘。若道体上无大差别，唯于道中略有不同，及由修彼道之机略有胜劣，不能安立乘有次第。

丙四　显示一切皆是成佛支分。

诸小乘人，虽非为得成佛而趣自道，然彼诸道，亦是导彼补特伽罗进趣佛地之方便，故不应执诸小乘道一向唯是成佛障碍。《正法白莲经》云："令解佛智故，佛设此方便，终不于彼等，说汝能成佛。"又云："令解佛智故，一佛出世间，一乘无二乘，佛不用小乘，自觉所住道，谓佛力禅定，解脱及自在，于彼立有情。证净菩提已，若我于小乘，安立一众生，则悭过非善。实唯有一乘，无二亦无三，除佛于世间，方便说多乘。"此义谓佛出现世间，为令有情，证得自所得智。故佛所说诸道，唯是引导成佛方便。非以不能引导成佛之小乘法而导有情，故亦安立有情于自所住十力等位。得菩提已，若将随一有情安立不能趣入佛地之小乘法，便是于法有悭悋过。以于究竟唯是一乘，小乘种姓，亦可引之入佛地故。虽复知彼方便，然于彼等隐而不说，即是引入佛地之法。《谛者品》亦显了说云："曼殊室利，如来若为一类有情宣说大乘，为他一类说独觉乘，为余一类说声闻乘，是则如来心非清净心，非平等心，有耽著法，大悲偏觉，异想过失。我亦于法而成悭悋。曼殊室利，我为有情宣说彼彼诸法，如是一切皆为令得一切种智，趣向菩提，临入大乘，成办一切种智，至于一极。故我非有异乘安立。"别说诸乘义如上释。若尔《庄严经论》所说云何可通，彼云："具慧堕于捺洛迦，非毕竟障净菩提，分别余乘清净利，虽安乐住亦成障。"此说发小乘心与生捺洛迦中，二于成佛如前者障，后者非尔。彼义是说，菩萨发小乘心成佛久远，菩萨堕捺洛迦则不如是，故无过失。以小乘法于大乘人，是成佛障，于小乘种性是成佛方便，全无违故。又彼颂前，亦明彼义为菩萨说，故无可净论处。《圣研经》云："若于佛语分别善恶，应不应理，是为声闻是为独觉菩萨而说，皆是谤法。"义即执著一类佛语可是成佛方便，一类则是成佛障碍。彼经又说："若由恶友增上，随彼所说，犯谤法过，于七年中日悔三次，罪可清净。然得忍位至速亦须十劫。"是故以彼邪见而趣命终当受最大非义利果，若能略得正解，便能不起如彼过失。如《谛者品》云："譬如大海由诸异门众水流注，如是三乘一切法水，亦皆流注如来大海。"故当了知佛所说法，一切皆是正对时机引入佛地所有方便。然因所化胜劣增上，方便亦有圆不圆满，道迟速等差别应理。是故引入佛地支分之道，与大乘道二者不同。由见此义，故《真实名经》云："三乘起出离，安住一乘果。"

乙二　别辨大乘分二：丙一　总分二种大乘，丙二　别说入金刚乘差别。初中分三：丁一　分数类，丁二　释名义，丁三　明所以。　今初

《入无上瑜伽教义》云："菩萨乘中亦有二种，谓地及波罗蜜多乘、密咒果金刚乘。"依霞达迦惹嚩摩说，密咒乘、果乘、金刚乘，皆是咒乘异名，或亦名方便乘。因果乘者，即二大乘异名。如智吉祥论师《除二边论》所引《圣密授记经》云："修因说因法，善转法轮已，有果乘近道。"又金刚乘，亦称持明藏及续部。

丁二　释名义。

以隐密修而得成就，非非器境不为彼说，故名曰密。咒于梵音为末那达惹耶。末那是意，达惹耶是救义，此如《集密后续》释咒字云："依彼彼根境，为缘所生意，是意名末那。达惹能救义。解脱世间行，谓三昧耶律，金刚遍防护，名之为咒行。"应知复有异门，如前末那及达惹耶，释为了知真实，及将护众生之悲心。乘者，运载义。运至此处即是果乘，以此运载即是因乘。果谓处所内身受用事业四种遍净，即佛宫殿佛身佛财佛事。若顺彼相，现前修习宫殿天轮供养资具，净情器等所有事业，即是果乘，修顺果相而运行故。如《入无上续义论》云："此由内身受用处所作事净相而入，故名为果。"金刚者，《无垢光论》云："言金刚者，最不可坏，及不可断，此即大乘名金刚乘。咒与波罗蜜多，果性因性融合为一。"此谓咒理之果与波罗蜜多理之因，二不分离，是为金刚乘之名义。彼因果者，如《灌顶略标》云："因持空性色，果持悲不变，空悲无分别，说名菩提心。"谓具一切种最胜空性与最胜不变之乐。于彼二不分离，以由此运往及运往于彼，便有因果二乘。然此金刚乘义在无上部。下续部中便无彼义，以不变乐，要得三摩地支方可安立，须用随念以下诸支修成。诸下部中不具彼诸因支故，故此所明金刚乘义范围狭小。彼理所立因果乘义，亦不能遍总建立义。当依《掌华论》说，如云："金刚乘者，谓无余摄一切大乘，为六波罗蜜多，总摄彼等谓慧方便，彼复摄成一味谓菩提心，亦是金刚萨埵三摩地故，即是金刚。彼是金刚亦即乘故，名金刚乘，是为咒乘之义。"方便智慧和合无别金刚萨埵瑜伽，即金刚乘。此有道果二位。善巧方便大于波罗蜜多乘故，名方便乘。《除二边论》亦云：

"由无分别,即果为道,广大方便,最秘密故。名金刚乘、果乘、方便乘、秘密乘。"持明藏者,如《妙臂经释》说:"开示诸持明咒者所有学处及所宗故。"《入无上续义论》说持明藏,有说非三藏摄为第四藏,及许是三藏两派。然《妙臂问经》云:"说密咒经当谛听。"又多续中,亦说为经及经部者。故当如寂静论师说:"由彼总显甚深义故,许为经部。"最为善哉。若就内容分别,则亦显余二藏之义,以故无畏论师许为通三藏摄,亦应正理。续者,谓相续义。集密后续说有三种,谓修道作用所依止之根本续,能净彼之道续,及净果之果续。斯皆所诠义续。即以能诠彼义圣言,说为能诠教续。部者,谓彼续之聚或种类。波罗蜜多乘者,谓若由行所依大菩提心及六度行而正运往,除此更无二次第等所余胜道而可安立。若但就有发心及六度行而安立者,则金刚乘应成彼乘。言因乘者,谓不修习如前所说随顺四种果相之道,唯修彼因而安立之。

丁三 明所以分二:戊一 叙他疑窦,戊二 答释彼疑。 今初

若于大乘分为二乘,此由何门而分?且非由于发心之门,以诸菩萨由咒及波罗蜜多门而修行者,俱为一切有情义利求得正觉,修行等故。以是所求菩提亦无胜劣。由彼分二不应道理,亦复非由有无通达诸法真实正见之门。以般若波罗蜜多等了义经意,除圣龙猛,《中观论》中所抉择者,更无过上之正见故。纵或有之,彼亦不能安立乘别,例如波罗蜜多大乘,虽有中观、唯识二宗,然彼二者非有别乘。行六度行彼亦俱有,故修二身(法身、色身)道要方便智慧不见有别。波罗密乘所无之道,虽有少许,然非主要差别,唯此不能安立乘为各别。唯由补特伽罗根有利钝,行道迟速,亦不能立,例如波罗蜜多乘中,虽有彼等众多差别,然无别乘。若不尔者,即咒乘中,亦应安立众多乘也。

戊二 答释彼疑分二:己一 破他计执,己二 安立善说。 今初

有说咒为调伏有贪所化,波罗蜜多为调离贪所化而说,故于欲尘有不断贪与断贪欲而修道者。即是分为二乘之理。此应分别,若谓由彼所化,有于欲尘不断贪欲而修与修断贪之道而分二者,然彼二乘俱有二分,故彼差别不能分辨乘有差别。修波罗蜜多乘道者,多有未断非梵行之在家菩萨。如于善巧方便星宿婆罗门子,见有广大饶益他时,开非梵行。此等非一。咒乘所化亦有众多于诸欲尘断贪爱故。若不尔者,则至成佛应终不能解脱欲贪,或成佛后亦不能断,便成过失。设谓非就二机总说,是依自乘不共之机初行者说。此复非说不断欲尘贪即可修习彼乘之道,是说能否即用彼贪为道助伴,而作解脱之因。然如下说:"笑视及握手"等,于诸欲尘依四类贪所生欢喜为道助缘。虽许有此四续之机,就此根机,但可用为最初入彼二乘补特伽罗差别。

非能分于乘别。如是说道有无安乐庄严，及以注击身心要隘为差别者，亦不能分二乘之别。若以由修彼道身生胜乐，心发妙喜，即以彼力心于所缘坚稳而住，为安乐庄严者。《瑜伽论》说："一切初得奢摩他者，皆先发生身息堪能，由彼引生身轻安时，其身便起广大安乐。次由彼力心发妙喜，由依此故心于所缘寂静而住。"此于内外奢摩他上皆所共有，岂能据彼判别密咒与波罗蜜多道。此于共道次第已广宣说，故不赘述。若谓安乐庄严之义，是依修习收放赤白二菩提心胜要教授，藉溶化乐通达真实义者。以是安立总金刚乘与波罗密多乘差别则不应理，以彼唯是无上密咒特殊法故。准此当知注击身心要隘，以判二乘不同差别，亦不应理。

己二　安立善说分二：庚一　正明分别二乘之理，庚二　明道有别果无胜劣。初中分三：辛一　明正义，辛二　出教证，辛三　断诤论。　今初

约运载至此之果乘，咒与波罗蜜多全无胜劣之别，二道所得同是尽一切过失圆一切功德之佛果故。故是由此运载因乘之别。其中智德正见，发心意乐，学六度行，亦无差别，故由彼等亦难分别。若尔由何分耶？二种大乘所求要义，是为利他，非自证之菩提。以见佛果是利他之方便，而欲求为利他支故。《现观庄严论》云："发心为利他，欲正等菩提"，发心同故。正于所化示现利他之佛，非是法身，而是二种色身。要由通达甚深空慧成办法身，广大方便成办色身。但离方便之慧，及离慧之方便，皆悉不能成办二身，是故方便智慧不得分离，乃大乘之总宗。若未通达实义，则不能尽一切烦恼出生死海。故达甚深空慧，亦是下乘二圣所共。故大乘道主要差别，谓于具足善根之机现示色身，乃至生死未空作诸有情依怙之胜方便。波罗蜜多乘人，所修诸法真实离诸戏论，即修随顺法身行相之道，然无修习随顺色身相好庄严行相之道，咒则有之。由是成办利他色身方便，道体上有最大不同，故分二乘。总大小乘非空慧分，用方便分。分二大乘，非就通达甚深空慧须以方便分别。方便之主是就成办色身而言，成办色身方便，即修随顺色身行相天瑜伽法，此即胜出余乘之方便故。

辛二　出教证分二：壬一　无上瑜伽教中所说，壬二　以下续部教中所说。初又分二：癸一　续中所说，癸二　释论所说。　今初

《金刚幕续》初品明显说云："若空即方便，则不能成佛，离因无余果，故方便非空。诸见起颠倒，及追求我见，为遮我执故，诸佛宣说空。故曼陀罗轮，方便安乐律，由佛慢瑜伽，成佛非遥远。佛具卅二相，八十随好故，以彼方便修，方便谓佛形。"此破唯修空性便谓方便，及明宣说空性所为，并诸不共广大方便，须彼方便成办之理。如彼四颂次第应知。其初句义，是承《幕续》上文："自分别垢染污内心，应遍励力净治其心"而来。他作是念，

净治诸垢，应唯空性，以达真实之慧，正与我执行相相违，不违余道。是故成佛方便唯应修空，何用所余诸戏论为？答：尔时于彼方便任何励力终不成佛，以除修空性外，无余感果之方便故，离方便支因不具故。是故唯修空性，非圆满方便也。此理非唯密咒，亦是波罗蜜多乘之轨则。此是天种慧师所说，极为善哉。若尔何为宣说空性？谓有于法无我起不正见，追求我见着我执者，为欲遣彼二我执故，宣说无我空性。此亦显示欲净二我妄分别垢，定应寻求通达无我正见而修，此亦共波罗蜜多乘。释"诸见起颠倒"等句，是依《幕续释》中意也。若唯修空性，方便非圆满，何者是为胜方便耶？胜方便谓是曼陀罗轮。《幕续释》中作"方便谓乐律"，此译妥善。此中显示方便胜波罗蜜多乘。由说唯修空性非能圆满方便，及说于修空上所增方便，谓天瑜伽。故知修习曼陀罗轮，即是色身主要之因。此方便中具二差别，一者安乐，谓不待诸苦行；二者律仪。《欢喜金刚》虽说多种，然今意说行相现为天轮之方便，与达空性之智慧，互不分离。由修如是毗卢遮那佛等慢念方便智慧瑜伽，故证佛果非如波罗蜜多乘之久远，即明此道之殊胜也。此说修天瑜伽为速疾道，即破执天瑜伽于修大成就全无义利之邪分别。修佛色身，须持曼陀罗轮行相佛慢瑜伽，理由安在？说"佛具"等二句，意谓所成色身相好庄严为因，故须以佛果行相为方便而修。《幕续》余二释中，未明了说以除他疑。天种慧师，于初二句，破许唯修空性即方便时，说若唯修离方便空，当生空无边等无暇难处，此非应理。次破他许空性修道位为方便，于成熟位为果。释云因道熟果，二位空性无差别故，如许空性是果则非方便。因谓戏论有所缘性，果则反彼，成立因果有异，故说方便非唯空性。说空性之所为，同前。次说波罗蜜多乘中，以余五度方便摄持慧度，经三无数大劫而修正行，即证菩提。修曼陀罗轮等方便复何为耶？为除彼疑说"故曼"等四句。安乐如前。律仪，谓受二根和合之乐。佛慢者，谓离庸常慢，非遥远者谓，即此生可得。次说若修佛身，当修法身相耶？为除彼疑说"佛具"等四句。方便，谓修三身行相之三种三摩地。西藏诸师多唯将此所说曼陀罗轮诸天瑜伽配初次第，是未能分诸天瑜伽与生起次第广狭之过。当知俱通二种次第。修大成就弃舍天瑜伽之根本邪执，即在妄执唯修空性便能成办二身。明断彼疑，说色身因，决定须修天瑜伽者，《幕续》此说最为明显，故今引之。以彼为例，亦当了知余续所说，今恐文繁不复多录。

癸二　释论所说分二：子一　智足论中所说，子二　余师论中所说。
今初

如前续中所说，智足大阿阇黎于《修我方便论》中显了成立。先说波罗蜜多乘法，如云："若修无我舍离方便，彼必不能尽离诸分别垢，发生饶益无余有情一切种智，故于方便应极励力。"能遍饶益诸众生者，谓佛一切种智，利益亦从究竟广大出生。其因亦唯修诸方便，以修无我唯断分别为果性故。此如论云："深故广大故，无分别成熟，此明彼二故，是无上方便。"以是当知善修无倒施等，是为方便，将彼回向一切种智，即成正等菩提之因。如《契经》云："施戒安忍及精进，定慧回向大菩提，对初发业应告诫，勿著菩提起见取。"此谓若离广大方便唯修无我，决不能成饶益一切众生之佛，故于方便必须励力。能饶益一切有情之佛果，唯在修习广大方便，以修无我之果，唯是尽垢之断德故。此非是说舍离广大方便修习空性，虽能尽断一切垢染而不能利一切有情。亦非是说舍修空性唯修广大方便，虽能获得利益一切有情之色身而不能证尽断一切垢染之法身。以法身与色身，随得其一必证余一，以彼二身依一聚因决定系属终不离故。此如由菩提心所引通达空性之慧，能净一切我执垢故，虽是具二清净法身之不共因，然亦是色身之助缘。如是广大方便虽是色身之不共因，然亦是法身之助缘。若不勤修广大方便，任何修习诸法真实，唯能超越生死，终不能得尽一切垢佛法身故。若不勤修通达空性之慧，唯修广大方便，亦必不能得佛色身。事虽如是，然须了知佛位尽断一切垢者，是修空性之迹，能饶益一切众生者，乃是广大方便之迹。如缘青色眼识生时，须具三缘是三缘果，然唯缘色不于声等余境转者，是根之迹。生为领纳性者，是等无间缘之迹。生为青行相者，是所缘缘之迹。《庄严经论》"深故"等文，是证要具方便智慧二品，乃是感果之无上方便。《般若摄颂》"施"等之教，是证施等，必须回向菩提及为无所得慧之所摄持，方是成佛之方便。

次说咒乘不共方便，"非唯如是，以除修习不相似因，无余随顺现证大菩提之修故。"此中义说，前说施等非即无过上之方便，以无修习行相随顺现证佛身之道。而唯修习行相与果不相似之道故。

若无修习随顺行相色身之道，成立非是成佛无上方便，即前论云："由自自性所成甚深广大体性之果，从自自体而修。"此谓所证之果，总有甚深法身体性，及以广大相好庄严体性。心与诸法真实平等一味终不起动，即于尔时相好炽然庄严其身终不变改，二性无别，即是"由自自性"之义。如是修彼方便智慧，亦须与彼随顺。如修佛心法身，诸瑜伽师须从现在便住自心法真实义，修习行相随顺佛心之道。如是修色身时，亦须自身现为相好行相，修习随顺色身之道。以此二身修则俱修，置则俱置理相等故。依此密意《修我论》云："以是当知，如修无我，广大自性亦须无异而修。"此中广大，即天瑜伽，广大之理下当广说。依此道理而修，即论所说"从自自体而修"之义。如果位中，相好庄严之所依身与依彼之无所得心，二性无别同时而住。如是于道位中，诸瑜伽师亦须现见自身为如来身相之方便，即于尔时与缘自心法真实义无自性慧，同一识体俱时和合，智慧方便不可分离。由修此二同时和合之瑜伽故，最后乃能成办由无二智于诸所化现起色身之佛果也。如是现为天身之胜方便，若离无倒通达自心体性之慧，由缺支故不能成佛，故须二因和合。《修我论》云："此谓能仁具足无量光明，为自他无边圆满之所依，以最胜正方便为相。若离智慧，由无慧故，虽复现前修习，然终不得无余圆满，故于自性应起无颠倒心。"通达所取现为天相无性之慧，与广大天瑜伽之心虽是一体，然可安立智慧方便为异。观待所遣异故，由异名言增上而立。谓于真实遣心倒执之分，安立为慧，以知所知究竟胜义即胜知故。（胜知即慧）就于自果遣无成佛功能之分，立为方便，以成佛方便即是成佛功能故。此如《修我论》云："此与无倒广大之心虽是一相，然由异名当知为异，谓于真实遣心颠倒为性当知名慧，及于自果由遣无能说名方便。"此中安立方便智慧之理，虽如通常所说，然安立为方便智慧之事，则是咒中之胜方便智慧。如是由所取分，现为天轮而修色身，由通达自性空而修法身。方便智慧无二和合，当知即是咒中所说方便智慧，与诸瑜伽主要之义。

密宗道次第广论卷一终

密宗道次第广论卷二

总明入圣教次第不同诸门品第一之二

子二　余师论中所说。

寂静论师《四百五十论释》中云："若有唯修天之体性，不能成佛，道不满故。又若唯修诸天真实而非诸天，是则须经多无数劫乃得成佛，非速疾成。由是俱修最为惬意，加持胜故，速得无上正等菩提。"此说若唯修天瑜伽，决定不能成佛。若不修天而修空性及余方便，须经多无数劫，方得成佛。若能俱修天及空性为速疾道。故此论师亦许空性正见是二大乘所共。若无天瑜伽，则如波罗蜜多乘道其道稽迟。修天瑜伽及空性见，是速疾道。即随前师之所许也。无畏论师《教授穗论》第十八穗，亦如寂静论师所许而说。并引《金刚幕》第十四品云："为摧庸常慢，正宣说修行。"又云："又为净治不净身故，当修佛身。"无胜月论师于《第二观察初品释》中，亦引《金刚幕经》初品及十四品，证由不同之因不能感生不同之果。持祥论师《札拏释俱生光明论》亦云："又不应说，由布施等诸方便门及愿力等而正出生。若于圆满受用及变化身未能修习，心怀犹豫，如何能令彼心定解。若谓彼由愿力出生，则应不修无我而得现证法身，彼复何须勤劳修习。若谓彼由修习出生，则于圆满受用变化二身之因，何过而不须修。是故安住波罗蜜多乘者，须许具足三身之佛，彼由修得极为显了。"此说若法身行相之无我而须修习，则色身行相之天身亦须修习。此若不修应许前亦不修，而证法身。是理相齐，无差别故。彼论引文证云："如云，修习成佛因，谓修佛瑜伽，何不遍观察，果由似因生。"又《一切秘密经》亦云：总之佛陀果，从定慧出生，除佛瑜伽外，行者不得佛。"三昧耶金刚论师于《扎拏释》中所说同上。胜授论师于《集密释》，亦如是说。调伏授论师云："此义是师亲宣说，双修色身及法身，咄哉决定证

菩提，法身由佛静虑得，色身何故不修习，由福资粮得色身，须经长时余下劣，果别应从因别生，现见三身为同时。"如大幻曼陀罗仪轨广说，虽亦尚有余论可据，此等明显故略叙之。

壬二　下三续部教中所说。

《修我方便论》中，说广大天瑜伽方便，为波罗蜜多乘与密咒乘之别，引《摄真实》证菩提中，生天之教而善成立。并明显说：彼瑜伽中具金刚界诸尊之规。故非但与无上瑜伽，亦是与瑜伽续二者方便之差别也。诸余论师所说于无上时已宣说讫。凡许自修为天相之续部一切皆然，以须如是而修理皆同故。瑜伽续中亦多宣说，如《摄真实经》初品云："身语心金刚，自身诸微尘，若修为佛身，即当成正觉。"《释论侨萨罗庄严》云："修诸微尘为金刚等调伏作意之瑜伽师，应于每日四次修为佛身。由修佛身得何成就？当成正觉，义即当得相好庄严之佛身也。"《真实光明释》云："诸修密咒行者，当修念佛，当知须修随念如来色身及法性故。"又云："安住一切如来中央，于彼摄持。以法身理及色身体，与彼俱无异故，乃至自能现见，应当修习。"言法身者，谓由通达空慧修成。是义极显，故不繁录。

事行教中宣说此者，如佛密论师《大日经疏》云："此中有相无相二种次第，由清净非清净二身差别门中，显示二种天身自性。其清净者，谓法身无相三摩地自性，是无相智体性。非清净者，谓遍计色自性，诸正等觉圆满受用变化身相。由于众生显现增上，立为显色形色体性。"此显随顺二身行相修习二种瑜伽。事行两部相同。此中二种大乘见无胜劣，唯由广大天瑜伽门而分。《三乘建立》中亦明了宣说，如云："故胜义谛，除薄伽梵及龙猛等所安立者，更无第二殊胜真胜义谛。问云：唯由世俗如何广大？答云：此由所缘净，友伴及随行，故诸有慧者，说为最上乘。"此说了解清净天性，受持诸三昧耶而得诸佛加持，如佛菩萨饶益众生清净国土而修，由彼所缘友伴随行三种广大，胜出波罗蜜多中观。以说具足彼三差别之乘，为事行等续部之别，故许总为密部显乘之别。总之由达诸法都无自性之空性见，与生自身为天之天瑜伽，二种系属成二身果。是金刚乘法一切正机共行之道。各续部中，除彼二外所说多种余道，当知有是通达空性胜进方便，有是修天瑜伽支分。此应持为扼要之义。

辛三　断诤论。

有作是言，若由波罗蜜多乘中无似色身之因，密咒有之，而安立胜劣者，不应正理。以由似果之因而成诸果，不决定故。若成相好庄严之身，须修相好行相之道，则成轮王相好之身，其因亦须修习相好行相之道。如是善趣恶趣之身，造彼因时，一切皆应修彼二趣行相之因，是为大失。若谓彼果之因不须与自行相随顺，佛果则须如是修习，应说其理，然不可得。故说色身行相之道成办色身，视为咒乘特法，亦唯信仰而已。

今当解释。如诸波罗蜜多乘说，色身体性之因，谓诸最胜福德资粮。相好等之别因，谓迎送师长等。由无量生修集之力，至大地时，获得随顺相好庄严之身，彼复渐渐转令殊妙，至最后有，获得有学究竟相好。即于彼身证法身时，即彼相好身之等流，成受用身。非许道时都无相好，得果无间顿然新生。如是诸金刚乘，说于一身修成佛者，若有学时都无随顺无学身之相好，亦不许彼究竟相好顿然新生。如是若有学位都无相好，则定不能成办色身，是二大乘之所共许。趣入密咒一身成佛之初业者，咒中未说彼身初生便须相好庄严。实亦非有。故无凡身相好而可立为色身相好之因，须于彼生新修能感相好等流之因。此除修天瑜伽更无余事。由是因缘，感发善趣恶趣之身于彼因位，不须修彼行相之因。而于成佛色身之前，则须修集彼身行相随顺之因，二如何等。我等非许受生色身诸异熟因，须修似彼行相之道。是许成佛相好之前，须彼随顺等流之因，故无诤论安足之处。

若尔，下三续部所修之天瑜伽，及无上部未能即生成佛须经生者，所修天身，如何能成色身等流之因？彼等亦由于现法中如是修习，后于余生成色身时，即为尔时等流之因，非是受生色身之异熟因。如是善断所说诸疑。次须定解修天瑜伽必不可少。如《金刚空行》初品云："我是一切佛，及一切勇识，由自天加行，善修成自我。由此于现生，当成一切佛，及一切勇识，一切金刚持。此是和合诸空行，金刚空行最胜乐，金刚菩埵如是来，吉祥世尊所宣说。"又云："由此印和合，当尽瞰三地，余加行不具，犹如灯息灭。"《释论》中云："言由此者，谓由上文所说空性之印，若谁能与手面等世俗印平等和合，即作是说。彼瑜伽师何所作为？谓当尽𡩽三地。义为遣除身等庸常之色。次显唯修空性静虑，终不能证大菩提故。说'余'等文。余谓唯修空性。加行不具，谓不显现。息灭，谓无自利而般涅槃。如何而灭？曰如灯，如灯由油相续故能照耀空际。若时油尽灯便尽灭，自尚不显况能照他。唯空三摩地亦当如是观。"此说密咒道中若不修天瑜伽，不论如何修习空性，果位不免堕寂灭边。此即续部最胜意趣。若未于此善获定解，弃天瑜伽，仅修密咒一分之道，当知定非获得道体。

庚二　明道有别果无胜劣分二：辛一　解释正义，辛二　释道差别。
今初

有作是言：若二大乘道有胜劣，所得佛果应有胜劣。以因有别果无差别成相违故。若不尔者，因之差别全无义故。当知第十一普光明地，劣于金刚持位。《结合》初章第四品云："总之佛陀果，无数俱胝劫，乃获得佛果，由最胜安乐,现法能证得,或得金刚持。"此说由无数俱胝劫所得佛果与金刚持二各别。故又前经云:"即于现身证得佛果或得金刚萨埵,若未证得不思议处,彼名善逝即名为佛。其所相事,正谓菩萨。"此不应理,彼教非说由无上道一生之中,或证波罗蜜多所说普光明地,或证咒中所说金刚持故。由无数劫所得之佛与第十一普光明地,波罗蜜多乘人亦复不许,无差别故。经无数劫所得果中分为二类,佛者,《现观庄严论》云:"由超第九地,智名住佛地,当知彼即是,菩萨第十地。"于第十地说名为佛。金刚持者,即是第十一地。咒中虽尚说有十二、十三、十四地等,然依印度论师解释,彼等与波罗蜜多乘所说诸地,仅是开合之异。至下果时再述。由是当知第十一普光明地与金刚持地义同,经中即说此地是经于三无数劫所得,续部说为即生成办。不应以名金刚持故,便执非波罗蜜多乘之果。当如静命论师所说,金刚持地即为二道共所得果。《成就真实论》云:"吉祥大乐金刚萨埵,若由余道须经多无数劫乃能证得,诸具金刚乘方便者,即于现法无难而证。"又《结合续》释《教授穗论》云:"佛者谓十地自在,种相觉者谓胜进道,金刚持者谓十一地自在。"《三理炬论》云:"义同然无愚。"汝自亦许此义,谓咒与波罗蜜多乘所得义同。又得波罗蜜多乘普光明地,亦说尽断二障一切习气,证得力无所畏不共法等一切诸佛功德。若更有佛胜彼所说,则汝应许虽已尽断二障习气,过尚未尽,虽已得十力等一百四十四种无漏功德,德犹未圆。若论如是果位,不待密咒之道,唯以波罗蜜多乘道,能否趣证。印度智者多有抉择,理应观察。若许唯用波罗蜜多乘道,即能趣证普光明地,而又说于彼上更有所趣,则非应理。二道趣证,有不待无数大劫能否成佛之胜劣,而非果有粗妙之因。然亦不能成立因之差别都为无义,以果虽无粗妙,而望得果远近有差别故。

辛二 释道差别分二:壬一 自宗所说之差别,壬二 余师所说之差别。 今初

下三续部,与波罗蜜多乘迟速差别,是由依止诸天瑜伽念诵之力,获得诸共悉地,及蒙诸佛菩萨摄受加持等多善权方便,速疾圆满大菩提行。无上部之速疾差别,生起次第有多深处非下三部所有,圆满次第更有众多最胜深处,后当广说。不待经历无数大劫,速能成佛,唯是无上部之特法。下三部机如能证得,亦须趣入无上部之二种次第,非唯自道便能满足。故密咒之速疾差别,不应唯执浊世一生成佛,及不待无数大劫而成佛。

壬二 余师所说之差别分二:癸一 《律生释》中所说,癸二 《三理炬》中所说。 今初

宝铠论师于圆满次第时,说修离诸戏论二乘相同。《父子相见会》说得一切法遍乐三摩地之菩萨,随于一切所缘唯生乐受不生苦舍,乃至割截如迦

喀跋那量，及被象踏亦唯乐想，并说修彼乐之方便。非彼安乐不顺咒乘。又波罗蜜多乘说世出世间一切圆满正因，谓菩提心。咒中亦如是说。又引"现境成金刚"等为据，成立大乐亦是共法。《现观庄严论》云："巧便受诸欲。"迦叶品中以农夫喻，说烦恼粪是生佛法之所必须，以故受用欲尘亦是共法。其果地等亦皆相等。故说生起次第为咒特法。《律生》第十三品释云："故若不修生起次第，则咒法中更无殊特。"意谓凡是修天瑜伽，一切摄为生起次第。脉息空点等是生安乐之瑜伽，安乐更无差别。

癸二　《三理炬》中所说。

"义同然无愚，多方便无难，依利根增上，说咒论超胜。"此说一切种智之果，咒与波罗蜜多二无差别。然由四种差别，故说四部密咒胜于波罗蜜多。

无愚差别，谓诸波罗蜜多行者修施等时，三轮无得虽非愚蒙。然舍头脑行外施等则根非利，须经长时乃得菩提。诸咒行者则无彼愚。波罗蜜多，是能顿满一切有情所求利益，舍头脑等不能利益无边有情。见彼乃是三摩地果，是故呵弃寻常方便，求胜方便。此由周遍无偏相续无间修习方便智慧无二妙三摩地，乃能满足无边有情利益，圆满布施波罗蜜多。尔时诸余波罗蜜多亦皆圆满。布施身等无如是义故不立为波罗蜜多。

方便差别，谓波罗蜜多乘说诸难行戒律仪等，为生天趣及解脱因。由依最寂静行，不能摄受一切有情。咒为饶益一切有情，说四部续。此当先知自于何惑最为胜强，即修贪等成弥陀等，持诵咒为心曼陀罗，修诸韵字成诸尊等语曼陀罗，修宫殿等成身曼陀罗。说如是等诸门不同。

无难差别，难与非难皆待自心非定属事。有于此难，于他易故。由是若能顺自所欲而引导者，即由安乐而得安乐。故密咒中不说难行。对上上根，贪等过失不行，分别微薄，具足大悲，勤修无二真实法者，则说法无我智与大悲一味，又名方便智慧大印法门。上中根者，虽能厌行诸庸常境，然未断除贪等分别，不能趣入胜义智海，故为彼说修行智印。此即修习五部如来及佛眼等诸明天女。由修彼等而得入真实者，谓于天身心坚稳住，天唯心现非有外境，故不应著修等三轮。如是知者即能安住远离外境及能所取分别之身。又依师长教授，由观彼身离一异故通达无事。次观一切同彼，而达诸法皆无自性。依此密意说无边种修天之法。此是智称论师所说。上下根者，虽亦爱乐无二妙智，然未断贪，由近贪境心便散乱不能入定。于彼听许三昧耶印。此品须具如余处说明妃德相。若上品贪而无广大证真实慧，除此，非余所能住心，为说业印。于彼亦须以随顺业而受用之。《三理炬论》于此未说以何等根用何业印，智称论师，于上下根说三昧耶或羯摩印，意似双指作不作业或明妃相具不具足。如是趣入咒乘上根之机，于明妃欲有贪不贪之二，于其后者说修大印。前者又分于外明妃有无贪欲之二，于其后者说修智印。前者听许三昧耶印及羯摩印二种。故有持此论师意趣许为自宗，而说无上部之正机，须于外明妃欲具大贪者，成相违失。

利根差别，谓四谛瑜伽师不知实义故是钝根，波罗蜜多诸瑜伽师方便错乱故是中根，诸咒行者，全无愚蒙故是上根。设以余人行之必堕恶趣，然由巧方便行反得清净。此是止毗达加摩罗论师所说。父智称论师云："若于智印等，不爱乐修习，慧力羸弱故，不堪修大印，佛为饶益彼，假以大印名，金刚萨埵等，色相名大印。"此说由慧力弱，不能修习大印，于余三印不乐修习，便于天身立大印名而为宣说。此是瑜伽部之修法，事行两部亦当例知。

方便大悲，与通达法无我真实之慧为道命根，波罗蜜多亦皆共许。又波罗蜜多乘，说若舍头等身财，满有情愿乃名布施波罗蜜多，是则布施波罗蜜多终无圆满，如是破已，说于一切财物，净自悭恪及净自利妄执之垢，增长舍心至最究竟，是名布施波罗蜜多。《入行论》云："若众生无贫，乃名为施度，现有贫众生，昔佛云何度，一切财及果，悉舍诸众生，说名布施度，如是彼唯心。"故难解说无愚差别。利根差别理亦难通，若谓是不愚方便者，与前重复，若谓以欲贪为道者，咒乘上机不见此事，以上首机无彼事故。又入密咒之机上者于初次第圆满导入第二次第。圆满次第坚稳之时，多于尔世便得成佛。故说于中根者听许智印，于下根听许三昧耶印等，亦难安立。故诸智者，于此等义，应当观察。西藏诸师，解多方便，谓多消灾等事。解释无难，谓以欲尘为道。于此论师及以智称论师论中皆无明据。

丙二　别说入金刚乘差别分三：丁一　明趣入密咒之异门，丁二　明安立异门之差别，丁三　明具彼差别之诸道。　今初

《金刚幕》第十三品云："于下说事续，彼上无事行，瑜伽上有情，再上无上行。"此下谓金刚乘下机，彼上即中机，上即上机，再上即最上机，对彼四机说四续部，故四续部即四能入门。《入无上续义论》亦云："密咒果金刚乘，总有四能入门，谓事、行、瑜伽、无上瑜伽续，如世共说。"

丁二　明安立异门之差别分二：戊一　问，戊二　答。　今初

若由机有胜劣，而说续部次第不同。则此能入之门，非就所为胜劣而立，以凡趣入金刚乘者，一切皆为一切有情而求证得无上菩提发大乘心无差别故。非就能得二身正因道体不同而立，以达无自性慧引发法身相同，修天瑜伽引发色身总相同故。是故一切名金刚乘，唯是一乘。若以天瑜伽等众多道之差别，立为异乘或续部次第不同异门者，则于无上瑜伽一一续中亦应安立众多不同诸乘。即如集密一部，亦应有多不同能入之门。以《集智金刚续》说有莲花旄檀等胜劣五种补特伽罗故。以是当说，就机胜劣门中，分别续部不同

四门，究由何理而为安立。

戊二　答分二：己一　明余倒说，己二　出自正答。　今初

西藏诸师有云，为摄四类外道故说四续，谓具贪者随自在行，有嗔恚者随遍入行，有愚痴者随梵天行，若不定者遇彼三随一即受持彼宗。由有彼四，如其次第说无上瑜伽续、行续、事续及瑜伽续。并说此是随顺《摄真实会》，庆喜藏及善现护等所许。

今当问彼，若谓彼等补特伽罗，由彼彼续能调伏者，是则不能据彼以明由四续部趣入之别。以彼一一皆能调彼四补特伽罗故。若谓彼诸续部正所化机为彼等者，极不应理。咒乘正所化机，是以已入佛教之机为胜，此机不须先起邪见故。又先未入邪宗而直入正宗者，应犯非彼诸续正所化机之过。亦非庆喜藏论师之所许，彼师所造《集密》初品释云："由薄伽梵安住于彼故名薄伽。"此明处所。彼者谓佛眼、摩摩格、白衣、度母四尊天女，即此中妃。彼如此经十七品说。何故安住彼等密耶？为令诸乐遍人等续不舍境者，于此以贪断贪生爱乐故。谓彼意许依止母邑及大香小香等而能成办遍入等果，寻求彼中所说成就。彼等便趣明妃秘密。如云："薄伽善遍入，住母邑密处，令诸人爱乐，故名那罗延。"此广宣说于乐遍入续者说无上部诸贪行故。《摄真实会》全无建立无上瑜伽为何所化宣说之理，彼说四段是为有贪嗔等四种烦恼者说，必是例彼推比，实无确据。

西藏诸师，又有说为随顺佛教四宗，由四不同起天之门，立四续部。并说此是随顺《集智金刚》，龙猛父子智足师资所许。彼诸师是集密行者，《集密释续》《集智金刚》说事部时无自想为天及智慧萨埵之乐。必系例此推说。然说为顺四宗，则全无据。虽说独觉配瑜伽部起天规式，然独觉道非是四宗之一。又说事部无自起法，亦非《集智金刚》教义，后当广说，故不应理。

又阿朗迦迦拉峡说，于婆罗门及刹帝利，宣说事部及瑜伽部。吠舍有二，于贪嗔薄愚痴增上，胜解遍入天者宣说行部。于愚痴薄贪嗔增上，说《集密》等胜瑜伽部。于彼上上贪嗔下下愚痴属旃陀罗种者，说《胜乐略续》等母部。若以四部之机，似四种族而说，彼不能辨四部趣入之别。若谓四部之机须四种人，终难决定。亦不见有主不主别，故非应理。虽说金刚界中诸尊犹如国王俱诸眷属然，然以此理不能成立彼所化机为刹帝利。总诸大乘正所化机须悲增上，尤以无上瑜伽正所化机，要由大悲激发其意，急于利他速欲成佛。若说彼等须具上品嗔恚，诚为非理之谈。

己二　出自正答。

续部安立四种能入异门，非乘有异，非由天瑜伽等道之差别。然由入金刚乘主要四机极不相同，故立四门。其所化机有差别者略由二门，一谓欲贪

为道之理不同有四；二谓能如是者是由相续生真空见及天瑜伽功能胜劣，有四不同。初如《结合》第六章之第三品云："笑视及执手，两相抱为四，如虫住四续。"第二《观察》义同此说。《教授穗论》说此为道续，未说为教续。然第七章初品穗中，亦说此为教续。勇金刚论师于《结合释》中亦说为四续部。金刚藏《庄严续》第十一品，先说方便续中贪续多种差别，次云："此明互相抱，续部诸差别，如是由执手，笑视亦应知。"此说能诠教续。故是显示四续部之差别。尔时续部之名亦曰笑续、视续、执手或抱持续、二相合续，共为四部。如前所说天瑜伽为色身不共之因，是说主要方便。若仅由诸方便增进通达空性之慧，则是二大乘之所共。此如《入行论》云："此一切支分，佛为慧故说。"以是由天瑜伽增进慧道，是以殊胜方便智慧，现为欲天父母等住行相之天瑜伽。无上部中道之差别虽有多种，然名二合续即由彼立名。在诸续中，亦多有说二合之相。即由此门以贪为道，依止二菩提心开合之要，增进通达空性之慧。由下三部无有如是以贪为道殊胜方便，故亦未说彼七支中和合之支。然有由笑、顾视、执手或抱所生喜乐为道，故亦总有以欲尘贪为道之义。此如《第二十五穗》云："事、行、瑜伽及上瑜伽四续部者，以笑视抱持二合执手而表示之。如是事续等中有以诸尊顾视显示智慧方便随贪。有以欢笑，有以执手，有以抱持，有以二合。"又后《分别》第三品："由诸笑及视，抱与两两合，续亦有四种。"寂静论师释云："言由四者，谓由事、行、瑜伽、上瑜伽续，表示笑视抱持二合。如是事续等中有明方便智慧诸尊随贪现笑，有现顾视、有现抱持、有现二合。"彼虽但言诸尊顾视，其欢笑等亦谓诸尊。由顾视等何所作为，谓显智慧方便随贪。即表诸尊互相爱也。毗卢遮那与佛眼等诸尊绝无贪爱。故此是谓持彼诸尊我慢之行者。以诸续部所化，将视等贪持以为道是正义故。事行部等宣说诸尊有顾视等，若不配当所化，则由顾视等门不能明所化之差别。

又非唯无上部说笑视等，即下三部亦说彼事，如《不空罥索仪轨》云："佛薄伽梵面向忿怒。"又云："右有度母天女含笑屈身目视施胜手印，左有莲部妙女含笑随顺密咒理趣目视不空罥索。"《大日经》曰："其右有天女，名曰大佛眼，天女面微笑，光轮满一寻。无等清净身，释迦牟尼妃。"又云："画勇观自在，安住白莲座，如螺拘陀月，顶戴无量光，面容含微笑。其右有天女，度母大名称，善妙除怖畏。"又《金刚顶经》云："天女金刚笑，抱持自天女，首向彼侧转，含笑遍顾现，执持世尊手。"《胜吉祥经》初品中云："其侧大金刚，持箭勤挥弄，手作偏抱势，持摩羯鱼幢。"此仅略录，总谓行者生何尊时，即将彼此互视等门所生喜乐持以为道。下续部中无缘外印作是修法，上续部中亦未宣说如是修习故是缘于所修佛眼等天女也。诸劣所化未堪上贪为道，故密意说下品贪欲渐令为道。此如后说，要天瑜伽已至坚稳，获得空性妙三摩地，缘于自部天女大佛眼等而修。如勇金刚《结合释》云："言笑视及执手等，谓由笑声或由观色、持手、二合妙触，引生大乐无分别心。言如虫者，是无漏大乐空句，谓如虫从树生即食其树。如是从乐所生妙三摩地应修空性。"《第二十三穗》云："笑续，如化乐天。"此是以彼诸天为喻，非说彼等是诸续部上首之机。信解金刚乘及修彼少分道者，虽不决定，然初趣入金刚乘之上首机宜，须欲界身。必须信解，由明妃欲尘贪为道门中，求菩提者，无上部中俱缘真实及自所修明妃，以笑等贪而为正道。下三续部，唯缘所修智妃欲尘喜乐为道。瑜伽续中既不可修二根交合，故除彼外缘余执手或抱持触喜乐为道，配瑜伽续。除触尘外，依笑视缘所生喜乐为道，配事行续。此等是释无上部中立四续部之名义，由此即明彼等机宜及道差别。

次当更释四续部名，依诸续部共许名义，以明机宜差别。能以欲尘为道之方便者，为空性见及天瑜伽。欲证此二，若须观待众多外事，乃是事部之机。若待外事内定等分非待极多外事，即是行部之机。若于外事内定二者以定为主待少外事，是瑜伽部之机。若不观待外事能生无上瑜伽，是无上瑜伽部之机。此依解释名义而说，谓由外事增上故名事续，事定等行故名行续，重内瑜伽名瑜伽续，较此瑜伽更无过上故名无上瑜伽续也。此就所摄正机入道增上而说，非谓定尔。《真实光明论》说《摄真实续后》会是为怖畏深修者说故。总诸所化，信解外事及内瑜伽，虽有偏重，然亦有信解不称自根之道者，就彼信解不能明辨彼等主要之机。当知有说观不观待上品外事极为应理，如《三理炬论》云："若由余生修习习气，独于林薮无诸众生及无沐浴绘坛供养护摩苦行念诵等事，则心不能得定，故说事续。若有心念爱乐真实，复由信力以佛所说诸事而得妙智，故亦待事。佛为彼等说根本续无多事支。"此根本续与共许之行续义同。虽有内定然多外事立为事续。如《大日经》注云："诸事续中虽重外行非无内行。"《欢喜金刚略义疏》云："若修真实堪能微劣，外行增上说为事续。"若内正定与诸外事等分开示立为行续。如《大日经》注云："此续虽是方便智慧为主之瑜伽续，然为摄受信解外事诸众生故，开示随顺外事诸行，故共称为事续或二俱续。"又金刚藏《庄严续》云："事二俱瑜伽"，亦说行续为二俱续。《三理炬》云："余者专信修习无二真实，于众多事起散乱想，为利彼故宣说行续。瑜伽为主兼说少分事支。"此之行续即瑜伽续。

丁三　明具彼差别之诸道分二：戊一　二种大乘共道次第，戊二　金刚乘不共道次第。　今初

《金刚手灌顶续》云："此大菩萨陀罗尼咒大曼陀罗，最极广大，最胜甚

深，最难测量，诸秘密中最为秘密，于恶有情不容开头。金刚手，汝说此法最为希有。昔未闻者此法当于何等有情乃可宣说。金刚手曰，曼殊室利，谓诸修习菩提心者，若彼成就大菩提心，行菩萨行，修密咒门，尔乃令入大智灌顶陀罗尼咒大曼陀罗。若菩提心未能圆满即不令入。亦不令彼见曼陀罗，亦不为彼开示契印及诸密咒。"此说于灌顶前须圆满修大菩提心，故当先修愿行二心次乃入密。

此中次第，谓应先于一具德相大乘知识，意乐加行如理依止。彼当开示暇身难得令其修心。若于暇身，发起广大取坚实欲。最胜坚实谓入大乘，入大乘之门即发菩提心。若于自身有真正菩提心，则成真实大乘学者。彼心若唯虚言，是则大乘亦但假名。如是诸具慧者，应当渐除此心障品，发生圆满德相之心。复次若未先遣现法之心，俱障大乘小乘之道，故当念死，于现法中不能久住，及思没后漂流恶趣之理。次当善思生死一切过患，遮遣爱著后世圆满之心，务令心意趣向解脱。后为遣除独乐寂静之心，当于慈悲及以慈悲为本之菩提心长时修习，引发真实大菩提心。次当了知诸菩萨行，发求学欲。若能荷负菩萨行担，则当进受菩萨律仪学彼学处。若更能荷金刚乘三昧耶律仪重担，则当闻《尊长五十论》，清净修习依师长法，而入密咒。《尊长五十论》云："净意乐弟子，当皈依三宝，此随行师法，授与令诵习。次授与诸咒，令成正法器。"清净意乐，是说于发菩提心及有不共皈依者，乃为说《尊长五十论》。由与《尊长五十论》故而成法器。《明显双运论》云："此中次第者，择宿曜吉日，弟子敬合掌，忏悔一切罪，先受三皈依，善发菩提心，亦受近事戒，及菩萨律仪，次更受长净。此随顺次第，谓如法亲近，金刚阿闍黎，因教文太繁，故今不广录。如是善作已，请师赐灌顶。"此说于灌顶前，先受别解脱戒发菩提心及受律仪。次乃请师求赐灌顶。此言近事及近住长净，是依在家而说。入密咒之出家者，则当清净沙弥戒等。《摄行论》第一品，先成应次第学非可顿学。次云："其中次第，谓当先学佛乘意乐。若已善学佛乘意乐，乃于新乘学习一念妙三摩地。"谓先学佛乘已，再学新乘，即密咒也。佛乘意乐，即愿行心。如是发起愿行心已，必须具足六度行者，非摘波罗蜜多中事，用资补充，即密咒中亦数宣说须学彼道。故是金刚乘中共法。此于共乘道次第中已广宣说，不复繁赘。

若未能以无垢理	辨自他宗善恶说	复不善辨大小乘
显密共不共差别	纵说如来诸圣教	大乘尤以金刚乘
为具善者最胜门	如是亦唯徒自信	是故具智善欲者
当以净理治慧目	心于圣教求胜解	不为敌者所引转

密宗道次第广论卷二终

密宗道次第广论卷三

事部道次第品第二之一

戊二　金刚乘不共道次第分三：己一　事行部道次第，己二　瑜伽部道次第，己三　无上瑜伽部道次第。初又分二：庚一　观察二部有无自起及入智尊，庚二　别释事行部道次第。初又分二：辛一　标列诸师所许，辛二　释其应理之宗。　　今初

西藏诸师多作是说：事部仅有於前修天而无自起；行部唯有自起三昧耶尊，于前生起智尊而无智尊入我。《集智金刚续》云："缘诸恐怖，行最洁净，无智萨埵殊胜妙乐，自无天慢，非希有境，唯以过患分别善修行者，安住事部。"此说事部无自起及入智尊故。《大日经》及《金刚手灌顶续》，虽说自起为天，未说入智尊故，

《札拏续释俱生光明论》云："事行部中，所修能修方便，非能长时随转，彼唯假想之所出主，谓由布绘等诸天之力，圆满悉地故。瑜伽部中有别，自以天瑜伽，复缘布绘等诸天而修随顺悉地。"胜授论师《集密释》中亦如是说。传谓因陀罗薄帝所造《胜乐释》亦云："安住密金刚乘事行部者，唯依明咒随许法。观察自与天异，周遍计度，缘虑有相，而修成就。"此许事行两部俱无自起。

《后静虑经》中云："言密咒静虑，最秘密而说。"释云："言秘密者谓未开显。此文意谓，密咒静虑，虽是一切成就支中所有心藏。然诸别续皆未明了分别说者，是为不能深修收摄、命、力等静虑支众生，令趣入故。一切经中亦多不显了说，后当解释。"佛密论师谓此所说密咒静虑，即是后文所说天瑜伽等。虽是修诸成就支分之要，而余事续多未显了说者，是为不能以下所说内持息等方便，专修天瑜伽者，引令入续教故。前释又云："此是于密咒有念

诵静虑时修,如摄一切事部仪轨总续《苏悉地经》《妙臂问经》《摄观察经》等,及诸别续《毗卢遮那现证菩提神变加持经》《金刚手灌顶经》《菩萨藏经》《持名藏》等皆共宣说。有隐密说者,有显了说者。如《苏悉地经》云:"由诵故大诵,舍置明咒天,爱护最胜修,持念不更想。《毗卢遮那现证菩提经》中,修念诵时,说由四支念诵加行,明了宣说密咒加行。《金刚手灌顶经》亦云:曼殊室利,若咒任运成就天慢,尔时一切密咒现前安住。《持明藏》亦云:于画像等修天静虑,想此钏环动,鼬囊亦渐动,如是动念时,渐观足部等。《摄观察经》亦说,修法无我及天瑜伽。多经已说此不繁述,故今当说,彼等经中所有天色,及密咒声静虑念诵。"此说修天色身,及缘咒修静虑,并修自真实等。诸续部中有显不显及具不具如应而说。又说《后静虑经》及《大日经》,显了宣说四支念诵。故此论师意许四支念诵天瑜伽等,事行两部相同。即《大日经》,因所化增上亦说为事续。是故事行两部唯就所化增上而判,非就经续自体而分。《苏悉地现观》中亦云:"莫作是念,谓事续中未说修天次第,虽薄伽梵多未宣说,然于《金刚手灌顶经》,及《十种真实》等专重而说,又诸成就皆仗咒天及修真实。此若失坏,则消灾等皆不得成。故以师教,及观经义便能了知。"此说事部有起天法,引《金刚手灌顶》为据,显然是许事行部中之天瑜伽,与前说同。由欲成办消灾等法无量事业,须仗修天及空瑜伽。故说事部亦须修天,理由极善。

辛二 释其应理之宗。

如彼诸异宗当何所取耶且计行部无自起天,不应道理。若不以《大日经》《金刚手灌顶经》为行部,则行部不可得。若为行部,彼中显了说自起故。《摄行论》第三品亦云:"《毗卢遮那现证菩提行续》中云。"此说为行部故。若许缘想天子天女互相爱著修以为道,是《和合续》及第二观察续之意。则定应许事续亦有自起天法。

然此自起天法,为以余部补充,为是事部自有。有云:如说事部无自起法及入智尊,事实应尔。然佛密、胜菩提二师,说事部有自起,而未说有入智尊法。龙猛菩萨,于《千手陀罗尼》修法,说有自起,入智尊,及灌顶。莲花论师所著《大悲修法》,吉祥苾刍尼所著《十一面修法》,传谓月居士所著之《大白伞盖修法》,寂静、胜怨所著《五分修法》,(孔雀明王及大随求等),阿底峡所著《无垢顶修法》,及《修法海》,《百五十法》,《百修法》等,依事部者亦说自起及入智尊。佛密等许《大日经》等亦为事部,是否意在事行和合尚须观察。余师所许,如《摄真实会》云:"心印咒诸明,如所欲道理,依此处所说,通一切修法。"意谓事部仪轨亦可配用瑜伽部理,或如事部所说大随求法、光明天女、山林叶衣诸天及咒,《三补扎》等无上瑜伽中亦如是说,故是摘用无上瑜伽部之意趣。或可事部意趣亦得容有自起,应更观察。

此中佛密论师非于事部未得明显说自起者,而借《大日经》及《金刚手灌顶》等为据,以许为事部之《金刚髻》中,明说四支念诵故。释《后静虑》"住声心及事"云:"以是当知,声心事等诸念诵支之相,凡文中未宣说者,意谓此经已说声心等故。声等之相,声谓咒字。心谓咒之所依月轮行相。事谓如来身性。第二事者谓自天色。又诸命根、力用、收摄等相,《金刚髻》经前已宣说,与彼系属,名《后静虑》,故于此品不复宣说声等之相。"此说自天色等,于此《金刚髻》经前已宣说,故于此经后分《后静虑》中不复说故。又许此经所说四支,同《大日经》,即彼释云:"《毗卢遮那现证菩提经》云,字谓菩提心,第二名为声,事谓住自天,是自身所作,所言第二事,正觉两足尊,说命即是风,力用谓忆念。如是此中事等体相如前已说。"故"住声心及事"之言,若谓非是自起为天之事,则《大日经》"事谓"等文,亦应不许说自起天,无差别故。

《光明天女修法》,明显说有自起,并立生起次第圆满次第之名,若谓此是事部,则非清净,若谓无上瑜伽所摄,则不可作事部有自起天之据。由此当知说事部自身有自起者。《后静虑》经及释最为明显。佛密论师于《摧坏释》中,引《摧坏广续》所说修六天等,亦可了知。又《摄真实经上释》云:"凡诸乐著事部行部二俱部仪轨者,亦当以彼仪轨,修行此说大印等法。为释此义故云,真言心印及诸明,随乐修习诸理趣。"心印咒明,如其次第,即是四章所说大曼陀罗、陀罗尼曼陀罗、法曼陀罗、业曼陀罗。此说瑜伽部及事行两部仪轨,皆可修习。故由彼门可修自起及入智尊最为明显。又事部与无上部中所说光明天等像咒皆同。依此密意,故《修法海》等中亦多以彼为例,将事行部所说诸尊生起法等,亦仿无上部而修也。

若尔如何会通集智金刚教义?如佛密说,彼是别说事部有一类机怖畏专修本尊瑜伽,非是希有违越世间以贪等行修道之器,而以实执生老死过患分别之行,而修道者,则无自起及入智尊。非说事部之机一切皆尔,如《金刚髻》经。以事行部多属彼机,故诸续中亦未显说诸尊瑜伽。纵说亦略。然彼正所化机,则非不能或不乐由防护命力等门而专修天瑜伽。又如胜菩提论师说,修事行部咒之异生,亦能成就宝剑丸药等诸悉地及息灾等无边事业。成就彼者,《金刚手灌顶经》显了宣说,须修本尊及空瑜伽,如云:"若时行菩萨行行密咒门,自成天身,意无疑惑而修天慢,若行若住若坐,一切时中常不摇动。寂静慧,尔时乃是行菩萨行行密咒门具足大菩萨戒。"又说:"随顺诸天所作事业,勤修瑜伽谓住禁戒。于禁戒中修行念诵护摩等业谓行妙行。勤修不异诸天瑜伽受诸学处大乘行,谓于密咒获得悉地。"无间又云:"诸菩萨摩诃萨，行菩萨行行密咒门常应安住无相。"后又显了说云："于正觉所制，禁行及尸罗，诸行并学处，若时能安住，咒师能成就。正智离分别，是昔佛所证，于无分别中，能成诸密咒，其果能证得，清净性光明。若住于分别，则无彼成就，故当断分别，思惟诸咒色。"断分别者谓以无我慧破我执分别，非谓尽灭所有分别。思惟诸咒色者，谓修天身。"若行"乃至"不动"，意明修天瑜伽坚固之量，谓于住不住定一切威仪，获得堪能除天身外持心不散，而能除遣庸常慢执。佛密论师及胜菩提虽未宣说智尊入我，然印度诸智者多数宣说，故亦可修。若不可者，其理应谓由执自与智尊各异，不能信解合一之理，然彼非理。一切皆说由于信解自身语意，与本尊身语意不可分离之力，凡身转动皆成手印，凡发语言皆成密咒。如《金刚手灌顶经》云："若善男子若善女人，见曼陀罗发菩提心，具足悲愍善权方便，善巧密咒诸字义理。当作是念，离语无意，离意无语，离意无身，意即是语，语即是意，天身亦即是意，语亦即是天身。若能如是信解无异，咒师便得清净之意，成就如是清净时，便能于一切时，见自身与天身、自语与天语、自意与天意相等。尔时即是安住正定。若于一切时，咒师常住定，尔时能趣入身等平等性，住平等性者，尽所动支节，尽所说语言，皆是密咒印。"由此当知，观身为天，语言为咒，意入真实，非是无上部之别法，下续部中亦定须尔。

庚二　别释事行部道次第分二：辛一　解释摄道总颂，辛二　正释道之次第。　　今初

《后静虑》云："勤修密咒者，于微细梵净，三时常了知，十支仪轨业。"此说勤修密咒故，于三时中，了知现证，天瑜伽相明咒禁行，由是静虑所了知故名为微细。此将引发悉地诸支总摄为十。所言十者，释中说为修行之处、咒真实、我真实、念诵真实、住火静虑、住声静虑、声后解脱静虑、修咒仪轨、护摩仪轨、灌顶仪轨，共为十事。咒等三是念诵四支静虑，其次三种，是下说之三种真实静虑，此二为道主体。再次一种，是修彼二静虑之时，先行及结行仪轨。灌顶是为成熟修彼诸道之器，护摩是修成就及修事业等时所作。由此等门获得堪能，则能成办无边事业，速疾圆满大菩提行，此是总摄事行两部之义，为彼二机成佛之因。

事部有四总续。《妙臂问经》，于佛、莲花、金刚三部、天神、财神、世间六道种姓、密咒、事业差别、承事之方便等。余经广说难摄集者，此总摄集。余略说者，此广显说。余未说者此中宣说。彼于四支静虑，三种真实静虑多未显说。而于其余修咒仪轨，修诸事业仪轨等则显了广说。《秘密总续》，则说三部佛莲金刚三千五百大曼陀罗绘画灌顶等事通轨，故多显示成熟法器之类。《苏悉地经》，未明显说六种静虑，而显了说三部共同修咒仪轨、

事业仪轨、修护摩法及所护之三昧耶等。《后静虑经》，总明六种静虑，别明护持、命力等静虑支及后三种静虑。此亦皆是三部所共。若能了知此等建立，则亦善知事部诸别续及行部诸义如何摄集。此可摄为四类，一成熟修道法器灌顶类，二成熟所依护三昧耶律仪类，三为生起堪能故修承事类，四得堪能已为利自他修习成就类。依事行部虽有多种修法，然如两部所说而释，要以佛密与胜菩提二师之论为善，今如彼释。

辛二　正释道之次第分二：壬一　事部道次第，壬二　行部道次第。初又分四：癸一　为成修道之器而行灌顶，癸二　成器已清净律仪及三昧耶，癸三　住三昧耶先应如何承事，癸四　得堪能已如何修习成就。　　今初

曼陀罗及灌顶仪轨，恐繁不录。此二部中若但入坛及入坛已灌几种顶，《根本罪释》已说。

癸二　成器已清净律仪及三昧耶。

于灌顶时受何律仪，及彼根本罪等，《根本罪释》已广宣说，今当说余诸三昧耶。此如《苏悉地经咒毗奈耶品》（转真言法品）云："复次诵咒师，由住何律仪，速得诸成就，说彼咒调伏。有智修行者，于诸咒诸天，及大持诵者，悉皆不应瞋。智者勿臆造，咒轨及密咒。于诸恶性人，亦不应毁訾。开示密坛师，行为虽暴恶，然不应以语，或以意毁谤。智者虽盛怒，于他诸明咒，不厌缚损害，及治罚降伏，若无师随许，不应持密咒。于未承事者，知咒亦不与。智者知经咒，晓印及仪轨，释经并坛场，不传未入坛。一切标帜形，及如有情形，并一切诸印，不食不跨越。具慧修行者，不轻毁诸药，不触诸垢秽，亦不以足践。与诸大乘人，智者不应净，闻菩萨神力，不应为破坏。与诸持咒者，终不相比斗。于犯小过者，不怒行杀害。诵者住轨则，不歌舞调戏，不应为严身，持鬘涂妙色。不越不跳掷，不奔不急走，诸粗恶身业，皆应善遣除。安住实法者，不忿然作色，不粗语离间，不说无益语。不共外道住，亦不与彼净，持咒不应与，屠者贱种言。智者念诵时，除一护咒人，余皆非所须，全不应共语。不用油涂身，不食诸胡麻，萝卜及蒜盐，异类诸嚼食，米粉及豆饼，油麻饼团食，如是诸豆类，成就者尽断。毗奈耶迦食，及所施残食，祇萨惹乳粥，持咒者皆忌。不乘诸车马，不践莲花等，亦复不应践，所弃诸余食。一切戏笑事，著鞋及擎伞，并诸修饰事，诵咒者当舍。不以足揩足，不用手揉手，粪尿不弃水，不弃近水处。不手承饮食，不鍮器中食，不于叶背食，智者不贪食。具慧修行者，不共他不净，大小床上卧，不应仰或覆。不应数数食，不太少太多，亦不应绝食，不食可疑食。不乐诸奇事，不观诸调戏，不触妇女境，不应起贪心。安住咒法者，身语意三业，于饮食威仪，皆应善防护。在家持咒者，不著柒色衣，陈旧及垢秽，

亦不著一衣。不应自菲薄，不应不自爱，亦不应厌患，不可任痛害。除得本尊许，不应舍密咒，莫愚毁明咒，精勤莫放逸。意勿向余散，莫起诸杂念，无贪不净心，行者诵密咒。莫修驱逐法，护他及遮法。不以自他咒，持诵禁恶毒。除为修成就，咒不作余用，亦不用自咒，较量及考验。智者三时诵，应三时沐浴。"又云："行者于初八，或十四十五，及神变月半，尤应修供养。持诵护摩供，如是受律仪，尤于诸福业，当殷重勤修。"又云："如明咒律说，应作不应作，及学处律仪，行者常应思。贪著自安乐，昼夜应尽除，以后当作此，系念不应散。若日间放逸，夜分当悔除，夜作次早悔，善作当庆喜。诵烧皆当净，胜咒及律仪，诸明咒调伏，行者善安住。"祗萨惹者，谓黑芝麻豆米合煮之粥。

未入曼陀罗不应传咒者如《总续》云："若未善见坛，设传授诸咒，彼不得成就，死后堕恶趣。若为彼宣说，咒印及仪轨，自犯三昧耶，堕号叫地狱。"若未于四部随一曼陀罗而受灌顶，不可唯依随许法而修诸尊及授诸咒。设作是已，净除彼罪之法，如前续云："如说三昧耶，设若误毁犯，彼当善持诵，心咒十万遍。或诵一千遍，无痴心总持。或息灾护摩，或更入坛场。"《札拏经释》《宝炬论》中，先说彼等三昧耶已，次云："诸三昧耶我从事部中集，大瑜伽部诸瑜伽师，由处时增上及意乐增上亦应如理护持。又自谓是大瑜伽部诸瑜伽师，若即不乐洁净不善防护，不应道理。以意乐增上，虽事部中亦有开许，如云，随净或不净，用食未用食，任沐浴与否，念本尊即成。是故大瑜伽部诸瑜伽师亦不应违上说三昧耶也。"此谓非但受事行部灌顶者，应当守护。即受无上瑜伽部者，亦须守护。故应善知彼三昧耶及根本罪，慎防莫放诸根本罪。设犯余罪亦莫舍置，如云昼犯夜悔，夜犯昼悔，如是悔除令净。

癸三　住三昧耶先应如何承事分二：子一　须承事之理，子二　承事之次第。　今初

《后静虑》云："说密咒静虑，为最胜秘密，诸苦行大仙，离彼亦无成。"此说若无下说二种静虑，虽持禁戒具足难行修密诸仙亦无成就。《大日经》《成就品》亦云："欲得广大慧，或欲得五通，及持明成就，或长寿儒童，乃至未承事，彼即不能得。"事行两部皆同此理。《苏悉地经咒相品》云："应观部自性，势力及事业，当精勤承事，顺自意密咒。"谓于三部曼陀罗中善得灌顶，具足菩萨律仪，咒三昧耶，善巧修行次第，如《苏悉地经》及《妙臂问经》所说处所及具德相助伴等皆悉具足，应先修习二种静虑及诸支分而为承事。

所得灌顶如《总续》云："于佛部坛中若善得灌顶，此即成三部、坛等阿

阇黎。"此说若得佛部灌顶，即成三部。得莲花部灌顶，即成二部。得金刚乘灌顶，唯成一部阿阇黎耶。然随所修何咒，须得彼咒念诵传承。

子二　承事之次第分二：丑一　有念诵静虑，丑二　不待念诵静虑。初又分三：寅一　四支念诵静虑之前行，寅二　四支念诵静虑之正修，寅三　四支念诵静虑之后行。初又分四：卯一　先于房中所修，卯二　出外沐浴入佛堂法，卯三　著衣入座加持供物，卯四　守护自身及其处所。　今初

每日初座，早起床时，及余座首，于三部中随修何部，即结彼部三昧耶印诵持密咒。谓平仰两手略屈二食指，置于头上，诵云："嗡达塔迦达，邬跋瓦耶娑诃。"又合掌如莲花开敷之状，置于心间，诵云："嗡碑玛邬跋瓦耶娑诃。"又二手背相著，二大指二小指相钩，置于脐间，诵云："嗡斑唿邬跋瓦耶娑诃。"如其次第，尊胜等为佛部，观自在等为莲花部，金刚摧坏等为金刚部咒印。

次缘十方一切诸佛，诵云："嗡萨瓦达塔迦达，迦雅，瓦迦，即达，斑唿般拏梅那，萨瓦达塔迦达，斑唿跋答，奔答南迦热弥。"以此咒礼诸佛。

次供自身，诵云："十方一切诸佛菩萨，我今乃至未证菩提，一切时中毕竟供养，维愿诸佛诸大菩萨哀愍纳受，赐我无上悉地。"

次当皈依发菩提心，诵云："乃至证菩提，皈依佛法僧，为办自他利，我发菩提心。谨请住十方，诸佛菩提听，我为大菩提，今发菩提心。"次用忿怒无障明王咒印守护。印者，两手诸指互握成拳，二手小指并竖，二食指端相著，二大指按其侧。咒云："嗡斑唿卓答摩诃跋罗，诃那答诃，跋唿毗朵那萨，邬促沙摩，卓答吽泮。"于受饮食大小便时亦可以此守护。次于心间月上观想毗卢遮那自性摩字，头上想不动佛自性诃字，二字皆有焰鬘围绕。诵云："嗡娑跋瓦虚答，萨瓦答摩，娑跋瓦虚朵吭。"应当信解自性清净。

次出房外，嚼齿木等，扫拭佛堂。

卯二　出外沐浴入佛堂法。

次为沐浴，往无多人及无怖畏河中，两手手指向外交叉钩合，二手食指并竖，二大指置食指之前，以此印触净土，诵云："嗡尼喀那瓦苏得娑诃。"取土分为三分，安置净处，此亦结前所说三种三昧耶印随其所应之一而后取土。

次以大指压小指，余指作金刚杵相，两手相交互按其臂，上齿压下唇，作忿怒瞻视，诵云："那末惹那札雅雅，那摩军札斑唿巴拏耶，摩诃药叉茜那巴达耶，那末斑唿卓答雅，得雅他，嗡胡鲁胡鲁，底叉底叉，奔答奔答，诃那诃那，阿弥得吽泮。"以是甘露明王自护。次诵："嗡诃那诃那，阿弥得吽泮。"两手内握，食指伸竖，从头至足周遍打触，以除身中魔碍。次诵："嗡斑唿阿格尼，般底巴达耶娑诃。"平仰两手小指相钩，二无名指按其中，二中指

并竖，食指屈著彼第三节，大指并合于中，结此印而披金刚甲。又即前印二食指分离如金刚杵形，是为金刚甲印，诵"那末惹那札雅雅，嗡喀格黎吽泮。"即以印触头肩心喉等处而为披甲。

次诵"那末斑嗲雅吽，诃那都那，摩他毗底萨雅，邬萨惹雅泮。"左手大指按中二指，食指小指相钩如环，触中二指中节，右手中三指如金刚杵形，按于腰部为除碍印。经说当以此印触土或水而除魔碍，故应先触土水。

次诵"那末惹那札雅雅，那摩军札班嗲巴拏耶，嗡诃那诃那，斑嗲拏诃。"以此咒水。诵"嗡格黎格拉，班嗲吽泮。"左手大指按小指甲，余指结作金刚杵形，为格黎格拉印，以印触水，即以此水撒地。

次诵"嗡班嗲诃惹吽。"七遍咒土。取土一分，身入水中至没脐处，用巾洗浴。次以第二分土洗手，诵"嗡虚底密底，答日尼吽诃。"右手平仰，食指置大指前，以大指按食指中节，为妙音印，即以此印洒净。《妙臂问经》说于此时洒净。胜菩提师似许以此咒印而为洒净。

次诵"嗡苏悉底迦日娑诃。"结髻守护。次取第三分土，诵"嗡布惹嗲拉吽泮"加持。右绕向日而自涂身。

次诵"那末惹那札雅雅，那摩军札班嗲巴拏耶，摩诃药叉茜那巴达耶，那末班嗲卓答雅，当卓达迦札，碑惹瓦雅，得雅他，嗡阿弥达军札黎，喀喀，喀黑喀黑，底叉底叉，奔答奔答，诃那诃那，迦嗲迦嗲，毗婆札雅毗婆札雅，萨瓦毗迦毗那雅迦那，摩诃迦拏巴底即毗达，阿那达迦惹雅娑诃。"右手平仰，屈中指，无名指，以大指端按之，食指小指稍钩，作扰水印扰水。再诵"嗡惹得惹得，补答雅娑诃。"撒三掬水供养三宝。次诵"嗡阿弥得吽泮。"于自顶上注三掬水。次洗手已，仍以前咒注三掬水自灌其顶。运意奉请本尊住莲花上，诵"嗡萨瓦达他迦达，阿弥达娑诃，"而为沐浴。

次往佛堂念诵。先于水中诵咒二十一遍。《苏悉地经念诵品》云："未防护不净，随所诵真言，彼所持诵数，智者不应数。"此说未善清净正沐浴等所有念诵，不能满足持诵之数。故当安住清净。如或不能广作沐浴，得用土水善洗诸垢。如《妙臂问经》云："五土洗后三洗前，三洗左手双手七，或是任用多土水，乃至垢净而善洗。"

至佛堂前，净洗足已，向东或北而作洗净。次入佛堂，现前缘想敬礼诸尊，应持诵入三昧耶咒，"嗡毗惹嗲毗惹嗲，摩诃班兹，萨达萨达，萨惹达萨惹达，达惹伊达惹伊，毗达摩尼，桑巴那嗲尼，达惹摩底悉地，阿止当娑诃。"

卯三　著衣入座加持供物。

次以香水注于掌中，随其所应，诵三部心加持，洒自顶上，除诸污秽。

以甘露瓶真言加持，洒于茅草等座。于彼座上结吉祥坐或莲花坐或金刚坐。次于右腕系珠索，右无明指系净罪茅草环，及以绸绫，如上所说作顶髻状。此中珠索，谓以童女所捻之线，和合单数为绳，结单数结，中系自部念珠一粒，持诵自部真言。如诵"嗡如如苏普如，佐拉底叉，悉地罗唛内，萨瓦阿惹他，萨答尼娑诃。"或诵"敬礼三宝，敬礼观自在菩萨摩诃萨，若有见闻者，及触并忆念，我愿治一切，有情诸疾病。得雅他，迦制，毗迦制，冈迦制，迦制，毗迦制，冈迦制，薄伽嚩帝，毗唛耶娑诃。"或诵"嗡姑伦答日，奔答奔答，吽泮。"如其次第即是佛部莲花部金刚部珠索明咒，亦即彼部佛母。此中胜利，如《苏悉地经明咒毗奈耶品》云："由此则不为，碍神所障蔽，诵此能清净，速得诸悉地。"

系茅草者，如前经云："由别诵三部，三字心真言，茅草能净罪，系于无明指，唧那唧，阿热利，班唛职，供养及持诵，护摩恒当持，行者恒持此，能令手清净。"又于珠索涂之以香，诵咒百遍。用绸绫或红布所作之顶髻，咒以下说咒衣之咒。衣服亦以彼咒咒而披著。次以雷击木，或苦楝木，尸林株杌，或用栴檀，或用余木刻三股杵，善为洗濯，涂红栴檀，生为忿怒苏悉地尊，迎请相同智尊修供养等。次诵"嗡都那班唛哈。"初安住时千遍，余时七遍。祷云："维愿世尊哀愍我故，住此办我一切事业。"于修供养等时左手持此羯摩金刚。每日供养诵咒七遍。《苏悉地经》说由持此杵故，一切魔碍毗奈耶迦恐怖逃散。

次先修皈依发心，次体三部一切业咒，或诵前说"那末惹那札雅雅"等甘露瓶咒加持香水，以洒水具遣除花等之魔。次诵部主密咒，或诵部心"唧那唧"等，随其所应，以左手中香水洒净。

次以上说除碍印，右手三指如金刚形握左中指，为增威光印，置香花等上，诵增威光真言，想诸供物皆成殊妙天物。"嗡得唛得唛，萨尼悉底悉达雅吽泮。"又"嗡底北底北，底跋雅，河北夏摩诃夏惹雅耶娑诃。"又"嗡左拉左拉雅，奔达日吽泮。"如其次第即三部咒。次诵上甘露瓶真言加持，及随其所应诵部心真言。

卯四　守护自身及其处所。

次以上说除魔碍之咒印，或随所知而护自身。再诵三部一切业咒，或诵甘露真言，从"那末惹那札雅雅"至"阿弥得吽泮。"加持香水遍洒自身除诸魔碍。若诵"嗡掌奔答娑诃。"或"嗡那末摩诃希雅耶，娑梅悉底悉底萨答雅，希毗希毗迦日，阿巴哈，萨瓦阿塔萨答尼娑诃。"或"嗡阿格利格拉，班唛吽泮。"如其次第即如来等三部一切业咒。

次为护处所故，应修护轮，诵"嗡格利格拉班唧班唧布惹，奔答奔答吽泮。"加持香水七遍，洒一切处。两手中指与无名指互结如环，指端相触，小指食指并竖，大指作橛状触地形，是为橛印。诵前说咒，想于诸魔钉忿怒金刚橛，令无转动。诵"嗡苏悉地迦惹左利达，阿难达母达伊，左拉左拉，奔答奔答，哈那哈那，吽泮。"加持烧香而熏，想缚上空诸天。此是三部总咒。如来部说"嗡左拉吽。"莲花部说"嗡北弥尼巴迦瓦帝，摩哈雅摩哈雅，哞伽答摩哈尼娑诃。"经及仪轨，皆未别说金刚部咒。次随所应以彼部心加持香水，遍散周围。诵"嗨嗡阿弥柁巴瓦，邬巴瓦吽泮，那末惹那札雅雅，那摩珍札班哞巴那耶，摩诃药叉茜那巴达耶，嗡松巴尼松巴吽，格哈那格哈那吽，格哈那巴雅格哈那巴雅吽，阿那雅贺巴迦嗨，毗雅惹哞吽泮娑诃。"想以此咒系缚十方一切魔碍。此是三部明王密咒。

次将橛印二大指向上立，是为墙印，诵"那末惹那札雅雅，那摩珍札班哞巴那耶，摩诃药叉茜那巴达耶，得耶他，嗡萨惹萨惹，班哞札迦惹吽泮。"想金刚墙围绕无少空隙。次将墙印向下而绕，诵"那末惹那札雅雅，那摩珍札班哞巴那耶，摩诃药叉茜那巴达耶，嗡毗朴惹叉。班哞巴尼吽泮。"想金刚墙上有金刚网帐。

次诵甘露瓶咒及"格利格拉"咒结印，加持彼等。《苏悉地经》说于房屋周围，恒以彼二明王加持金刚墙网橛。

次结为拳，大指压诸指甲，食指外伸，从中旋绕，诵"那摩萨扪达，班哞尼，嗡达惹达惹，都如都如，摩札摩札，奔达奔达，萨瓦札阿札底哈得，萨西梅萨摩奔答，姑如姑如，达惹达惹，萨扪达班则，姑如阿摩类，姑如那，摩耶都达耶都达耶，巴惹巴惹，迦惹迦惹，苏弥摩萨扪达，毗朵那萨耶左拉雅娑诃。"想墙各方火焰炽然周遍，而为结界。

寅二　四支念诵静虑之正修分二：卯一　四支念诵静虑，卯二　依彼如何念诵。　　今初

《后静虑》云："于彼天身处，最初供养已，智者瑜伽处，于前想善逝。"此说先供诸尊，次自修为本尊。释论中说："供养为例，亦应洁净守护自身处所请本尊等，以若不修彼等，更无供养时故。洁净等事于一切法皆当了知。"佛密论师许是次第。《苏悉地仪轨》说先自修为天身，次迎本尊修供养等。若就修行次第，前说似稍便利。然此多依胜菩提说，且如后释。

此中分二：辰一　自起为天，辰二　前请智尊修供养等。　　今初

端身正坐，从胜妙境内护诸根，项如孔雀，令出入息徐徐游行，两眼微开下视鼻端，齿相密合，舌抵上颚，遍缘无余诸有情聚，欲于苦中救护彼等，荷负重担发大悲心。为利彼故愿得无上菩提，当发大菩提心，集修福德资粮。以住此心所修众善，皆能引发一切种智，由此加持诸善，即在生死亦能引发

无边安乐。

次当修胜义菩提心,如《后静虑经》云:"后解脱诸支,无二种分别,细不动明显,慧观现在前。"谓彼外道遍计之我,虽于名言亦定非有,故唯于五蕴假名为我。如是即是我之真实。时者,谓于迎请本尊修供养等之后。如何修者,谓依胜义观慧正观察时,非是他身眼等诸识所能分别,我亦不能分别他境。于胜义中头等诸支,亦皆解脱不成实故。此破真实能取所取,显示二空。即是明我真实。然如梦心,由内错乱增上现显为境,谁能破除。若执二空识为实有。此亦无少自性最极微细,故名曰细,此显我之胜义真实,离于一切戏论之相。修彼之法,由不动等显示,至下当释。胜菩提论师与佛密论师所说义同。

如我真实于胜义中永离一切戏论,天之真实当知亦尔。此二如水乳合不可分离,于此无分别光明门中,修我与本尊合一之慢。于无所显,自心明了决定,而修静虑,即胜义天。如是修习人法我空之空性者,与余续部在修天前,先诵"娑跋瓦"等真言而修空义,同一关要。从彼定起,缘尔时本尊之真言音相,是为声天。《苏悉地仪轨》中未说此法,于此中间说修彼心如月轮相。此义二师相同。次想尔时咒字之相于空中现,犹如写成。如净水银吸诸金沙,想于我及本尊真实无分别行相心,所变月轮之上,次第安布,是为字天。《苏悉地仪轨》中说为所诵之咒,二大论师皆未明说何咒。若是佛部,修尊胜咒,"嗡噻娑诃。"若光明天,谓"嗡玛日则芒娑诃"等。短咒亦可。如是莲华部修观自在等,金刚部修金刚摧坏咒等,亦当了知。佛密论师但说次从月轮放光。此当如胜菩提论师所说,从月及咒放种种光,光芒皆有所修天像,遍虚空界,化为大供养云,供养一切诸佛。又从所化大云降甘露雨,息灭地狱火焰令彼安乐天。像光明次皆收回入于自心月轮。修成尔时本尊,而起与自不异之慢,是为色天。灭地狱苦是例,亦可息灭余有情苦。

次修印天,如《后静虑》释云:"从彼起已,以白毫顶髻等印,印诸支分。"此如诸续,说结顶髻白毫眼目等印,诵彼真言。即以诸印触著彼处,加持三部诸天之顶髻等,此即替代余部加持眼等。若未能作如是修者,胜菩提论师云:"次结本尊三昧耶印,加持心额项肩。"即以前说三部之三昧耶印咒加持。例如尊胜、楞严、文殊,当以佛部咒印加持,一一应知。第六天者,如《后静虑》释云:"有世俗三摩地相。"又说名"有分别天",余处说名相天。即是修已生起之本尊也。

如是修六天者,《后静虑》云:"我性如是已,由真言识修。"释此义云:"真言识谓六种密咒,即是六天。由彼熏修内心相续,即名修彼。"《金刚摧坏经》广本中明显宣说。佛密论师《金刚摧坏释》引文云:"瑜伽师先洗,安处金刚座，供白修六天，空性字声色，印相是为六。"又云："诸佛菩萨，由空性等六种菩提，成金刚手。"此代余部以五菩提而生本尊。《后静虑释》释此理云："此且总说真言识修次第。若有余处说余相者，亦应作如是修。"此说事部中起天瑜伽法，与此同或不同，皆应依之修习。修六天有二种，一于六天依次思惟，及于天身色三昧耶形等依次思惟，于多所缘多行相转，是为静虑修法。二于静虑所思天身，不思多相，专一而住，是为三摩地修。三摩地者即是心专一趣义故。此如《后静虑》云："由真言识修，护住三摩地，命力善防护。"初句与"住三摩地"者，显示二种修法，余文明于三摩地修时，防护命力。

修此次第，谓如前说身善安住，不散分别，乃至色天如次修习。先取自为本尊之慢，次当知从眼耳鼻口脐男女根，不净孔发毛孔，出入之风，是名为命。力谓忆余所缘向彼流散之念。防护彼二，谓止出入息，如龟藏六，似舌饮水，如是由上行风，身内一切游息，及于诸根聚落任运散动非等引意，向内收摄。如屋内人向外观望，眼稍合闭，面略上举，缘自为本尊身，专一等住。命力义如是者，以前引《大日经》即可成。立又，命如上释，力谓止出入息断其散动。随自堪能如是摄持，至不能时，徐徐放息，观自为本尊。次仍如前修。修习疲劳休息之法，至下当说。此中须于明显天身，生三摩地心久安住。良以风是心马，能摄持风则于一境心易摄持。依此密意故《后静虑释》中，说摄持风。如云："心如国王，为念定作意等眷属围绕，乘于命马。若能捉其命马，则亦擒获心王及其眷属。余处亦说应灭其命，由灭命故，能摄自心及念慧等。"修习静虑虽须防护，然彼多所缘转，非如修三摩地趣一所缘而善防护，故但云"护住三摩地，"未说静虑。

此修几久，如《金刚手灌顶经》说："乃至获得一切威仪，能以明显天身及天慢心遮庸俗慢。"是故唯于天身明显持心，犹非具足，须天慢坚固于彼心。此等当于无上部生起次第时广说。无上部中于天瑜伽坚稳之后，方说持风之风瑜伽，此中则说与于天身持心同时而修。胜善提论师，虽未说此，然佛密论师显释续义，极为重要。若于六天，同时修风瑜伽，及于天身持心，则以先请智尊修供赞等，极为便利。后请智尊等，次第不便。若是初修，次第当如佛密而修。若已承事，次作灌顶，依瓶沐浴，并修自他悉地等时，两种渐次随修皆可。若后修自起者，尔时亦修供赞，可如余师所造诸事行部仪轨而修。若先修者，以前曾未别修，故可同时修供养等。

修自起时，诸余论师，说圆满修各各诸尊。此二论师，则说先承事时修自起者，但修各部正尊即可。若已承事，于后修自他悉地时，则自起中所说诸尊俱修为善。

钩入智尊灌顶及印证等,可依余师所说修习。以二论师未说不修,故不相违。

密宗道次第广论卷三终

密宗道次第广论卷四

事部道次第品第二之二

辰二　前请智尊修供养等分六：巳一　起所依处，巳二　请能依天，巳三　示印，巳四　供赞，巳五　行忏悔等，巳六修四无量。　今初

于自前方陈设绘像等处，想有众宝所成地基，金沙遍布。诵"嗡唥拉毗吽娑诃，"而加持之。再想其上有香乳海离诸垢秽，青红莲等众华庄严，无量宝鸟飞翔其上。诵"嗡唥摩拉答哈吽"而加持之。次想海中有须弥山四方四面级甃庄严，金银琉璃玻璃所成。周匝丛生妙如意树，千座尊胜幢幡为饰。又想其上有大莲华众实庄严，具足种种奇珍为瓣，纯金为蕊，玻璃为珠。莲实之上银丝围绕，量广多蹢缮那，从须弥山中出。又从此生百千万亿妙莲华网。敬礼合掌互相交叉，以右大指按左大指，诵"那摩萨瓦达塔伽达南，萨瓦塔邬伽得，帕惹那黑芒，伽伽那康娑诃"百遍而加持之。刹那于上想有宝盖。此处虽未说修宫殿，然仪轨中下说，送回宫殿，故亦当修。于前莲华中心，或如余师不从字生忽尔顿现，或从嗨字出生。后生莲华为诸尊座亦可。

此二论师于自起时，未说出生宫殿及诸座位。余师修法，则说出生狮子座等、莲华月轮、诸有情座，并说尊胜佛母于塔中出生等。

巳二　请能依天。

迎请须用阏伽，故当先修阏伽。其器或用金银木石，或诸余物。一切吉祥谓赤铜器。若修息灾及上悉地，用大麦及牛乳。若修增益及中悉地，须用胡麻及酪，若修降伏及下悉地，用牛尿及粟米，或血阏伽。通一切羯摩吉祥者，谓用米花、涂香、白花、茅草、胡麻、净水，配合陈设。熏以烧香，诵前所说或明王咒，或总部心，或各部一切羯摩咒，或诵迎请真言七遍加持阏伽。

次向前面绘像等处礼拜，以膝著地。诸指内交仰手向上竖二食指，摇二大指结召请印。诵云"由信三昧耶，世尊请速降，受此阏伽供，维愿爱念我。"次于咒尾加诵"鄂黑耶醯"，捧阏伽器，若是佛部齐额供献，于余二部平胸及脐供献。观想自类智尊降临。

所用真言，《苏悉地经迎请品》说，以明王真言请天子，以明妃真言请天女，或以各各咒请。若以总部心请最为殊胜。如请尊胜佛母即诵"唵那唵鄂黑耶醯"。又所请天，若坐若立若侧，应亦作是状，用阏伽迎请。若不能如所说而办阏伽，应求容恕，随有而请。

请几尊者，《后静虑》云"具足密咒等，众明咒忿怒，皆向如来身，满定故常住。"释云："于自前方想有佛身，刹那而想明咒、密咒、忿怒使者及使女等，遍虚空界周匝围绕，自亦任持天慢安住其中。以明咒等常住佛前，故持咒者，亦应修天瑜伽向佛而住。"

次结前说莲华部之三昧耶印，是即莲华坐印。即从此印，三指如金刚杵，是为金刚坐印。从此印二中指相并，是为勇士坐印。此等真言，谓"唵迦摩拉雅娑诃"，又"唵班匝阿萨尼吽泮"，又"唵班匝迦吽泮"。由此咒印奉献诸尊适宜座位，奉座请坐。或可诵"善来大悲尊"等颂，及"愍我及众生"等颂，奉献座位。

巳三　示印。

次诵"向迦热萨摩耶娑诃"。右大指按小指，余指作金刚形，示此三昧耶金刚印。次示下三部印，诵"唵那唵"等三心咒。印者，两手互握为拳，示二大指。又即此印左手大指内收，示右大指，又示左手大指。如其次第是三部印。

次应结诸部大三昧耶印旋绕，于诸随来魔碍所作一切障难，成大守护。若不能行，当诵尔时明王真言加持芥子，驱逐随来魔碍。

巳四　供赞分二：午一　供养，午二　称赞。　今初

诸供养物，应如前说辟魔、清净、增长威光。《苏悉地经》说以供养咒及各部真言清净，应如是修。

次小指无名指向内互钩，二手中指并竖，食指钩触第三节上，二大指附其侧，结阏伽印。诵云"善逝薄伽梵，请降临住此，受我阏伽供，维愿证知我，敬仰于世尊"。又于本尊咒后加诵"阿冈札底刹娑诃"，供献阏伽。

右拳食指与大指作钳状，取浴足器内花，作诸指渐放印。诵前颂文，于阏伽处改为浴足，咒后加诵"唵札瓦惹茜迦让，札底刹娑诃"，供浴足水。

若能办者，次于镜中现影像而浴佛。若不能办，则可平仰合掌，食指与大指端相合，结浴身印。诵"唵萨瓦得瓦达，阿臻底，阿弥达，娑诃"，想以

金等无量宝瓶香水充满，成香水云而浴佛身。次自运意供养衣服庄严，奏诸伎乐，运意演唱赞美歌音。

次右手结施皈依印，左手擎其腕，是为涂香印。诵"清净从净生，诸天妙涂香，我今信供养，受已爱念我。阿诃惹阿诃惹，萨瓦毗雅，答日补唧得娑诃"，奉献途香。唯除灯明，余三供养咒亦如是。

两手诸指交叉，二食指端在手内相钩作环状，大指附著其侧，形如莲华是为花印。诵"清净从净生，诸天微妙花，我今信供养，受已爱念我"，供献妙花。

两手小指、中指及无名指互相附著，前前指甲背处稍屈，二手食指别竖，二大指附其侧，为烧香印，诵"可意林精华，和成天妙香，我今信供养，受已爱念我"，以此供香。

由仰合掌，略屈食指，为饮食印。诵"可意药精华，此诸真言食，我今信供养，受已爱念我"，以此供食。

大指中指并竖，手握为拳，是灯明印。诵"吉祥除损害，善妙遣黑暗，我今信供养，愿受此灯明。阿罗迦雅，阿罗迦雅，毗雅答日补唧得娑诃"，供献灯明。

经说各部各尊，应供各别供物。若未能办，他部供品，可用余部真言加持而供。阏伽以下诸供若不能办，经说以彼咒印运意明显观想而供。彩绘花等亦可供养。纵有供品，亦须运意为先，故说意供最为殊胜。如是随力修供养已。前说加持处所真言，此处亦当诵一百遍。

午二　称赞。

次如《苏悉地经》所说，当赞三宝及三部主。"依怙具大悲，大师一切智，福田功德海，我敬礼如来。清净离诸欲，善故脱恶趣，纯一真胜义，敬礼寂灭法。解已说解道，善住诸学处，具功德胜田，敬礼诸僧伽。受持童子身，庄严智慧炬，灭除三世暗，敬礼妙吉祥。诸佛所称赞，修集妙功德，名称观世音，敬礼常悲者。大力忿怒身，善哉持明王，降伏诸难调，敬礼持金刚。"又当念诵本尊别赞。次诵百遍出生赞真言云："那摩萨瓦布答薄底萨埵南，萨瓦札，桑姑如弥达，阿毗贾惹，希尼那末都得娑诃。"

巳五　行忏悔等。

于先造罪猛利追悔，具足坚固防护之心后不再造，当悔罪云："一切世界中，所有诸如来，菩萨阿罗汉，愿皆证知我，于我一切生，所造诸罪障。在生死海中，往生及现世，由贪欲愚痴，恚怒所愤发，于佛法僧伽，师长及父母，阿罗汉菩萨，随一供养处，并余有情类，有德或无德，自造诸罪业，及教他令造，或复少随喜，放逸微细罪，身语意所造，总集尽无余，我今如现对，诸佛菩萨前，至诚恭敬礼，以厌患心意，合掌将诸罪，数数而忏悔。我所造众罪，如佛所现知，我今如是悔，后终不复造。"又当勇猛至诚皈依，诵"为灭众生苦，我乃至命存，恭敬正皈依，佛法及僧伽。"次诵"于诸正法财，等住我随喜，为生无分别，故请转法轮，至所化满足，愿不入涅槃。如昔诸佛子，所发宏誓愿，我亦以善心，如是发宏誓。愿一切有情，安乐静无病，愿能作众事，亦具足功德。有财能施舍，慧忍信善法。有情一切生，能忆及悲愍"。于此等义专意念诵。

巳六 修四无量。

次缘一切苦恼众生，发悲心，愿令离一切苦。发慈心，愿令得一切乐。发喜心，愿令享成佛之乐。发舍心，愿令证无上大般涅槃。

次诵"令无边有情，息灭一切苦，度越诸恶趣，解脱众烦恼。逼迫三有中，所有种种苦，为救护彼故，我发菩提心。我愿常救护，一切苦众生，无依者为依，无怙者为怙，无皈者为皈，苦者令安乐，我为一切众，息灭诸烦恼。此生及他世，所修诸善业，维愿悉皆成，福智二资粮。我由六度门，精进所修习，愿彼能饶益，一切诸有情。无边生所修，或复少修习，总为诸有情，息灭一切惑，度脱而精进，乃至证菩提"，为欲度脱苦恼众生发菩提心愿当成佛。决定令与身心相应。

面前所修之天，二大论师，皆许为迎请之智尊，未说新生。余师则谓前请之天为资粮田，修资粮已，自起为天，钩入智尊，修习念诵。仅有少数说缘前面天而修者。修天疲劳次修念诵。修天瑜伽为修悉地之正方便，故今此中，如前所说，于自所起天身，明显持心为主。亦于时时明观前方如自之天，随力持心。此二即四支念诵中二种事支。

卯二 依彼如何念诵分三：辰一 预备数珠数念之法，辰二 缘何所缘念诵之法，辰三 遇障重修念诵之法。 今初

如是乃至未厌烦时修天瑜伽，修厌烦时当作念诵。数珠之质，《苏悉地经》中说，佛部用菩提子，莲华部用莲实，金刚部用茹惹夏最为第一。此若不备，可用木槵、海螺、水晶、真珠、珊瑚、摩尼、牙骨、泥土所作，或余草子。《妙臂问经》说锡铜鍮亦可作珠。

数量，或一千零八，或一百零八，或五十四，或二十一。摩尼等须钻孔，及以牛身五物洗净。珠索，以童女所捻三股线穿贯作结。将珠捧于手中，顶礼师长本尊，诵三部真言百八遍。"那末惹那札雅雅，嗡阿部得，毗哆雅，悉得悉答退娑诃。"又"那末惹那札雅雅，那末阿雅阿瓦罗格得，穴惹雅，薄底萨埵雅，摩诃萨埵雅，嗡阿弥当，迦雷希耶希摩利那娑诃。"又"嗡格日格日，热只尼娑诃。"如其次第即是佛等三部真言。此是最初加持念珠时修。后

念诵时，合掌敬礼师长本尊，捧珠手中，念诵真言七遍，"嗡拔伽瓦帝悉地悉答雅，悉答退娑诃。"又"嗡巴苏摩底，希耶娑诃。"又"嗡班唥雅唥达那则耶娑诃。"如次即彼三部真言。平胸持珠，随用左右一手，伸中指与小指，食指置中指后，于一切业皆可以大指及无名指数。于降伏事，则以食指数之。《妙臂经》说，诵时应持前说之羯磨杵。若未备者，应结金刚拳而念诵。

辰二　缘何所缘念诵之法分二：巳一　缘字形念诵，巳二　缘字声念诵。初又分二：午一　缘前尊心间字形，午二　缘自心间字形。　　今初

《后静虑》云："住声心及事，咒依不变事，不失支诵咒，疲于自休息。"意谓：应当诵咒，持诵之法谓不失支，即不舍弃四支而诵。事有二种，初谓自住天慢，二谓于前修为如自之天。心谓于前尊心间所立之月轮，即第三支，声谓于月上安立所诵之咒鬘，即第四支。住彼等者，谓持诵者相续缘彼系著不舍。自缘何事修习念诵，即于彼事极善修习。令天明显无有退失，故云依不变事。即是声心之咒，所安立处之事。总谓如前所说防护命力，由具四支念诵门中，俱时缘虑前尊三支而修念诵。放弃息时，观自所修天身。次仍如前修习。休息者为除散乱故。于自事休息，即异熟身。谓于自身舍天身观，想异熟身而从定起。舍观渐次，由缘字形，而舍持诵咒字之声。由缘无字月轮，舍彼字形。次由但缘佛身，舍彼月轮。由唯缘自天身，舍前尊身。由缘字形，舍自天身。由缘字声舍其字形。由缘智身，舍其咒声。由缘法身舍彼智身，此即缘无所得我之真实。复想现似幻化阳焰等异熟身。此即于自休息之义。"由缘字形舍自天身"等者，即初修本尊时所观字天、声天、月轮，及自与天真实合一之慢，我之真实离戏论等。此中休息，说为止息散乱，故若戏论散乱起时，当渐收摄所缘，最后住于空性。次于如幻起定。故起座时，不应不持本尊之慢。余师依止事续所造修天仪轨，亦多宣说一切威仪当持天慢。

午二　缘自心间字形。

《后静虑》云："从事中起事，具足不变字，如是自咒观，应想意清净。"言如是者，谓除前说，显余所缘，即应想意清净。从意所生故说名意，即是心间月轮。无贪等垢，具一切分无垢光明，故名清净。此复具足真言字鬘。由善修习光明不变，故是不变诸字。意现为月具足诸字不变不离，故名具足不变。观是月轮，是为安立自咒处所。

总谓如前所说防护命力，于自面前较自略高非太远处，修如来身。想彼心间月轮安布咒鬘，转于自修为天之事。谓入息时，想随息入，移入自心，乃至未放息时缘彼念诵。若放息者，与息俱放，还住天心。次复如前移入自心而诵。

巳二 缘字声念诵。

《后静虑》云:"由防护命力,收摄钩录意,合密咒明咒,当修意念诵。即以此仪轨,或复小声念。求明咒悉地,莫作余念诵。"缘咒声之意,当合咒念诵。此应如前所说防护命力,将彼任运流散非等引意收摄钩录。谓先明观四支念诵,次不缘念所诵咒形及月轮等,唯缘咒声念诵。此复非如听他诵咒,是缘彼咒所发之声而自持诵。此缘咒声仪轨,或意念诵、或小声念。《释论》中说,若护命力,则不能作小声念诵。经说防护命力及以两种念诵,释谓此于前二(缘字形之二种)亦当例知。

若尔三种所缘,一一皆有二种念诵,何者应先修耶?从粗渐修,先当小声念诵,若能于彼心不散乱,次护命力修意念诵。《释论》中说:"初于天月咒鬘三法,为三所缘。中于月轮咒鬘二法为二所缘。后唯缘声为一所缘。"每一补特加罗俱须渐修此三。若胜菩提论师,虽仅说缘自与前尊心间月轮所布咒鬘而修念诵。今依佛密论师详释经义。天竺余师依止事部所造仪轨,亦有说想咒鬘放光供养诸佛饶益有情。

正念诵时如何行者,《妙臂问经》第五品(汉译第六品)云:"诵时不应太急缓,声不过大莫太小,不共他语不缘余,字体勿令有缺失。"又云:"懈怠贪爱不善心,随于何境起散乱,速从彼境回其心,善住密咒最胜字。"《苏悉地经》如上已引,谓正诵时,除缘尔时本尊等境,虽余最胜所缘,亦不应起作意。息灾增益宜缓,降伏念诵可令他闻。

念珠,初用及最后时,应礼诸尊。珠串满时,当用目视彩绘等像,或塔或座。

念诵时量,上午应修一时。初夜后夜各修半时。日中,或修半时,或三分,或四分,或略念诵。昼日念诵者夜作护摩。夜间念诵者昼作护摩。念诵终了若作护摩最为第一。

念诵数量,如《苏悉地经》说:"十五字以下,应随字多少,诵尔许洛叉(十万),若字三十二,应诵三洛叉,字若多于彼,当先诵一万。"不如余部,随眷属多少也。

辰三 遇障重修念诵之法。

如《苏悉地经》说,若念诵时,勿尔昏睡,或复呵欠、嚏喷、謦欬,或失恶气,大小便等。即应置珠,起立经行。次作洒净还从首念。以上所念不能入数。或由放逸诵他真言,意白本尊重修念诵。或遭魔障,或为病苦,或是懈怠,放逸,身心疲倦,修法违越所说时量,或不防护,或不洁净,所作念诵;或是夜间恶梦,昼日未诵部主真言百遍,所作念诵,皆不得入念诵之数。又说若于一处诵至半数,另于余处诵满半数,如此念诵数虽满足,然彼一切皆无义利。前说念诵越时，时非时者，始从日出半轮至一人影，是上午时。日中八时、九时（此是一日作六十四时分），是为中时。下午从一人影乃至日没半轮，是下午时。此为昼间诸时。从日没半轮至初夜半量，是初夜时。从后夜半量至日出半轮是第二时。从中夜起修降伏法，隐身、尸林等法。如修息灾法等则与彼时相违。此是仪轨中说务须了知，以说非时所作念诵，不入数故。仪轨引之"行者念诵毕，当诵廿一遍，部母及部主，常恒为卫护。"三部部主谓妙吉祥、观自在、金刚手。三部部母谓佛眼、白衣、摩摩格。

寅三　四支念诵静虑之后行。

每座念诵满数或余之后，右中指置无名指后，左手中指亦置无名指后，互相交叉，右手食指握左手中指无名指，左手食指亦握右手中指与无名指，两手小指并竖，二大指按二大指之中节，结为瓶印。《献善根》云："我此善根为某悉地之因，今奉世尊，维愿世尊赐某悉地。"有说不念诵时以此手印奉献数珠，念时仍取。是无观慧者之言说。

次求容恕未能全如经轨之过。如前说修供赞。次以前召请印，二大指向外拨，为发遣印。念诵各各心咒，或总心咒，末后加"伽刹"字，想诸宫殿一并发遣。

次仰左手，右掌按上，诸指互交，指端下垂，平心而住，是不平等支印。由左旋绕，诵"嗡呼鲁呼鲁，军札利，摩地格毗娑诃。"解除前所结界。

次读般若等经，修六随念，涂曼陀罗，印制多等。

日日洗涤供器，供奉鲜花，三时礼拜，所著法衣等，须三时咒洗、香熏、洒净、念诵、护摩、供养等时常著上衣，除睡卧时。除睡眠洗浴外，不脱下衣。勿得污衣。加持衣咒，"嗡惹卡惹卡摩那，萨瓦布答，阿底叉那，阿摩唧拔惹娑诃。"如说于承事时施鬼神食。故当施食。又以童女所捻红线，用俱逊婆（红蓝花）或郁金染。结成七结，诵"嗡阿诃惹阿诃，惹奔答尼，许札答惹尼，悉答替娑诃"千遍。夜系腰间防泄不净。

如是上午、日中、下午三时沐浴，修如上说念诵仪轨。《苏悉地》说：半月半月，绝一日食。取黄牛乳、酪酥、粪尿、和水、茅草，咒经百遍，面东蹲坐，置阏伽器，顿服三两，半月所受一切秽恶之食皆当清净。真言即诵"那末拔伽瓦得，邬尼沙雅，鄂毗许得，毗惹唼希，毗馨底迦日娑诃。"又"嗡雅穴刹娑诃。"又"那末惹那札雅雅，那摩军札班唼拔那耶，摩诃药叉茜那拔达耶，嗡希喀希喀，尼摩雷，札北娑日，得左得左拔底娑诃。"如其次第即是三部真言。

丑二　不待念诵静虑分二：寅一　释住火住声静虑，寅二　释声后静虑。　今初

《后静虑》云："咒住火成就，住声给瑜伽，声后给解脱，是此三真实。"此说住火真实，住声真实，声后真实。《释论》说修六天以上，是二种静虑之前行，然于此处亦说现证密咒及明咒之色等。是故生此静虑，亦须先于六天明显相续久住。本尊瑜伽亦须明显而修。

言住火静虑者，《后静虑》云："不分别生法，智者善自护，咒师超支住，无著修静虑。声连合为鬘，字相串不变，如铃声无断，意取著思惟。住火内寂静，语静支具足，思惟止命力，断睡眠为性。"此中最初四句显示先思我之真实，意谓当修静虑。谁能修者，谓持咒师。如何修者，谓应无著。此中著谓执实。著世俗天非此所遮。此复抉择眼等诸支非胜义有，超出眼等住离戏论。住谓不起。安住之理，谓非眼等根识所能分别，不能执取，即是意识。从彼相应所生诸心心所即自，谓自意中不令生诸垢缠防护而住。智者，谓具智慧能观真实。本尊诸咒于彼定中，或如听闻或发音响，此是声天真实，与我真实犹如水乳二合为一。如是思惟瑜伽，若时明显，则彼咒师是已住于声天瑜伽。咒字连合安布为鬘，意于彼中取著思惟。是字形连合为鬘耶。谓彼咒声连合为鬘，经说如铃声故。为令此义决定，说"字相串。"不变者，谓字不断不动，如外铃声相续生故。即于彼声应不执实而修静虑。

次想自为本尊，心间有火炽然，如灯烛焰。复想其中有前所说声鬘而住。此无热等损恼故云寂静。语清净者，无彼微诵意诵之二。其所修咒一一字之支分，无间具足。如是思惟遮掉举故，云止命力。此若不遮，等同畜类无有等引心故。遣沉没者，以除沉分所摄睡眠显示。此非谓是自心默诵之相，是如听闻他人诵咒。自心变成咒音之相安住火中。若时现起不饥饿等内外诸相，如所思惟即能成办，乃至尔时应修此二静虑。《释论》中说外相，谓无饥渴等恼。内相谓由缘火及风加行力故，依止乐暖之三摩地，此于四支念诵之后修之，或余时亦可修。《释论》说此是为发生咒力及住心而修故。住火能令念诵有力，令心安住，故说由此能给成就。

其住声者，《后静虑》云："住声静虑者，谓心间微细，无垢净月轮，其中最寂静，火焰具妙光，彼住不变事，乐住思惟声，或不变安字，唯应思惟声。"于心间思惟微细无垢月轮者，以大则难断分别故。前说彼月轮中所有火焰，于彼安住不变咒字天身之事，其次舍彼，唯缘咒声而修静虑。出息之时，还复缘自天身。此中缘声，不缘天身、月轮、火焰，故与彼四支念诵中二种念法及住火皆不同。所以作是修者，以余论说，修声或息之静虑时，若缘色者心散乱故。通达胜义之菩提心，安住一相谓无余相，故名不变。是故表示此心之月，亦名不变，缘彼月上所布咒字。次应舍彼唯缘声音而修静虑。故与四支念诵缘声不同。彼是先于天身心休息已后唯缘声，此乃先于咒字休息而缘声故，释中如是判别，且就所缘境分。然主要之差别，前于默念之中而缘声音，此则非念诵相缘咒声故。又数说为不待念诵之静虑故。《释论》于此亦说遮止命力之风瑜伽。

寅二　释声后静虑分二：卯一　放舍住声次第，卯二　正释声后静虑。

今初

言声后者，谓于唯住咒声亦尽舍后，为无二之真实。由修习此，脱离二障能得法身自性解脱。《后静虑》云："观待现为支，有声及由意，语净明咒王，舍支佛所知。"此说声后静虑，由修何等渐次能给法身解脱。故此显然说道次第，及于何时修空性之界限。《释论》云："入密咒行诸瑜伽师，由于密咒支分，有声、意诵，语清净时，次第渐舍而得现证法身，故说声后修习法界自性，能给解脱。"言明咒者是举一例，亦指密咒。彼二王者，即自所修天子天女等相。彼支者，谓属彼诸天，即彼一分或彼一时。舍彼者，谓渐舍诸位。此复有四，一待命力苦行及静虑等，咒师自现为天之支，即自现为天身。二有声支，即微声诵咒时。三唯意支，即由意诵咒时。四微念意念二语清净支，即离彼二住火住声静虑，心现为咒声之相也。舍彼等者，谓于前前稳固转入后后。如《释论》云："欲求解脱，从粗渐舍之次第者，谓修收摄、苦行、静虑，及命力等，缘自天像，令最粗三摩地极为稳固。由缘微念咒声之三摩地，遍舍缘最粗定，粗三摩地修令稳固。其缘粗者，又由微细意声三摩地故遍舍。次复舍彼安住最细。密咒分别三摩地中。次复舍彼，欲求解脱当善缘法身三摩地。"如是渐舍四支而修空性。是给解脱次第，谓佛所知。或释为呼明咒王曰：若舍诸支，便当成就了知咒义之佛。是两释中，后者与略标云"声后给解脱"极相符顺。

若缘天身亦须弃舍，何故声后唯说舍声，舍初支者是舍咒声依处，现为天身之咒即是持咒者故。舍中间二支者，是舍咒声作行。舍后支者，是舍咒声自性，故舍彼等亦可说为舍声。彼等一切，于缘真如定前皆不显现，故说尔时弃舍。

此中所生之三摩地总有三种，谓缘天身，缘天语咒，及缘天意真实。初云最粗者，即极粗显三摩地。第二较前微细，第三最细。以于身中须从粗渐生故，次第决定如是。其中先须天身明显及能久住二和合生，是故须以多相静虑修令明显，以所修相须数数作意乃能明显故，如修欲怖。若未专住，纵能明显，然于所缘不能如欲而住，故须以专住三摩地令其安住，如上已说。由如是门能得身调柔者，如《妙臂问经》第五云："观视鼻端舍分别，若时境扰不摇动，其人即得明了住，彼心决定得调柔。"其扰亦不动之住分，须离沉没。以若未生最明了之住分，则不违沉没故。念诵之前先须成就坚固缘天之三摩地最为主要。即前经云"若人具足心一境，其意便生大欢喜，喜故能得身轻安，由身轻安身安乐，身乐心定由定故，尔是念诵无碍著。"其修无过三摩地法，及修已先生心轻安，依此起身轻安，其后乃成具相奢摩他，以前唯生奢摩他随顺。是诸道理，已于共乘道次第中广说，兹不重述。四部续中最初成就具相奢摩他时，多是于天瑜伽引导之时。故若未能分具相奢摩他与彼随顺，亦未详辨如诸大论所说成就具相奢摩他时，则未能知于天瑜伽初引导时须修几久。

如是坚固缘身三摩地已。即应舍彼，进学缘语咒三摩地。舍者谓舍于身持心，另于其他所缘持心。非谓此后便遮天相显现。以三种念诵及住火住声之时，亦多说缘天故。

缘咒有三，粗者，谓缘字形或声，小声持诵。即于月上安布字相或咒声相，学习持心不令他散，能略自闻而诵。如是语中诵咒，心于所缘令不他散，念诵瑜伽至稳固时。舍此所学，进学微细。语不诵咒唯意持诵。心于字形或咒声相持令不散。乃至此二极稳固时应善修习。此坚固已亦应放舍，进修最细声性二种静虑，谓即自心达我真实之所取分，现为咒声、火焰、持心修习，乃至获得前所说相。既坚固已复放舍彼，令自心所取分现为明了咒音之相，与能取分住彼咒声音鬘而不流散，学此明了安住不离瑜伽。此若坚固，即住声给瑜伽之义。此二喻如自心专住于所缘时，所取分亦同时明了现为天面身臂等相。如是字鬘所现诸前分相，于后分相现时，亦明了现，心安稳住。

卯二　正释声后静虑。

如是从修天身，乃至住声持心。由遮命力之风加行，即由缘火，缘天身等，众多粗细所缘心专住力，能得如《妙臂问经》所说坚固住分，及于身心生胜喜乐，发生身心调柔轻安。尤以久修风加行力及缘火力，引生乐暖，依此发生有力安乐光明无分别定。然彼不名圆满次第，亦复未得能断三有根本我执之道。故当放舍住声，更修声后给解脱之空性静虑。应如何修，此处仅略说者，意谓前修我真实时已广说讫。此中唯应取前所说而重解说。如前所说，当以教理破除人我法我，先求通达诸法非胜义有中观正见。若未得此，但不分别，则全无修空性之义。得彼正见修习之理，如经"不动光明"谓具二种差别而修。若无我见观察太过，便生掉举，令心散动。当专住于无我义引生之定解，不可太为观察。若止修太过，则不乐择法，欲起不能，任运而趣不分别住。太安住故便能引生沉没昏昧，成昏没性。喻如观察太过，观分增上，其后反生掉举。故当双修观慧以及专一安住。《释论》中云："今当显示我之真实智慧自性全无沉掉，说云不动光明。言不动者，即不转动之名，此破慧掉诸瑜伽师，由修择法分别令心散动不寂静相而有掉举。故说心不散动于道寂静。"此引教证过观之失，故当学习止修。说择法慧为掉举者，义说太观察后发生掉举，非说慧即掉举。彼论又云："如是言光明者，即离昏沉澄净之名，此亦破除一向修止诸瑜伽师，于择法时心太安住择法逆品沉没相之昏沉。"此亦是说太安住后所生昏沉，及为择法逆品之义，非说寂止即是昏沉。与此义同之《修次后》篇云："若时多修毗钵舍那智慧增上，由奢摩他力微劣故，如风中烛令心摇动，不能明了见真实义。故于尔时当修正奢摩他。若奢摩他势力增上如睡眠人，不能明了见真实义。故于尔时当修智慧。若时此二平等俱转，犹如两牛并驾前进，乃至身心未生疲劳，应于尔时住无作行。"一此说止观何者增上，即应多修余一，务令彼二平等而修。若于止品增上，止观不等不应执为于无分别修得自在。又不应执支那堪布之规，谓于正理所破未知分齐，凡有彼此之念，一切皆为实执。妄谓中观论中皆破彼等，便执一切观修皆是成佛之障。《后静虑经》本释亦皆显说。如《释论》云："如是我真实义，虽是无支无得无色无相不动光明领纳为相，然许不断观察之道。故云觉观住前。觉即是慧，彼于境转，即是观察，故曰觉观。彼觉观以慧明为相，住于我真实义之前，故云觉观察住前。彼意说云，所了自性，虽无分别，然慧光明于前观察而转。"此即成立于修真实义时亦不应舍观察之慧。总谓住声静虑以下修奢摩他，声后即修毗钵舍那。然于此时若以观慧太多观察，则坏先有住分。故当杂修止观，而得止观双运。

若欲成办如事行部所说无边事业殊胜成就。则须先修四支念诵，三种真实静虑。若但欲修诸小成就，则不定须如是修习。

癸四　得堪能已如何修习成就。

《苏悉地》云："诸最胜事业，由胜念诵修，若先承事者，亦成诸小事。"《妙臂问经》亦云："先当如法诵十万，夹乃进修诸密咒，其次速能获悉地，密咒仪轨非久恼。"《后静虑》亦云："尽知咒真实，及以我真实，轨则念真实，其人得成就。"皆说先修四支念诵瑜伽，后修悉地。故于修增慧延寿等息灾增益降伏事业之时，须先承事。此乃四部总轨。

息灾增益降伏事业，如其次第，以如来部、莲华部、金刚部而修。上品中品下品悉地，亦如是修。息灾者，谓能息灭横死疾病时疫魔害传染等灾。增益者，谓能增长寿命、形色、威光、势力、功德、及所求事。降伏者，谓杀逐等。修行时节，谓于腊月、八月、正月、二月、四月白半月，应修上品悉地及息灾法。腊月无诸难事。又息灾多宜于秋季，如是增益宜于冬季，降伏宜于春后。又修中下成就于前五月之黑半月为宜。又修上中下品悉地，及修息灾增益降伏，时分如次，应于早晨、初夜、中夜、日中。又息灾法，从白半月初一至十五日。增益从月半至月半，降伏应于黑半月修。又通宜于一切事业之时，谓神通半月（《苏悉地经》谓十二月一日至十五日），及日月蚀时，初一、初三、初五、初七、十三，以及鬼宿诸时。

处所，谓上中下悉地，如其次第，可于山林等处，海边等处，除此所余随顺咒处。不应于倾屋等中修。

坐相，修息灾法宜莲华坐。修增益法宜吉祥坐。修降伏法宜足压足。面则如次向北，向东，向南。

一一部中各有三品成就，息灾增益降伏三事。又以各部部主、部母、明王，修息灾等三事。又三品成就有多门分别。就自性者，持明、神通、知诸论等为上成就。隐身、合乐，及疾行等为中成就，摄召、杀逐等事为下成就。就部别者，三品已说。就现相者，其物光焰、烟气、温暖是为三品。就事辨者，属身、属物、属财富之成就。就能说者，谓诸圣者、诸天、地仙真言。给成就者虽是上品，行者不善承事，亦有给下品成就者。若善承事，虽是下品，亦可从他转求，给予上品成就。

修悉地前，观察成不成相，谓于月半，或于白月吉日，受持斋戒，一夜乃至三夜观察梦相。用酸果等澡料，及以香水沐浴洒净。著鲜净衣。于初夜分，如上所说奉献阏伽，次请本尊。用白檀等烧香熏后而为供养。供献众多上妙酪伴供食。以酥护摩一百八遍。次用随顺事业之白胶香而作护摩。再将童女所捻线索，结成七结，用本尊咒加持七遍，系左臂上。祈祷本尊，愿于梦中示知所修成不成相。自作本尊观想，安置茅座上敷散花，诵持真言而卧。梦中若见三宝、本尊、菩萨、四众弟子，或梦登山、乘象、度河、得财、得衣服等，诸可乐梦，即当起修。

次正修者，或修护摩，或持诵真言等，如前修法，皆当修行。谓应三时供养，忏悔、随喜、发愿，讽般若经，作曼陀罗，受三律仪，三时守护，三易其衣而修。若由放逸未能三时修者，当诵本尊真言二十一遍。上中下等三品成就，如其次第，三日、两日、一日受持斋戒。此等皆如《苏悉地经》所说。

修此等时，唯于前方迎请本尊犹非具足。要须新生。其修曼陀罗及修瓶等法，此二论师所许，以前所说六天而生。正念诵时，于四支念诵中如应取其初二。装瓶药物及生起等，可如通规。又修如是天瑜伽时，《苏悉地》说若少饥渴，若从病愈，若发胜慧，若增威光广大坚固，若得善梦，常梦实事，若于念诵倍增欢喜，若少疲乏身香芬馥，乐修功德，敬重本尊，是为持诵相应之相。《后静虑》说，若心不信，懒惰，饥渴逼恼，增上掉举，增上忧戚，犹豫事业，念诵静虑心不爱乐，喜说杂言，作非所作，魔所著附，梦恶梦等，是为本尊弃舍之因。若贪瞋憍诳等皆寂灭，心于念诵相续而住，是为本尊现前之因。初承事时当知亦。尔又为利益自他修治病等微细成就，及行灌顶开光等事，若先已由六天三摩地及四支念诵门中，圆满念诵之数，则虽未修三种真实静虑，亦甚可行。有于彼时，亦修三种真实静虑，及修三种念诵所缘，是未能知界限之过。

  堪哂略知于斋戒　　一分念诵浴轨等　　自谓尽解事行义
  故爱契合经义道　　此于事部四总续　　特于妙成后静虑
  如印二师所解释　　详求密意而开显　　是观事部唯一目

密宗道次第广论卷四终

密宗道次第广论卷五

行部道次第品第三

壬二　行部道次第分四：癸一　为成修道之器而行灌顶，癸二　成道器已净三昧耶及律仪，癸三　住三昧耶先应如何承事，癸四　善承事已应如何修成就。　今初

当于行部所说大悲藏等曼陀罗中获得灌顶，成为修道之器。其唯入坛，及入坛已灌顶法等，于《根本罪释》中已说。曼陀罗及灌顶仪轨，恐繁不录，应于《大日经释》，及《金刚手灌顶经》等中知。

癸二　成道器已净三昧耶及律仪。

《大日经》云："当说三昧耶。汝从今以往，乃至命因缘，悉不应弃舍，正法菩提心。汝不应悭悋，损害诸有情。佛为汝宣说，此三昧耶禁，如汝护自命，如是护此等。"又说应住断十恶等学处。事部所说余三昧耶，多属共同故当修学。事行两部大乘律仪，如《文殊根本经》说即菩萨律仪。故此部根本罪，当如《菩萨地》《善巧方便经》所说而释。彼于《戒品释》中已广说讫。此两部中不可以受五部律法而受律仪。其受菩萨戒之仪轨，所有根本罪等，《根本罪释》中已广说，兹不更录。

癸三　住三昧耶先应如何承事分二：子一　分别瑜伽，子二　别释其义。　今初

《大日经》云："秘密主，天色复有二种，谓清净及不净。清净者谓现证体性离一切相，不清净者谓即显形有相之色。此二天色能成二种要义，由有相者成办有相，由无相者亦能成办有相。佛许由有相，得有相悉地，由安住无相，亦能成有相，是故一切种，当依止无相。一此分有相无相瑜伽。有相者是离修空性之本尊念诵，无相者是兼修空性之本尊念诵，勿谓但修空性，

若不尔者，应许但修空性瑜伽亦能成佛，以说无相能成二悉地故。经中亦云："不清净之天色，谓有相色。"此非但说面臂等色，是说有差别色。（此显无相中有净色）佛密论师虽说修空名胜义天，亦立天名。然此经义，是分天色为二，及明依之成何悉地，故应如是而说。《明炬论》中亦说此教显示二次第之天身。

复可分为世出世间二种瑜伽。《大日经》云："由外内加行，我说第四支，此复是世间，有所缘无上，可加收摄句，意随逐本尊，微诵为第一，对有缘者说。意诵名出世，弃舍收摄等，与本尊合一，意取为无异，修自性无别，非是修余事。"此中出世非是圣者身中无漏，是说无我及彼所摄瑜伽。《善根金刚道次第论》云："事部、行部、瑜伽部中修有相方便及无相方便，大瑜伽中生起次第圆满次第，即是正道。"此说二种次第为无上部，于下三部名为有相无相二种瑜伽。符顺此经极为善哉。理由至下当说。

子二　别释其义分二：丑一　释有相瑜伽，丑二　释无相瑜伽。初又分二：寅一　外四支念诵，寅二　内四支念诵。　　今初

事部本尊念诵现有多种，然依行部本尊念诵非有尔多。若知于相续中生起有相无相瑜伽之理，则道支分易于了解。故此不说先护身处，供养福田，供养称赞本尊等法。当说二种瑜伽修行次第及其念诵。

外四支念诵中初事支者，于自生为本尊之前应修空性，当如是思。自与本尊俱无自性，自身五蕴依止四大，诸佛了达于胜义中犹如虚空，于名言中犹如影像。除彼所见更无过上，故自亦应如彼所见而正通达。自及所修本尊俱无自性，是缘起故，犹如影像。次想自与本尊无自性之空性，二无分别。必须获得坚固定解，乃生本尊。《大日经》云："若诸菩萨由密咒门行菩萨行，当于身中生起身色。较正等觉更无过上。如我之眼耳鼻舌身是四大种所摄，自性本空，唯假名摄，等同虚空。从业因起不可取执，犹如影像。如是如来现正等觉，亦是互依缘起相续。凡是缘生即同影像。由是因缘，互缘起故，天即是我，我即是天。如是应由身色生起天身。"四部修天之前皆应如是修习空性。若未以见抉择，唯诵娑拔嚩等真言，收摄现事，全无心要。《略释论》中亦引以离一异正理决择蕴无自性修天瑜伽之教。又从空中起天之法，《略释论》云："修本尊瑜伽师，此世俗次第中明二种相，一者谓自心相离一切相，变成月轮等相，而修自身为天。"此说有先修月轮等而生，及不修彼等顿生之二法。说是此经《天真宝品》等中所说。现译经中缺此。若依前法，先想自心变为圆满月轮，上有嗡字。从彼收放光明，自身变成毗卢遮那佛。一面二臂，手结定印。其身金色光鬘围绕。坐白莲花及月轮座。头戴宝冠顶有发髻，身穿绢罗上下二衣。咒印加持之法，广略随宜，兹不详述。次于前

面修与自相同之如来,是为第二事支。次于彼尊心间月轮,安布所诵咒鬘。是为四支念诵。此如《大日经》云:"字与字相合,如是事成事,善防护心意,持诵一洛叉。字是菩提心,第二是为声,事于自身处,当立自为天,应知第二事,是佛两足尊。咒师于彼心,想清净月轮,诸字如次第,于中善安布。当加收摄句,修习命及力。命即说为风,说力名为念,防护此二已,先善修承事。"二种字者,两部《大日经释》皆未明说。然如前引《后静虑释》,说是四支中之月轮咒鬘。有说为修天时之月轮及咒者,非是经义。防护命力,先于明显天身求安住分,次缘诸字修念诵等。与前事部所说皆同。此经又云:"咒师一月中,善防护念诵,先行密咒者,一事入一事,大称一切佛,说名为前行。"此说修习一月。一事入一事者,谓缘前方心间月轮所布咒鬘。若生疲厌,可与自心展转而修。经说意中念诵,且举一例,俱说意诵与微诵故。《大日经》云:"或由意持诵,或微声二相,胜瑜伽当观。"又此二中,先修微声念诵。意念诵时遮止命力,与前说同。

寅二 内四支念诵。

由空性中哀阿阇痾四字随一,如前生起,是第一事。《略释》说此生起释迦佛身,于此心间修一月轮清净坚固犹如明镜,乃至能见自身为天而修。第二事者,于月轮中,修前所说毗卢遮那,如住龛内。想彼心间月轮有咒安住,而修念诵。于此亦说诵一洛叉。此似亦须二种念诵及意诵时防护命力。"说名为前行"后,又云:"其后可略加,供养花香等,为求成佛故,皆回向菩提,咒师无所畏,持诵第二月。"此说不杂花等供养承事一月,及杂花等供养承事一月。前经又云:"我多说咒数,当诵三洛叉,是对无罪障,清净持咒师,说此念诵数,非说余所行。"如是缘天身持心及依风加行。乃至获得奢摩他时,应当修习。

丑二 释无相瑜伽。

若已获得缘天身等正奢摩他,当修空性。《大日经》云:"若于苑囿,或于寺院,或于崖窟,随于意远离处,修菩提心。乃至见相应当修习。"相者《释论》中谓,通达一切法皆无自性三摩地,乃至欲住几时心能坚住。此中说于四支念诵之前修于空性,是显修天之前作意空性。然正修空性之次第,是于先修天瑜伽后。如《释论》云:"由修本尊法身行相无相三摩地门而修念诵加行之次第者,谓如前说先修四支念诵等一切法。次于本尊二无我性现似显形色等遍计执性,观察分析为多极微。"

如何修无相者,如彼经中广说:"秘密主,若诸菩萨于密咒门行菩萨行,而欲修行无相三摩地者,应作是思。所有诸相为从何生,为从自身或从自心自意生耶。其中身者,谓从业生,应观彼如草木土石,无自体用。犹如愚人或如外物，或如偶像。如所造像，虽或有人于彼愤恚，或火或毒或刀或水或用金刚，若坏若焚若斫。然彼无有少分不喜。或用饮食、沐浴、涂香、华鬘、衣服、栴檀、龙脑香等人天种种上妙资具而为供养，然于彼人亦无欢悦。所以者何，以若于彼性空色像，由我慢故发起颠倒虚妄分别，或行供养，或作损害，其人乃是愚夫自性。秘密主，如是于身当随身念自性本空。"此说抉择身自性空而善修习。观察自心之理，亦如经云："复次，秘密主，心者谓无自性离一切相自性本空。秘密主，心无三世，当思离三世者即由自体远离诸相。复次，秘密主，愚夫异生，计意有相，当知此乃虚妄分别增语。诸虚妄者即名不生。秘密主，若诸菩萨由密咒门而行诸行，如是思惟，便能证得无相妙三摩地。秘密主，若时安住无相三摩地者，彼于尔时便能趣入如来所说一切密咒。"此说心无自性之理，及唯于心增益执彼实有。如是观察身心，便能证得无相妙三摩地。得彼三摩地已，能修诸咒悉地。《略释》中云："自与天身无二之中，现起显色形色。次即于彼，或以分析观为极微，或以本来不生之理，或以自心内向加行摄命之理，或于所现不作意门。如其通达应当现证唯心了别，离天色身无所现境。意如所应诵自明咒。"此说以离一异或金刚理观察。或于前所说义，以摄命法，摄意不散而住。或于诸戏论境由念正见不作意门，离天形色显色，修无所现。此与《修次第论》亦极符顺。《修次第》下篇云："《宝云经》云：如是善巧诸过失已。为离一切诸戏论故，当于空性而修瑜伽。如是于空多修习已，若于何处令心流散令心欣乐，即于是处寻思自性了解为空。又于内心亦当观察了解为空。次更寻思能了解心所有自性亦知其空。由如是解而能悟入无相瑜伽。此即显示若不观察，即便不能悟入无相。"由说以慧观察乃能悟入无相，即说若舍观慧不能悟入无相瑜伽。此经亦说欲修无相三摩地者，当观身心非实。故亦显示若不以慧观察诸法真实，则不生无相三摩地。故须恒修，正见决择诸法无自性义所有定解。若无正见，但不起念分别。或有正见，而正修时不修正见空解，唯不分别。皆非修空性者。此复不可毗钵舍那观察太过，当如前说止修观修间杂而修。

如是事行部中有四最要瑜伽，谓天瑜伽，空、风、念诵瑜伽。此中胜义世俗二种瑜伽，是修二身正因。念诵是策发本尊心誓之支分，摄于修世俗天瑜伽之中。风瑜伽者是能坚固二种天瑜伽之支分。通二分摄。故总摄为有相无相二种瑜伽。

然于此中说无圆满次第。故由向内摄风之力所生乐明无分别定，及依此之无相瑜伽，皆非圆满次第。无上圆满次第诸不共法，皆当无杂了知。若不详知下部所有道之差别，则不能知上部不共道故。

癸四　善承事已应如何修成就。

或依剑等外物，修持明剑仙等。或依内身诸处，修地水火风轮，作息灾增益等事业。或修曼殊室利等法，感彼菩萨摩顶或赞善哉。若念诵后能感彼相，即得不失菩提心三摩地。此经宣说此等众多悉地之法。

若于彼四摄道总聚，善能贯摄二部续中诸杂乱义，将诸续教现为教授，乃能堕入知教者数。若不如是，仅能了知道之一分，非为了知总道宗要。故具慧者当于二部续教现为教授之法，励力修学。

行部要典《大日经》，依据佛密论师解，今释二瑜伽次第，是为易入行部门。

瑜伽部道次第品第四之一

己二　瑜伽部道次第分二：庚一　经中所说，庚二　修彼次第。　今初

《摄真实经》为瑜伽部一切经之根本。初缘起分，显示圆满二利毗卢遮那，令于彼德，发欲得心。以下经文，俱说发彼心已，证得彼之方便。修世出世悉地之共方便，根本经中广说。彼分《金刚界》，《胜三界》，《调伏众生》，及《成事品》四品。初谓如来，及如来部，即毗卢遮那种性。第二谓金刚部，即不动种性。第三谓莲华部，即弥陀种性。第四谓满众生愿之实部，即实生种性。五部之中根本经仅说其四者，佛密论师说成满众生意乐中，就作者门即是宝部，就作业门即羯磨部。业与作者，二合为一故也。其《后续》者，为摄能修出世悉地上上有情。说上品成就之殊胜，能得佛菩萨之因。此亦宣说总属四品之道。《后后续》者，为摄不能悟入真实修上悉地之胜方便，为彼怖畏专修，要有所缘爱著念诵供养等之有情而说。此亦通属四品之道。然此与说，瑜伽续为以修为主之机而说，亦不相违。正所被机以修为主，旁化之机非修为主，不相违故。

若尔此四品道，为对四类补特伽罗说耶？抑为对一补特伽罗渐次引导四位不同而说？《最胜大疏》有云："如来行者本性仁贤是等分行。佛部行者是贪欲行。第二品之所化是瞋恚行。第三品所化是痴分或邪见行。第四品之所化是悭悋行。"此说为对四类补特伽罗，如无上部说如来为五部行者。彼释又云："如来及金刚部、宝部、莲华部、羯磨部，如次即是自性、异熟、受用、变化四身，大圆镜平等性妙观察成所作四智，菩提心、布施度、智慧度、精进度。"此就所得果门而说。若如是说，则一一所化之所得，皆须具彼四部。

现证毗卢遮那果者，一一品中，为乐广中略三机各说三种三摩地。乐中者之四类三三摩地，于每品四印曼陀罗中说；乐略者之四类三三摩地，于每品一印曼陀罗中说；乐广者之四类三三摩地，于每品中皆说大曼陀罗，陀罗

尼曼陀罗，法曼陀罗，业曼陀罗之最初加行，最胜曼陀罗及最胜事业之三三摩地。《真实光明论》谓身是大印，意是三昧耶印，语是法印，业是羯磨印。是以四品四部，别配身语意业四印。《阿嚩达惹论》中亦云："彼印，即此身等差别，说名大三法业四印。"彼并广说能立之因。如是所配身等四法，即于毗卢、不动、弥陀及余二部，说为身意语业，非指某尊之身意等。《真实光明论》中，又说四部各有大三法业四曼，而配四印，是依各部身意语业四法而说。如《阿嚩达惹论》亦云："四部中大曼陀罗，当知是为安立诸尊之色身故，摄身无尽藏变化。三昧耶曼陀罗，为表所证解脱门故，安立杵钩箭铃等等，摄意无尽藏变化。法曼陀罗，为表所证法之方便，安立住定诸尊，摄语无尽藏变化。如是业曼陀罗安立供养等尊，当知总摄一切如来利有情行。"

《真实光明论》文，是就主要者言，例如《金刚界》品第一曼陀罗中，虽以自部之身大印为主，然非全无意三昧耶印等，说四印印定故。余品诸曼当知亦尔。《阿嚩达惹论》云："以此次第虽就身等四事而说四曼，然实无有离身之心及离身心之语。以是当知各曼陀罗皆有身等四分，故于四部一切曼陀罗中俱有身等标帜。如次即此所说大三法业四印。"若能详知此等差别，则亦能知《最胜大疏》有时说四品道为一补特伽罗成佛之缘，有时说为各别补特伽罗之道，都不相达。瑜伽部中多说自起本尊召入智尊以四印印定者，是得果位四印方便。以自身语意业四事，修成本尊身语意业四德，净治庸常身语意业四法。如是虽依各部说有多种道次，然以佛部或金刚持部之行者最为第一。以于金刚界曼陀罗得圆满灌顶者，是一切部之阿阇黎。若得余部，唯是少分之阿阇黎。疏中引证而成立故。

若尔修证毗卢遮那之方便道，唯彼三种三摩地耶。答，彼非圆满道，尚须先修圆满自体大瑜伽之道故。修天瑜伽，下三部中皆未宣说顺生三有染品次第而修，故彼唯是无上部之别法。然有顺清净品修法，以修五相证菩提道，如最后有菩萨成佛次第，作彼慢而修故。其前所修之道，唯《真实光明论》略说别配四道（资粮加行见修），三大论师皆未宣说。然于五相证菩提前，顺有学道而修，甚为明显。于成大日如来以后之道，则是顺成佛后所作佛事而修。

庚二　修彼次第分四：辛一　为成修道之器而行灌顶，辛二　成器已净三昧耶及律仪，辛三　住三昧耶先应如何成事，辛四　善承事已应如何修悉地。　　今初

入金刚界曼陀罗等灌顶，传授三昧耶及律仪，令成修道之器。此有但入曼陀罗者，及入已灌顶者。后又有二，谓不受五部律仪但受菩萨律仪者，唯传弟子灌顶。俱受二律仪者，可并传金刚阿阇黎灌顶。此依《金刚生论》及

《上疏》意。《根本罪释》已广说讫，故不重述。

辛二　成器已净三昧耶及律仪。

得灌顶已，净治所受三昧耶及律仪，是初修者所不可无。须善精进不可懈怠。《阿嚩达惹论》云："承事师已，于彼所说大三法业曼陀罗中如法灌顶，依于大乘现观仪轨受持律仪。次于所护三昧耶、毗奈耶、正行、禁行，皆当善巧。次为善护三昧耶等，应常勇悍无懈，以修一切自他利为前行故。三昧耶者，即是欲得果者不应违越之事。随顺本尊所喜身语意行，进趣善法遮止不善为相。是大师所制之特胜。"《胜吉祥经》初品及《金刚顶》所说诸三昧耶及根本罪，已于《根本罪释》广说，兹不重述。若不具足护持三昧耶等，即不成就。《金刚顶》云："虽经百千劫，恒精进修行，世间四种人，修亦不成就。未发菩提心，具足诸疑惑，不依教而行，无信不成就。"此说具足四过虽修多劫亦不成就，故须具足四德。谓依教授善修大菩提心为入大乘之门，起深信心全无疑惑，依佛所制进止学处诸三昧耶如教守护，于本尊师长所起坚固信。是则在家出家行者，皆当安住律仪而修。《金刚顶》云："当远离杀盗，淫欲及妄酒，安住在家戒，尔时修明王。若是出家者，正住三律仪，别解脱菩萨，持明律第一。"若在家身堪受别解脱者，亦当具三律仪而修。

辛三　住三昧耶先应如何承事分二：壬一　有相瑜伽，壬二　无相瑜伽。初又分二：癸一　缘粗天身四座瑜伽，癸二　缘细标帜四座瑜伽。初又分二：子一　四座修法，子二　不能时如何修。初又分二：丑一　唯得弟子灌顶之四座瑜伽，丑二　得阿阇黎灌顶之四座瑜伽。　今初

《上疏》说阿阇黎弟子二种不同道者，是依已得阿阇黎灌顶与唯得弟子灌顶二种次第。唯得弟子灌顶，当云何修。《上疏》中云："依弟子增上者，自加持等，当如是知。谓自护、沐浴、又自护、护处所。次请本尊，修行礼拜，悔罪，随喜福德，请转法轮，请佛住世，回向，发菩提心，及皈依三宝等。金刚合掌，结金刚缚，金刚合掌当心解放，所降金刚令坚固住，修无我观，如前修月轮等。当如本尊而结大印，令入智慧萨埵。修大印已次诵'唵吽嚩贺。'意善观想，召一切如来入自身。修自体三昧耶印已，以本尊与一切如来，及以法业大印印定，用本部三昧耶加持自体，灌自部顶。既灌顶已，善供喜等四供（喜鬘歌舞），敬礼一切如来，善修自身大印，诵'班杂萨埵'等本尊真言。于一年中日修四座。"此谓沐浴为先，修忿怒瑜伽与护轮，于福田前修皈依等。修金刚合掌乃至降智尊，用五仪轨生为本尊，召入与自相同之智慧萨埵，而以四印印定。次复召入无量如来，亦以四印印定，自部加持。以自部灌顶而灌顶，献供养，敬礼已，修身大印以及本尊念诵。此中仅有一尊瑜伽，无大瑜伽，亦未说修宫殿。《出生萨埵修法》广略二论，皆说修习

金刚萨埵一尊之后，彼住虚空。次想四大渐次积聚，上有须弥宫殿，中有狮子宝座，自从空降安住其上。《广修法》说，诵"班唥答都"结胜菩提印，自成毗卢遮那。次诵"班唥萨埵"从自心中变出金刚萨埵住于前面所想狮子座上。次诵金刚萨埵心咒结彼大印，想自身成金刚萨埵。又从吽字变成吽作明王，诵结开门咒印，意想开启四门。以金刚摄咒印，摄集诸佛。修为金刚萨埵，诵百名赞。以四守门咒印修钩召等，次以四印印定。修供养后，修三平等以及念诵。《略修法》说："自从空降，变一金刚萨埵住于前面所想第二狮子座上。"未说自修毗卢遮那。《上疏》说依弟子增上者为一尊瑜伽，依阿阇黎增上为大瑜伽。故二《修法》所说一尊瑜伽，显系依于弟子增上。疏虽未说宫殿及中间与前面诸尊，然二《修法》说故，弟子亦应修之。二《修法》中所说修金刚萨埵者，意指投华所中，故当如疏所说而修本尊。若欲依彼渐次而修四座瑜伽，当以《上疏》所说为本。《出生萨埵修法》广略二中，随依一法而修即可。义既易解又恐文繁，兹不广叙。修至生几许瑜伽者，下当广说。

丑二　得阿阇黎灌顶之四座瑜伽。

得阿阇黎灌顶者有二，若欲为弟子灌顶者，则如《金刚生论》所说：自圆满大瑜伽三三摩地具修无减为广承事，摄为最胜曼陀罗生法等为中承事，修大瑜伽各尊真言诵满十万为略承事。随一即可。若欲修本尊者，如《上疏》云："如是已说弟子瑜伽与随瑜伽，当说诸阿阇黎修曼陀罗与修本尊大瑜伽之仪轨。"此说修本尊时亦须修大瑜伽。《金刚萨埵修法广论》亦云："诸得阿阇黎灌顶者，修大瑜伽遍行一切仪轨。"此说若得圆满灌顶须俱修诸本尊，未得圆满灌顶，不可俱修本尊。此非谓略修大瑜伽便足，是须俱修三三摩地。如《上疏》云："当说方便差别，其三摩地，是正方便。"其三摩地分为最初加行等三，下至为乐略道一印曼陀罗中亦说修三三摩地故。能成毗卢遮那之正方便，说三三摩地故。若不能修广中三三摩地，亦须修略三三摩地及大瑜伽。大瑜伽中无广中略三种差别。修行时量，《金刚生论》说修一年或六月或一月，因彼补特伽罗上中下别，时无一定。若灌顶者，则说乃至获得诸尊开许而修。修现观法至何量者，如《上疏》云："如是乃至见金刚界大曼陀罗，日日勤修。"谓于上午、日中、下午、半夜四座，依于仪轨次第，遮止散乱。所修次第，勿落空言。务当按文现起总义，以观察慧观察而修。遣除魔碍，坚固受持三昧耶及律仪，以敬礼供养念诵等修治相续。观察本尊，明如现见，乃至尔时而修。此明初生瑜伽之量，非说此后不须再修。阿阇黎与弟子修法皆尔。此未明说于一所缘修心专注之住分者，意谓缘细金刚时修。于说彼胜利时可知。自圆满大瑜伽，《金刚生论》甚显，恐繁不录。

佛密论师，未由已得不得圆满灌顶，与由为他灌顶以及自修本尊之别，而分修道渐次。然说得金刚界大曼陀罗灌顶补特伽罗，具足三昧耶与律仪，修如来与佛部菩萨之二种法。彼二随修何种，皆唯一尊。于前宫殿座上，如大曼陀罗时而修本尊。若不能者，则如四印及一切时修其本尊。受持律仪，献内外供并称赞等日修四座。此说似较庆喜藏师之规，易于修学。

子二　不能时如何修。

若不能以五相证菩提法，起如来等修本尊者，则当念诵本尊心咒，即修自为本尊，于自前面亦如是修。后供养称赞等圆满念诵。如《阿嚩达惹》云："若不能如所说而修本尊三昧耶萨埵瑜伽之行者，则当念诵。以彼义故，加持自成所持诵之本尊萨埵，受灌顶修三摩地及供养。于前面亦如是修而持诵。"此中唯以本尊心咒起本尊者，是为不能修行，唯欲从持诵等取成就者而说。若能修行则不应尔。前论引教显了说云："此第二法唯以心咒修习三昧耶萨埵者，是为唯依念诵而求成就者说，非为能以大印等法修成就者。若尔云何，《后后续广》说'恶见无贪者，此密法非理'等。次说下至以心咒义自成佛身，前面亦唯诵咒而修佛身。如欲修习，诵金刚句一百八遍。"此是念诵本尊瑜伽仪轨，假名为修。然此亦甚殊胜。是故以瑜伽部为诸存亡灌顶及开光等，最下须依此修而圆满各尊之念诵。

癸二　缘细标帜四座瑜伽分三：子一　修习细相之所为事，子二　由缘细相令心坚固，子三　得坚固已修收放等。　　今初

《摄真实会》初品中云："次极善安住，修习随一相，彼皆坚固已，智观三摩地。"《真实光明论》说："成就微细三摩地已，次善安住所修之天身等，一切坚固犹如现见。由此获得殊胜堪能心故，所修一切皆能增长。"《阿嚩达惹》亦云："诸欲得三摩地所生成就之瑜伽师，定应先修微细金刚。"如下所说若唯以静虑而修众多成就者，定须先修此也。总之，此是修习胜奢摩他。故凡奢摩他之所为，皆此所为。

子二　由缘细相令心坚固。

佛密论师许先修天瑜伽，次修细相。《阿嚩达惹论》云："如是广略二法，皆先修本尊三昧耶萨埵，加持自体、灌顶、三摩地、供养已，为令自心得自在故，修细金刚三摩地。"

《修行渐次》如初品云："令舌抵上颚，住想于鼻端，金刚端乐触，心当得等至。"前二句明得安住之方便，次二句明住已生定之法。此亦应如《阿嚩达惹》中说，忆念本尊瑜伽而修。身者，如《憍萨罗庄严论》云："圆满一切事已，处远离处无诸喧闹，结跏趺坐端正其身，舌根令抵前齿上颚，双唇平等。"余三摩地威仪，亦当具足。次修所缘微细金刚色等，如所决定想住鼻

端，于彼摄心。《阿嚩达惹论》说："细如发端，粗如胡麻，同本尊色，上有五股。"庆喜藏论师许此先于脐生起，诵"苏乂摩班唥"。次想上升，从鼻孔出安立鼻端。释迦友论师则许从心间引生。《阿嚩达惹论》释，说从心间生起，与息同时，意诵心咒引至鼻端。佛密论师说缘微细金刚修时，止出入息于鼻孔中持息，随顺住心生殊妙触。

持心之法，释迦友论师引《中观心论》"心意如醉象，狂奔于邪道，念索系缘柱，慧钩渐自在。"说如是修。慧即正知，谓以调象喻，显正念正知二法令心调柔。住心所依微细金刚，如系象之坚柱。意不调柔，如未调象。依止正念于所缘境，令心不散，如系象索。若心不住所缘，即以正知了知，离过安住，犹如象师见象邪行不如教住，用钩制伏。以是持心有二关要，一能安住所缘令不散乱，二若散乱无间了知仍如前住。初依仗修不散正念之法，故须先令所缘明了。谓起有力正念忆所安住令不散乱。若无明了有力之念，则不能断昏沉。故《憍萨罗庄严论》云："由慧明了不昧而住正念。"第二依仗修正知法。故非住念太久太急，须于安住不舍之中，时时观察如所住心为住未住。此谓若太策励心便掉举，若太涣散心便沉没，故须了知离彼二过处中而修。若于微细金刚善坚固已，则由鼻端或余身分，发生乐触。由此妙触即能除遣不堪修行善事之身粗重，生身轻安。若离粗重身即调柔，便能精进。由身轻安引心轻安。经云："由身轻安而受安乐，由有安乐心注一趣。"此是《憍萨罗庄严论》明了宣说，依于微细所缘，引生心一境性奢摩他法。《瑜伽论》说："由心轻安引身轻安，从此引生正奢摩他，"亦不相违。以此中心轻安，许为心一境性奢摩他故。由其所引经证即可了知。此乃至成就奢摩他而修，甚为明显。要至引生身心轻安，此方生故。此复先应修习明显天像。修此时量，于二月中每日四座恒修不断。如上疏云："若日日中四座加行，乃至两月定得相状。"

子三　得坚固已修收放等。

初品中云："若微细金刚，现起乐触相，其相应普遍，心亦应随遍，心如欲遍已，乃至遍三界。"上疏中说，由修微细金刚之力，能遍自身。若欲增长，次令遍满聚落，乃至三界。开放之法，《阿嚩达惹》中说诵"萨葩惹班唥，"犹如风吹微尘，散布众多微细金刚渐令普遍。如是久思惟已，应诵"桑诃惹那班唥。"随入息触，收聚鼻端成一金刚。如初品云："次彼渐收敛，乃至住鼻端。"《憍萨罗庄严》说："次从鼻端入右鼻孔安住心间。"诵"嗡只札底叉。"先求缘微细相之奢摩他。彼成就已，复于种种收放练习定力，此乃殊胜调心之因。故与唯修安住其力不等。

上疏中说收放以下修习一月。共修三月，细三摩地即得圆满。《摄真实》

本释皆广说微细瑜伽。若能于此获得了解，则于龙猛派《集密现观》等，多说先修住分，次习定力，极易了知。

壬二　无相瑜伽分三：癸一　《摄真实》所说，癸二　《释续》中所说，癸三　略说修法。　　今初

《摄真实》云："由悟入阿字，而修一切字，自口入他口，修习得成就。有定穿智慧，名曰三摩地，应由此修印，修已速成就。有慧音随行，善出正定语，修此能速得，秘密咒悉地。密咒明咒等，悉皆无差别，由修习此慧，能速得悉地。"初颂虽无心咒之名，然《阿嚩达惹》说，四颂如次，是依心咒、手印、密咒、明咒，而修通达真实之慧。

阿字是无生故，说为一切诸法之门。由阿字义悟入本性无生，故于所诵一切咒字，皆以法无我理而修。即寂灭无所见也。口、门及悟入，义同，谓自悟入与他悟入。以入阿字义故自无所见。前面本尊即他，次亦入无所见也。若口作门义解，谓自及前面所修本尊是解脱门，是故名自他门。入彼二门义如上说。此文正说渐次展转观察自与前面本尊并诸咒字皆非实有之分别慧。定穿慧者，谓缘胜义。名曰三摩地者，谓遮拣择分别，略住正定。第三颂有三摩地语，第四颂中亦同此说。《阿嚩达惹论》云："诸大论师谓后三颂正说修奢摩他。"文虽别说止修观修，然正修时须等分修。

若无分别展转随咒音转而能专注，即修密咒之慧。明咒亦尔。二字异者，应以观察无自性理而令无异。决择自及前面本尊并所诵咒，皆无自性。修习彼义四者相同。然分修习心咒等慧之差别者，是由佛部等四部念诵者而分，至下当说。

癸二　《释续》中所说分四：子一　佛部修法，子二　金刚部修法，子三　宝部修法，子四　莲华部修法。　　今初

自修为毗卢遮那等佛身，于前面亦修如是身，心间想有咒字。次于自与前尊抉择人法无我，获得无性定解。专修色等不现之三摩地。如《金刚顶经》云："佛部持诵者，住吉祥佛性，三千世界中，当修佛身。于彼佛心间，修习自咒字，修自身无我，是人法空性。次于彼佛身，亦想为无我。观佛色为何，其自性非有，佛无数取趣，非蕴亦非界，佛非能所取，亦非全无佛。六波罗密种，以慧善将护。无赖耶依处，即无我菩提。由如是瑜伽，持诵佛部者，顿超于大劫，修得极欢喜。"

子二　金刚部修法。

想自身为金刚萨埵，前面亦想金刚杵形遍满虚空，杵脐安立咒字。次由渐析色等，而得无性定解，应专修习。如《金刚顶经》云："金刚部诵者，自为金刚心，于此三千世，应修金刚色。于金刚杵中，应想明咒字，此杵即无

性，菩提心妙果。此何名金刚，何性无变异，何以名自性，何名空法性。色等一切法，修习为空相，析色为微尘，微尘亦非有。说色即是空，亦名为金刚。由如是瑜伽，速得极喜地。"

子三　宝部修法。

想自为金刚宝，前面空中想诸咒字。次于所抉择之能取所取无实平等性义获得定解，专注而修。如《金刚顶经》云："次宝部诵者，自为金刚宝，于此三千界，应修为空相。行者于虚空，想诸明咒字，名诸法无性，名空性真如。外内遍计色，暂时皆无生。若色且非有，彼云何名眼。由无色及眼，诸识亦不生。如是则一切，皆离能所取。由此瑜伽法，得极喜最胜。"

子四　莲华部修法。

观想自为世间自在，前面想有莲花遍满虚空，安立咒字。次于所抉择之一切诸法无自性义获得定解。应善修习。《金刚顶》云："莲华部诵者，自为莲花心。于三千世界，修习莲花形。于彼大莲花，修诸明咒字。智者于莲花，思惟法心要。如莲不沾水，亦不染泥秽。如是诸法净，法界本无生。如来藏为何，即此空法性。色等诸法性，即名真如性。由此瑜伽法，难行大瑜伽，现生成正觉，定当修莲华。"由于此等数数修习，假名念诵。非诵咒字。《阿嚩达惹论》，于说有所缘念诵后云："有法无我慧瑜伽师，其胜义慧瑜伽，如《摄真实会》及《金刚顶经》所说，诸余念诵差别，此亦应说。"次即如前所引《摄真实会》以及《释续》所说而说。

癸三　略说修法。

如是《金刚顶经》所说，是以毗钵舍那为主，用观察慧观察而修。《摄真实会》所说，则有观不观察止观二分。《侨萨罗庄严》云："奢摩他者，于三摩地思惟为相，谓心专注一所缘境。毗钵舍那即慧，是心所法择法为相。谓于定心，决择此是有漏，此是无漏，此是杂染，此是清净。"此说止观行相。简择漏无漏等名毗钵舍那者，是缘尽所有性毗钵舍那。缘如所有性者准此应知。若专修习止品住心，后当昏沉。若专修习观品思择，后当掉举。故于止观二品当平等修。若掉举者，当作意无常等可厌所缘。若昏沉者，当想心光明等策举所缘，而令除遣。由如是修，若无功用平等任运而转，即得双运。如《侨萨罗庄严论》云："若奢摩他增上，心当昏沉散乱。毗钵舍那增上，则当掉举散乱。故应如次，以光明作意，与无常作意，遮止二种散乱。于所思义双运转住。用正念索系止观马，遮所失坏之心，念趣正行，即双运转，双运转者，即是无功用转之义。"佛密论师意许修空性兼修遮止命力加行。《阿嚩达惹论》云："如所思惟我、天、所诵诸字，由修习无生门，胜解诸法皆为空性。心所依处命力二法皆向内摄。以离色等之心，作意我天及所诵字等同虚空。"至出息时，领纳鼻内微细风触而放，系念前面本尊。后仍如前遮止命力而修。如是若有不以正见决择无我，唯令内心全不执著无分别住，或由摄息加行等力，引生乐明无分别三摩地，而许为修诸法真实之瑜伽者，且非下三部规，况云无上瑜伽。虽以正见抉择无我，然正修时，若不系念正见而修正见所决定义，唯令住心不分别者，亦非修真实义。故诸乐解脱者，先当求无我见。得已，当知无谬修法。庆喜藏虽于《摄真实会》及《胜吉祥大疏》中处处散说决择空见之理，于《金刚生论》修本尊之后，亦略说修三种平等性之种子，然未如佛密论师，解《摄真实会》与《释续》修空性之理，一处总说。亦未如释迦友论师别说止观之相，增减之失，双运之理。然前所说修习空性之理，是善巧瑜伽部三大论师共同意趣。是故瑜伽部中由修四座细相本尊瑜伽，引生有相三摩地法，次生无相三摩地法之义，皆应如前了知。此中说为先承事者，义是渐近所得。如《集密后续》云："由共与胜别，许二种承事。"说修二种成就方便皆名承事。此中亦尔。是故四部皆说先承事者，是显进趣上上道之次第。此须善能分别天瑜伽与空瑜伽，于身生起界限。若不知此，仅执念诵修法仪轨，与彼时之持咒而为承事，其所为果，亦仅为行灌顶开光等仪轨而求了解者，未见能得任何一部密道之要义也。下三续部及造彼释诸大论师，解释修空止观之规，皆与莲华戒论师之三篇修次第论，寂静论师之般若教授论，无著之瑜伽师地论，及慈氏诸论等所说相同。

先修奢摩他已，次修毗钵舍那次第之理，未得二种轻安但是毗钵舍那随顺，得后始是真实毗钵舍那之理，修无我中俱有止观之理，以及成就双运之界限等，详如共乘道次第中广说。

修承事时能得悉地之因，如《阿嚩达惹》云："诸印密咒明咒等中，虽外供等仪轨亦是成就之支，然一切法本性，于正勤念诵及精进修行者速与悉地。故诸精勤行者，尤当于此精进。"此说勤修本尊圆满念诵诚为最要。然于修治能碍成就之障，极赞修空故此尤为重要。即前论云："若于正等觉等本尊，随念修习无相。如是由于一切我法无所得故，则无障悉地之惑业，速当获得如欲悉地。"又云："若时诸瑜伽师已善承事密咒，而犹未能得如欲悉地者，当于修大印等加行及念诵加行之前后，增上缘本尊之法身。"此是若未能得悉地，于本尊修猛利法时所说。故于修本尊身大印之前及念诵后，若修空性速得悉地。

密宗道次第广论卷五终

密宗道次第广论卷六

瑜伽部道次第品第四之二

辛四　善承事已应如何修悉地分三：壬一　由静虑修悉地法，壬二　由念诵修悉地法，壬三　由护摩修悉地法。　　今初

若如上说总承事已，别於细金刚三摩地获得自在，则当修习静虑所成世出世间诸妙悉地。此复有二：一、由入坛时降入智尊者，于宝藏等世间悉地，略修即成。二、诸余悉地则须修至获得所说相状乃能成就。此中佛密论师，唯于修四印时说智慧萨埵降入自身而修。修余一切世出世间悉地，唯说自住三昧耶萨埵慢，智慧萨埵不入自身安住前面，由供养等而修。对余论师所说先自修三昧耶萨埵，召入智慧萨埵，次修悉地之宗加以破斥。然修一切悉地，皆须先修本尊瑜伽，则是诸师所共许。若为如法利益除遣自他贫乏等故，修取宝藏悉地者，如初品云："藏中金刚形，当于自心修，修已即能见，地中诸宝藏。"谓于自心想宝藏瓶，中有月轮，月上有五股杵。念诵"班唑尼底"乃至见相而修。相者，谓可见触之相。得相状已修念诵一通夜，次往想有宝藏之处，供养本尊等，及施鬼神食。以金刚锁咒印，缚护宝藏及其处所。次修念诵便能见其宝藏，掘地而取如是或于虚空修金刚杵，自修羯摩金刚，修念诵后随二金刚所坠处，即知其有宝藏。又于舌上修金刚杵而修念诵，自即能说谛语谓某处有。

若欲修不沉没悉地，可于泉水等旁，或于随所乐处，以大瓦器满注净水，安可见处，意诵"班唑唑罗。"若诸水尘，变金刚相，更互相着，结成一金刚形。四座修习，乃至获得见触等相。次至堪受手足等触坚如金刚，于彼随绘何部曼陀罗轮，修前行仪轨已，经一通夜安住三摩地。次若欲于水上行时，但当现起此三摩地安住其中，即能于水上行住等。若缘虚空诸尘，修成羯摩

金刚，变成一金刚梯。乃至堪受手足触著，如前而修，则能上升须弥顶等。若修持明悉地，当广修供养等仪轨，修微细金刚后，诵"班唛答嗨"等四种心咒随一。随顺各品部别，观想持明圆满形体住月轮上，乃至得触见相而修。次供本尊，经一通夜住于三摩地中。智慧本尊降临，授与所修持明悉地。如是等众多共悉地皆可修行。若欲修得最胜悉地，自修五如来身随一形，念诵"班唛答都，"想有微细佛身遍虚空界。于出息时观想一切明显，至入息时想如酥入砂中皆入自心而摄持之。如是不作余业专精修习，调伏三业所有粗重，乃至见相而修。获得相已，如前说绘坛等而修，则成就持佛形之持明菩萨。又于如来部中，若住金刚萨埵等本尊与自身无别之慢，每日远离三业障碍而修。至出息时想本尊形遍虚空界。尤于诸根及所念境，想彼一切皆为本尊形像。思惟彼时当如是念，此等一切皆从分别而生，如所分别，若以教理观察，皆于胜义非有。次收息及意时，当缘本尊。如是修习，若得前说相状。则当绘坛供养，通夜住定，勤修念诵。本尊降临授与本尊大印身形悉地。修此二时，说止命力而修。若于彼二由修力弱未得所说之悉地者，然如神通、寿、力、身色殊妙等诸悉地，不待勤劳亦可成就。如是所修悉地，是瑜伽部上根所化，初修行之最妙悉地。然在事行部中，若成就前说之持明悉地，即是最大身悉地也。

壬二　由念诵修悉地法。

由念诵门修悉地者，先自修为本尊。于四月中每日四座持诵如来或其部心一百八遍，圆满承事。次若欲修大悉地者，先于本尊像前，修习本尊瑜伽，亦经四月每日四座如前念诵。最后通夜持诵，至天明时即得本尊身之悉地。若欲得三昧耶印悉地者，先当如前承事。次于本尊像前，四座皆结佛部之金刚母三昧耶印，不解彼印当善持诵。总诵真言满十万遍。后仍结印诵一通夜。尔时若感疲劳可暂解印略息，结印重诵。如是专注一意，若于顶上结印见其炽然，尔时结印即当跳动。若跳动已，结印略举便能无碍腾空而去。若于眉间结印念诵，见其摇动，尔时略结彼印随自所欲即能现身。若于心间结彼印而念诵，见其跳动，尔时略结彼印即得隐身悉地。若彼印发声者，则结佛部诸尊一切三昧耶印，或随一印，念彼心咒，便能作彼经所说诸业。又四月中先善承事。次于本尊像前，经一月中日修四座。后持诵一通夜，则于甲铠、棍杖、线绳、芥灰、芥子、金刚、橛杵、弓箭、宝剑、粪等随一物品，或以各各真言，或以本尊真言加持，或系于身，或持于手，凡诸男女儿童被魔所魅，或恐人及非人魔类损恼，及已损恼，皆能防护，解脱损恼及诸怖畏。又诸村邑国土，恐有怨敌水火灾病发生，如前守护，即能脱离彼诸怖畏。又欲了知善不善等，求降智尊。随以紫白栴檀调水为泥，诵咒一遍而触。或结金刚与钩等印，或铸像等触著而降，降已如实宣说能息魔等。或用铜瓦等瓶，如前加持亦能降临。若求失物何在，或谁所窃，皆能显示。又如前说三种次第，最后于孔雀毛束中，安一木杵，系于顶上，以金刚母三昧耶印按压，乃至入一切印中而持诵。现相以后旋摇彼毛，自即能现一切形色，显示世间一事业，显示十方诸佛及诸眷属，自亦能现佛身。又先承事四月，次于本尊像前结前三昧耶印，于四月中每日四次持诵一百八遍。次绘坛场结三昧耶印持诵一通夜。若见印炽燃后，随心欲于某一有情，想入其心爱乐诵持，即得自在。此是守护、延请、自在事业。《阿嚩达惹》又说由念诵修慈等三摩地法。此等坐相，念诵声音，意中观想及顾视法，又各各三昧耶、积集资粮、念珠、捻珠法等，如阿啭达惹论本释总集诸经圆满仪轨中说。

壬三　由护摩修悉地法。

先于息灭众恶增益种性等灶，修各尊瑜伽，日日护摩，乃至获得自他灭罪等相，而修各各事业。

如是先当清净三昧耶及律仪，为诸成就之本。次当勤修有相无相四座瑜伽。获堪能已，进修共与不共悉地而趣诸道。下三部密经中，当知此理，不许风息、念诵、真空、天瑜伽等，总合一处而趣诸道。此等不具生起次第关要，及无圆满次第诸宗要故，须得殊胜悉地而趣诸道。为令了知彼宗要故，于《阿嚩达惹论》及善根金刚论师《释论》，依止初品善集经中散说修习悉地之理。略说少分。

瑜伽续中最胜教	摄真实经香乳海	三师妙论为扰杖
摇出第一甘露味	得净灌顶住律仪	由修四座念诵法
善令本尊身语意	与自三业后为一	由三瑜伽修治心
入修悉地三种门	本尊授与上成就	此是殊妙易行道
是故略知结印法	及诵仪轨诸次第	纵云已知瑜伽义
然须更求诸道要		

了知道要承事为先修地法品第五之一

己三　无上瑜伽部道次第分三：庚一　摄道之总聚，庚二　释道之次第，庚三　释次第之道。　今初

无上瑜伽之道次第，当摄为几聚耶？若知于此义中，智者所说多种总摄道次第之不同，则能增长观者妙慧。故当说彼诸门。善根金刚论师《道次第》中，说波罗蜜多乘道次第已，次说咒乘道次第时，摄为五种仪轨。谓熟未熟灌顶仪轨，熟已不坏护三昧耶仪轨，从师听闻经续了知法相仪轨，修行菩提净心仪轨，究竟方便净行仪轨。如彼《道次第》云："具善数取趣，于最胜师

所，发心受灌顶，护律善知相，修心清净行，是五仪轨相。"

《解七庄严论》云："诸瑜伽续中，皆现为三续，智说为因续，方便续果续。"又云："持上瑜伽续，果必依于因。五人如种子，应知取舍别。次渐受灌顶，应行方便续。先由听闻慧，于文续多闻。次以思惟慧，俱学其文义。后以修习力，先学生次第，后圆满次第。离覆穿毒过，善相续安住，定生果无疑，如水粪生谷。"因续如《明炬论》说谓五种补特伽罗得受灌顶。方便续，谓依闻思慧了解续义，渐学二种次第。如是学者能证果续。此依《集密后续》所说摄为三续，乃是霞答迦惹嚩摩论师所许。

《黑阎曼德迦经》初品释《宝炬论》，依于最胜补特伽罗摄为六聚，谓一切遍行之三昧耶，依三昧耶而后灌顶，得灌顶后承事，承事而后修行，修行所成之果，果后利他事业。依于下劣补特伽罗，摄为四聚，谓三昧耶、灌顶、承事、事业。

《集智金刚续》说有贪乘人成佛之理摄为四聚，谓续、因缘、训释、近因。此义如《明炬论》云："以贪法理趣，证义故宣说。能生五部佛，说名为相续。后合为一部，说名为因缘。执持金刚等，是说名训释。喜等诸正行，当知说为因。"《明炬论》以离欲、乘人、欲界、成佛四相为喻，而说有贪乘人一生成佛四相亦同。前者第一相，谓须生人中，如是此中亦须舍离庸常身慢，转入五部或其部属本尊之慢。如受生然，故名为续。此是第一次第。前者第二相，谓未出家时有种种相，出家以后唯一出家相为因缘。如是此中种种本尊化相，最后入一大密金刚持种。生死涅槃种种诸法，于真实光明中等同一味唯一种性。是即圆满次第。此是本尊坛等多法根本故名因缘。前者第三相，谓定须安住毗奈耶行。如是此中决定须受金刚三昧耶等五部三昧耶及灌顶。此是必须依止之处故名训释。训释梵云跋达，义亦通于依止处故。前者第四相，谓欲求证果，必须法行近因。如是此中亦须三行随一行之近因。此等即是灌顶，受三昧耶，二种次第，增长诸行。果位法色二身，圣派诸师许摄入圆满次第光明与双莲。如是则可摄为五聚。谓成熟修道法器之灌顶，清净尔时所得三昧耶与律仪，依彼如何修道，增长道之诸行，证果之理。《明炬论》说彼次第云："诸于大金刚持所化曼陀罗，具听闻善根者，当授明灌顶，显示了不了义观察次第圆满次第修法。"造道之总聚者，谓诸续中所说一切续义，依于所化需要增上前后错综，令知是一补特伽罗成佛顺缘。将诸清净续论现为最胜教授。故依何义组织成道次第，即于彼义，了知能摄一切续义，最为切要。如《黑阎曼德迦经》释《宝炬论》云："又此教王极相错综，是故当以尊长教授，于彼一一承事等中如应归属。谓诸宣说三昧耶者，先总合为一聚。次说灌顶事者。次说承事与修行者。次诸说果事者。次说无边业者。"说《黑阎曼德迦经》如是者，仅是一例，实一切续皆应如是摄集。如是摄道次第诸异说中，随一皆可，然今当依《集智金刚续》意而说。

庚二　释道之次第。

无上瑜伽正所化机，谓如前说已修共道净治相续大乘种性，是大乘中具足最胜种性大堪能者，由大悲心发动意故，成就猛利欲乐急愿成佛，欲入无上瑜伽法门速疾成佛，必须无倒了知续义，善学二种次第及诸密行。为知续义故须听闻。为求听闻知已修行，则须先受清净灌顶，如法护持三昧耶及律仪。以灌顶与三昧耶等，是金刚乘之道基故。如是欲求灌顶，须先入曼陀罗。此复先应修习所入之曼陀罗。如铃论师《灌顶仪轨》云："金刚持宣说，灌顶坛为先。"曼陀罗亦如彼论云："今当说何为，曼陀罗体性，绘画诸事业，线分彩次第，诸众生本性，所成坛无二。"此说绘像、彩土、身曼陀罗三种。又依有情差别，说静虑曼陀罗。故入曼陀罗时之坛，总有四种。又依菩提心说于胜义世俗二种菩提心曼陀罗，及薄伽曼陀罗灌顶。然此三者系上三灌顶时事，非是水灌顶等以前所入之曼陀罗。又先未曾受灌顶者，不可即于身曼陀罗灌顶。于静虑曼陀罗灌顶，亦须师资俱具胜相。故彼二者非总灌顶。至下当说，虽亦可依绘像，然说阿阇黎德相时，多说善巧画坛事业。续及解释诸大智者，多说最初灌顶依彩土曼陀罗。是故总说弟子所入之曼陀罗，是指彩土之所绘者。如理修成如来依止，供养自入，后令弟子入也，此在彩土之时。为明诸尊居处作香坛等，是天预备。为知分散彩土处故弹线分别，故须先弹业线分别，与加持所弹业线之智线。又弹线所分处，及作天预备处，若作地神预备，则于彼处作坛应先求得地神听许。除乞土时，若不别作地神预备，唯作地轨次第即可。弟子预备，是于灌顶之前，为令相续成受灌顶之器。瓶预备又分二。业瓶预备，为除弟子及供物等不净障碍；余瓶预备，为灌顶时须用众多水故。求地神开许作仪轨之地，须善作地轨，故地轨为先。虽久住地不须圆满地轨，然须知圆满地轨之仪式。此若不知，设遇前轨所不能办之地，则将不知所作。故当广说仪轨。

此复先观彼地可否作曼陀罗，散须观地。知其可者，须从主乞得其听许，故当乞地。乞得听许须净彼地，故须净地。既净治已，则须摄持作坛处所，故当摄地。所摄持地复须加持守护。是故共有五种地轨。修此之阿阇黎须先承事，故修彼等先当承事。总修承事虽不定须弟子劝请，然为弟子灌顶等故而修承事，则必须待弟子劝请。故更须作弟子请师长法，师长守护弟子法等。此等是为弟子灌顶次第。若修坛轮供养为天灌顶即是开光，故以灌顶为主要义。于灌顶仪轨支分中，护摩与资粮轮仪轨，及修彼时所需咒师之相、铃杵、大小油杓、骷髅杖等，应如何制，制后如何持用等，皆应了知。如是由灌顶力,成为法器。善护诸三昧耶,闻思教义决择修习。上者现法即能成佛,中者于余有情起中有位而得成佛,下者转生乃能成佛。若能知此诸道次弟,则善分别上中下三补特伽罗一切道要。自修习时何道为宜,引导余人用何次第,皆能善知。

  庚三　释次第之道分四:辛一　成就修道法器,辛二　净三昧耶律仪,辛三　住彼如何修道,辛四　现证所修之果。初又分四:壬一　闻修咒道定须灌顶,壬二　灌顶师资须互观察,壬三　观知其可劝请承事,壬四　承事已灌顶之次第。　　今初

  欲成闻修大密之器,要得清净灌顶,是故灌顶即是成就根本。若无灌顶,纵能无倒了达教义精进修习,终不能得殊胜悉地。非但有不得大悉地之失,纵得诸小悉地师资亦惧堕那洛迦。如《大印空点》第二云:"若时诸师资,先灌一次顶,尔时即成为,宣说大密器。无灌顶不成,如压沙无油。若无灌顶者,慢心说密教,师弟纵成就,死亦堕地狱,故应勤精进,从师请灌顶。"《金刚鬘经》第二亦云:"灌顶为主要,诸悉地常住,我说如实义,故先应正听。若具慧弟子,先正受灌顶,于满次瑜伽,尔时成法器。若无正灌顶,虽了达教义,行者师弟子,俱堕大苦狱。"又云:"如咒能摧毒,咒取净精华,弟子受灌顶,未净能令净。"《佛顶经》第三云:"譬如家无子,死后便空虚,如是无灌顶,诸智皆空无。犹如琵琶身,无弦不可弹,如是无灌顶,咒定不能成。实无有灌顶,愚妄说云有,乃至佛在世,师弟堕地狱。"《无畏经释》中云:"决定当受一切灌顶。"是说须受一切灌顶之义。《释难具智轮》中说:"初二颂配秘密灌顶智慧灌顶。"则第三颂当配第四灌顶。《佛顶曼陀罗》中,亦说如次配三灌顶。乃至佛在世者,《具智论》说乃至佛法住世而堕地狱。自无第四灌顶妄云有灌顶故。《经释》则谓,乃至地狱未空而住地狱。自未能得灌顶妄传他灌顶故。以是未得诸上灌顶,仅受瓶灌顶者,对于闻修俱生自性圆满次第法门犹非自在。曼陀罗仪轨之《金刚鬘论》亦显然云:"瑜伽以及瑜伽母续亦尔。此谓妄作阿阇黎耶全无教证,于无俱生灌顶及律仪者,而妄说彼自性,全非佛说,亦非正理。"此破仅得明灌顶者,便谓俱可闻说修习二续之执。

  灌顶次第。若未入坛令见本尊,不得直传灌顶便令修行,如《平等加行经》第七品云:"若未入坛场,舍诸三昧耶,不知密真实,虽修无成就。"又《金刚幕经》第八云:"行者未入坛,未正受灌顶,若未见善住,或未烧护摩,现世及后世,皆无大成就。"以是未入坛者,纵善修行亦无成就。又于彼人开示道者,如下所说,犯三昧耶。则前入自心之金刚萨埵,不住而去。如《摄真实经》云:"我今授汝此智,汝入一切如来种性,尚能成就一切如来,况余

悉地。当生如是妙智。汝不应告彼未见大曼陀罗者，犯三昧耶。"龙智及毼衣大师等所造，堪为依据之曼陀罗仪轨，亦如是说。言见曼陀罗者，释迦亲说是依仪轨入坛开示本尊。谓于水灌顶等以前所入之曼陀罗，非是泛说余曼陀罗。《双运明显论》云："此谐灌顶入曼陀罗方可授与。"彼于解释花鬘灌顶至第四灌顶后而作彼说。故于入坛示本尊者，乃可灌顶。未入坛者，定不应行。又灌顶者，未灌下顶，决定不可授上灌顶。是故于全未受无上部灌顶之初发业者，若舍诸下灌顶及三昧耶与律仪等，唯传诸后灌顶而说诸道，俱害自他。凡诸闲教义者咸应弃舍。若非尔者，则应未成生起次第之器，亦堪修习第二次第。未得诸前灌顶，亦应可传第四灌顶。以未得成修初次第器之灌顶，即可传授圆满次第之灌顶故。若弟子灌顶与诸上灌顶无定次第，余诸灌顶理应等故。经说由秘密灌顶等，成为堪修圆满次第之道器者，意谓已由前诸灌顶令诸有情成为修习生起次第之器。若谓唯彼诸上灌顶即能成者，则五次第等说后三灌顶于圆满次第各别自在。水灌顶等于修各部悉地各得自在，亦应许彼无诸前者可灌后者。又如福顶大师云："虽行灌顶而难凭信，如狂愚夫无所知识，又以微小加持而代灌顶宣说深法。应当弃此金刚乘之似法。"此说极是。若以续部所说曼陀罗轮具足德相次第无乱圆满仪轨，而受灌顶，乃生功德，堪为真净教授之法器等。由余仪轨不能安立四身果报殊胜种子，亦不能净障碍悉地三业诸垢，亦不能成听闻最胜教授甚深经论之器。故于建树金刚乘之基础，应多励力。

壬二　灌顶师资须互观察分二：癸一　不观察之过失，癸二　善观察之方便。　今初

师长若不观察弟子法器，随人而灌顶者，非法器者不能守护三昧耶故，现后俱损。故为非器宣说生多过失，犯三昧耶，远离成就，招诸魔害。弟子若不观察师相，随从何人即受灌顶，为彼邪师所欺，不能守护经说上师诸三昧耶断坏成就，招诸魔害生多过患。故应互善观察。《师长五十颂》云："师长及弟子，俱犯三昧耶，勇士先观察，师长与弟子。"《金刚鬘经》第二品云："如摩莹观宝，炼冶而观金，如是十二年，应善观弟子。故应一切时，如是互观察，不尔生魔碍，招苦坏成就。"又五十四品云："犹如狮子乳，不应注瓦器，如是大瑜伽，非器不应与。弟子刹那殁，现后俱受损，非器施教授，师长坏成就。"《大印空点》第二品云："如煅炼观金，如智者观宝，如观安乐女，如是观弟子。故应俱策励，师资互观察，不尔便成过，终不得悉地。"十二年者，意谓不能速知，由经尔久可得了知，非定须尔久也。

癸二　善观察之方便。

所观之阿阇黎有二，一、住咒生起次第之阿阇黎，二、住定圆满次第之阿阇黎。如龙智云："佛说金刚乘，有二阿阇黎，一谓重持咒，二谓住静虑。"二师之相，如云："住咒瑜伽师，乐缘天像修，由此得行相，当绘彩土坛，行者住密咒，具无二智行，以如幻之身，绘如幻坛场。"重持咒者，非谓不乐修习，以说乐修本尊瑜伽，获得心净相故。重咒重定二者，非趣别道。以修四座瑜伽坚固生起次第，乃趣圆满次第。次第决定，是圣父子所许要义。生起次第之灌顶阿阇黎，注重修习四座本尊瑜伽，复须诵咒，故说重咒。圆满次第阿阇黎传授灌顶与前不同，由住无二智双运，及幻身静虑，即可灌顶，故说住定。非是随任何定皆可。

若是圆满次第阿阇黎传灌顶，必具生起次第阿阇黎之一切德相，并有增上功德，此极希少。若无彼师，生起次第之阿阇黎，亦具灌顶阿阇黎之德相。故此当说观察彼之方便。此德相如《金刚鬘经》第六十四品云："善息灾等业，知咒瑜伽轨，此师可称赞。行施住净戒，具最胜忍进，昼夜勤修行，有慧善工巧，具师长德聚，说名阿阇黎，内爱乐集密，外作声闻行，以如是教授，转教诸弟子，当知为大师。"此说戒清净等具足六度。且以集密为例，内修无上乘道，外顺别解脱行，如是引导弟子。又说了知十真实等众多功德。

若不能得圆满德相如经说者，当舍德失相等及多过失，而依德增上者。《胜义承事论》云："浊世师长德失杂，难得全无过失者，善观何师德增上，弟子即应亲近彼。"必不容少之相，藏地诸贤谓得圆满灌顶安住三昧耶与律仪，亲见师长传承轨则，了知十种真实，善巧灌顶仪轨，先修承事获得本尊听许或未遮止，定须具此三法。实应如是。言住咒律仪者，须未犯根本罪，此最重要。《金刚鬘经》第八品云："善摧根本罪，由经咒加行，赐予世间乐，如是为师长。"此说阿阇黎相须离根本罪故。《律生论》第十八品云："永断根本罪，亦离诸粗罪。"说此为传弟子之三昧耶。其传授者尤应具足。

所观弟子之德相者，如《摄真实会》初品云："入大曼陀罗者不须观察是器非器。"此说入坛灌顶二者之中，若但入坛则不须观弟子之相。如《金刚生论》云"若不受律仪者，不应教'汝今'等。不应作阿阇黎随许以及灌顶，但令入坛。"此说若俱不能受持二种律仪（菩萨律仪与密咒律仪），唯令入坛投花示以本尊。舍置安立三昧耶等，佛密论师亦如是解《大日经》意。《扎拏经》释《宝炬论》中，引《真实光明论》为据，说断杀者可如是行。说灌顶者，若但守护菩萨共律，不能守护密咒律仪，但传弟子灌顶。若俱守护二种律仪，则可传阿阇黎灌顶。故观能否护戒而为灌顶，最为重要。《鬘论》亦云："若善观察知彼无有骄慢等过，住近事等律仪，及净修多闻等，可受金刚萨埵律仪，则虽族非高贵，容颜丑恶，亦应增上安住（预备为弟子）。若彼希求金刚萨埵律仪，信乐金刚乘，不求余大师。"此说上品希求律仪及深信金刚乘二法，为可圆满灌顶弟子之所必具。《金刚鬘经》六十四品说具净信，恭敬师长，常修善行，无诸谄诳，多闻圣教，成就乐度诸有情心等功德相。然若能守二种律仪，皆可具足。《秘密总续》说具贵族，少壮，多闻经论等德相已。又别说云："弟子成胜德，肢体无残失，无病族高贵，信戒者希少。若有信三宝，爱乐大乘法，好修福有情，此等可摄受。弟子若勤求，修善逝密咒，虽丑陋无德，智者令入坛。"《总续》又云："曼陀罗仪轨，四众乐大乘，勤护所受戒，说为共轨则。"此说若苾刍等四众，各各勤行别解脱戒，于金刚乘尤深爱乐，则可作曼陀罗仪轨。是故金刚空行母说不对苾刍说真实者，是指不信解大乘之苾刍。寂静与无畏论师说："第二句文，是遮相违，显此大乘意业为主。"谓显咒行与修别解脱戒二不相违。

壬三　观知其可劝请承事分三：癸一　弟子劝请，癸二　师长守护，癸三　先修承事。　今初

如是观察若知其可，应请师长灌顶。《金刚空行》四十六云："为求绘坛故，弟子应殷勤，数数请师长。"谓应供坛顶礼，长跪合掌，如智凯论师云："一切智大师，普度三世尊，生死泥淖中，救我无依者，请为金刚师。"如是三请。《五十颂》云："调伏于师前，如法善披衣，长跪而合掌，三请欲闻等。"若知确是法器，虽未劝请，亦可教诫而传灌顶。《大日经》云："又自观有情，知堪为法器，无过具胜解，净信好利他，知此弟子已，彼虽未请白，师长为饶益，召彼如是告。"

癸二　师长守护。

《金刚空行》四十六云："请已师问云，资具皆备否，若云有少许，余有未具足。尔时阿阇黎，应观彼心意，坚者知坚固，动者知动摇，杂者知为杂。次于弟子足，想弓形风轮，脐间燃智火，光焰上心间，炽燃遍一切。唉字变恶形，罪性从鼻出。次修忿怒像，啖食彼罪业。嗡班唑扎格尼，喀喀喀黑喀黑，萨嘣跋邦，答哈答哈，跋弥孤茹吽吽泮。所修成天形，安布诸守护。"此说摄受弟子，《金刚空行释》解彼次第云："弟子作请白者，谓阿阇黎愿将一切有情立于无上菩提，故问一切曼陀罗之用具汝皆备否。若云有未备者，尔时应于足掌想有弓形风轮，于脐间想火轮，其上想有日轮吽字。由风吹动吽字焰鬘炽燃心间。唉字所生罪障自性，状如罗刹，青色忿怒，阴相长悬，由心中起从鼻孔出。吽字上至心间变成金刚药叉，蓝色大腹，獠牙，前展右足。左手持牙当心作恐怖印，右手擎牙上举，从鼻追出。念诵嗡班唑扎格尼等咒，意想食彼罪障，"寂静论师谓以左手作恐怖印竖立如牙。跋嘣跋陀罗论师说："次想弟子由桑字变成普贤。为守护彼心故，从普贤心出乌面母等橛，上半为忿怒像。橛下半为独股杵形，钉自心所出障碍主。橛焰焚烧魔碍余众。次想弟

子心中吽字成金刚杵，顶上阿字成月轮上有十字金刚杵，杭字庄严。"乌面母等，仅是一例，变成金刚橛之本尊随时所宜。普贤者，或如《普贤修法》二释所说：白蓝红三面，其上二臂作抱持印。右下二臂执杵及剑，左下二臂执珍宝与莲花。天衣众宝而为庄严，或依余教所说普贤而修。坚固等三，跋啰跋跎罗说是观察善不善等相。《鬘论》亦云："弟子脐间日上吽字光明，照逼心间。唝字所生罪恶，黑如罗刹形极忿暴，阴相下垂，毛发上竖，从鼻孔出。吽字上至心间变成下文所说吽迦惹像，亦从彼出。诵'嗡松跋尼松跋吽吽泮泮，嗡格哈那格哈那吽吽泮泮，嗡格哈那巴耶格哈那巴耶吽吽泮泮，嗡阿那耶贺，跋伽闻，毗黎耶惹唝，某甲萨啰巴唝那霞耶，吽吽泮娑诃。'以所执炽燃金刚杵，摧灭所出罪业"。若先从二字变成吽迦惹与罪障，次由吽迦惹光明追逐罪障从鼻孔出，以金刚杵摧灭令尽。意趣无违，便于修习。次想吽迦惹诵，嗡班唝格利格拉耶，阿萨耶，萨啰毗伽那，奔答奔答吽泮，而发教勅。自亦如是念诵。用上为甘露军荼利像下为橛形之橛，钉治弟子心中魔碍，由橛猛利光焰，焚烧诸余魔碍。次想弟子由桑字成普贤。为守护故，心间阿字生起月轮，有阿字所变羯魔杵庄严。顶上月轮有吽字所生五股金刚杵竖立，杵脐有摩摩格三昧耶尊。此尊心中有智尊摩摩格，智尊心中月轮有金刚杵。杵脐中有下说咒鬘。从咒放出微细黄色金刚杵光，遍满全身，而披甲铠。诵嗡阿香迦日，馨底迦日，姑札札，姑札札，姑札只尼，伽达耶伽达耶，姑札只尼，某甲，惹叉惹叉娑诃，而作守护。若更传授军荼利咒令其持诵，则魔不能为害，用具易得。《集密》第十四品，说此咒是摩摩格咒。摩摩格者，总轨中说：蓝色，有黑白红三面，右三手持金刚杵、轮、及红茎青莲花，左手持铃宝剑。

此摄受弟子法，是净罪障，魔不能害之大方便，即于余时若自若他亦可修作，《金刚鬘论》于承事后乃说此法。请已承事之阿阇黎，即于请时可作。若在未承事前请者，亦可即于尔时作法。是故次第不定。

癸三　先修承事。

总言承事即二次第。如《集密后续》云："由共胜差别，承事有二种，共由四金刚，胜由六支分。"故得灌顶住三昧耶律仪，渐次学习二次第之承事，即修自道，岂可灌顶开光等事乃须承事，非自修耶。是故燃灯贤等众多智者，于承事时圆满宣说本尊瑜伽，其后乃说曼陀罗仪轨。意谓为他灌不灌顶，及修共胜悉地随一，皆须修习四座瑜伽，若未承事即传灌顶是为自害。《集心论》云："胜曼陀罗师，应先勤承事，次于曼陀罗，善观察调伏，若未事本尊，徒为自损害。"黑行论师亦云："若未承事本尊则自损害。"《鬘论》亦云："知一切智道，应先修承事，集福破魔军，离承事无成。了二次真实，安住远离处，应修本尊轮，劳时诵密咒。诵坛主一亿，或本尊十万，眷属各一万，此名先承事。"此说为集资粮及破魔故，先修本尊与诵咒等承事。《贤摄受经》有彼颂文，故先承事最为切要。为传灌顶与开光等承事本尊之量，《矍论》中云："若由如是广修承事，能刹那顷圆满收放曼陀罗中一切诸尊瑜伽。若住坛轮诸尊未遮，或由积集资粮而得开许，可行入坛，开光，及摄受徒众等。"此说勤行四座瑜伽，修本尊慢与明显相，为主要之承事。此如何修，生起次第时当广说。如《矍论》说持诵之量，《四百五十颂》中亦云："诵坛主咒亿，或本尊十万，余尊各万遍，或坛主开许。"此谓若得正尊开许，虽未满数亦可坛绘。宝金刚师与随矍论行之补底论师，亦说随诵坛主本尊满一亿数。《二观察经》中，初观察第十品云："坛主诵十万，坛众诵万遍。"毳衣论师、持祥论师，亦作此论，故《现说经》四十九品，说坛主与本尊诵十万者，意谓随一。又《矍论》颂，是引《贤摄受经》。故彼经于坛主本尊俱说诵十万者，理当译同《矍论》。日生、月足、慧铠所造之《曼陀罗仪轨》，虽亦俱说坛主本尊各为十万，然当依止燃灯大师而为定量。胜乐法中黑行论师与答日迦跋说正尊父母各诵三万，三轮四十八尊各诵二万，大乐轮与三昧耶轮十二尊，各诵五千五百遍。答日迦跋又云："住中或略法，坛主诵一亿，空行诵十千，令诸尊欢喜，上智诵一万，护摩善供养。"藏地智者解释此义，谓十三尊或五尊者，坛主十万，眷属各为一万。通一切尊共诵降智真言一万。以彼持诵十分之一而烧护摩。然除《时轮法类》说以降智念诵十分之一而烧护摩，及《律生》等说修息灾增益等成就时，须以念诵十分之一作护摩外，堪为定量之《曼陀罗仪轨》，皆未说曼陀罗仪轨前之念诵，须以什一而作护摩，故不须也。以是答日迦跋所说，是为忏除仪轨增减念诵增减过故，修念诵后所作护摩，非什一之护摩。如《金刚藏庄严》第七品云："密咒有增减，皆以护摩满。"随顺《佛顶骨经》之《曼陀罗仪轨》有云："如经所说轨，住生起位师，持诵坛主数，随福上中下，兆亿万能成。眷属是主分，不须别持诵。若见开许相，诵未满亦成。"跋嚩跋陀罗师亦云："次诵自明一万或诵十万或百万遍。"说眷属是坛主支分故不须别诵者，勿即以为事实如是。彼意或约究竟至于空性于无二智现为能依所依之理，获得坚稳定解者说，应更详察。

所诵真言，如黑行论师云："勇识心真言，应诵三万遍。"此说心咒。《四百五十颂》云："出杂三真实，"此说"班啰枳"等出生咒中杂以三字（嗡阿吽）为承事时所诵真言。不空足论师说持诵恐怖十字心咒十万，故行灌顶等法，矍咒等诸长咒非所定须。《律生》十二品云："善时所诵一，具三诵二倍，具二诵三倍，恶时诵四倍。"有谓经说正尊诵十万及眷属一万者，当增四倍。然非经义。《律生》十一品说，正尊父母与空行母等四眷属，修此六尊于取宝藏取精华时，心咒诵一亿遍，心中心咒诵三亿等。所诵什一而作护摩，《释论》谓此，依于圆满世说。所引经之《释论》亦说"言持诵一亿二亿等者，是依圆满世说，故当诵二倍等。"此说显是修悉地时。作曼陀罗仪轨前之念诵，曾未作彼说故，其余堪为依据之《曼陀罗仪轨》，亦未说如是建立故。

有云灌顶，即为弟子消灭罪障，增益功德，治魔碍等，故是修息灾增益等悉地之时。此不应理，若如是者，初承事时一切诵修，皆有彼义。彼等应亦是修悉地之时。众多经教皆说先作承事，次修悉地，分为二时。应俱违一切也。

修承事之差别，勇识金刚说有三种。一、见相承事，谓由修习四座瑜伽见烟等相。二、时期承事，谓修一年或半年或四月。三、数量承事，调诵正尊十万，眷属一万，随修一种即可。毳衣论师则谓，"如云：坛主诵十万，坛众诵万遍。由持诵故或得相状，或得自心清净稳固。是先承事。"此说由数量念诵与修天瑜伽，须得本尊开许之相，或得心清净天瑜伽坚固，二者随一。持祥论师亦如是说。故若未得本尊开许，诵数未满。说经年等三种时量随一修习，即可作法。不应正理。见相承事有二。若未获得本尊开许之相，获得自心清净相者，亦应诵满念诵之数。又龙智云："爱乐修习得相可绘。"亦说安住念诵。《四百五十颂》云："住轮如理诵，得相后正绘。"此俱说二事故。正念诵者，谓各座瑜伽时，意不散乱，远离杂言，如诸念诵修法所说而诵。余时随便念诵不足为数，下当宣说。念诵仪式，慧祥论师谓于作坛之处绘曼陀罗，涂香聚花，于彼修本尊而念诵。恐怖天谓，若无自在，可略修念诵，想本尊听许，其天亦可单修一尊。然彼全无可信证据，故不应如是行。藏师有云：或修为瓶或修前起而修念诵。燃灯贤等诸可依者，多说如现观时所说，而修念诵。未说余法。是故总修本尊四座念诵，与为灌顶所修四座念诵，全无差别。又有藏师说虽一曼陀罗，每次灌顶，皆须圆满念诵一次。实如上说念诵一次，即彼便足。然说先修念诵承事，至灌顶时亦应观梦，须得开许或未遮止。应如是行，若于别尊异曼陀罗，则须别修念诵。唯除恐怖金刚，许可但修一尊念诵。余尊主伴俱须圆满诵也。

密宗道次第广论卷六终

密宗道次第广论卷七

了知道要承事为先修地法品第五之二

壬四　承事已灌顶之次第分二：癸一　明作法之时，癸二　作法之次第。　　今初

《总续》云："以正寂静心，於寂静时日，而行咒迎请，如意得成就。"又云："凶日与非时，非处无轨则，智不应绘坛，绘者决定死。"又云："一切续仪轨，须臾而吉祥，常于吉祥日，主吉而绘坛。不吉时作事，全无成就者。"此说善恶时日于作坛法有大利害，故应观察。应于何月中修，如《总续》云："自仲秋十五，至季春月圆，智者于此时，如法绘坛场。为除碍治病，及自修诸坛，夏季亦可绘，智者不须观。"此说七个月中可作灌顶坛场，余坛夏季亦可作之。

七月上下弦何时作，及上弦何时作，前经云："智者于所说，诸月上弦中，十五或十三，初八或十四，初十与十一，或于初一日，初五及初七，初三亦可作，于此十日中，善绘曼陀罗。下弦吉期中，绘坛亦无妨。"《善住经》云："若与宿曜合，黑月亦可行。"何曜可用耶？前经云："木曜与月曜，金曜日曜吉，作诸猛利事，余曜日亦可。"宿可用者，即前经云："鬼柳与氐星，轸角及娄尾，于此诸日中，绘坛最吉祥。彼等主寂静，是诸吉祥宿，智者应绘坛。凶日作猛事。"诸凶结合（二十七结合中有八主凶），与凶作用（十一中有一凶），亦应回避。余殊胜时如《总续》云："日蚀与月蚀，及有奇相时，并于神通月，精勤绘坛场。"又说用具完备，信心深厚，精勤事业，无诸损害，花果繁盛，以及弟子承事，师长欢喜之时，亦可作也。《苏悉地》说师长欢喜时所授诸咒易于成就。《釁论》说于如是吉日上午作绘坛事。

癸二　作法之次第分二：子一　正作灌顶仪轨次第，子二　灌顶支分仪

轨次第。 今初

《幻网经》云："先摄受地基，次日行预备，三晚正入坛。"故此分三：

丑一 地仪轨，丑二 预备仪轨，丑三 正行仪轨。初又分六：寅一 观地，寅二 乞地，寅三 净地，寅四 摄地，寅五 守护加持，寅六 余处余坛须否地轨。 今初

此中欲释诸曼陀罗共同仪轨，以《鬘论》为本，因彼论依父续母续等曼陀罗共同仪轨，及明仪轨最详故。《总续》中说非处绘坛者死，故当观察处所可否作坛。《鬘论》中说东方绘坛国王死伤，国多灾患，南方所为者死，西方阿阇黎死，北方入坛者死，火方（东南）降雨，罗刹（西南）饥馑，风方（西北）风雨，近塔则死，近有龙处则发洪水，树阴死亡幼童，知彼众过避前一切，当于城邑村园，寺庙居家，自在（东北）方作。或于悦意东方偏北而作。《胜吉祥经》释下，说若于火方作天旱无雨起诸火灾，于风方作当降大雨，与前不同，又说于树下作者死，于龙处作死及病水。除增说于南方空房，余六处同上说，并说彼等是大师说。《总续》中说在塔前作，故遮与塔太近。《金刚空行经》四十六品云："村尸林集场，园寺与城郭，东与北方吉，南西则非尔。"又云："或随意所喜，于彼处绘坛。"此说可随意作。若言七方不可用者，与此随意所喜相违，又说东与北方可用亦相违反。然此无过，东与北者意取东北。遮其余七方者，谓若不在聚落寺庙等内，而于彼外隣近绘坛，造曼陀罗殿者，虽地悦意亦不可用。若非在彼等处，则可随意所喜而作，又《总续》云："一切皆圆满，缘具最难得，总于平整地，光润向东倾，其处多甘泉，具好树庄严，令心目欢喜，无害无毒箭，作坛最吉祥，得一切悉地。"毒箭者谓荆棘、瓦砾、悬险、骨锁、株杌、孔穴、蚁窝、灰炭、咸卤、砂石、尘发、虫蚁等处，皆当避离。彼经亦说须稍北倾。《鬘论》又说，地如龟背，为死亡与失财之因。故当远离。《金刚空行经》四十六品云："寺院与园囿，山巅及磐石，宫殿等顶上，尸林及天祠，凡此诸地址，经中咸赞许。"谓在寺院等内作法，不须观方。用土观者，如《鬘论》说掘穴一张手量，速以原土填满，有余者善。《总续》则说掘没膝量，仍填原土，若有余土即有成就，反尔不应作法，作则招苦不获善果。又《金刚手灌顶经》云："智者掘肘许，咒师以所掘，原土而填满，有余为最上，平满为中等，不满则应舍，不应于彼修。"用水观者，《鬘论》中说，即于前穴，再掘一手，满注净水，他去百步返回观察，水满则善，水减应舍，若有声响表有龙难。《金刚空行经》说，东行百步转回观察，水满者善，涸者应舍。《释论》则说涸至半量以下者凶，余者良善。又说水若右旋者上，不旋者中，左旋者舍。若有魔碍，以甘露军荼辟魔，钉金刚橛。三昧耶金刚论师说，掘孔注水时诵甘

露军荼咒,向东行时诵三字咒。(嗡阿吽)已由方相观知可用,复以此二观察者,《总续》说是观知善者能得悉地。观察于彼作法能否成办所求义利。《鬘论》中说即于寺院、塔下、宫殿、兰若作法,亦作彼二观察。尔时是由彼事观察吉不吉也。用色观者,如《金刚手灌顶经》云:"白色修息灾,许红为自在,当知黄增益,黑修猛利行"。

寅二 乞地。

《总续》中云:"得地主听许,轨范绘坛场。"此说须得地主听许。是故观知可用之地,若属主等,当从现主乞请听许。次于上午先行施食,于所观地用妙香等作曼陀罗,善修曼陀罗轮而为供养,举升虚空。次于彼处地祇神等奉施供食,如是三请"住此诸天龙,药叉罗刹等,我今乞此地,建坛汝应施。"次诵"嗡姆集利娑诃,嗡摩哈尼娑诃,嗡当底利娑诃。"口咒左手二十一遍。供养世间自在为先,头南面东,著新净衣卧洁净处。若梦凶恶,可诵甘露军荼咒,胜解一切诸法胜义无性。或再观梦。若彼施与或未遮难可用其地,遮则莫用。次日上午白前举升虚空诸尊,请其听许。午时修守护轮,钉诸魔碍,或烧猛利护摩驱逐魔碍。若如后作则为守护弟子,午后当在火界(东南方)灶中举行息灾护摩。用一切业咒加持之芥子水灰,于彼洒净。次结金刚跏趺,修如下所说之地神,先献浴足、漱口、阏伽、供品。诵"嗡请来"及"救护"等,三返祈请。想彼答云"可如是作",举升虚空。《鬘论》此处未明说向地神乞地,然说先请给地。故是请给绘坛之地。《四百五十论》等亦说施食,当如是作。此与前二是从不现之地主而乞也。

寅三 净地分三:卯一 由掘净地,卯二 由物咒定三法净地,卯三 由无上清净净地。初又分二:辰一 为净地箭而掘,辰二 为观蟒神而掘。

今初

次《总续》云:"用锄掘其地,次出地毒箭。"须出地箭之理以及如何取出,如前续云:"有箭地基上,作业无成就。箭过谓枯骨,瓦砾及灰烬,朽木并荆棘,励力尽拣出。"此又名为择土。掘至几许量者,《金刚空行经》四十六品云:"下等悉地别,掘至膝阴脐,拣去腐草石,瓦砾灰炭箭,并诸荆棘等。"此说若修上品悉地掘至脐处,修中下品掘齐阴处膝处,出诸地箭。地箭愈净,悉地愈易成就。未拣石等之过,如《鬘论》云:"有石起大风,杂骨生痛苦,瓦柴感喑哑,草炭致灾疫,有发木根等,能生微细苦。"了知此过当善拣择。《胜祥大疏》于须拣除彼等绘坛之理,亦说此诸过失。故是未善拣除绘坛之过,非说掘地发现彼等便有此失。于作台处随台(作坛之台)量度,而出地箭,若掘余处而出地箭,则无所益。若诸地箭不能尽除当如何作,如《总续》云:"若不能尽除,一切地箭过,则当用密咒,善修治彼处。"《鬘论》

与答曰迦跋说用手触地诵咒,然未明言何咒。《贤摄论》与日生师说,是"嗡哈那哈那卓答吽泮。"不能拣除地箭之量,日生说是掘至膝许若不能净,掘至腰许,若仍不净当用咒净。慧铠师说,为除地箭所掘坑穴,当用土水观察。三昧耶金刚师亦说初二相同。择尽地箭所余净土,和以香水仍填彼坑,若不满者可用余土填满。次以吽字与一切事业咒加持香水,遍洒捶筑。量高半肘,中心略高,东北微低。如是作之胜利,与不如是作之过患,如《金刚空行经》云:"于前说地相,中高而绘坛,东北微低下,咒师得成就。中高得王位,及诸持明处,北高者死亡,或损失财宝,或害诸疾病。若东方高起,种族速灭尽。地本体中洼,行者受衰损。"《鬘论》于作坛处高低亦如是说。故于处所坛台俱当了知。《总续》中说于台中心掘一小穴,安置谷宝,诵咒加持。难胜月及答日迦跋,《鬘论》,毗布底等亦说中安药及五宝,此如不空足说安置五宝五谷之瓶,用土填满。故安地库最为善哉。

辰二 为观蟒神而掘分三:巳一 观蟒神行住之理,巳二 知已应如何掘法,巳三 掘地好恶之德失。 今初

《金刚空行经》说观察蟒神,难胜月及无畏、慧铠、宝铠、日生、如来金刚等曼陀罗仪轨亦说观察。作何等事须观蟒神,如《金刚空行经》云:"佛寺及宫殿,塔坛与筑城,房屋花园等,当掘蟒神腹。"《鬘论》说造阿兰若时亦应观察。毗布底曼陀罗仪轨亦云:"造庙塔宫阁,开光建坛等,此当观地蟒。"故有多事须此观察,若造曼陀罗室,及前所说掘地修治建造曼陀罗台定须观察。在掘地前,如前所说辟除彼处魔碍,奉施食品,次当观察地主蟒神,《鬘论》但概略云:"以金刚拳执持弹线,与修行伴向右施绕,阿阇黎住火方风方,而弹东西北南四线。将建寺等地基作成方形。秋三月等三月如其次第,赏观头向东南西北,面朝南等而卧。从日出后,于龙腋下离一肘处,向右旋绕掘为墙基。"毗布底师则详言之,谓将处所弹成方形,于彼四方,各随三月所有日数,分九十格。蟒神于彼住行之理,谓于孟秋初一,头在东北隅格,尾在西南隅格,面向南住。每过一日头往南移一格,右旋而转。三月之中游行一方之九十格。故经一年绕尽四方四九十格。此左胁卧,从头至尾有十张手,每一张手按压十格,故随安住何方隅时皆按压九十格。其身横量,覆地九格。故随住于何方隅时,其阴密处皆在中心。毗布底曼陀罗仪轨中云:"地基作方形,随三月日数,每方如是分,自在(东北)至火界(东南),东面分九十,从火至离寔(西南),离寔到风界(西北),风至自在隅。如是各九十。秋月孟仲季,头住自在等,尾在离寔等,阴处居地中。脐下为蟒身,人顶有蛇头。面南枕左手,右持宝在腰,卧遍九格地。龙身十张手。住东西边际,如所量地格,初一起游行,每日行一分,东方如是行,南西北亦尔。冬月孟

仲季，白月等面西，胜支（头）向火隅，尾在风界等。春月孟仲季，面视药叉方（北），头住离寔界，尾在自在等。夏月孟仲季，面目望东方，须在风界等，尾居火等处。经历一岁中，绕遍一切地。"又说八大龙王住于彼尾端等八处。即前论云："龙王行差别，随月别应知，无边（龙名）身白妙，想尾等次第，其身八龙王，供乳等五供，尾端种性（龙名）蓝，阴处力因（龙名）绿，脐螺护（龙名）藕色，臂大莲（龙名）如金，增财（龙名）绿于心，安立（龙名）红在喉，耳中莲（龙名）白光，无边（龙名）蓝住顶。"蟒神亦是无边龙王，白色殊妙。

云何随地大小彼皆如是遍卧。藏师有谓，如彼月影随器大小皆现水中故不相连。然不应理，若一蟒神如是遍一切处则成相违，体若是一随地大小影各别现亦无说故。故是为知所欲掘处，是否地神所不宜处，随地大小作是观察。非谓所观一切处所皆须如是安住。

巳二　知已应如何掘法。

若尔何为初应掘处，即前论云："东弃廿七格，北置十三半，竖（东西）九横（南北）四半，篇初掘腋前。"此依头向东说，谓从头所按格，西经三九二十七格，是处不可挖掘，再从彼界西过九格。从身背所压地，前过十三格半，不可挖掘，再从彼界向南过四格半，乃是最初掘处。许彼处为腋前，即掘腋前九格之轨。《鬘论》说有两派，谓掘腋前一肘处之自派，与掘面前之他派也。《律生释论》中云："头部舍二十格或廿一格，腹部舍二三格，次当定其背尾，掘其腹部。"当观此与全身首尾共按九十格说，有无相违。如彼又云："蛇头一面量，面部有九格，如项及心，脐间亦彼量，阴处量亦尔。余为蟒形状。"此说身量大小决定，与说阴处在地中间亦觉相违。想如是蟒神已，供乳等供，想掘者为碍边际尊，锄有金刚庄严，右手持上左手持下面向东北，掘四锄土，以寂静心置施食内或置火界（东南）等外。第五锄土散彼地中。余诸方隅诸作事人皆可挖掘。毗布底云："人修碍边相，锄有金刚饰，左手执下部，怖逐诸魔众，面向东北方，先掘四锄土，静心置食内，或抛火界外，其第五锄土，善布彼地中，第五散方隅，一切人可掘。"

巳三　掘地好恶之德失。

若如上说而掘，一切法财意愿，皆能成就增长。若掘余处，生多过失。如前论云："此增法财愿。若掘蟒神王，所压九分土，丧父母子女，妻妾自亲属，掘背后自死，或离家失财，掘尾死象马，牛羊及力衰。五锄有木发，蚁爪灰招损，有石招风灾，谷壳机染疫，有骨感痛苦。"所言五锄土中有木柴等招过患者，是未拣之过，非谓有即生过。《鬘论》如前说者，是说观察蟒神所掘之地。毗布底云："次除石等，以原土填若彼不足亦用余土，洒以香水,填所掘坑。"此说拣除地箭而作。未说改移余处及遮彼恶相之方便。日生亦云:"若不除彼箭,当生诸过失。"又云:"由善除地箭,烦恼即尽除。"于观蟒神所掘之地作是说故。慧铠论师,别说为观成就掘地与观蟒神掘地。《鬘论》及宝铠论师说彼二作一事者,意在建坛之时,若为余事观察地神掘地之时,不须观察三品成就而掘地故。

卯二 由物咒定三法净地。

次以一切业咒所加持之芥子水灰,散洒彼地。再以前咒加持牛生五物,东起渐涂,复洒香水。诵"嗡布康",想为虚空,如《胜乐灌顶品》所说修为空性。诵"吽琅吽",想地成为金刚自性。《金刚空行经》谓:"嗡阿琅吽。"次诵"嗡梅底尼班集拔嚩班哆奔答吽,嗡哈那哈那班哆卓答吽泮,嗡阿吽穴答耶穴答耶惹卡惹卡吽吽泮。"以手触地加持,想地成为金刚体性,系缚坚牢。次以忿怒金刚摧诸魔碍,由三金刚净诸罪恶而为守护。《金刚空行经》与《幕经》中,三咒中之第一与此不同。《四座经》说于诵第二咒时,修右手为金刚,伸手拍地而为修治。次降前举升虚空之地神,奉施供食,融入地中。手挽花轮印诵三字与百字咒,而以地神加持其地。

卯三 由无上清净净地。

胜解一切法,与空性一味,次胜解真如性最极清净。《大日经》云:"咒师住分别,而修治地法,由舍菩提心,密主彼不净。故应离分别,而净一切地。"龙智亦如是说,故于净地此最切要。《鬘论》中说如弹线时所说,方隅决定,于彼地上须能容造所想坛房,四方四门具四牌楼,网轮围绕,中绘坛场,《金刚空行经》亦云:"于如是净地,当造绘坛房,谓坛与随顺,宝等四倍量。"此说坛房大于坛台四倍。故上所说地轨,多依别造坛房而说。

寅四 摄地分三:卯一 修天瑜伽启白举坛,卯二 起持天慢诫敕魔碍,卯三 作天步法及例外事。 今初

次于曼陀罗处遍布妙花自坐其中,如法执持铃杵。圆满修习常绘之曼陀罗瑜伽及守护轮,遣除魔碍,舌由吽字成金刚杵,右手执香炉,诵云"遍住十方界,诸佛忆念我,我某甲金刚,于此绘坛场,今请诸佛等,降临赐成就。"以此《金刚顶》文请白供养诸佛菩萨。《金刚生论》译作"我名曰某甲,绘金刚持坛。"次若有四弟子可令各持铃杵,住于东等四方,如其次第而修毗卢、宝生、弥陀、不空瑜伽。若无四者今一弟子,想阿阇黎与本坛之正尊无异,如其次第往彼各方,持彼彼如来慢与住虚空毗卢佛等同声请云"诸如来寂静,一切如来依,法无我第一,请说妙坛场。圆满一切相,离一切非相,普贤最胜身,请说妙坛场。妙寂静法生,净治彼智行,普贤最胜语,请说妙坛场。诸有情大心,自性净无垢,普贤意调御,请说妙坛场。"《集密》

第四品，谓诸如来请金刚持说灌顶曼陀罗者，是为教示未来所化，故当作如是请。梵本曼陀罗仪轨中多用此文。自与毗卢等佛同请者，是从难胜月说。如云："师等金刚心，持铃杵弟子，与常等诸佛，由外同劝请。"阿阇黎亦应自想为正尊，由四如来劝请。若无弟子，《鬘论》说可自以定力，当如是行，是为教授。

诸如来者，谓具五部。能生毗卢佛等大寂静三摩地，故云寂静。是一切如来所依处故，云一切如来依。是念住等诸法无自性故，云法无我第一。请说妙坛场者，能取空悲无别大乐心藏，是名为曼陀罗。以彩土曼陀罗表显之，亦得曼陀罗名，今请为说明也。圆满一切相者，谓具四方等一切相。离一切非相者，离彩土粗细等过失也。由此中有身金刚自性之最胜身故，云普贤最胜身。明显出生白法性故，云妙寂静法生。净治为得彼智之诸行故，云净治彼智行。能显彼者即语金刚性故，云普贤最胜语。开遍一切法自性故，云诸有情大心。由胜义中远离一切遍计所执，即是意金刚自性故，云自性净无垢。由调所应调故，云普贤意调御。请说妙坛场等如前，此是《鬘论》所说。持四如来慢者，毗布底及持祥论师，说胜乐坛则为四瑜伽母，红大威德坛则为痴威德等四慢而劝请。准此道理余亦应知。毗布底说先献曼陀罗供而请，次将所修之曼陀罗举升虚空，咒曰"嗡班哆邬只墀"，义谓金刚善住。印者，二金刚拳伸二食指，指端相触向下，安住顶上。有谓二小指相连者误也。结印诵咒举升虚空。

卯二　起持天慢诫敕魔碍。

次解跏趺起向东方并足而立，合掌于顶，诵"嗡跋罗拿摩弥，萨嚩达他伽达"，礼诸如来。次观诸有情类，无明所覆，随魔而转，为除魔故自刹那起如下所说吽迦罗尊，右眼由摩字成日，左眼由札字成月，从睛吽字放如劫火，以此金刚视法遍观十方众生。如是观时，身作金刚步舞，二目各别作用，如胜贤论师云："右由摩成日，放金刚光明，睛吽出劫火，勤抛金刚杵，行走光明聚，金刚视观察，诸毒悉逃逸。左成无垢月，从暗字放光，具足甘露聚，饮诸自眷属，饱满而供养。"《结合经》第七观察中第四品，说吽迦罗尊三面六臂，遣除魔碍。随顺彼经，故此论师于举坛轮升虚空后，说从本尊之慢，转起吽迦罗尊。答日迦跋亦说起为胜三界尊。日生师与《欢喜金刚羯摩次第仪轨》中说，欢喜金刚即修欢喜金刚。持祥论师说红黑大威德，即修彼尊。若如彼说则彼诸尊不须改易主尊之慢。龙智论师说修瞋恚金刚遣魔。此亦不须改本尊慢。然作金刚步舞，须于地上画成金刚，故当修为立相。《四百五十颂》说，曼殊金刚应成忿怒。故诸主尊非忿怒者，须改其慢住忿怒慢而遣魔碍。次如《金刚顶经》所说住慢，如云："我即金刚持，我金刚萨埵，我即佛大王，我大力金刚，我瑜伽自在，坚固金刚手，我大金刚主，终不舍加持。"瑜伽诸师说彼颂义是持四部转轮主慢。此作持六部慢如理应知。此即当于《贤摄》所说持五部等诸佛之慢。最后句义，谓由一切部主教敕终不弃舍加持言教。

次于两足心修炽燃金刚加持双足。其种子者，《鬘论》与《结合经》皆说从吽字生。答日迦跋寂静论师说从阿字生羯摩杵。次现威严抛杵摇铃，金刚步舞，往自在方（东北方）。次自彼方共诸弟子金刚步舞，右绕曼陀罗地，后遣魔碍。《幻网经》及持祥日生师等亦如是说。毳衣大师、答日迦跋、黑行、毗布底诸论师，则说先作诫敕次绕曼陀罗地。然说先绕一匝次诫敕后复以金刚步绕。故与《鬘论》意趣全不相违。当旋绕时，说须结合，故于四门各与左侧弟子，彼铃内置自杵，彼杵置自铃内。次前右后，亦如是行，每方各四。毗布底说咒为"嗡喀班唛只，班唛吽迦罗吽泮"。此于绕后而作亦不相违，答日迦跋说次于自在方诫敕，故住彼处。若作长诫敕者，则诵"若诸天众，阿修罗众，药叉，罗刹，饿鬼，粪扫，忘念部多，空行与空行母，射影，老男，老女，役从，眷属，迦楼罗，紧那罗，成就明咒者汝等应速他去。我某甲金刚阿阇黎，为令一切有情得无上智，为某甲弟子圆满大菩提故，今于此处当绘某名大曼陀罗。是故闻此大金刚持敕令速当远去，若不去者，我以吽迦罗尊金刚炽燃光明最极光明大金刚杵击彼头颅碎为百分"。此是《结合经》第七观察中第四品与《幻网》第二所说，当诵三遍，想放无量明王遣诸魔碍。若作短诫敕者，则诵"安住身语意，魔碍咸谛听，我胜金刚持，转敕语轮者，金刚炽燃色，三身所成语，若有违我者，于此坏非余。"此是《集密经》十三品所说，当诵三遍，观想如前。三身亦有说为佛三身者，《明炬论》说此是三身合一之义。故是能教者之差别，非是所教之境。曼陀罗地至金刚际，加持彼成吽字所成金刚体性。已说当说一切位中，随于何时观想所缘，乃至未显，当不散乱徐徐而修，最为切要。有以礼拜境与发心之境行情各别，持慢境与诫敕之境亦异故各仿彼形态作种种舞，谓是《鬘论》之轨。然《鬘论》与《教授穗论》，并余二种《结合经》释，二种《幻网》释等堪依教典都未曾说。故惟藏地乐戏论者，依尼泊尔一类不善巧之咒师，随自臆度而安立耳。有说略修作四诫敕，是由四门四阿阇黎各别作者，亦不应理。《幻网经》云："由阿阇黎自作天状，右手勤抛金刚，左手摇铃，以金刚步具足威严遍绕曼陀罗地。"此于东门阿阇黎所作诫敕，说是阿阇黎自作故。诫敕语中亦云"某甲金刚阿阇黎"故。燃灯贤师、毳衣大师及答日迦跋等诸堪依者，亦皆说是前所劝请之阿阇黎作彼事故。余三方之诫敕，非许初诫敕之所不摄故，长短二诫敕说随取一故。以是遣魔诫敕，定是金刚阿阇黎所作之事也。

卯三　作天步法及例外事。

毳衣大师与黑行论师说，加持双足想旋绕时足下出光犹如劫火，烧魔令散。未说以足画地作金刚纹，寂静论师说绘金刚，《鬘论》亦如是云："此四因以金刚庄严，画诸金刚，故名为金刚步，各向右旋，展右足等各行一次。"金刚步形有四，独股金刚、三股金刚、五股金刚，及杂金刚步形。生此诸金刚之处谓足心，种子谓吽。足心向地画诸金刚，舞蹈旋绕。然《鬘论》说向后退绕印留足迹。当作金刚步时，《鬘论》中说二金刚眼作二种视，谓向前直视及向后回顾。是故四种步法各须二视。此等步法如《鬘论》云："二目二手腰，足侧向右旋，作响而分散，向左亦如是。次作跑步舞，次摇动而舞，速作响如是，舞蹈善转轮。"榜译师云："舞蹈转如轮。"《贤摄》中云："应如轮旋转。"此译为善。此等次第谓先如前加持双足，抛杵振铃口诵吽字，足于地上画成独股金刚等相，二手叉腰，右转如轮。次疾跑舞，如其所应举步速疾。如前作已，左转如轮。前三步法（独股、三股、五股金刚步形）右足先画后前二纹，次以左足亦如是画，间杂而行。第四步法（杂金刚形）以右足画前右二金刚，以左足画后左二金刚。一一金刚步法皆应旋绕。《鬘论》仅于诵时说诵吽字为先，未说余咒。《金刚空行》《结合》《幻网》，多数曼陀罗仪轨于金刚步旋绕时，亦唯说诵吽字。藏地诸师于此等时作诸余法。然《鬘论》意唯有尔许。《鬘论》说有先行一返金刚舞而展右足者，或行三返，或不定等三派，随欲应作。言展右者，谓屈左腨，距五拃手，右足威严直伸。若展左者，与前相违。毗舍佉者，谓二足中间隔二十六指，足指侧向，双膝直伸。周圆者谓两足中隔二肘，如鹅翅形。平立者谓双足诸趾互连，两足大趾及跟相触。此诸行相是《结合经》《幻网经》释及庆喜藏论师所说。此五是于东等四方及于中央次第而作。龙智与无畏论师等，许驱魔时所持天慢即可作彼形相（五种步法）。故应住吽迦罗等慢口诵吽字。藏中诸师说彼诸法，先定基址，谓足次第按前按侧按后，第四立成步法。《结合经》中亦说先定基址。阿阇黎耶向内，弟子向外，东方阿阇黎作右展，弟子左展，南方相反。于余二方所作步法亦同。次若了知而乐为者，可作余八步法，及诸形状，坐位等事。若不了知，或知而不乐故不作者，亦说无过。如《鬘论》云："若不遍知或以不能或乐略或不乐，而不作一切金刚步法等，或有少分未作，皆不失坏正轨，以遣魔者由旋绕等亦能办故。此是明教授者所说。"若不于地作画金刚等舞，而仅加持足成金刚，绕曼陀罗地基，不可立为金刚步法。黑行论师所说彼时所缘，最须明了。次于彼地涂诸妙香，供花香等，并于四角四门提香炉等及歌舞等供养。次诵曼陀罗主真言百零八遍及百字咒七遍，以手触地。放收天轮，当卧其处。

寂静论师等说在地中央修现观已而正启白，为摄持地。《结合经》及《幻网经》说，遣魔已以金刚步法旋绕为摄持地。《鬘论》亦尔。此为摄地之理，谓由弟子持四部幔，请于彼地画曼陀罗，阿阇黎耶默然允许，于彼画曼陀罗故。是摄彼地为曼陀罗基。此须遣离住彼魔碍，故诫敕与步法等亦属摄地法。

寅五　守护加持分二：卯一　先起为天钩召魔碍，卯二　以金刚橛钉所召魔。　今初

寂静论师说遣魔第二日，钉金刚橛。此论亦说。故若当日无暇可如是行。当日能者则随广略作步法后即可行之。若第二日作者，晨起即发心云："为安立众生于金刚持位故应遣魔。"刹那想成空性，次由缆字想成日轮，上有吽字成杂金刚，脐有吽字庄严光明，放出炽燃金刚，各方无少间隙，成金刚墙。上有帐幕，幕下墙上有金刚盖，外有箭网，其下地基亦成杂金刚体，炽燃难忍，于彼中间，刹那自成金刚萨埵为体之胜三世明王，又名吽迦罗尊，三面，本面蓝色，右黄左绿，张口獠牙卷舌，每面皆现竖眉忿怒，三目圆赤，具足轮等六印。额上戴五枯颅，项悬头发鲜血淋漓，人头相连以为腰带系虎皮裙，以黑无边龙，束赤黄发，向上炽燃，并安立等八大龙王而为庄严。于六臂中初二手持铃杵，结金刚拳，两背相著，二小指相钩结，二食指直伸，为胜三世印，与自光般若母等住。右下二手，持钩与索。左下二手持颅盖，喀敞迦（杖之一种）。双足右展左屈，于杂金刚及日轮上，踏作怖天及时母相。光聚炽燃如猛劫火，食尽众生一切魔碍。猛喝吽声，顾视十方，从自心间吽字放诸光明，钩召十方魔碍，付与吽字所出十大明王。言十方魔碍者，谓帝释等有形魔碍及其眷属。《鬘论》与《律生释》于说金刚墙等之后钉金刚橛。燃灯贤、答日迦跛、黑行大师等，说钉橛以后修金刚墙等。毳衣大师则说二时俱作。

前遣魔者，是诫魔碍驱往他方。此钩魔者，毳衣大师说是钩召逃逸魔碍。是遣不受诫敕背逃他处仍欲为障碍者，钩来钉制，乃至曼陀罗事未圆满时钉制不放。此由拔橛可知。此中起为吽迦罗尊诫敕魔碍，及召不受诫敕等者，如《摄真实》第二品说，往昔大自在等一切暴恶有情为吽迦罗之所调伏，故教后学，亦持彼幔调伏诸恶有情最为殊胜，是此论师之意趣也。

卯二　以金刚橛钉所召魔分二：辰一　橛及生起仪轨，辰二　钉橛法及其他。　今初

橛料用檀木与骨铁三中随一而作。长量十八指十二指八指三等随一。粗量随自长量分三之一。作何形者，此论与龙智及持祥论师，唯说修成上作明王下为橛形，余未明说。《灌顶品》云："十橛上作自像下为橛形。"拉利班

哞论师亦云："橛上为明王，下独股金刚。"寂静论师亦说橛脐以上如所修明王像，橛脐以下为独股金刚形。应如是造。橛上次第缠五色线，涂以芥子及紫檀末，系红花鬘，置新器中。如答日迦跋云："檐等涂紫香，系红绫花鬘。"龙智亦说缠五色线。橛之数量，此论说十橛与四橛两派，后者亦是胜贤所许。燃灯贤说一橛。拉利班哞则说五橛。橛之修法，有别修诸尊与不别修之两派，此论与《律生疏》宣说别修诸橛为十明王。毳衣大师、慧铠论师亦说修诸橛为门隅八尊，亦是别修。龙智与答日迦跋说修诸橛为碍边际尊。持祥师说修为剑害狱主，此是不别修者。燃灯贤说一橛，亦修成碍边际。随依何派皆先遣魔清净，次修上半为明王像，下半为独股金刚相，劫火炽燃。若略修者即此便足。若乐广者，可入智尊灌顶印证供养称赞。难胜月云："橛顶上置椎，由余手握持，诵前咒而打。"此说右手执椎，击左手中橛顶，故须铁椎。此亦先遣清净，随修何尊钉魔。即由彼尊右手标帜而变为椎。

辰二　钉橛法及其他。

次从长声吽字所成十井，装诸魔碍，先诵"嗡班哞格利格拉耶，萨嚩毗迦那吽"。或诵《集密经》说"嗡伽伽"等真言，橛插其头。次诵"嗡班哞拇伽罗阿廓札耶吽"。想用椎钉。从自在方起，于光鬘八方，先由阿阇黎钉。次若不能（疲劳等）可由诸门阿阇黎钉。上方橛钉在东方橛之东，下方橛钉在西方橛之西。此中事相，虽是阿阇黎或弟子左手执橛右手椎钉，然所修义，为唯自持天慢而钉，为别有所修耶。《鬘论》中云："彼诸明王"乃至"左以金刚拳握，右手执正标帜所成铁椎系红花鬘。"谓前自作诫敕将诸魔碍付与十大明王，各钉自橛。是此论及宝铠论师之意。若《集密》龙猛派则说自作诫敕，钩召与钉皆由害妙明王作之。曼殊金刚、欢喜金刚、红大威德法中，皆说前诫敕时持何尊慢即由彼钉。毳衣大师、慧铠论师说由门隅八尊而钉。许四橛者，有钉四方及钉四隅两派，后说是胜贤所许。如曼殊金刚曼陀罗仪轨本释，说用一橛钉于中央。此是十护方神及诸眷属唯用一橛普钉一切魔碍。日生说想一切魔碍摄为一体，观想钉于中央。实有橛者想钉于曼陀罗中央，实橛则钉于自在方，最为善哉。论云："虽说钉于坛外光鬘，现今诸师则说钉橛于曼陀罗室外。其上造十土堆，每一座中皆供花等以及伞食，令彼诸橛明王欢喜，亦不相违。以如是行亦能成办所求之悉地故。"此说随钉内外何处。然为断除妨碍橛故当钉入土堆内，每座供养橛者日日应行。

若无所说橛者，唯修而钉。如上钉已，说诵"嗡班哞阿吽"。仰掌反转击地。作如是胜解者，是依难胜月论师意。胜贤亦云："又若智能者，钉三摩地橛。"钉橛击椎，应想一切魔碍皆成一味大乐真如。诸余魔碍亦皆远逃。论说"坚固胜解上下诸方广大周围，一切众生永离魔碍"。故钉橛时一一观想皆须明了坚固。

寅六　余处余坛须否地轨。

若在旧有曼陀罗室与宫殿等余处立彩土曼陀罗,及于布绘曼陀罗身曼陀罗等中灌顶等,是否须此地轨。如《总续》云:"仙处与牛圈,岩窟及山顶,或地基坚硬,屋上并磐石,塔前与洲渚,及诸湖沼畔,净地与观地,皆不须勤行。亦不须捶坚,高下等众过,于彼勿忧疑。"说彼诸处不须观地,前说地须东北低下,纵彼反高亦无庸疑,故观地法与高下等差别皆不劳观察也。言不须净地者,不须掘净,非是全不须净,即前续云:"于本有地基,先当善洒扫,手打诵密咒,即是彼净法。"《金刚空行》亦同彼说。《律生经》第十八品云:"昔作事业地,不须再掘等,手触诵吽字,地以真言净。"如彼《释论》说以物咒定三一切净地,《鬘论》亦说。故当作彼等及无上净。于不现主乞地法类,及摄地法类等,若于彼处作彩土曼陀罗亦须全作。依布绘坛当如何行,布绘灌顶曼陀罗仪轨中、罗睺罗友、语自在称、常住金刚所造皆未宣说,就义观察实亦无用。故彼不须观地乞地及净地等。摄地时仪轨者,《鬘论》于意曼陀罗灌顶时说云:"以曼陀罗主形摄持地等,为佛像等开光,为弟子众灌顶,送圣,究竟乃至寂静护摩,一切皆以意作。"故修本尊瑜伽,诫敕魔碍,钉金刚橛,墙等守护,皆应修习。身曼陀罗灌顶,须否地轨,天竺教典未见明说。诸先师长皆谓不须诸地仪轨。或准意曼陀罗所说道理现见亦可。

颂曰:

吉祥究竟金刚乘　无上瑜伽教海义　无余尽摄道总聚
及道次第决定理　由先承事净相续　随于何地绘坛场
能令清净诸仪轨　如智者论显了说

密宗道次第广论卷七终

密宗道次第广论卷八

预备仪轨次第品第六之一

丑二　预备仪轨分三：寅一　预备总建立，寅二　各别预备仪轨，寅三　余曼陀罗预备。　　今初

预备法者，《结合》七观察第四品中说地神预备，《后续》中说初天预备，次瓶预备，后说弟子预备。共为四种预备。且皆说于预备之时。龙智、答日迦跋、燃灯贤等亦于彼时说彼四种。其中地神，有在地轨中有而预备时无者，如《金刚空行经》及黑行论师等诸论。有在预备时有而地轨时无者，如《结合》《幻网经》及龙智、燃灯贤等所著众多曼陀罗仪轨。有二时俱有者如《鬘论》等。共有三派。彩线绘毕之后，《律生经》说弟子预备，黑行论师及难胜月则说修瓶，持祥论师亦于修曼陀罗之后修瓶，次说弟子预备。《鬘论》虽如《律生经》说，然非在预备时不作弟子预备，下当广说。

地神与天预备，须在预备时作。弟子预备，不论说于何时，实行唯应在预备时。实行修瓶亦须先修。《鬘论》于瓶预备后说天预备者，是依燃灯贤于瓶预备之后启白天预备之次第。此是启白天之预备，非谓天预备之正行，不在瓶预备之前也。如《鬘论》云："曼陀罗地涂以妙香散布众花，下午，作天装来入内，于地中央面向东坐，或可由东向西而坐。具曼陀罗主尊瑜伽，于诸尊处用甘露栴檀红花等作诸圆坛。善修自三昧耶轮已，请召住虚空之智轮，令入彼中。供养称赞尝受甘露。次于所修曼陀罗外，东方等处安置诸瓶或于余方。面向北方应善预备自在隅处诸瓶。"此说于诸尊处涂香坛基作天预备，其后乃修瓶预备故，若如是修，亦顺《四百五十颂》释，燃灯贤云："妙香等涂地，散布众妙华，安立月轮等，智者作坛场。于彼诸智轮，次结缚界等，供赞尝甘露，次应预备瓶。"其《释论》中亦如《鬘论》，说于下午天装

入内，修主尊瑜伽已，于诸尊处各想自座，于彼召请安住虚空智轮，供养等已，修瓶预备。《释论》于启白天后云："此是天安住之仪轨。"说在瓶安住后。然本释二论皆未于彼说天预备之正行。《鬘论》虽似说于瓶预备后修天预备正行，然是为令知启白境而说，非说于彼作天预备。故天瓶预备之次第，同《金刚空行》《结合》，及燃灯贤等。此等是正行仪轨之近分，故名预备，亦名增上安住，其增上义，日生论师说是善住。

寅二　各别预备仪轨分五：卯一　地神预备，卯二　诸尊预备，卯三　瓶预备，卯四　启白诸尊，卯五　弟子预备。　今初

钉橛毕，坐坛中，于自面前作香坛场，或如寂静论师说于坛中作香坛场。于彼修从　字变成地神。《律生经》说从唉字生，《金刚空行》则说从朗字生。次想手中月轮有三吽字，指端按地三次。毳衣大师说以持杵指按。以按地声，吽字光明，策发智慧地神，从地涌出而与修者相合。具欢喜心，其身黄色著白色衣具诸庄严，一面二臂，左执金瓶，右手作无畏印。此二手相同《律生经》。《结合》说与智尊相合。《金刚空行经》说涌出半身两手持瓶，不入智尊，修供赞等。梵典多如是说。供彼阏伽等后，三诵"嗡，善来极善来。地神世间母，众宝充满母，妙饰庄严母，璎珞鸣钏母，供金刚心母，受此阏伽供，善办坛场业。嘿嘿嘿嘿嘿娑诃。"此是请召与请住之预备。言善办者意说请其安住。或诵"一切救世佛，修行及胜德，诸地波罗蜜，汝皆与作证。如释迦狮子，降伏诸魔军，我亦摧魔力，当画曼陀罗。"如是三诵而行预备。此与乞地时之地神，生不生及供赞等无有差别故仪轨相同。善来等是《结合》七观察文，与《金刚空行》四十六品之梵语（赞）义同。一切救世佛等二颂，初颂出《幻网经》，第二出《大日经》。次想地神答云："当如是行。"即入地中。黑行论师等说想地神云："欲令我何所为。"为答彼故献供等后，启云："一切救"等。次想彼听许云："可如是行"。次以两手作金刚内缚而按地，三诵"嗡班集跋嘶吽"。想从金刚缚印所生吽字放光炽燃，乃至金刚地基皆成金刚。次三诵"嗡班哆只札底叉"而加持之。《鬘论》中说由此令地为自作证。谓由前说诸轨，能使地神为自作证。说于诸佛往昔胜行作证。与萨惹哈所说以手按地策发地神是佛昔缘起者，如《大游戏经》说："大师告魔罗言，汝行一次无遮施尚得欲界自在，况我广行无量百千俱胝那由他次无遮施。魔言，我如是行有汝作证，汝如是行无有证者。尔时佛以右手遍摩全身而按地言，此地为诸众生依，动非动等无亲疏，此为我证我无妄，汝应于此为我证。说已无间大地震动发大音声。尔时地神共百俱胝眷属，于大地震未久，从地涌出半身，一切庄严之所庄严，恭敬合掌白言：大士，实尔，此我现见，世尊即是人天世间胜证胜量。闻是语已魔军逃散。"福顶大师说：如昔时作

证。现我念诵圆满于曼陀罗获得自在愿亦为我作证。《大日经》疏中云:"如昔大师在汝地上行菩萨行已坐菩提树下降魔成佛,汝为作证。我亦为有情,于汝地上画曼陀罗,当成正觉。"义谓愿为作证令无魔碍。

乞地与预备时,同诵"一切救世佛"等,其差别者,前是求地作曼陀罗,此是于彼作曼陀罗求其作证。此时自修之天瑜伽,意说前吽迦罗瑜伽即可,是故未说余者。若于余时,可用坛主瑜伽。

卯二 诸尊预备分二:辰一 为定天处故弹线,辰二 应如何修天预备。初又分四:巳一 弹线曼陀罗之量,巳二 弹线次第与时间,巳三 弹羯摩线之次第,巳四 释所弹诸线之义。 今初

此中弹曼陀罗线当齐何量而弹耶。此中有二,一由诸尊建立,二由施主建立。初如《幕经》第二中云:"金刚持三肘,佛坛四肘量,五肘作明坛,舞自在六肘,七肘马王者。"此说不动毗卢、宝生、弥陀、不空成就之曼陀罗,从三肘至七肘。《集密经》说身语意曼陀罗,如其次第十二肘十六肘二十肘。此依四面根本线说,前者亦尔。二施主者,如转轮王说广逾缮那量。观待所化,《鬘论》引教说画掌许亦可。是故曼陀量,但随共许而说,非定唯尔。如世尊云:"若赡部洲主,或转轮圣王,周围逾缮那,应画曼陀罗,智者应正观,所化众生心,随欲而为量,全无少过失,随欲曼陀罗,画于手掌中,尚办论说义,况画于地等"。以是燃灯贤云:"依有情意乐,立为定量等,方便慧所生,悉地量何定。此从一肘起,乃至于千肘,如是轮弹线。"此说为彼乐数量决定者,安立肘等定量,事实不定。龙智亦说随弟子力所能,从一肘起乃至千肘。《律生》亦说:"从半肘起。"

巳二 弹线次第与时间。

弹羯摩线与智线有无决定次第耶。二线次第,决定应先弹羯摩线,次弹智线,多数智者论中分明说故。龙智说是次第最为明显。萨惹哈云:"先以白粉等,决定依次弹,其上弹智线,应周遍舒展。"如说先弹白粉所涂之线,次于彼上再弹智线,黑行论师亦如是说。难胜月云:"如弹线次第,善展弹智线。"又云:"如经所说线,于变化坛弹,更善弹智线。"谓如所弹羯摩线之次第而弹智线。跋嚩跋札亦云:"先弹一切羯摩线已,应展智线。"不空足云:"于一色线,加持一切羯摩,弹为土线。于彼线上再弹五色智线加持初线。"此说智线能加持羯摩线。宝金刚论师云:"如业线次第,应善展智线。"又云:"于曼陀罗线,应融入智线。"弹智线者,是将智线融入羯摩线中而加持之,故定须先弹羯摩线。

有许先弹智线后弹业线,谓是《金刚空行》"弹智慧线已,应善作此业"及《律生经》"智于空弹线,如是向下弹"所说,不应道理。《金刚空行经》

云："弹智慧线已，次应作此业。分布诸颜色，予欲及解脱。"此谓弹智线后而绘彩色，非弹羯摩线也。跋嚩跋札于《金刚空行释》亦说先弹业线后弹智线。《律生经》说如于虚空所弹智线，亦于地弹。彼是说于虚空弹智线后再于地弹智线之据，非弹智线后弹业线之证。若不尔者，龙智亦云："师资缓行金刚步，如于虚空所弹线，如是应于地上弹。"黑行论师亦云："向南方站已，于空如是弹。"又云："地弹二梵线。"说于虚空弹后无间于地上弹。毗布底云："尔时如虚空线，双手平降于地弹二梵线。"汝许彼三乃是先弹业线后弹智线之宗，宁不相违。其尤甚者成立先弹不弹业线两派二线各别，引《大日经疏》说已于余坛用讫，智线不堪作业线者，亦未应理。（智线诚不可再作业线用，然彼疏文是说弹虚空之智线不可作弹地之智线，故所引文不足为证）佛密论师以在余坛已用之理成立前线不可用者，非成立智线不可作业线，是成弹虚空之线不可弹地故。此如《大日经》云："于东舒展线，齐脐执持已，应于空擎持，次往至南方，应向北方画。次将第二线，自以亲手取。"谓弹虚空东西、南北二线，后弹地者另取余线。解释前线不可弹地之意，如《略疏》云："意谓由于余坛已用同劣物故。"《文疏》亦云："次自取后线者，义谓前线由于前坛成劣不适画用，是故另取余五色线用画后坛。"经说二线，初谓于空弹自性曼陀罗，次谓于地弹彼影像之曼陀罗，彼二皆为五色。羯摩线则唯一白色，意谓彼易知故经未明说。又《略疏》云："其弹曼陀罗线，说二种五色线，谓于空弹自性曼陀罗线，及于地弹加持彼影像之曼陀罗线。"如云："说线有四种，谓白黄红赤。及说为黑色，第五说如空。向虚空持已，应观彼为坛。又以第二线，于地建坛场。"又云："虽未明说湿线之相，为离颜色错乱，故唯用一白色。"《文疏》亦云："如是牵线分地，捻一白色线为湿线。"许二种五色线及一种独色线共三线故。以是彼引诸证欲成诸线各别，应许弹虚空之智线，不可弹地，如是则与《律生》及多定量无上部曼陀罗仪轨，皆说虚空地上二种智线，用一线弹，及汝自亦作如是行，皆成相违。业线虽定不弹虚空，智线则可俱弹空地，故不应执凡弹地线一切皆用羯摩线弹。佛密亦说用五色线弹地是为加持曼陀罗线。其所加持之事，即一色线所弹诸线。故若不取讲说次第，而依实义次第，则诸意趣皆不相违。弹虚空之线不可弹地者，是别建立，弹智线时更当广说。

虽般若室利于欢喜金刚曼陀罗仪轨中，亦同《大日经疏》说三种线。然堪为依据之无上部教皆无说者，故不可信。《金刚空行经》与《律生经》《四百五十颂》等，五色线外未说余线，说用彼线弹诸线者，意为先已弹羯摩线，即如是弹智线，非许即用彼线而弹业线。如萨惹哈、黑行论师虽说用五色线而弹诸线，然亦宣说先弹业线，次于彼上更弹智线。《鬘论》中于证线量有六十四分时引经云："次作白色线。"于彼说白色线，然亦说五色线，故许有二种线。线有六十四分与九十六分两派者，非谓论师所许彼此相违，是明各续之规则故。宝铠与毗布底二师所说线等建立，随《鬘论》行。前者（宝铠）虽未明说，后者于胜乐曼陀罗仪轨引云："初先弹白线，其后弹智线。"答日迦跋于说五色智线以后，次云："大血所染线，三缕具量度，用甘露白檀，善涂而弹线。"此说前线为廿五缕，后为三缕。故亦是说智线与羯摩各别。此师《曼陀罗仪轨》云："八种智线后，应想贤善相，次分诸部分。"其善非谓弹智线后再以业线分各部分。是弹八大智线之后弹余智线，以余智线须具弹故。

二线次第如是，何时弹耶。羯摩线者，应如龙智、琅迦胜贤、哆耶茜那于天预备之前。《金刚空行经》云："于诸如来处，栴檀等方坛"。此说曼陀罗中何处有天即于彼处作天预备香曼陀罗，若未弹线则不知彼处故。难胜月云："决定坛何处，即于彼坛涂，五香或余香。"毳衣大师、黑行论师、寂静论师、日生师等，多说天预备涂香之处，即为诸天处故。弹智线者，如龙智说于弟子预备后，彩画之前。堪为据者多如是说，故当于彼时弹。

巳三　弹羯摩线之次第分二：午一　预备绳线，午二　弹线之法。今初

绳线之因，如答日迦跋云："由净未坏棉。"此若难得，则可用洁净未坏未杂毛发之棉线作之。搓者及如何搓，如《总续》云："其弹坛绳线，染色净坚细。如是童女搓，新鲜极洁净，美妙最柔和，香馥安乐触，善搓捻为细，搓令粗细等，无诸结断过。花香供线绳，智者弹诸线。"言染色者，意说五色之线。此论师（《鬘论》作者即无畏论师）与胜贤、哆耶茜那，说用童贞女所搓线，或勇士价值所买线，故若随卖线者所索之价，不与论价付值而买，则余人所搓者亦可。日生说具三昧耶者所搓，故彼搓者亦可。线之数量，如答日迦跋说三缕白色。长短粗细之量，犹如智线除执手处，为曼陀罗两倍，门量廿分之一。（初句指长量，次句指粗量）生起仪轨，生为一切业尊，此是跋嚩跋札与不空足所许。涂以香水及五甘露牛生五物，置于金等器中，自具正尊瑜伽，辟魔清净为先，生为各各法之一切业尊。入智尊等供养称赞，用手触著，诵甘露瓶而为守护。再洒曾诵一切业咒之五甘露水与芥子香水。次用持金刚之右手摩触，诵"嗡班哆萨摩耶苏札，摩底札摩吽"。诵三字百八遍以为预备。此等，二线相同。次如胜贤等说，用和白檀之米粉或石粉或余白粉染其绳线。

午二　弹线之法分二：未一　弹曼陀罗外线法，未二　弹曼陀罗内线法。初又分二：申一　弹二派共同线法，申二　弹二派各别线法。　今初

从于曼陀罗地洒以瓶水，至供赞虚空曼陀罗，应如后说而行。先求曼陀罗之中心，作一圈点，次于四方，以量等线各作一点，次以长过前量之线，于四点上各作一圈。此处虽但说作四圈，下文说拭五圈，故中央应亦作一圈。此中东西南北与中央各作一圈者，为求东西、南北两条梵线（即纵横之直线）与两条角线（即四维斜线）之端直。次自修为正尊瑜伽，想助伴为毗卢遮那或甘露军荼。放线取线，及持法等，当如下说而行。生为毗卢是龙智说，生为甘露军荼，是寂静论师说。毳衣大师说弟子作本尊。胜贤论师说生为段生母（胜乐中之一尊），日生论师说为伽摩日（欢喜金刚之一尊）。此谓弟子有为自之本尊或各坛之一切业尊二派。次《金刚空行经》云："缘诸方平等。"众多曼陀罗仪轨中，亦说观一切方为平等性而后弹线。谓东方等唯是分别假立，都无自性，故应先想无性平等，由此可灭方向错误之过。

弹八大线之次第者，如《金刚幕经》第八说，先弹梵线，次弹角线，次弹根线（即曼陀罗墙外之方线）。此师依彼即说如是次第。《律生经疏》亦如是释，答日迦跋、黑行论师、萨惹哈及胜贤论师亦作此说。现见亦是毳衣大师意趣。龙智与《四百五十颂》本释、跛噂跋札、日生师等，则说梵线之后弹根本线次弹角线。此非父续母续之别，以《蘲论》依二续共义而说。跛噂跋札说是《金刚空行经》意，日生论师则于欢喜金刚曼陀罗仪轨中说故。其梵线中，萨惹哈及黑行论师、毗布底说先弹南北梵线，次弹东西，前列诸余论师，则说先弹东西，次弹南北。藏地智者说毗布底所说之南，答日迦跋所说之东，二者义同，以随胜乐所向为南即立为空行母之住处故。毗布底说："故随所向为南，诸瑜伽师意。"故此是毗布底引布噂具慧师曼陀罗仪轨之说。如云："行至南门后，遍绕诸余方，是母续次第。瑜伽续从东，绕至南门等，是为实语者。说画曼陀罗，应观为世俗，方由无量分，观南等非有。所说面向南，行者知世俗"。此谓瑜伽母续说由南绕，瑜伽续中说由东绕画曼陀罗。虽说二方不同，然同知方非胜义有，是故南方是如言义。又毗布底引布噂具慧师教云："先面向狱主，住坛轮地北，于空地弹线。"谓弹初梵线时，面向有狱主方。说北既是曼陀罗地之北，故知南等亦为坛外。

弹角线者，如此论说弹火风角线后，次弹第二角线，前诸论师亦同。四根线之次第，如此论说，东西北南依次而弹。答日迦跋、燃灯贤、胜贤等亦如是说。龙智与黑行论师说东南西北依次而弹，毳衣大师别说东西南北依次而弹，亦有先弹西南二根线者，故无定准。弹梵线角线根线时，师资各有二处决定，弹梵线时，师长二处为北东，弟子二处南西，是说先弹南北梵线三师所说。前叙诸余论师则说西南二方为师长处，东北二方为弟子处。此与《律生》第十七说相顺，如云："西方及南方，师长定善住，东方与北方，弟子处等引。"此等亦非二续之别，随依何行现见皆同。

弹角线时如此论说，师长二处谓火与离实，弟子二处谓风与自在，前叙诸师亦许。然胜贤与哝耶茜耶反上而说。跋刹所译中说，龙智说：师长住自在，弟子住离实，而弹角线。贾师所译与上相反。

弹根本线，如此论说，火风二角为师长处，离实自在二角为弟子处，前叙诸师亦同。面所向者，随彼所住方隅，即自彼处，直向所对其余方隅。弹线旋绕总有三派，如此论说右绕，日生、宝铠、《四百五十颂》本释等亦说。左绕者，萨惹哈、黑行论师、毗布底等所说。左右错杂绕者，如答日迦跋云："由左绕加行，弹一切种线，隅分向右绕。"此说方线左绕，隅线右绕而弹。龙智、毳衣大师未有明说。布噂具慧与毗布底于胜乐曼陀罗仪轨中说，若不左绕，有害弟子。然《金刚空行经》则说："此中师弟子，应于右旋绕。"《释论》亦如是释。答日迦跋亦说隅线右绕。是故不须定执母续左绕。如此论师说右绕为二续共规。宝铠论师于胜乐中亦说右绕。胜贤论师于胜乐曼陀罗仪轨中说："次师与修伴，旋转而绕行，左行为主故，应俱作左规。然由世难达，观待作右绕。"哝耶茜那、金刚空行曼陀罗仪轨中亦同彼说。

弹曼陀罗内外诸余线时，其旋绕法、住处、次第皆如前行。《鬘论》中弹九品诸方线时，作如是说。毳衣大师说诸余线以前法弹。弹羯摩线，龙智虽但宣说师资住处决定，未明旋绕之法，然当与弹智线相同。

必须师资共弹羯摩线者，乃是龙智、琅迦胜贤、哝耶茜那所许。诸续与曼陀罗仪轨，于分彩土时说，阿阇黎若不能圆满分散，如下所说容有例外。弹线时说若有弟子，则应同弹，无者，阿阇黎系线于橛而自弹，未说可无师长。故弹二种线，皆定须师长。

次从墙线至垛口线，分为诸分弹线。彼等摄颂，如《鬘论》云："东方等点上，执线为四轮，鱼头至尾边，弹梵线角线，角门量七方。（方是十之代名，谓从角至角十七门量也）肘等根本线，中拭八分一，门分四小分。根外离一、二、一、二、一、一边，由角平六线。从梵线渐远，三小分初线，二线二小分，端连八小三。台线伸四线，三为五小分，四四分其初，正触平线端，三各隔一分，第四端平线，具足十小分，由根端出线，四分再平竖，各二分对直，八分共三曲。"此门面门侧门量不等者，虽是九十六分线与六十四分线之共规，然九十六分者，门面门侧门量有等不等二种。若面侧门量相等，则无幡处暗处。其"台线伸四线"则为"伸二线"也。此师俱说长短二线。毳衣大师、萨惹哈等多说长线。虽有经说门为坛轮十分之一及九分之一者，然印度诸师皆未立彼名，故此论师亦舍彼等而说八分。此是《金刚幕经》与《金刚空行》之意趣，印度诸曼陀罗仪轨亦如是说。

正弹线时，如《金刚空行》云："线断师长死，线长生疾病，方误弟子疯。"应知彼事。论说若有彼相，应修治法，而未说用何法修治。应如治恶梦之方便。又《总续》云："有凶相不成。"又云："长短生疾病。"如下所说之量，若线长短当生疾病，寂静论师说师长病。言方误者，义谓住处错乱。弟子疯者，如答日迦跋云："方错弟子恼。"谓弟子苦恼也。有谓长短是指所弹纹线，非是绳线。彼非经义，若果尔者，则不应弹坛外长线，所须外线不可弹故。此线凶相为是弹何线之时耶，寂静论师谓弹二梵线时，《鬘论》亦于弹彼二线后说。故意相同。日生说有弹二梵线，弹八大线，与弹一切线之三派。故《总续》云："故智于一切，殷重善弹线。"谓弹二种线与作二线时，应善谨慎。

申二　弹二派各别线法。

其牌楼等，由说二种线量故有差别。此复总明线之长量，谓曼陀罗两倍，粗量谓门廿分之一。如《律生经》第十七云："长为轮两倍，门廿分之一。"曼陀罗仪轨等多如是说。说如是长量者，《鬘论》说唯为弹梵线，弹诸余线，彼虽无用，然为弹二梵线故说彼量，其梵线有长短二种，若牌楼高度与法轮杵端共为二大分（即二门量，一大分有四小分）者，则从根线至彼根线为曼陀罗，以此两倍为线绳量，若牌楼高作三门量。法轮杵端合作一门量者，则前线量不敷应用，故是根本曼陀罗及其眷属之两倍，如《鬘论》云："唯以四根线内所画之根本曼陀罗两倍长线，应弹六十四分梵线。"又云："又曼陀罗亦摄杂金刚脐边际，谓曼陀罗及其眷属，即从根线外出八分，共为四十八分。"说此等后，又云："故线绳量九十六分。"引文证成六十四分线云："次作白线绳，自与修行伴，用白檀所和，米粉而浸染。梵线二清净，所有坛轮量，应用二倍弹，半为根本线。"此文出琅迦胜贤曼陀罗仪轨。此云梵线半量弹根本线，故显线绳量为十六大分。从墙至墙内之宫殿，是为正曼陀罗。从砖至垛（此就平面画图而说）是为施设于彼之支，名彼眷属，如王偕彼眷属行时，唯言王行。如是曼陀罗与眷属，同名曰曼陀罗，故说曼陀罗两倍者，可引通二义也。如是初者，从中心至根线之曼陀罗内量，与从根线至莲蕊边外量二者相等。故从杵端为曼陀罗之两倍，后者从中央至垛线，与垛线至光鬘相等。故从光鬘亦为曼陀罗两倍。其中初说，如《律生经》第十七云："线相六十四，是坛场线相。"此于初绕外圆线时，说线相望为六十四。释谓六十四分之分为一小分。萨惹哈与毳衣大师等亦多如是说。如六十四分者则说牌楼高一门量。龙智说门门框门面门侧四量相等，故说牌楼为门三倍者是高量。若说横量，其最大层亦不及柱顶故。以是龙智赞许二十四大分（即九十六小分）线。二十四大分之牌楼与圆等。如《鬘论》云："柱端外平面，横弹十一线,各舍一小分,五七舍分半。或可三、七、九,各舍一小分,第四、六及十,各为半小分,余五各分半。彼双方宽量,于梵线左右,箭分半(箭即五数)边际,条层二分半,线长三分半。六分边第二,第三长三分。四分边第四,五分及五半。(第五条之下半也)舍三分四半,三边六、五分,四线长七分,十一线五分,第五条上边,平量三分半,七条下三分,上半为六分。诸条至边线,与余边相连,成一曲,其内,离半分亦尔。其外吠陀边(四分之外也),圆线又二线。各舍弃二分,舍四余圆线,面侧与门等,则无暗条层。"彼中亦无挂幡条层。

十六大分(即线长量,六十四分)者之牌楼与圆线等,如《鬘论》云:"牌楼门三倍,横长非竖直,尔时三直线,从台如是量,各方彼无间,牌楼猛利条(猛利为十一代名),高量一门量。财天(八之代名)财天日(十二之代名),胜者(二十四)财天胜。日财天及日,胜财天如次(谓十一条中,第一条占牌楼八分之一,余准应知),此等谓平量。从梵线左右,各舍四分半,条长二分半,线长三分半。第二与第三,舍五分长三、第四舍四分。长三分箭(五)者,舍三半三半,六舍三、五分,次三长八分,一七分后六。其外吠陀边,圆线二又圆。二分边圆线,最后四分边。"(共四道圆线)此无暗条,故二柱间相隔十二小分,说"尔时三直线"故有幡条。若谓此中门面门侧门量等者,则不符顺《鬘论》牌楼柱与柱间隔门三倍之说。若如门面有二小分,门侧亦尔,则与此说无暗条而成相违。若将门上一分归入牌楼,则与绳线六十四分不合,柱与幡处极不雅观,是故门侧应作三分。如是门至门侧,四事(谓门、门框、门面、门侧)量等非等,共有三说,一说门等四事相等。一说门与门框相等,而与面侧非等,然彼面侧亦自相等。一说面侧亦不相等。一门量(牌楼一门量)中,宝铠论师说门侧外为五小分,其内为二小分,内端外一小分为梁,再外一小分为空层蓝色,此许梁上无墙为虚空层。然此梁上无墙未见美善。

此论师说牌楼高度有三大分与一大分二种,初中又有二等九等,与五等三三等两种,后者为五等三三等。总此三种牌楼皆十一层。然《鬘论》中"王(十六代名)三罪(罪十八代名)及日,王方与三人(人为十四代名)。方对直诸分,是牌层次第。"此以曲线以内诸层隔断为因,破第二层实水口为十八分等之说。故曲线内所对诸层,各左右有二层,总合彼二数为十一,若分别数则多于彼。绳线长短两派,从垛至垛长短无异。唯六十四分派,垛口之外梵线仅二大分,第二大分为法轮与杵端,是故牌楼高度唯一门量。以是彼诸教中说牌楼为门三倍者,是说横量。门与牌楼无空暗层,三倍亦是柱与柱间。是为此师所许,如《鬘论》云:"杂金刚脐总有十二门量,其极线内

为八门量，外长各二门量。中无暗层，牌楼柱中为门三倍。"论说为十一层。许二柱上横层各余一分，依此而作为十四分。

毳衣大师于一门量牌楼，宣说门面门侧各半门量，牌楼长量为门四倍，故知许有暗层。燃灯贤说牌楼为门三倍之意。寂静师谓长为三倍，高随美观应作。

牌楼之外一大分中，内半为法轮外半为中股杵端。如《鬘论》云："法轮外二小分为金刚股端。"故旁股尖触中股处以外即为股端，非从中股尽处再将杵端左右各开作为两分。此亦二派相同。沙罗答论师说，内一小分为轮座之莲花，次二为轮，次一为伞。鹿对轮住。次圆线者，若长线派，莲鬘与金刚墙各半大分，光鬘为一大分。如是自中央至垛口，自垛口至光鬘，各六门量。以是每方梵线，各有十二大分即便圆满。故于此派，《鬘论》破斥莲鬘与金刚墙各一小分光鬘二小分者。于短线派，则说莲鬘与金刚墙，各一小分或各二分，光鬘二小分或四小分。随一皆可。《金刚空行经》云："外有光坛场，彩地二倍量。"毳衣大师谓是金刚墙与光鬘各一小分。又《鬘论》云："有一胜乐曼陀罗中，依经中说，金刚莲轮形，亦安立三墙。故于金刚鬘外，说有莲花与轮鬘者。"此说共有两重莲花，琅迦胜贤所许正尔。绘圆线时，以檀木橛，下为独股上为五股杵相，想从吽字所生，诵钉橛咒一百八遍，诵椎橛咒，以金刚椎钉坛中央。次将九十六分长线双挂橛上，从自在方右旋而弹。六十四分线时，亦可以单线作圆线，为绘圆线，故说绳线增一张手量等。前说线长生病，须除此也。若无实橛钉于中央，修定亦可，准前钉橛时说可知。毳衣大师说六十四分者，亦从自在旋绕而弹。当先于梵线上寻求量度。当于何处绘尸林耶，此论未明了说。《鬘论》引前《金刚空行经》说光鬘之文，次云："彼旋绕处外，树等八尸林。"经谓："彼轮围之外。"答日迦跋曼陀罗仪轨中亦如是说。慧铠论师亦云："当于金刚墙，及火光轮外，绘树等尸林。"虽旧译之《律生经》云："于金刚墙内，八尸林庄严。"然新译云："金刚墙于内，八尸林庄严。"此译清净。以《律生经释》云："光明谓五色，应于彼外画诸尸林"。毗布底亦如是说故。跛嚩跛陀罗师未明了说。如胜乐尊可住尸林围绕之中，余尊不须。若为摄受无善根者，胜乐亦不须绘，是为《鬘论》之意。此师所许，除时轮本经所说不同外，余无上部诸曼陀罗，定须莲花金刚墙及火焰。其余尸林与胜乐之三墙则非必须。绳线二量，非是父续母续之别，随一皆可。门面门侧门量等或非等，亦可随一作之。非许如是所说之曼陀罗，唯作彼轨。

未二　弹曼陀罗内线法。

此中略说少数曼陀罗之内线。集密内线，如《鬘论》云："梵线八分边，及七边圆线。从此正伸出，至余方线界。梵外二三分，渐次弹二线。外圆线之外，离一分圆线。次舍三小分，平线至角线。拭一切梵线，诸格中隔线。"其前六句，明九格线，两派集密相同。其次四句，明龙猛派集密之线，谓前两道圆线之外舍一小分，再弹一道圆线。如龙智云："五色光庄严，金刚鬘明了。"此说一光鬘及一金刚鬘，为绘初鬘而弹。燃灯贤唯说金刚鬘未说光鬘，为绘初鬘，但一圆线即可。次舍三小分处，乃至角线弹格层者，是四金刚母处。其外四小分处，为绘八菩萨及四隅明王而弹，此即龙智"于内轮之外，四线平等绘"之义。妙吉祥金刚中（集密别派）从外圆线至根本线，有八小分。故彼长行说弹线云："根本线内，舍一门量之处，二角线间弹一平线。次为安布色金刚等，舍一门量。"应如是绘。若尔龙猛派之圆线，如《鬘论》长行云："特于二圆线内，舍一分金刚鬘，弹第三道圆线，第一圆线内为光鬘。其外更无圆线。"此说前舍七分所弹圆线之内，绕金刚鬘一分。于八分处所绕第一圆线之外，更无圆线。似与弹线颂文相违。《鬘论》于此为证龙猛派依前弹线引颂云："由梵作中台，半台最第二，第三一台半，半台弹余线。"则颂应依长行，以龙智说台量为第二小分故。故从梵至二小分为第一线，次去一分弹第二线，次去三分旋内圆线是为第三，此后圆线是为第四，此线须作一小分故。此四句颂跋刹译缺，贾师译台为脐。然《鬘论》又引文证云："中央轮之量，为半根本线。"此说以半根本线量，作中央坛。则从金刚鬘之圆墙，为内坛界，以彼是根本线半量。若如此说，则应依于弹线颂文而作。颂及长行，恰师、榜师所译俱同，故非书讹。《鬘论》于说八分旋金刚鬘时云："《金刚空行》说第一圆线外，为绘光鬘，舍一小分旋一圆线。"此与弹线颂文相顺。意谓两派皆可。虽现译《金刚空行经》仅云："内轮金刚墙，及光坛二次，从自在隅起，右旋而绕线。"然梵本中定有于八分外绕光明鬘，最为明显。《鬘论》于此集密两派，仅说从根本线舍一门量弹一平线，未说于内天处亦弹平线。弹内线已，中格内外之角线及彼层之众线，并内外诸梵线，皆当拭去，余处角线及天层线则须存留，覆以彩色。用以界分天处彩处之别。

胜乐六十二尊之内线者，如《鬘论》云："根本内坛场，由天别弹线，当说稍别异，余胜乐内线。非离梵角线，即梵外二分，弹线至根本，角傍亦如是。从中脐八方，各长为四门。脐外舍四分，弹四分横线，平住梵角上，此复弹五线，各舍二小分。彼等及第六，直达于边界。梵线及角线，左右七线中，从第五三一，一小分边起，到各第二端，回达第七中，一线成五曲。其内舍半分，如是弹余线。梵外渐舍王（十六），日（十二）龙（八）河（四）眼（二）分，弹五层圆线，前三内半分，更弹三圆线，除辐及圆线，余尽应拂拭。"《鬘论》于此引文证云："从根本线起，弹四种圆线，三轮各门量，应正旋周达。余为八叶莲，其量无增减，意轮等辋上，有杵莲轮鬘。"（意轮辋上有杵，语上有莲，身轮辋上有轮。）琅迦胜贤所著曼陀罗仪轨有此文，唯译文稍异耳。《鬘论》弹线之长行云："第四意轮之毂内，除小分四分之一，再舍二分半为莲叶，为显莲蕊，弹一须鬘体性之线。"此与弹线颂说从中央舍二小分旋花蕊者，文句各异。虽不相合，然颂文是粗算，当依长行细数而绘。即于余处，亦多宣说一方花叶之量，为一方花蕊之两倍。故花叶应作二分半，花蕊应作一又四分之一。虽毗布底依于《鬘论》弹线颂文安立，然亦应如是绘。有为绘金刚鬘故于内轮之中弹半分之圆线者，有于诸辐之旁绘四猛利金刚而围绕者，又有于辐边上如其所应绘作金刚莲花及轮鬘者，《鬘论》说此三派。第二派即琅迦胜贤所许。第三毗布底亦许之。

　　欢喜金刚九尊线者，自中向外舍五小分，为明花蕊弹一圆线。其外舍十小分，为明花叶弹一圆线。其外一分，为安诸瓶或作金刚鬘也。红威德五尊者亦如是弹。

　　日生论师于欢喜金刚九尊处，为九格线。作怖金刚，亦如是弹。此等为例余可准知。

　　弹线时开门者，有说弹完八大线时，有说弹完一切线时。彼二随一即可。其法，谓自明显想为主尊，目从希字，右生为日左生为月。以忿怒视，遍观一切，口谓"唏唏"。增上胜解拂拭碍解脱门所有诸障，于梵线及根线交会之处，左右拭去根线各二小分，此如《四百五十颂》云："以唏字怒视，次应开启门。"龙智菩萨亦云："应正念幻身，次开启诸门。"谓观自天身如幻行相也。线圆满后，供养称赞，送去线之智尊，绳线安置屏处，此中亦尔。

　　密宗道次第广论卷八终

密宗道次第广论卷九

明预备仪轨次第品第六之二

巳四　释所弹诸线之义分二：午一　释曼陀罗外线义，午二　释曼陀罗内线义。初中又二：未一　释圆线及牌楼线义，未二　释垛线至墙线义。初中又二：申一　释圆线及杵股线义，申二　释牌楼线义。　今初

线是分别宫殿相者，依所弹线应知如何修宫殿法，兹当解说。尸林，如《律生》及《十二穗论》应当了知。诸方火焰量相等者，是表光量均等之义，非不射往四分之外，故于火端不绘彩边，以表放出无量，一切方所火焰炽燃，其内之金刚墙，量厚质坚，是大轮围山体。于所修义，下自风轮上至色究竟天，是此论师所许。故于金刚墙处当如是知。金刚自体或为五股或为三股或为杂杵，故于画时亦如是绘。金刚与莲鬘中间之圆线，《鬘论》说有两派，自宗是表法生，所修有法生者当如是知。若如胜乐等少数曼陀罗不修法生，则入法界之内，故许彼线表现法界。他派说彼线是大轮围山为体，火焰与金刚墙间之圆线，虽未明说表现何事，若作轮围体性显然是金刚墙所摄。金刚墙护轮之内端触于法生线者，是莲花叶，花叶在处即是法生。其内第一圆线，即莲花须，从须至须，是圆莲蕊。《鬘论》中有许从莲须边即为轮围者，谓龙智云："牌楼金刚端，其外为轮围，杵鬘具妙光。"此说二金刚鬘为轮围体。破云："唯金刚墙是轮围体，莲须、莲叶、法生，皆非金刚墙摄，故非轮围。然说杂杵端外即为轮围，故许彼等假名轮围，则为善哉。"又因彼文说自杵外，即金刚墙之轮围山，破彼许无莲花及法生者成立杂金刚杵在莲花后，如云："说无莲花有杂杵者是大错误。"故于说有杂杵，未明说有莲花之教，堪为定量者之意趣，皆依有莲花派解释。以是故许从蕊此边至蕊彼边所有量度，即杂金刚从此股端至彼股端之所按压。杂金刚脐，形为四方。从脐此边

至脐彼边量有十二大分。线量两派，于此义同。其上所安杵股长量，若线长九十六分者，有四大分。如六十四分者，有二大分。《鬘论》破许股量十四分者，于前二种令成决定。故此师规，若许杵股为二大分，则牌楼量为一门量。唯以根本坛场两倍为绳线量。若许杵股为四大分，则牌楼量为三门量，根本坛场及眷属之两倍为绳线量。

若尔于脐何处安立杂金刚诸股耶？此中杵股四门量者，其金刚脐每方皆有十二门量，左舍四门右舍四门于中四门量边起诸旁股。如《鬘论》云："牌楼旁侧悬幡处上，从摩竭陀鱼口，出杂金刚诸股，略向外去，中宽三分，长十六分。"此于牌楼高三门量时说。彼时两幡中有四门量故。摩竭陀鱼口者，是彼所出诸股之根本故。以是旁股外边，不可越过幡处外线。故于彼层之外绕股杵者不应道理。此派离去梵线左右各二门量而绕杵股，法以十六小分线量，钩回二分，观由何处牵线能到中股外端余二分处，即可了知。此是杵股内线。门面门侧与门等者，离去梵线左右二门量处，所出杵股外线，亦不可过柱之外线，更未见说绕杵股处较此长者。论说诸股略内外去之义，毗布底谓略直向前。说诸旁股长十二分，故与中股相等，然中股端较旁股端长二分者，是由旁股弯曲之故。即与余处说金刚杵左右两股与彼中间三段相等（如普通杵，两旁股之长量与中间脐之长量相等，故名三段相等。）亦不相违。余处有说一方莲蕊两倍即为一方花叶之量，然此莲蕊极广，花叶仅说二小分也。

如许股长二大分者，当从何处出生旁股，《鬘论》《律生经疏》皆无明文。然《鬘论》中为证牌楼之柱，安于方台上之瓶中，引胜贤曼陀罗仪规文云："鲸口至鲸口，牌楼三门量，从方台瓶出，直画牌楼柱。"如初二句，说鲸鱼口至鲸鱼口，为门三倍。则于左右各舍十八小分中间，从有十二分处，出生旁股。如是亦顺《空行海经》所说"从柱顶处出，杂杵大光明"。此中亦说旁股触处之外，杵之中股有二小分，故曲二分与前说同。此去梵线左右一门量半而绕杵股，法以八分之线，钩回二分，观从何处牵线能到中股即可了知。此是杵股内线。杵股外线，亦不可过柱之外线。

杵股量有长短二派，有说于股中央绕一圆线，自此边至彼边，前者（股长者）是四大分，后者（股短者）为二大分。然若每方作三股者不须彼线。若作五股，则自中股中央直往左右以及前后，前者（股长者）各二门量，后者（股短者）各有一门量半。前者旁股之最粗处说有三分，中股未有明文，诸师长说为一门量。杵股短者，未明了说粗处之量，然应同前。

申二 释牌楼线义。

若尔，后者说牌楼量为门三倍不应道理，以自下层此边至彼边间，有十四小分故。然彼无过,言三倍者,非说牌楼顶之平量,是说基之宽量,基亦无墙。唯是二柱根本之间,门面门侧与门等者,《鬘论》说为四倍,亦是二柱间也。其面侧与门不等,牌楼高为三门量者,则二柱间有十四分。其摩羯陀鱼口至彼鱼口虽有十六小分,然牌楼中心之宽量,是说二柱之间。柱外虽有悬幡之处,然彼是顶边所悬之庄严,非下宽量之所摄故。

若尔牌楼齐几许宽。如曼陀罗四方之墙,任何外出终不能越杂金刚脐。如是牌楼下部宽量,终不能过杂金刚杵左右二股。又牌楼柱决定不在杂金刚脐,若依所绘有暗层者,从门侧前去一小分,即到杂金刚脐之边,故脐尽处有牌楼柱。若如所绘无暗层者,则门侧外线之下端,与杂金刚脐边相齐,次去一分空隙之界,有牌楼柱。此于门侧外端平去一分处作一切皆同。

有于面侧与门等者而作暗层,与诸大车说从根线至垛口线唯八小分而成相违。说柱高度仅有五分,有最下层不能盖覆柱端之过。故所绘者当缺暗层。

高度一门量者,从梵线左右各去六分处而出旁股,如前已说,若于彼界而作暗层,云何彼层可出旁股。故齐彼界理应安柱。于所绘中少暗层者,非是所修义中,门与牌楼中间无空而不作暗层也。如《鬘论》云:"有说牌楼之柱从墙线起量长七分,不应道理,以牌楼诸柱离宫殿稍远,一一皆安于四方台上故。由平地见其如与供台相连,故于台外当绘此等。"此以诸柱离宫殿稍远为因,而破许诸柱从墙线起者,所破敌者,非于所绘分别有无暗层而许如是。所出责难亦未分辨所绘有无暗层,乃是总破如是许者。故言离宫殿稍远者,是依牌楼总相而说。

具密弹线仪轨亦云:"牌楼一大分,离宫顶一分,门与多惹那(牌楼),不应过密接。"弥底大师破许一门量之牌楼与门相连自宗宣说台与柱间不应太远,又说彼二下基相等。故于脐上似与台界中无间隔,应从台线绘出。虽台实在脐上,柱从脐出,然亦显示不应有高下也。

略远之量,《鬘论》说暗层一小分,即是彼量。故曼陀罗与牌楼之空隙,亦有名之为中层者。以是所修暗层,非在二柱之中,乃在门与牌楼之间。牌楼之柱,即在所绘对直而有,宽为一分,长为五分。下有方台,台上有瓶,柱由瓶出。此是彼一切之总量。柱根柱端嵌饰众宝,中绘狮子伸手上承。有说于柱中段作圆镜者。

柱之数量,《教授穗》等诸大论说每方各有二柱。

悬幢幡者牌楼下层,与柱擎持之间,若有梁者,即悬梁上,若无梁者,悬于宝檐。彼上嵌有宝云,穷其艳丽,悬诸红黄色等杂色飘带,宝柄小拂。此亦如所绘者悬挂,故非柱上庄严。有说幡处,从象身上狮子口中,悬挂众宝璎珞。此非说从狮子口悬诸绣幡,是说于幡幢旁从象身上狮子口中悬挂璎珞之规。

牌楼诸层由下至上，谓金、水檐、宝、蹄、暗、嘧惹那、暗、水檐、宝、蹄、垛。此诸层中二等（厚薄相等）九等。或于三门量及一门量之牌楼，作五等三三等，自下至上，谓水檐、宝、蹄、金、鱼、金、蹄、宝、蹄、金、垛。有于初规（二等九等者）最下层处，说无金砖，而为升斗。论云："于马蹄层与嘧惹那诸边，尽其美妙，安诸幢幡。亦可安列狮子、八足狮子、鹅王、孔雀、紧那罗及紧那罗女。"故以彼等有情形像，擎持二暗层之上层，如应当作。榜师所译作八足虎。

论云："牌楼当悬杂色宝盖、璎珞、宝穗。"谓在曲线之内。"璎珞等者，义谓从上鲸鱼口内悬诸珠串，尽美应作。"珠串即鬘。曲线以内留半分者，为画宝等。藏地诸师，说于暗层安放除暗宝珠。

论云："第十一层，有说唯鹿无诸箭垛。龙智破云：安住瓶柱上，牌楼门三倍，具有方箭垛，如铃声宣扬。此说轮座之侧，牝牡鹿尾之后，各有二垛。"言有方者是二之名。有方义通鸟及上弦下弦，故跋刹译为鸟，是译者过。故鹿非在垛上，是在垛层。后二垛上，有猴持伞。顶有初月宝珠金刚。其伞宝柄长三小分。白伞周幔高二小分，挂雀舌带，亦有说悬红绢与飘带者。伞量有说六分，有说："上柄寂静量，伞幔量亦尔。"论说有此两派。《鬘论》引教证云："四小八寂静。"此谓门之八分名曰寂静。最外二垛之上，应作一小分之幢幡。

杵股已说。轮者，谓具足十辐之法轮，宽量二分，其座莲月，在第十一层上。此座左右箭垛层处，有牝牡鹿，首望法轮，离轮半分许处而住。连颈共有一分，仰首眼望轮顶。有说"具八幅法轮，具五分量辋。"谓辋量是一小分中五分之一。十辐之轮亦同。于诸辐间，可见中股（杵之中股）。此是所绘，所修义中则为竖立。

牌楼左右，非太远处，诸如意树生宝瓶中，具足轮等七宝。轮宝八辐黄色，象宝六牙白色，马宝色绿，女宝绀色二八年华，珠宝黄色具足六楞，长者红色具无尽藏，兵臣黑色身披甲铠手执枪剑，是《光显密意论》所说。经说珠宝蓝色八楞，当如是绘。《鬘论》未说彼等行相。于空隙处绘诸得成就者，于诸云中绘诸天子手执华鬘。

未二　释垛线至墙线义分二：申一　释墙线义，申二　释砖线至垛线义。

今初

墙之五重，论中说有上下重叠及内外五层之两派，未说何者应理，然以后者为善。以五重墙说为一分，是厚量故。于所绘中多明显说内外五重，即所修义亦无不可之理。有说"彼五重墙共只门量四分之一，每重为门量二十分之一。故是相触未合，中无空隙。燃灯贤云：应画诸纹间，麦许未相触。又云：门分二十分，平均画诸纹，此是自语相违。"此言过矣。若尔《律生经》云："诸纹画之间，麦许应弹绘。"应亦相违。以墙为门四分之一，是彼规故，于墙厚量分为五分，即门二十分之一故。故彼二说，是依根线一肘量者而说，门量四分之一，有五麦又四分之一。故是每纹此至彼边作一麦量，非是二纹中间有一麦量。虽余一麦四分之一，然就粗算，舍而未计。未相触者，如答日迦跋云："麦许未相杂，应绘一切纹。"是诸彩土互不相杂之义，非说中空未触。又寂静论师云："言麦许未触者。谓下分量，其上随美而作。"意说所绘，墙基稍粗有一麦量，上无彼量。非所修义。说门二十分之一与一麦量之意趣，至下当说。

墙所到界，若是面侧与门等者，则门侧五重墙，俱达于杂金刚脐之边际，此有门侧之梁。如《鬘论》云："龙智菩萨，谓门侧二线上之线，即为横梁，是故不许中隙暗层，与上顶层。"彼线有十四分，然梁安于墙内门侧，直至对方门侧之间。若于门侧前面安梁，则超杂金刚脐，不应道理，故长为十二分，宽为一分。此派于门侧之梁上，决定不作五重墙也。

如面侧门不等而牌楼作三门量者，于所绘者亦有暗层，故从门侧之端，至杂金刚脐边，中有一分。于彼中间有墙相连。此中门侧内线之端直至对方内线之端，线长八分，即是梁长八分，此是《鬘论》及随行者所说。次门侧外线之端至对方外线之端，线长十分，即是支梁升斗处或顶檐处或是梁上五色墙处，此是《鬘论》所说。藏地诸师有作此说：二线中间宽一小分，作五色墙，就所绘说。约所修者，墙在门侧八分梁上，是故门与牌楼，中空二分。彼说非理。梁上五墙，即门侧五墙之相续，彼等不当间断。以是门侧前之五墙，是于梁上而来，须如所绘而筑，故于门与牌楼之中绝非如彼所说。若门侧内墙界至外墙界，平头截断，则与《鬘论》"第四四小分"说门侧外线长四小分而成相违。论说梁有八分，不应错误，彼是正说门侧内端互望之量，非谓彼外便无梁到。以是门侧之前内外五墙非全平齐，实有长短。梁为斜形，渐渐长至外墙之端，故梁外端约略未满十小分也。此说或一大梁，或具升斗，故梁宽量如是。如说门侧外端至对方之外端，线有十分，亦说彼为五色之处，除外层色，内四层色皆无十分。细是梁为八分，但依内面说，非谓外面定为彼量。《律生经释》亦云："八小分上梁，应知为十分。"有说为十分者，彼就一门量（牌楼之量）者而说。此中门侧下边应如何作，虽未明说，然非如侧面门等者五墙相齐。若觉不美，（五层墙有长短，故不美）于横断处略向内斜即可美观。

若牌楼作一门量者，门侧内外皆须长于门面，如前已成。故门侧外层墙直到杂金刚脐边。梁处在下，五色墙在上，门顶通彼二上。故凡侧脸与门不等者，梁上之墙与门侧之墙相连，如所绘者甚为美观。

如是三派，门侧梁下，所绘虽无柱，然修时应有。论云："四方有四门，八柱而庄严。"若谓彼是坛内八柱，故所证不成者，不应道理。以内八柱，如胜乐等坛中非有。言"八柱而庄严"，是一切曼陀罗之共规故。藏地诸师有作是说："有四方坛有一门者，有圆坛场具四门者，如《空行海经》及《最上训释》亦说胜乐坛内有八柱者，故说彼通一切曼陀罗者，乃此论师未住正知"。此是未知对方意趣，《鬘论》说通一切曼陀罗者，引"八柱而庄严"一句，未引"四方有四门"故。是故虽有圆坛与方坛一门者全无妨难。四方四门为八柱之所庄严处，八柱乃能庄严，故凡四方四门之曼陀罗，皆有八柱庄严，非是说一切曼陀罗皆尔。胜乐曼陀罗虽有八柱者亦无妨难，此中四方四门之胜乐曼陀罗，但有一内无八柱者即定。以是说四方四门定有八柱，破说八柱是内柱故。

若谓意指门旁八柱，云"八柱而庄严"，不须显示门侧梁下之柱。论云："四方有四门，八柱而庄严。"此说所庄严处，显见是指宫殿。门旁诸柱乃牌楼柱，应思云何可引彼释。有以门侧梁下有柱为因，便说门框等三互相重叠。论说彼等未解经义，意谓若重竖者，门面之处不能悬空，门侧之墙无从建立，故无门侧之梁，其下亦无柱也。

申二　释砖线至垛线义。

砖檐安于墙上，乃至门侧之端随墙而有。如《鬘论》云："于宝砖层有三角，点形，四方，平圆依次嵌饰众宝，乃至柱旁。"此说乃至柱旁意指所绘。诸师说砖出墙半分，若尔，则有半分安于墙上。纲鬘层处，论中仅说四金鍱外，从摩羯陀鱼口衔诸璎珞及半璎珞，未说于砖檐为何所有。藏地诸师以论中说砖上为黑色，故说于中空处，有宝升斗用支金鍱，高量如所绘者。其中璎珞，谓红线串真珠为鬘，中有摩尼，两旁上下皆以金镶。半璎珞者，论谓璎珞两旁所悬，较璎珞略短之宝鬘。此亦显璎珞为曲者。于半璎珞之端，有悬金镶大珠，有悬宝柄小拂，有于铃中悬诸小拂。论说此三，故于一一端上随悬一种，间错庄严。有余师说，于前所说半璎珞旁，悬可意之花鬘，再于彼侧悬种种衣。若如此说则半璎珞成五重或四重。又余师论，说悬花鬘及悬衣鬘之半璎珞。悬此之处，有说为诸空隙，有说为诸角处。璎珞之中，有作莲花初月，上有日轮半杵庄严。有悬宝者，有于花上安圆满杵（非半杵也）宝水檐者。论说是从房檐垂下，故是四金鍱上顶檐椽端所悬。如何绘水檐者，论云："有说于七小分宝水檐处绘诸珍宝。"此说绘水檐与绘宝二法，然未明说水檐应如何绘。藏地师说如瓶无嘴头底倒悬，或说如旧式骨庄严萨惹刹端之相。后说与恰师译龙智《曼陀罗仪轨》云"萨惹刹及升鬘等",译水檐为萨惹刹者相合。此又名跋姑利。《鬘论》于水檐时说从顶檐悬挂。此顶檐者,诸师谓于正宫殿顶之外,另安顶檐。

箭垛所在及其量度,如《鬘论》云:"如八分之箭垛,宫殿庄严。若离箭垛,则宝水檐犹如断头,即不如是。诸大寺庙,现见如是。故此所绘曼陀罗之箭垛,乃至綵幡之线。所修之曼陀罗,则至门侧之上。《金刚鬘经》亦说旁有诸箭垛故。"此说若从根线去八小分在第八小分处,宫殿庄严,若在七分以内,则诸水檐犹如断头极不美观。故应作在水檐之上。箭垛,梵语迦罗摩希日喀,直译为头次第。亦有译升鬘者。论说此于所绘虽仅通至綵幡之线。然所修者直通门侧之上。故彼下之水檐,璎珞半璎珞宝砖等,亦有尔许。箭垛之形,《鬘论》中说半花叶形。论说彩土墙上,宝砖、璎珞、半璎珞、水檐等次第重叠。此中所说之彩土墙,是于五色墙上说彩土名,莫执唯是所绘彩土。然诸水檐在璎珞半璎珞之外,非如所绘顶檐宽量,印度论中未见明说,藏地诸师说与欲层(廊下之台)边齐。然于门框及门面处,难容彼量,故立坛时,一高一下,应随美观而作。

台阶(廊下之欲层)如所绘者,修时亦同。门处间断非有,是故又名四缘、陀罗尼层、舞层。虽未明说于彼安布诸尊,然当安立各种各色舞状之天女也。

门与门框等界,初月之上安有红黄绿黑随一种宝,其上更有半杵或以全杵庄严。从月至杵共一小分。《鬘论》引文证在外界而作。颂云:"台内外角处,有日月宝杵,杵饰或唯宝,智者依次绘。"若如此说则欲层内外角,皆应作月日等。论云:"四方半花叶形垛上,于金瓶或宝瓶,有八幢幡。"此是四方共有八幢八幡,非是一方即有十六或有八幡。安立幡处,有说是箭垛层而非箭垛,或是箭垛侧间,然论明说是半花叶形之垛上,故是箭垛。插于彼二侧间之瓶口中。幢者,系于宝杆,上有初月宝珠金刚之顶,三条绢带系诸鸣铃,端有兽王、鹅王、食龙、毛鱼、鲸鱼庄严。风飘动时成为三屈形相端严。诸铃发出锡锡之音,并有小拂。其作有情形像之端,即是绢条舌端。幡除有情形像,余与前同,此等每方四个。四角垛上,常作四伞,最如牌楼上者。

午二 释曼陀罗内线义。

宫殿中央有九格金刚鬘层者,如《胜吉祥释》云:"为表诸佛常无间断善转金刚乘法轮故,八柱上有圆金刚鬘周遍围绕。"此说柱上安有金刚圆梁。若唯如彼所说,未在地上作者,则不能知齐何界限,为内曼陀罗之差别。故凡无有双层门者,地上亦应有如是墙。圆墙中央,主尊处外之方层者,《鬘论》说名主尊标志,或主尊层。地上亦应有之。诸余尊处之外,各方所弹两线之间，是立柱处，有许彼为梁者不应道理，如龙智云："内中绘八柱，金刚妙庄严，其中分九孔，于金刚柱间。"多作是说。第十八《穗论》云："由四无碍解清净故，于彼之上有四横梁，以能荷负利他檐故。"此说柱上有四横梁。《金刚顶经》，说主尊座量八万逾缮那，四如来座各六万逾缮那。故中央格当较大于四方诸格四分之一。藏地智者说于绘时虽为柱线隔断无容彼处，修竖起时，即无彼柱故可容受。然主尊处四边方格，非梁交叉所成中孔，以所绘中未绘梁故。亦非是柱，乃以判别主尊位者，故于修竖起时亦应有彼，若于绘时不可大小，则应修时亦不可能。是故彼派，说五佛处有其广狭。若依彼说，则不能依原线大小相等，当于所绘亦大四分之一。若如弹线绘布坛场，四角有天，似稍难画，然主尊处，有大差别。

《鬘论》虽广说弹线法，然未明说盖顶之法。堪依据之梵典亦未明说。故是总盖宫顶，抑为别盖两层（内外两层，非上下两层）宫顶，极难决定。

藏中智者说如《憍萨罗》（释迦友造）云："一一直对门处各有二柱，一端依金刚线，一端依曼陀罗中心。"此说柱根自墙，柱端达曼陀罗中央，有四大分。准此道理，外坛顶量，亦为宽之半量。五重墙量高三大分及一小分，砖一小分，璎珞等处有二小分。此与内梁高量相等。佛密亦云："于内有八柱，擎持四梁端，四梁孔格处，覆二十八椽，座顶如所应。"此说自梵线与根线合处，内去一大分平去五小分，安立八柱，宽量一分，用持诸梁而覆其顶。

传为佛密所造论中，未见明说内有别宫。故是盖覆根本曼陀罗法，然未见说柱安何处及说顶之厚量。彼释迦友之教，虽未明说柱长有四大分，然总观诸无内坛者，以及二种《集密》等之有者，如是盖顶似为应理，当审观察。传为佛密所造论云："外形如塔寨，王宫及帐幕。"此说外形如塔、城寨、王宫、帐幕，四种随一。传为莲花生所造之论中，虽亦宣说，然不可信。藏地诸师有说从顶至基，量等宫内量宽，亦未见有确证。诸余内线易解。如胜乐者虽须广说，恐烦且止。

密咒轨则，初作法器时须入坛灌顶。中修二次第瑜伽时亦须修能所依之曼陀罗瑜伽而进诸道。后证果时亦须以能所依之相而成正觉。于彼一切，曼陀罗为最要。曼陀罗相，应以弹线决择，线以《金刚鬘论》最为明决，故依彼派而善解说。弹线仪轨已竟。

辰二　应如何修天预备。

前略标时，说坐坛中或向西坐之二派者，是自修现观之坐处，若修天预备时当说由东向西。于曼陀罗地基涂诸妙香散布众花，以五甘露所和香水，于诸尊位作曼陀罗。此复五部主处作为方坛，余作圆形。如《金刚空行》云："遍涂五甘露，于诸如来位，作檀等方坛，所余诸尊处，各别作圆坛。"慧铠于胜乐六十二尊时亦如是说，故空行母等四处亦应作方形。准此道理余亦应知。

龙智及燃灯贤、《鬘论》，除散花外未说余花。萨惹哈、答日迦跋、不空足，于诸尊处亦说安花。后者是于香点中央安花为座。此亦如安花堆非是修彼为天。答日迦跋说以各尊真言而安置花。

论说："次如前说于各尊处修各三昧耶轮，次从自心种子放光，召请安住虚空智轮入彼身中。"彼即前地轨时升虚空者，如是入智尊已。

随应安于莲上月座或日座上，供养称赞尝受甘露。此论与《四百五十颂》皆说有座，故安座之宫殿亦应先修。跋嚩跋陀罗说天轮刹那生起，与住空者合为一处。然《欢喜金刚羯摩次第仪轨》等，亦说于各尊种子生起。故所缘明了者即可顿生，若不明了从种子等依次而生。余更应修灌顶及印证等。

供养数量，如答日迦跋云："灯等诸供物，如诸尊数供，不应减于十。"谓应与诸尊数量等，不具者亦不应少于十供。设供品法，藏地诸师说预备供设为方形故有于墙上供，有于各尊之前作方形者。然依通规即可。

持祥与毳衣大师等，于此虽不说修三昧耶尊，唯请智尊作供赞等。然详彼等意趣，当如萨惹哈、难胜月、黑行论师、答日迦跋、《鬘论》等说，生三昧耶召入智尊，最为善哉。

卯三　瓶预备分四：辰一　明瓶之因量数，辰二　瓶物及画相法，辰三　如何陈设诸瓶，辰四　修瓶法及支分。　今初

因者，《金刚空行经》云："金银铜瓦随一，及随力所能而作瓶。"谓除彼四，鍮石等类亦可。量者，《时轮》中说息灾增益之瓶，腹圆十有六指，从腹之下至瓶口边，高二十指，从瓶口处至所悬边，量为二指。瓶项量高六指，从悬唇此边至彼边，共有八指，其中二分为项孔量，一分为二唇之宽量。爱敬瓶量亦尔。诸余续说："瓶无根本及诸黑色，唇悬，项长，腹大。"根本者谓瓶座。无黑色者，若本性白即可，不则应用米粉或白石粉或白檀泥，涂染令白。亦说用石灰及白土涂染。唇者非如通常所说，乃从口边之所悬者。《明显双运论》云："此等诸瓶内，尊胜应具相，以齐八指量，项高而端严，腹宽五张手，若小于此量，施主不吉祥，远离诸黑色，不与根本连，全无诸孔隙，如是无破裂。"说尊胜瓶应具彼相。余不决定。数者，此论师说，曼殊金刚，广者随诸尊数之瓶，又加一事业瓶；略者一尊胜瓶一事业瓶，或唯一尊胜瓶。或随宫内天数，或依五如来数，或如不动金刚，略摄为佛、佛母、菩萨、菩萨母、明王，而作五瓶。如胜乐者，依五轮数用五瓶等。宜说众多略摄规则，准此等理余亦应知。《明显双运论》引《善住续》云："彩土随天数，或五八九瓶。"准此等理数量随宜应知。

辰二　瓶物及画相法。

瓶内装几许物，如《金刚空行》第四十六云："五药五宝谷，冰片紫檀等，药水善充满。"又说五香。五宝，谓珍珠、金、玛瑙、珊瑚、水晶。若无玛瑙，可用银或铜螺随一。若无水晶可用摩尼。五药谓枳哈底、根札迦日、白阿跋惹姊达、红白二种敦札邬昙钵罗，即棍邬昙钵罗。初者有云虎刺。第三即白难胜。《灌顶品》中亦数白芨为一。五谷者谓胡麻、大麦、莞豆、稻、麦。恰师所译说以门辛枳邬代替小麦，榜师所译及《灌顶品》说替稻米。其门辛枳邬与摩辛得邬，诸师说即大豆小豆。五谷五药，《金刚空行经》说与此稍异。此论说用五种甘露所和香水。香者，如答曰迦跋云："冰片红花檀，紫檀及麝香。诵咒而注入。"即是五香，共五种。慧铠论师又说五藏，共六种五三十瓶物。言五藏者，如智金刚《摧坏释》云："地藏胡麻，水藏海盐，谷藏酥油，果藏甘蔗，花藏蜂蜜。"

次答曰迦跋云："熏辟魔为先，满注妙香水。"如慧铠论师说，善洗诸瓶，用黑香熏。芥子打而驱魔，诵甘露瓶等一切事业咒而为守护。

灌瓶之水，如日生论师说："取未经牛马等所涉之水，莫触余器。"当取净水无诸虫类和以妙香中量注入（非太满）。萨惹哈说水中和以乳酒。

于何瓶中装何物者，如此论说："若贫乏者，尊胜羯摩二瓶装宝为藏。非余诸瓶。此复尊胜瓶中定须装宝。"余诸瓶物似装不装皆可。不空足说，主尊瓶中装谷药宝，诸余瓶中满注香水。寂静论师与跋嚩跋陀罗亦说谷药等物装尊胜瓶。寂静论师说其理由，谓尊胜瓶为主，多诸作用，是与余瓶差别之义。此是《四百五十颂》说。

装诸物法，慧祥师说，谷药五甘露等先诵主尊真言一百八遍加持，用布包裹，系于瓶口庄严，用香熏后装入瓶中。然跋嚩跋陀罗与毗布底说注瓶中，当如是作。作怖天说以装瓶物之器安置瓶上，非是正义。加持彼诸物之真言，谓"嗡奔唛北沙则阿吽，嗡奔唛惹那阿吽，嗡奔唛北伽阿吽，嗡奔唛伽惹北阿吽，嗡奔唛阿弥得阿吽。"慧铠论师说是五药五宝五谷五藏五甘露咒。其五香咒为"嗡奔唛根得阿吽。"

系于瓶项之衣，为白黄红三色，亦有书说加绿及青，故用彼等随一。余多有说系一双布及花鬘者。《金刚空行经》云："项缠双新布。"谓缠二层新布。作怖天许各瓶项布顺各尊色。然无确证。

又龙智云："以广大白衣，应系于瓶项，智者以白线，如法缠衣上。"有随顺此，说诵吽字七遍加持七缕白线而缠，缠线咒谓"嗡班唛协喀惹。茹札摩札，底向跋那答吽。"毗布底说以此线缠项衣。然余经说顺息灾等事业系五色线，故是非唯用白之据，《金刚空行经》说"以染色线饰"故。此项庄严，多说为布，亦有总名曰衣。三昧耶金刚说名为曩补（衣之一种）。若有清净新布即以彼作，若无新布，如其所应用绢等作。亦有曼陀罗仪轨说布须未坏边者。系项结法，梵典曼陀罗仪轨中皆无明文，佛密论师《摧坏金刚疏》云："系未作余用之净布，作三髻形。"当如是作。

瓶口庄严，如《金刚空行经》云："口满鲜树叶。"曼陀罗仪轨中多说用有叶树庄严其口。《总续》亦说用诸上菜树叶严饰瓶口。诸曼陀罗仪轨，多说树为阿摩罗等五树。此论亦说。然彼等树藏地难得，故凡有果叶之香树即可。《金刚空行经》云："吉祥草垫下。"说以吉祥草为瓶垫，未说庄严瓶口。诸可依曼陀罗仪轨，亦未说吉祥草为口庄严，但说以有叶等树作。经云："摩尼芥茅草。"释云："茅草者即青茅，为吉祥故具足新叶，应插七吉祥草及孔雀翎。"佛密此文非说瓶口庄严。即彼论云："其口为吉祥故用无忧等果树庄严，其上置金刚杵系吉祥线。"说以此等为庄严故。以是插茅草者，如《智金刚释》说，于系项上涂以牛粪，为遮魔碍等故于上插七茅草。虽毗摩罗弥札与乐苗论师说茅草为口庄严，然彼不顺《秘密总续》，故不取为定量。纵许茅草为口庄严，亦非以吉祥草为口庄严之据。若舍无上部所说口庄严而取事部之教，亦不得成。

此等之清净者（即表法）。《欢喜金刚羯磨次第仪轨》，说药谷及诸宝，如其次第为曼陀罗诸尊菩提心、意、身色之相。《等合曼陀罗仪轨》云："瓶是诸尊处，口项饰牌楼，绳线大悲相，五药悲觉心，谷是天本性，五宝为身光，藏为心智界，香等胜戒德。"此是姑姑惹唥所说。

画相诸法。尊胜瓶上，于法生中画莲花月轮或是日轮。诸余瓶上，于莲花月轮或日轮，其上画各尊种子或标帜。如龙智云："一切诸坛尊，种子或标帜，调和红花等，智者画瓶侧。"第三句明用墨，第四句明画处，即画于瓶上也。画法生者是寂静论师派。标帜颜色，如《金刚空行》云："帜随各尊色。"字色亦应如是。若唯一瓶，前面画主尊相，左边画一切事业相。若许四方画毗卢等相者，则于毗卢相处画主尊相。亦有论说于瓶口上画主尊相。又有他派许佛眼等相亦画于四方。俱如《鬘论》所说。

辰三　如何陈设诸瓶。

论说两派，谓设于所修曼陀罗东方等位，及向北坐而预备自在方所有诸瓶。前者谓于天预备曼陀罗之外，东等方隅安设诸瓶。主尊之瓶置于中央。后者如于彩土曼陀罗中安置标帜次第。于一一香曼陀罗上，设顺各尊吉祥草等座位，安布曼陀罗相。答日迦跋、慧铠论师，说安八瓶于四门及四隅，第九设于中央。答日迦跋说于东门左侧安立业瓶。安布诸瓶总有二时，此是预备时安布也。

辰四　修瓶法及支分。

应于瓶上安置吽字所咒之螺水或颅器。若无此等，瓦器亦可，《明显双运论》云："于瓶瓦杯上，安置金刚杵。"《四百五十颂本释》与毳衣大师，亦说于香水器安置金刚。持祥论师等多不安螺水，说将有花鬘之金刚安置瓶口。于螺杯中如所获得五种甘露及以香水。诵"嗡班咱阿弥多迦叉吽"及三字七遍而咒之。如《鬘论》说："由咒七遍智慧甘露，金刚微尘为性。"此说诵彼咒时，观想智慧甘露及诸水微，成为金刚自性。咒义亦尔。故金刚水非以灌注水时执金刚于瓶口而注得名。由尊胜是诸瓶之主，作用众多，故此论说于彼瓶口安置螺水。余瓶不尔。于彼螺上置金刚杵中系花鬘。诵"嗡祷得祷得，摩诃祷得得娑诃。"想召殑伽河水，与瓶水成一体。后生为天。宝铠论师毗布底等亦如是说。次先辟魔清净，从榜字中修成宝瓶。《鬘论》两译俱如是说。寂静、胜贤、宝铠、毗布底说亦尔。答日迦跋、慧铠论师说从嗡字而生宫殿。次于瓶中刹那想成天轮及诸座位。从自心中种子放光召请智轮于前，供献浴足洗面阏伽，令入智尊。由大贪溶化为菩提心性，想与先注之水合为一味。论说于相亦想三昧耶与智尊合一，故亦修诸相为各三昧耶尊与智尊相合，于业瓶中生为一切业尊。宝铠及毗布底亦如此说，然未明说某瓶应修某尊。龙智与《四百五十颂本释》、毳衣大师、黑行论师、难胜月等亦未明说。慧铠师云："于尊胜瓶中，应刹那而想，圆满诸天轮，余瓶想天轮，随从诸部众。"《欢喜金刚羯摩次第仪轨》亦说主尊瓶中俱修诸尊。不空足说主尊瓶中但修主尊，诸余瓶中以三段法而修各尊。与此论师意趣相顺。以诵咒时说主尊瓶诵主尊咒或诵邬答迦咒，未说诵持余咒，余尊瓶中各诵彼自咒故。以是应知若唯二瓶或一瓶者，则主尊瓶中应修一切天。若瓶较多，当观由诸尊门如何摄瓶，即于彼瓶修彼诸尊。若不修瓶为宫殿者，主尊瓶中若不俱修诸尊，虽无宫殿但修座位即可。生起之法，不空足与咱耶茜那说由三段法生，故如天预备时所说而修。海生所造《二观察经疏》云："由本尊瑜伽，从前说瓶内，略取少许水，注于瓦杯中，安置尊胜瓶，榜生宝瓶上，于彼修圆满，三昧耶坛轮，召请智慧轮，渐供浴足等，与三昧合一，献供令满足。"藏师有说此是于螺杯中俱修诸尊，然彼教文非显此义。以彼释论，于《初观察》明瓶数量与瓶物时，未说修诸尊法。故《后观察》善住时说于瓶中修诸尊仪轨。"于彼修圆满"者，是于尊胜瓶中修曼陀罗之据。若谓彼文显示于尊胜瓶上瓦杯中生诸尊者，则应许此处及前文，俱未明说尊胜瓶中修诸尊法。余定量论未见说于螺杯生诸尊者，故彼杯中似不须修诸尊，应审观察。

此于瓶上所安香水充满之螺或颅或瓦杯者，说是供瓶阏伽之器。如毳衣大师云："瓶上安阏伽器，注香水及白花，上安系花鬘之金刚。"又云："以有白花之阏伽器供献瓶尊。"水之修法，诵邬答迦咒及三字七遍，想成智慧甘露金刚微尘自性。《鬘论》此义如前已说。

此处先化诸尊而后持诵，乃是《鬘论》及随行者之规，与琅迦胜贤说相顺。啖耶茜那亦随彼行。不空足说业瓶之天不化。此论未说彼别。毳衣大师等亦说诵咒后方化。故知随何次第皆可。

天化水时，若瓶先修为宫殿者，亦应化成瓶相，诸相若修为诸尊者亦应化成诸相。诸尊化后次诵吽字，左拳执花鬘端，念诵主尊心咒或邬答迦，咒水一百八遍。主尊瓶中，装入甘露瓶咒所加持之白花三朵。诸余尊瓶，即诵彼尊真言一百八遍，或二十一遍或七遍。于彼瓶上执金刚花鬘端，如前装花。左手执花鬘时，日生师说右手持珠。跛嚩跛陀罗说："弟子手执系花鬘之金刚安置瓶上，师长另持花鬘一端，诵吽咒百八遍。"胜贤论师说诵主尊咒一千零八遍，诵邬答迦一百八遍。《四百五十颂》云："正供养阏伽，应装入白花。"故亦供螺水等阏伽。《释论》则说诵坛主咒及吽七遍而后供献。《总续》中云"装入诸花已，应用妙香熏。"于灌顶瓶作如是说，故应亦用香熏。修瓶念诵之时，未说其余观想，似应作如修现观时念诵之观，想从各尊心中咒鬘收放光明，钩召诸佛菩萨智慧甘露，融入各尊。即此便足。藏地诸师有说："想自口中放红色光，顺咒线照瓶内诸尊皆成红色，为自自在，从彼诸尊毛孔，流注甘露。"

次以花等供养诸瓶，以业瓶口庄严，取业瓶水，洒净守护。祝云："直至此处曼陀罗事未圆满顷，当遮魔碍。"施食后洒净时，诵不动等金刚赞颂为先，遍振铃声。所请能遮魔者，胜贤论师说是一切业尊，毳衣大师说融化后亦诵赞文。余诸论师说先供赞后方融化。

胜解瓶水为天本性供献食物及赞诵等。若觉不便，可如余师所说而修。《佛顶曼陀罗仪轨》云："先供颁阏伽，香等及饮食，与瓶数等供，亦以内密供，令诸尊欢喜。"如前天预备法，于瓶亦随天数而修供养。不空足说次将诸瓶藏于自室。

为洒自身及诸弟子，故从诸瓶，略取少水，贮于螺杯等中，安于曼陀罗室，若无室者，随设坛处，坛东门外稍北三足架上。为洒余者，当置业瓶及吉祥草垫于彼处。

瓶尊念诵及供养等，每日三次或修一次。《总续》与《四百五十颂本释》，并胜贤论师等多说每日修瓶念诵三次，《鬘论》说修一次。故从次日至未灌顶以来，如前修法日修三次。若无暇者每日一次。

密宗道次第广论卷九终

密宗道次第广论卷十

明预备仪轨次第品第六之三

卯四　启白诸尊。

燃灯贤云："复供养坛轮。"谓于预备诸尊，非唯先应供养，此处亦应供养启白。《总续》亦如是说，故当供养。

右膝着地，舌从吽字生为金刚，吽字庄严。右手执持香炉，左手振铃，白曰："敬礼某金刚，世尊大明王，为愍弟子故，供养诸尊等。我今画依怙，悲体曼陀罗，故我恭敬求，愿世尊恩许。佛作坛利生，住果位菩萨，及余密咒天，诸天与护世，含识住菩提，乐正法有情，诸具金刚目，皆请忆念我。我某甲金刚，于某曼陀罗，随力而供事，为利生画坛，愿哀愍摄受，我与诸弟子，一切坛场事，维愿速降临。"思惟其义，三次启白。《律生经》与《金刚空行》，如其所应亦有此文。《总续》完全具足，唯译文稍异耳。《金刚空行》与《总续》俱说诵三遍。说须思惟彼义而作启白。言作坛利生者，谓以曼陀罗事而利众生。住果位菩萨者谓已得地。所余密咒天者谓未得地。其下句《总续》作"及护世诸天。"再下句《律生》作"情住大菩提。"寂静论师释彼义为安立菩提之人，即是趣入大菩提者。金刚目者谓金刚眼。《鬘论》中仅说"有情谓人等"，显系与有金刚眼者同为一事。如《总续》云："诸有金刚眼，乐正法有情。"余文易解。《金刚空行经》说此在瓶预备后。燃灯贤亦作如是说。此论亦随彼行。

卯五　弟子预备分四：辰一　四门阿阇黎与业金刚预备，辰二　弟子预备数及次第，辰三　正弟子预备仪轨，辰四　举升曼陀罗梦相吉凶应如何行。　今初

守门之阿阇黎，若是自己灌顶弟子，不须预备。若非尔者应令住于曼陀

罗室东门之外，而受二种律仪。或先授阿阇黎律仪，以预备法而作预备。此须四人，若无者三人或二人乃至一人。除彼，余如是预备之第五弟子，余续名业金刚。若无别业金刚，《鬘论》说即以守门阿阇黎任之。是随难胜月说，如云："恐坏三昧耶，非弟子莫入，无者用二三，下至用一人。"此中弟子，谓是自传灌顶或为作预备者。总之助自修行之守门师及业金刚。若非自传灌顶而令入者，坏三昧耶。故若非是弟子，虽灌顶事亦应遮其窥视。

辰二　弟子预备数及次第。

同时可为几多弟子作预备耶？龙智、燃灯贤、毳衣、难胜月、黑行等诸论师未明显说数应若干。答曰迦跋说可摄受二十五人以下，唯除偶数。此是《总续》意趣。如云："智者于弟子，一三五或七，乃至二十五，摄受非双数。弟子过彼数，是不知摄受。"《大日经》云："弟子信贵族，如是信三宝，成就甚深慧，精进具尸罗，安忍无悭悋，勇敢志坚定，十或八七五，一二四或多，摄受不须观。"此说具彼德相弟子，亦许双数。彼以十数以内为数量者，谓具彼相者如金刚萨埵极希少故。此依灌顶而说。若但令入坛者，则许数无定量，即前经云："秘密主，诸已修习无边大乘密咒行者，彼等即是金刚萨埵，为彼等故说此数量；然阿阇黎成就大悲，唯应发誓广尽诸有情界，由此可成菩提心之因故，应当摄受无量有情。"此等文义，疏如前释，非说灌顶同时摄受无量弟子。准此差别，《摄真实经》《金刚顶》经亦当了知。《建立三三昧耶经》云："合掌持花，一二三四五弟子，可令入。"此亦连数。《鬘论》亦说若一弟子或二或多。藏中智者规式，多如《总续》而行。《总续》中云："总之诸弟子，内心互贤善，静调利师长，不摄互仇怨。"此最重要。

若经摄受弟子仪轨所摄受之弟子，至预备时未全在者当如何行？如《总续》云："所摄受弟子，预备时未在，当作彼形像，作所说诸业。若摄受弟子，由余少缘故，未能来至者，可令余暂代。"《律生经》说画曼陀罗后作弟子预备。持祥与此论师说修曼陀罗后作善住（即开光）及弟子预备。此是讲说次第而非实行次第，以余三预备法及绘曼陀罗法，显系为与天及弟子作灌顶故。如《鬘论》云："如是弟子略作预备。为预备故，供养安立诸天，为弹智线等故，于曼陀罗地基上升虚空，心想安住。"此处说作弟子预备，次将预备诸尊举升虚空，其后乃说弹诸智线。

辰三　正弟子预备仪轨分五：巳一　教正发起传内灌顶，巳二　请白令持，巳三　受戒加持，巳四　令投齿木给三水等，巳五　慰励守护观察梦相。　今初

此中若于曼陀罗室作预备者，藏中诸先觉说当遮画像等面，勿令观见天

预备之花等以及诸瓶。当如《贤摄经》说令诸弟子沐浴著新净衣,供曼陀罗,长跪合掌,手捧花鬘。当教示云:"非为希求现法后世善趣安乐,当为证得如来三身圆满德故,入曼陀罗。如是亦得二种善趣。"此是略摄《总续》之义。《总续》之文《四百五十颂》中所译最善:"有为修密咒,而入曼陀罗,余有为求福,更有求他世。由希求后世,智者修净信,而入曼陀罗,不应求现果。若求现法者,不得后世利,若希求他世,亦增现世果。"入曼陀罗有三发起,有为修密咒而入者,是求现世善趣。余有为求福而入者,是求后世善趣。有为求他世而入者,是求二身圆满。如是三中,当如第三入曼陀罗。"不应求现果"句,表示不应如彼前二。如此论说以是下劣世间,故现后二善趣同名为现,非唯指今生之圆满。寂静论师说后四句明彼道理,最为善哉,亦与经说入坛三种发起极相随顺,故知如《明显双运论》等一类曼陀罗仪轨,译为"诸求咒悉地,当入此坛场。"是译未善。师长应善开晓,使弟子等发如是心"若求无上佛果,二种善趣亦能兼得,故当为求成佛入曼陀罗。"

次应想诸弟子从自口门入自身中,顺金刚道出住妃莲花中。心间种子放光召请诸佛佛母,入自口中,溶化灌顶。安于曼陀罗之东门。此处当住何尊之慢,由何方便召弟子入自口,如《明显双运论》说自为主尊由心间种子放光召入。弟子生为何天,此论不明,然氄衣大师说,修一面二臂黑茹迦。故应修为当时一面二臂之主尊也。论中未说以此等观晓示弟子,似但师长自修即可。然于一一弟子皆当明了观想。

巳二　请白令持。

次由东门令其请白入坛,教令诵云:"生老死可怖,如摩竭鱼等,度我出有海。大乐师唯汝,大菩提法固,依怙我乐求,赐我三昧耶,赐我菩提心,佛法僧三归,亦诸赐授我,大解脱妙城,依怙令我入。"燃灯贤说三请。答曰迦跋说令供曼陀罗。呼师长曰大乐,唯汝一人是我大师。大乐是金刚持之名,视师应同彼也。寂静师说法是彼道,固是余不能坏。《金刚顶》亦云:"菩萨法坚固。"乐求者即欲彼。三昧耶谓咒续印等。赐我菩提心者,《金刚鬘》及《金刚顶经》作"赐我诸律仪。"三皈者谓皈依三宝。《金刚鬘》及《金刚顶》无此二句。《律生》中有《金刚经鬘》有同初三句者。余文易解。今解彼义以猛利欲而行请白。

次以一弟子为上首,普对一切如是告言令其受持,"儿来此大乘,密咒行仪轨,应正开示汝,汝是大法器。身语意金刚,三世诸佛陀,以金刚咒力,正得无等智。无等密咒行,释迦师子等,诸佛以大力,降伏恶魔军,达世间随众,转法轮涅槃。为得遍智故,儿当修此慧。"大乘密咒行句,余曼陀罗仪轨多作"大乘之密咒。"仪轨者谓方便。说彼之理,谓因汝是大法器故。其次四句《律生》仅后二句，毳衣大师曼陀罗仪轨中具有四句。诸佛能得智慧系金刚咒之力，寂静论师谓是念诵之力。大师由了达或证知世间，随自行弟子之心行，而转法轮。毳衣大师曼陀罗仪轨亦译云"知世间随众。"此者，谓密咒法。此是曼陀罗仪轨中所引《大日经》文。现译《大日经》中，第二颂作"过去诸佛陀，如是未来者，现在诸依怙，利生住世者，彼一切了知，此胜密咒法，勇士往觉树，获无相遍智。"无"世间随众"等二句。总之三世诸佛，皆依咒轨乃得成佛，汝欲成佛，亦当依止此咒。

前白云"我乐求"岂非自白己乐咒道，此处何须教欲咒耶？答云无过，意谓如汝所请我为汝作，汝莫散乱当善持此。是令胜解坚固。故《鬘论》说此名令正受持。

巳三　受戒加持。

此中毳衣大师、寂静、无畏、宝铠、常金刚、毗布底俱说令受共戒阿阇黎戒。此二戒体，如寂静论师云："此中若有律仪虽不作阿阇黎亦可与者，是总律仪，谓即皈依及唯发菩提心，如前已说。若须作阿阇黎方授与者，是阿阇黎律仪，谓即五部所摄。"此说皈依为先发菩提心是共律仪。五部律仪是阿阇黎不共律仪。《鬘论》与《律生释》亦如是说。唯发心之唯字，但遮五部所摄之三昧耶，非遮诸行而但说发心也。共不共者，不空足云："次应传与事行部等共同律仪及无上瑜伽部十四他胜六粗罪等。"彼谓四部所共名共律仪，若传离十四根本罪等三昧耶，为无上瑜伽所独有。然非唯尔，亦共瑜伽部故，以瑜伽部亦说用受五部律法受律仪故。若谓不许瑜伽部有十四他胜罪者，则与《金刚顶经》"所余十四种，说为他胜罪"，成相违故。是故阿阇黎戒，为瑜伽与无上瑜伽两部共有，不共事行，又如弟子灌顶，于受不受五部律者皆可传授，名共灌顶。若阿阇黎灌顶唯传与受五部律者，故名不共灌顶。如是第一律仪，随受阿阇黎与弟子何种灌顶皆须受持，故名为共。第二唯受阿阇黎灌顶者方可授与故名不共。又第一是菩萨律仪，故是显密所共，第二唯金刚乘律仪，故名不共。是故安立共不共别，总有三义。

传授二律仪之仪轨，前六论师皆许"我皈依三宝"等四句，及受五部律法。故令三诵"我皈依三宝，悔除一切罪，随喜众生善，意受佛菩提"而授律仪。此仪轨是《幻网》第二及《金刚幕》十二中说。若问初三句义但是皈依忏罪随喜，非受戒轨，第四句中亦不显说受戒。云何可作受戒仪耶？答云，实尔，故第四句当如欢喜金刚及依寂静论师论中所说作"发心佛菩提"，以是受发心故。唯受愿心非是律仪，故知是受行心。以此略文受律仪者，是依最利根者，《庄严能仁密意论》云："皈依佛法僧，乃至证菩提。谓依色身法身菩萨僧宝，自当成正等觉，拔此一切世间令出苦海，安立正等觉位。是故以此略法令上上根发菩提心律仪自性。"以此受菩萨戒,文简难了,故阿阇黎当为明显晓示,初三句为受戒加行,第四句为受菩提心及菩萨行之法。

《金刚幕经》十二,彼四句后尚有皈依佛法僧:"乃至证菩提,发此菩提心,为办自他利,我发菩提心,希有请有情,行菩提胜行,为利生成佛。"若受戒法连此仪轨而受,易于晓示。《集学论》于具行法之发心说为受戒,故以仪轨兼行,受者,是受戒法。但受发心,则是发心仪轨。寂静师云:"又于何者唯应授与明灌顶耶?谓诸不求阿阇黎灌顶者,或虽希求而唯受总戒不受阿阇黎戒者。"此说若不欲受阿阇黎灌顶者,及虽欲受而唯护持共戒,不护不共戒者,唯传弟子灌顶。余五论师亦如是说。故唯护菩萨戒而不护咒戒者,除弟子灌顶外不应为授阿阇黎以上之灌顶。若传诸上灌顶则必应持咒戒。是故莲华钩等于事行部受五部戒,不应正理,以《智点经》说彼二部除水冠等无余阿阇黎灌顶故。事行部经以及堪为正量者之解释,皆未说受五部戒故。庆喜藏师亦明显说不受五部戒者不传阿阇黎灌顶故。此于《根本罪释》已广说讫。

总之受共律仪即受菩萨律仪,复是受学菩萨六度等行,故应了知坏菩萨戒诸根本罪因缘,勤慎防护。不应妄执学六度行与学咒道违如水火。《摄真实经》与《金刚顶》所说全不护戒但可入坛之义,庆喜藏师明了解释,佛密论师亦以但可入坛释《大日经》,如余广说。如是具共戒已,为受阿阇黎戒,更令请云:"轮不退灌顶,最胜传授我,依怙轮诸尊,真实上师业,诸佛三昧耶,密戒愿为说。为利诸有情,恒为阿阇黎。"次令发菩提心三诵"一切诸佛菩萨请忆念我,我名某甲始从今日乃至未证菩提,如三世诸佛"乃至"立生于涅槃。"此文通行故不全录。此请白者,寂静论师说是已受近事等戒。无畏论师、庆喜藏等亦说灌顶弟子须受别解脱戒。故若堪受别解脱者,应先传与近事以上别解脱戒,亦须受有菩萨戒者。寂静论师说彼手中捧花先礼阿阇黎足,散花请白。氀衣大师亦说顶礼阿阇黎足。余师亦同。请白之义,谓为利有情故令我作阿阇黎,请说彼法。此由授我能生不退殊胜种子金刚阿阇黎灌顶故,成阿阇黎。"轮"者,灌顶处之坛轮。有作"轮之",谓曼陀罗阿阇黎之灌顶。言"轮诸尊"等者,谓请说曼陀罗及天之二真实并阿阇黎诸事次第。请传阿阇黎之胜三昧耶及律仪者,谓"诸佛"等四句。诸曼陀罗仪轨,或有不作此请白者,若不作此请白,则于前请白时当为说此等义,令于一处请白。受律仪前说律仪者,如《金刚顶经》说,无上部曼陀罗仪轨亦多如此。然亦有不说律仪者。彼二随依何者皆可,然阿阇黎皆应先令了解五部三昧耶之大概,俾令弟子善发为利一切有情当受五部总别诸三昧耶之心,而后受戒。以缘戒生欲受之心,及于诸三昧耶不分类别欲受一切,是发戒体必不容少之因支故。以是《金刚顶经》说应先问欲不欲受。无上部曼陀罗仪轨堪为量者亦多作如是说。如《矍论》说诵此仪轨三遍。龙智及难胜月、《明显双运》、日生、宝铠、毗布底等亦多宣说，此最重要。以任何戒，凡能发生戒者决定须于正行仪轨无残缺故。故初受及退失重受，正行仪轨定须圆满三诵。

有说"如三世诸佛"等初四句明发心。其次四句受菩萨戒，余者受密咒戒。不应道理。如上所说诸大论师，皆别宣说受菩萨戒之仪轨故。从"如三世诸佛"至"立生于涅槃"，多说是受五部律仪之仪轨故。故彼文中所有受二发心学三聚戒，是受密咒律仪支分，非受共戒。

藏师有云"若广宣示律仪，则可略受戒云：如尊所教敕，我一切奉行。即此便足。若略宣示律仪，则应广受。"此极非理。《金刚顶》中宣说戒相最广，然受戒时，仍用受五部律仪之仪轨。氎衣大师、寂静、胜贤师等亦广宣说，其受戒时亦以受五部律仪仪轨而受故。受咒戒之仪轨，无上部二经与《金刚顶经》，俱说是受五部律仪法故。故仅受三昧耶与受咒戒，仪轨非无差别。

受咒戒之时者，萨惹哈与庆喜藏等，依《金刚顶》意趣，说于正行时受。龙智与难胜月、答日迦跋及《矍论》等，则说于此处受。燃灯贤等于问梦相后受。故在任何时受，皆可生戒。于正行时受者，彼阿阇黎于先自入坛时，如前所说观想而受，纵先犯根本罪亦还生戒，则于传弟子时，自亦具足律仪。若在此处受者，以根本罪数多易犯，现是防护极缓慢时，应审观察自身而传。多应自先入坛次传弟子律仪乃觉契理。发生戒之时者，三说仪轨即生，不待获得瓶水灌顶与冠灌顶，以《金刚顶经》云"安立三律仪，次示曼陀罗。"说于安立咒戒之后，方显示诸尊故。此论中说次以甘露瓶咒守护。如何作者，如难胜月说洒香水。或如三昧耶金刚说以手按弟子顶诵甘露瓶七遍。

《矍论》与随行者说诸弟子心喉顶上，如次想有金刚莲花妙轮，其上如次有二日一月或一日二月，上有黑色吽字，红色阿字，白色嗡字，次诵彼字，以执金刚右拳，于心等处涂以香水。头上供花，面前供灯，心间复供以香。燃灯贤说修，触，念诵，皆自下起渐从三字变成三相三字庄严。《明显双运》则说修，触，念诵，自上渐起。随一即可。

说修三相者多，唯慧铠说修身语意三尊。燃灯贤等说诵一切业咒供诸供物。宝铠则说各以自咒而供。亦有说供食与乐者。总之，应如答日迦拔等说，于诸弟子生为主尊三处，修三金刚相后即成供境而应供养。从今日起乃至未染生死过患，恒应具足供养。

巳四　令投齿木给三水等。

投齿木处，《矍论》说作四肘方曼陀罗，涂牛粪等。言如牛皮许者，毗耶跋达说是厚薄之量。作怖天说，四方圈内，画八叶莲，上安花聚。堪为量者余均未说。

投齿木者，无忧等木此处难得，可如龙智所说用有乳木，非太粗细，端直无虫，不裂无伤，两端相等，洗以香水，熏以烧香，长十二指，端系妙花。次阿闍黎面向北方授与弟子，弟子向东或北，口诵"嗡班哗哈萨，"两手夹持木端，目向上视，心无希望，向前投掷。《总续》中说向北而授弟子，弟子向东而投。若阿闍黎未能念诵长咒加持齿木，可如不空足说，诵摧魔咒（即集密之事业尊咒）。或可如难胜月说诵"嗡阿唧哈桑跋惹达尼吽泮"七遍。慧祥师说投齿木已想从青色吽字放光，齿木亦成光明。余诸智者论中皆无此说。投木之相，若向东北西南上下而坠，如其次第，能成息灾增益爱敬降伏持明地下悉地。若落坛外即无成就。向者，意谓木端所指，随系花处说彼为端。

次从唆字生水，诵唆加持，授令漱口。次给三掬甘露咒加持之香水，念诵"嗡室毗虚答达摩，萨嚩跋嚩尼哆阿茜穴答耶，萨嚩毗迦罗跋那，阿跋那耶吽"而注。漱口及三掬水，《鬘论》分别而说。藏中有说为右手者，然作怖天说是左手。藏中有许为令梦想明了，然龙智与答日迦跋说是为净语罪。

次从吽字所生吉祥草聚，诵吽字及甘露瓶咒，草端未坏，以为敷具。如是为作枕故，从什字生少吉祥草，诵什字与甘露瓶咒。次诵"嗡班哗底叉拿嚩"而授与。《律生经》云："什字咒加持，授与吉祥草。"难胜月说二吉祥草皆从什字所生。论说前者（作敷具用者）多故，后者（作枕用者）应少。藏师有说多者交与右手，少者交与左手。三昧耶金刚但说交左手，《幻网经》云："木草交掌中。"则说彼二（齿木与吉祥草）俱交合掌之中。毗耶跋达说此为令瑞梦不错乱故。

次从吽字所生红线，长齐弟子身量而作三折，念诵甘露瓶咒七遍，结为三结或为六结，系于弟子右臂。有经说系左臂。口诵"嗡补答梅只惹卡惹卡，萨嚩那娑诃"，亲为系缚而作守护。线齐身量作为三折，即是身量三分之一。彼结六结或结三结，系右臂或左臂，皆可。《大日经》说系左臂，《幻网经》说系右臂，龙智、毳衣、难胜月等多说系右臂结三结。《金刚鬘经》说线量长一肘四指，结三金刚结，缠左臂三匝。藏师依于男女而分左右，及于结处所有作法，曼陀罗仪轨中未见说此。

龙智与《明显双运》说用童女捻线。慧祥则说于五色线修从吽字成金刚线。余为量者皆未说此。

巳五　慰励守护观察梦相。

诵云："诸佛于世间，或时出不出，邬昙钵罗花，多时乃一现，无等利有情，能不般涅槃，密咒行出世，较前更希有。昔多俱胝劫，所造诸罪恶，见此曼陀罗，彼一切当尽。况能正安住，无边称咒行，持诵能救咒，当得无上位。诸于此胜行，妙慧最无垢，生苦诸恶趣，彼等皆寂灭。汝等诸大士，今得无能等。汝等由何法，能为佛菩萨，于此教摄受，安住而生长。汝等即由彼，善生大乘中，此吉祥胜道，能出最大乘，由此令汝等，皆当成如来。"宣说此义令生欢喜。"无等利有情"等二句，现《大日经》中无，释亦未说。然曼陀罗仪轨多有说者。从第一句至更希有，说咒出世之少。其次四句明见曼陀罗之力大，再次四句明诵咒修行之力大，再次四句明信咒之力大。言见曼陀罗者，非唯眼见，要具三法乃有彼力。一加行，谓为入曼陀罗故悔罪皈依受戒。二根本，谓正入曼陀罗时发菩提心，见佛菩萨像及印等发生净信。三见后，谓受持不谤正法不舍发心等三昧耶。由具三法见曼陀罗，能净多劫所集众罪。无边称者，《大日经疏》说是无量功德名称之咒，寂静论师说佛为无边称。慧无垢，经作慧无动，谓于咒义心不散乱。《摄受经》作正生，疏谓今日正于大乘中生，明日已生于大乘中。《鬘论》则于入曼陀罗说为已生。咒行大乘，是生无上菩提正因，故名出最大乘。经疏释此为出生大，与《鬘论》说大乘能生最大胜果，义相符顺。次以甘露瓶咒守护弟子，令持诵故当传其咒。教云各观所梦，明晨来为我说。或于曼陀罗室或于余处，令如狮子而卧。尔时如《总续》云"敷吉祥草处，令首向东卧。"亦如萨惹哈而教云"汝卧草敷具，贤者明早起，汝等于明日，即得见佛顶，广大曼陀罗。"佛顶，仅是一例。

辰四　举升曼陀罗梦相吉凶应如何行。

自入曼陀罗室为守护故应诵甘露瓶咒。毳衣大师于此及前二处皆诵主尊根本真言。此处为弹如下所说智线等故，供养预备诸尊举升虚空。举升之法依前所说咒印而作。毳衣大师说请白后无间即举，答日迦跋等说明日方举，《鬘论》则说于此时举。又《总续》说送往，萨惹哈说摄入自心，余论师说举于虚空，共为三法。

翌晨师先施食，问诸弟子梦相。若见三宝与亲友等，赞慰令喜。若梦从山坠等应为守护。又分夜分为四，前三分中梦无定故取第四分。如《曼殊根本大教王经》云："初夜分诸梦，当知从痰生，次从胆病生，世人所轻忽。第三由风起，第四乃真实。"遮凶梦之方便甚为繁广。《鬘论》说以甘露瓶咒守护，燃灯贤说以摧碍咒摧伏，龙智则说修无我义而为净治。总有二种遮止方便。《总续》说作息灾护摩，此为最善。答日迦跋说以一切业咒摧伏弟子恶梦。若阿阇黎有恶梦者，说有多种遮止方便。如云："所梦吉或凶，明晨为我说，一切业治凶。若阿阇黎耶，见不善梦相，于护刹空行，如法施供食，诵百字坚固，遍修守护轮，诵一切勇识，亲口所说咒，披甲自防护，勇识瑜伽母，白庄严住慢，勤作供火业，息一切魔碍。"此依胜乐说以施食、护轮、诵咒、修披甲尊、请白诸尊、著六庄严自住天慢，及烧护摩七种遮止方便。余尊亦同。余时若有恶梦，亦可修此，最为善哉。

寅三　余曼陀罗预备。

依止布绘而灌顶者，前说三论师中，语自在称，虽都未说预备，但说正行。然余二论师（罗睺罗友与常住金刚）说瓶与弟子预备，故此二法决定应作。依止静虑曼陀罗者，如前已引《鬘论》说讫。依身曼陀罗者，须否预备，诸梵典中皆无明文。或如藏师许为不用，或准静虑曼陀罗法亦可。

颂曰：

灌顶近分预备法　能成甚深道法器　由见预备清净轨
于密法中最殊胜　故虽轨则微细分　亦从智论善摄集
不违诸佛菩萨意　以显了语善宣说

绘修供养曼陀罗仪轨次第品第七之一

丑三　正行仪轨分三：寅一　弹智线分彩色，寅二　安诸瓶饰坛场，寅三　修行供养灌顶。初又分三：卯一　弹智线，卯二　分彩仪轨，卯三　绘坛辟魔。初又分二：辰一　预备智线，辰二　正弹次第及送往法。　今初

自先东向修金刚持或修主尊瑜伽获得瑞相。线因与捻线者如前已说。次将五聚五线，置五器内。用芥子末和五甘露香水调为五色，别染诸线。《金刚空行》与《律生经》说具足五智之二十五线。以《鬘论》说五聚线以五智为体，一一智中有四智随行故，又以一一种子各放收五如来，故为二十五线。由是线数决定须二十五。染色之法除前所说勿用其余。次与弟子俱如前修，于左手中从小指根至大指根安布诸线，白者毗卢，黄者宝生，红者弥陀，绿者义成，蓝者不动为体，各各从自种子而生。种子，为绷尊什吭吽或绷尊缯吭吽，或嗡娑痾哈吽，即是诸经所说五部种子。智尊入三昧耶尊者，谓前升虚空之各方诸佛摄为五尊，从彼心间绷等种子，出生智线光明为体。口诵"嗡啊夏穴达，班　苏多罗梅波罗耶刹，摩诃曼陀罗，苏多罗孥耶吽"，白毗卢佛。次于"夏穴达"处，改为其余四部佛号，启白彼佛。咒文义谓，为弹大曼陀罗线故请授我金刚线。"夏穴达"者常义，即劝请毗卢佛。次于左右二眼安立黄色唠字，如次成为黄色日月自性。口诵"嗡底达枳札尊姑希唠"，眼睛疾转，眼睫启合，以如钩状炽燃视法，钩召毗卢佛等所生诸线，入自手内各色线中。萨惹哈与黑行论师说是召请诸尊。毳衣大师、燃灯贤等多说摄召诸线。

次共弟子念诵"嗡啊，阿那臾内，阿奴伽达，萨嗨达摩。萨帕惹萨帕惹，

阿奴波罗毗札，萨嚩达摩。阿达印达，阿奴波罗毗札，萨嚩达摩，嗡啊吽"，先将五线搓为一线，次将五线合搓一绳。第一咒义谓一切法互相随行，即是互相安住。第二咒义谓一切法互相随入，即是相互错杂。第三咒义谓一切法极相随入，即是互杂不可分别。《律生经》云："诸法性自尔，令线互相合。"线之长量，除在师徒左手从食指绕四指中部，由下伸出，以食指背按压地处，余为曼陀罗之两倍。粗为门量廿分之一。搓毕，置于前说香涂地上之金盘等洁净器中，以妙香水及五甘露牛生五物侵润，入三字中。香花供养，用手摩触诵甘露瓶而为守护。《四百五十颂》云"入三字行者"，释云"入三字已"，故非三字入于线内，是摄线入三字之中。此如《欢喜金刚次第仪轨》中说"嗡啊吽三，安于二边及以中央。"

左右二眼次从摩札二字变为日月。口诵"班唠底枳摩札"，令坚固住。洒诵一切业咒之甘露水以及芥子香水。右手执杵而摩触之。先诵"嗡班唠三昧耶，苏多罗摩底札摩吽"，再诵三种子字一百八十遍，而为预备。

辰二　正弹次第及送往法。

次以一切瓶水，散洒曼陀罗地，念诵"嗡萨嚩桑穴达尼吽泮。"于作净法之地涂以妙香，外面散花。想空中有所绘之曼陀罗，奉献阏伽为先，供养称赞。自与助伴次修，左右二目，从唠所成日月有黄色光。此如《律生经释》所云"月日"次第而修。

次自左手作金刚拳，执线平脐，诵"杂杂杂"三字及三唠字，授与助伴。彼亦念诵诸字而受，以左手金刚拳平脐而持。想一切方皆平等性，与不背师行之弟子，同以持杵右手大指食指，提线而弹。并应弹指作声。凡弹一切线时，皆诵"嗡班唠三昧耶苏多罗"与"吽嗡娑啊诃"。弟子不背师行，弹业线时亦同。观想以此弹线之声劝发遍虚空界诸佛，诸佛降临入诸线中。如《鬘论》说，弹线之声表示"是汝利生时，故当降临此"。燃灯贤、氀衣师、黑行、萨惹哈等亦作此说。故但应想弹线之声，为"是汝利生时"等义。不须自诵其词。如是入智线者，义为以彼加持业线。此如前说弹线之前，虽先明想虚空有所绘曼陀罗修供养等。然弹线时非想出生所绘之曼陀罗，是劝诸佛而令摄入。《大日经疏》说弹虚空之线，以在余坛已用非是新者不在地弹，故应别取五色线弹。然彼建立此中不许，如前已说。慧铠论师曾于欢喜金刚说彼建立极不应理，以须用弹虚空之线加持业线，故亦应以彼弹地也。弹空无间即弹地者，《鬘论》等说，师资之手同时下降而弹。俱弹虚空与地线者，诸大论师曼陀罗仪轨中仅说弹二梵线。诸余智线，不须向空弹也。传谓勇金刚所造之《曼陀罗仪轨》云："上望而弹十六智线，下视而弹十六天线。"然不可信。

若尔，于地弹智线时，为有加持业线观想否耶？弹智线时，须想分出五智为体五色智线，入业线中。如前所引《宝金刚论》亦说摄入智线。耶茜那亦云："分布彩色时，由诵根本咒，举智线于空，绘毕仍降入。"说分彩时为免跨越智线之罪，而举智线于空。故于弹智线时应如前说摄入，最为明显。若不尔者，应无智线可举。氎衣大师、《鬘论》亦说举彼，至下当说。又《鬘论》与《律生经释》说于地上弹智线时，以弹虚空观想而弹。故以弹线声所劝发，想降临之诸佛皆入线纹。此与前说观想，是弹智线正行，须无缺失。

所弹智线之量，如《鬘论》说弹二梵线，从此光鬘至彼光鬘，意说长线。若用短线弹者则从杵端至于杵端。弹二角线从此垛端至彼垛端。弹诸根线，为坛轮量。弹诸余线亦如业线，牵绳而弹。如前已说。

弹智线毕即应送往，《金刚空行》与多曼陀罗仪轨中，皆说五色线弹一切线后即送往故。又以智线加持业线无分别故，弹智线后随跨何线，须以金刚势而入故，故于一切业线悉皆应弹智线。

弹智线时，氎衣大师说阿阇黎手执铃杵。当如是行。先应以金刚拳持线，后可随便而持。如《金刚空行》云："左手金刚拳，平脐而执持，其后随便持。"

修一切方为平等性，谓旋绕方，师弟住处，面所向处，及弹线次序等，如前广说。如《鬘论》云："于空中持线时以金刚足。"又云："于地上弹二梵线时，左足作半跏趺，右足著地。弟子反彼。"二随行者亦如是说。前者毗布底谓以金刚步，龙智亦说。故行走时如前所说加持双足而行。正弹地时应如所说坐法而坐。余线亦同。业线亦如是弹。

智线业线名义云何？体以五佛五智为性，相为五色线状，故名智线。以是一切业尊为体之线，故名业线。犹如业瓶。

如是善弹一切线毕，供养献食，次诵"嗡啊吽班唠穆"，想诸智线入前所请预备诸尊心间。其五色线，如应安置原处。

密宗道次第广论卷十终

密宗道次第广论卷十一

绘修供养曼陀罗仪轨次第品第七之二

卯二 分彩仪轨分四：辰一 预备彩色拔所钉橛，辰二 师资分彩法，辰三 明曼陀罗分绘彩处，辰四 于曼陀罗安立标帜送往智色。 今初

《鬘论》与随行者皆说此处施食，然未明说为何布施。难胜月说分彩之前应衣红衣施食，与此义同，故是分彩之前行也。《鬘论》与随行者，说于新器放白黄红绿黑诸色，如次想从榜朗让杭蓣字所生。白等颜料论说如次是用月晶、黄宝、玛瑙、摩罗迦达、帝青所作。或以真珠、纯金、珊瑚、火晶等作。或用四宝和杂作之。此依富有者说。又说或用土作或用米作或用花作，如其所应砖末、炭末或骨末等亦可。善为预备。此依赤贫者言。《律生经》与《总续》意趣如是。

次《鬘论》中仅说从绷蓣什吭吽生毗卢等，然诸色料应依诸尊次序分安五方，别书五字，洒净为先，或但从种子或由三段法生为五佛。次想虚空五佛心中有绷等字所成智色。以如智线时所说之炽燃视法钩召摄入，想与智色合成一味。以绷字等咒已，次诵"嗡班哆即多罗三昧耶吽"一百八遍而加持之。氉衣大师亦说召入智色。

次以炽燃视法令生威光，安立什字，说云"由何谛实，能使有情彩色增多，能令诸佛爱乐有情，愿即由此实语令诸彩色炽燃。"以此谛语加持令色增长。

《修天超胜法》中说为炽燃，谓以炽燃视法，观想彩色增多，说谛实语。令有情彩色增多者，毗布底谓令尘增多。若修天瑜伽有力者，彩土则能增长。次以香花等物供养。此增长彩色等，是随《集密》二部曼陀罗仪轨说。然彼二中说增长法未能如此明显。次将曼陀罗中为绘圆线所钉之橛，以下所说四

吽字咒拔出，意想摄入自手金刚杵中。用五彩土填平橛孔。实钉橛者应如是行，若未实钉则不须尔。填彩土时无定次第。

辰二　师资分彩法。

《鬘论》谓于此处应振铃声以金刚歌除诸恶相。诵云："此法界清净，善度有情界，常绘佛所喜，金刚曼陀罗。"藏师认为此系答日迦跋、慧铠论师所说，五诵"此是镜清净"等，以配五智之义，乃执振铃每诵一次于橛穴中注一彩土。彼义非正，此是为除依于彩色之恶相故，抛杵振铃语诵彼词意念真实义故。《金刚幕经》第八，于散宫殿彩时明了宣说："此是分散彩色之三昧耶，此法界清净，善度有情界，当绘佛所喜，金刚曼陀罗。"答日迦跋亦云："应面向东方，左拳握彩色，说谛实而绘。此是镜清净，能度有情界，吉祥大乐王，一切如来处，嗡班啰即多罗三昧耶吽。应诵持五遍，线量十二指，直高起平整，一麦不和杂，遍绘一切处。"所说谛实即"此是"等。诵彼后所绘者，即"线量十二指"至"遍绘一切处"。说为土填橛穴云何相顺。彼外墙是白色，为绘彼故说"镜清净"。每配一智之名，同时绘一层。下说彩土，变现恶相，是无真实之意乐加行者，有则不尔。故彼即是遣除彩色恶相方便。阿阇黎耶所绘五墙之量，此说为十二指。《欢喜金刚羯磨次第曼陀罗仪轨》中亦说为一张手。无上部曼陀罗仪轨多说左手金刚拳绘。如《金刚空行经》说，最初以金刚拳持线，后可随宜。此亦应尔。以金刚拳不能绘最直边纹故。如《总续》云："金刚拳加行，或以钩召印，或钵印加行，或明手印绘。"无上部中唯初一种。有谓金刚拳者，谓以左手持金刚杵而绘。故以经说右手持金刚杵之文破之。

分绘彩色之次第者，由外依次而绘。《金刚空行经》云："白黄与红绿，一切内为黑，依次分色绘。"由外渐绘五墙彩色，次第虽定，然白色等渐次则无定准，临时如应配之。《大日经》云："色由内分散，不应由外分。"诸师谓是意说始由绘者住处，最为善哉。疏中亦如是解。分绘之法，谓善端直，远离粗细等过。《金刚空行经》云："一一彩色宽，门量廿分一，若色不平整，或弯曲低下，纹低无成就，弯曲生热恼，高量一小指，应端直而绘。粗则生疾病，低下当损财，弯曲互相瞋，断者师弟死，若非右绕绘，彩土被橛罚。"言橛罚者，《鬘论》谓是悉地之因。彩色互杂种姓断绝。藏地咒师有谓虽阿阇黎如经而绘，犹应用颅钵或宝器盖覆余方所绘之墙，至相连时开器而视，若有粗断过应作对治方便。善者应诵吉祥颂等。此是迷文执义之谈，粗细弯曲说是所绘之过，此如《四百五十论》云"分粗遭疾病。"《鬘论》引为"分粗生诸病。"持祥亦云："皆应远离粗等过失而绘，若粗绘者当生疾病。"若谓初绘无过，后时乃成粗等之失，诸定量者皆未曾说。如说非右绕绘，是分彩之过失，此亦相同。由绘时有如是过失，故说励力善绘。若约绘时善绘后开视时生从众过而作彼说，如何应理，《总续》云："从东北界起，应分诸彩末，右绕莫间断，平整无缺失。若恶若失坏，若不平残缺，当生诸过患，智者分彩色，故应善殷重。"答曰迦跋、黑行论师、萨惹哈等亦以绘太粗等生诸过失为因，说应励力善绘，具相而绘。如线断等是弹线时之过，不关线纹之相。分彩亦应如是。布嚩具慧与毗布底于胜乐法，说不左绕有如上说彩色被橛罚过。此等诸过是说绘五墙时。于余彩土，《金刚空行经》与诸曼陀罗仪轨皆未宣说。慧祥虽说绘一张手许时，应盖以金盘等，以花围绕，次若相善，应赞希有。若相不善，应将魔碍入彩土中以橛钉之。然诸堪为量者之论皆无此说，故难凭信。彼曼陀罗仪轨多有不可信者。三昧耶金刚说，略绘五纹，以瓦器等覆之，后由弟子随宜而绘。毗耶跋达亦说覆以花器后可随宜而绘。然皆未说观相善恶。如是作者，《欢喜金刚羯摩次第仪轨》，说于边纹散诸散花，供诸供养。因于彩墙供养散花，恐损彩土，故说盖覆。然大论师皆未说此，须否盖覆，应更观察。息止恶相之方便者，《鬘论》说佛为息灭诸过失，故说"分彩诸过失，于无空行者，若忍真实行，谁亦不能障。"龙智《曼陀罗仪轨》中亦说。

墙宽门量廿分之一，中有麦许，是燃灯贤、持祥、慧铠、布嚩具慧等所共说，彼诸论师于此粗事绝无错误，说是自语相违极不应理，当更求其密意，密意如《鬘论》云："所修之曼陀罗，是五墙由五宝所成，有谓中有一麦量许。"此既说有人许。则于所修应亦有许中有一麦量者。然诸曼陀罗仪轨是说所绘者如是，故于所绘亦须解其无违。《鬘论》唯依根本线长一肘量者之曼陀罗，而说"线粗一麦又二十分之一，为门二十分之一。"故说一一墙此边至彼边中有一麦许者，唯是根本线长一肘之墙宽量，说有门量二十分之一者，是大小一切曼陀罗之墙宽量。故当了知二者所明宽量无违。诸彩条墙，应胜解为白色宝等所成细条体性。

如是善绘如前所说量许，次令弟子或令画师随宜而绘，如《金刚空行》云"次随弟子绘。"《鬘论》说当出入曼陀罗时，恐犯跨越线彩之过，应以金刚势入，意谓将智彩墙举升虚空，而诵"嗡班吒北伽札摩吽"。毳衣大师亦说举升智线。彼等义如前说。如哆耶茜那说前所举者仍应降入。

辰三　明曼陀罗分绘彩处分二：巳一　曼陀罗外分绘彩处，巳二　曼陀罗内分绘彩处。　今初

曼陀罗及眷属，定须彩绘。其中五墙由外至内，为当如次绘何色耶？略有二种，一若中央及四方为常说五佛，犹如《集密》不动金刚与金刚界曼陀罗者，则从东方至中，次第右绕五佛身色而绘。二若四方及中央安立余尊者，

当依能印证五佛身色之次第而绘。五墙之色一一皆通四方,不与余处色作东白南黄等同。所修五墙次第如何而有,有诸论师许为内外五层,有余论师许为一墙重叠五色。《鬘论》叙此二家未明自宗然其所许应同前说。以于线时说彼门侧外线至彼外线共有十小分故。说墙宽量是一分故。若如后说,则墙厚量仅有一小分中五分之一,墙有太薄之失。宝砖处为红色,璎珞半璎珞处黑色。若许墙为重叠则说彼为余色,然非此中所欲。欲尘台处,或为水晶或金、玛瑙或诸余宝,随美应作。然诸师长皆作玛瑙之色。水檐前垛俱为白色。处所当作蓝色,以是虚空体故。是故中层名曰暗层,是中空体性故。门侧上之横梁,用宝随美而作,种种宝云以为庄严。在所绘者,门前墙处不须绘梁。牌楼柱与弯曲内悬宝盖之下,应作如来身色。后者是方色庄严之虚空。马蹄、嚩惹那、摩羯陀鱼处,说随美观而作。其余诸层论未明说意谓易知。言易知者,水檐箭垛白色,底为蓝色。宝层暗层于前已说,与彼相同。金层依名,可知其为黄色。四法轮者自宗许为金色,他派有用余宝作者。牝牡八鹿,是以金为自性,余宝庄严。宫下羯摩杵脐黑色。有论说为主尊身色。各方中股为各方如来色。若是三股,其余二股如其所应,为彼侧如来身色。例如《集密》不动,东方右股为不空成就色,左股为宝生佛色,若是五股,如其所应为余方及中央佛色。例如前者,所绘稍隐之右股作弥陀佛色,左股中央佛色。显见之左右股,即作左右佛色。亦有论说各方一切杵股皆作彼方佛色。前说与此随一皆可。论云:"主尊四面,谓各方之面色,是他宗义。"例如《胜乐》有说东股作青色等。此是余宗。牌楼左右诸如意瓶由金所作。诸如意树,如余妙树。羯摩杵下莲蕊绿色,莲须黄色,诸叶杂色。有叶之处是法生内当作深粉红色。表法生者,是莲鬘与金刚鬘之中线,应作白色,此边如前弹线时说共有三派,许轮鬘者,若是玻璃者为白色,若是金者则为黄色。是依金刚杵色而说。金刚自性及彼边界应为黑色,有论亦说彼二为白色及黄色。随一即可。金刚地基处为杂色。于所修中,下自风轮,上至色究竟天,皆有金刚围故。风轮等体是杂色故。光鬘之色谓即五如来色向外射放。

巳二　曼陀罗内分绘彩处。

根本线内曼陀罗之地基,由二角线所分四方,各为该方之如来色。所修曼陀罗顶四方亦尔。此未分别顶之内外,但总说为彼色。坛中诸柱亦作各方之如来色。各方如来标帜有轮鬘等庄严。圆金刚鬘及诸金刚,未明说为何色。圆鬘在所修中有二,所绘圆鬘应是圆梁,如诸师说作黑色和蓝色。金刚如说外金刚有三色,随一即可。坛内光鬘,如《鬘论》云:"诸智者说不绘彩边。"故于火焰之端不绘彩边。色与外光鬘同。论云:"主尊居处,为主尊色。"若是通常五尊,即随彼色。若非尔者,则随彼彼部主之色,曼殊金刚主尊虽是金黄，然是蓝色。《四百五十论》云："中央诸地分，帝青光炽燃。"又红大威德十三尊，持祥论师亦说中央地基为蓝色故。莲花杂色，蕊为绿色。叶色，如云"诳绿自在黑，火风界者黄，余方为红色。"论云："主尊层处有主尊标帜矗。"层者，谓九格宫殿中，主尊处周围之方层。此于地上之所绘者，虽未明说何色，当为中央地色。圆线之外，梵线两侧离四分处，共有八瓶，量高四方甘露充满。有许为黄金者，复有许为宝体随各方如来身色者。诸余边线，色与粗细随美应作。

辰四　于曼陀罗安立标帜送往智色。

如是诸尊乃至座具圆满，安立能依曼陀罗有三法，谓安立各尊种子字、标帜、铸塑等像，随力而作。如龙智云："随力于坛场，安立诸种子，或相或形像，铸成或制造。"《曼陀罗仪轨》则译为："塑造或铸成。"此中若有无善根者（非密法大器）则绘标帜或印。若无彼者，应绘形像，谓应安置绘像、铸像、雕刻、泥塑等像。绘手印者，《现说尊长》中云"无能则安放，所绘印或相。"又云"或彩色或笔，绘彼等庄严。"印谓手印，相谓标帜。如《现说》第三云："字坛为第一，第二相坛场，手印是第三，设像为第四，布花是第五，第六为坛轮。"《穗论》第十二云："形像或绘画或雕刻或铸造或由锻师制造所成。故第四种俱说是彩土上所置之铸像等与布绘曼陀罗。其余二种未见解说，然第五种易知。其第六种，如《摄行论》等说，男女诸瑜伽师，作诸天相，如其所应住于曼陀罗处。传谓勇金刚师所造论中说设香点。《总续》说三法，谓设天像，及诸标帜，坐具。若圆满绘诸尊支分，费时太长，支分若缺不得加持，是故特赞绘画标帜。曼陀罗仪轨亦多绘此者。

如是绘已应善观察为善未善，有未善者，应更改绘。如《总续》云："圆满绘坛已，应令心等住，其后多观察，若有未善处，彼应再改绘。"绘坛以后，不可无一得灌顶者空置而去，如《总续》云："作沐浴等时，安余见坛者，绘曼陀罗时，终不应空弃。"若审知所绘曼陀罗一切明显，应以吽字及诵甘露瓶之五种甘露香水，遍涂曼陀罗外。并以彼水，洒净坛轮。次诵"嗡啊吽班哆穆"，送去智色。盘内余色安置屏处。此虽未说供养彩色，然应如前智线所说。如胜贤云："散失诸色，宜用布等拭净。"此于香水涂曼陀罗以前作之。

卯三　绘坛辟魔。

绘曼陀罗等时，若地出水或风云等，由天所作或人所作障碍相起。尔时若能别修除害方便即如彼修。若不能者，应刹那顷坚固胜解，有金刚幕，箭网宝盖。中间空处依诸辐端有最可畏十大明王。由此加持十辐黄轮向右旋转，轮毂中有曼陀罗室相如宫殿。复修金刚体性之地基等遮御一切魔障。于护余事亦可用此，但须略改念诵而已。

寅二　安诸瓶饰坛场分二：卯一　安布诸瓶，卯二　严饰坛场。　今初

将前所备诸瓶，于曼陀罗右绕安布。《欢喜金刚羯摩次第仪轨》中说："尔时以香前导，奏诸伎乐，绕曼陀罗三匝而后安布。"慧铠论师亦云："诸瓶以供物，伞盖及幢乐，钹歌而前引，安布于坛场。"二说相同，所安之处，《鬘论》与毗布底说于火焰之外。宝铠师说："若有尸林安尸林外。"答日迦跛则云："金刚鬘外，能生障碍，不应陈设。"与前不同。安布之规，《鬘论》但说曼殊金刚不动金刚安布瓶规。余尊安布瓶规，准彼可知。且如曼殊金刚，于东门外略向右侧，安主尊瓶。东门之左如次右绕，安布毗卢、佛眼、业瓶。言左右者，望内而说。主尊瓶右，安布色金刚母、法界金刚母、害狱主诸瓶。南门左侧安布宝生及摩摩格，右侧安布声金刚母、慧边际瓶。西门左侧安布无量光、白衣母，右侧安布香金刚母、莲边际瓶。北门左侧安布不空成就、度母，右侧安布味金刚母、触金刚母、碍边际瓶。若是不动金刚，则于前说四佛母无间与右侧第一唯除主尊，每方各安二瓶。四角安四隅明王瓶，东西二明王瓶无间，安布上下二明王瓶。

准此安立余（曼陀罗）瓶之理，如宝铠胜乐十三尊所说。谓东门右侧先安主尊瓶，次安乌面母瓶，左侧安空行母与一切业二瓶。北面南门左侧安布那摩等三，右侧安枭面母等三，四隅安布狱主坚母等瓶。四角诸瓶诵"嗡班唠药叉吽"咒，安鹫翎等四箭，是《鬘论》与《律生释论》中说。答日迦跛摄为十瓶，将主尊与业瓶，安于东门右左。所余八瓶，安于四门四隅。准此道理，余多易知。

卯二　严饰坛场。

次于曼陀罗外四方，诵般若等正法。谓于东方诵《般若经》。余南西北三方，毗布底说诵《入楞伽》《三摩地王》及《华严经》。金刚生师说诵《华严》《不可思议秘密经》《金光明经》。安放龙脑及阿迦茹、都茹迦等八只香炉。如《总续》云："预备十香炉，用瓦等烧作，安布诸方隅，及后并于前。若香炉不敷，可供泥钵中，若此亦非有，则门各安一。"又供千百种种妙衣，或每尊供一衣，或随力供。安于筛等器中。如《总续》云："富者一切天，各供养二衣。余者三部主，各奉献二衣。或由知法者，将一双小布，安筛置坛中，普供养一切。"更可供养伞盖幢幡，牌坊妙布，有铃白拂，装满诸瓶，贝叶芭蕉等物随宜安放，于彼诸物诵吽字及主尊真言，及诵"嗡班唠娑帕惹那康"，以为供养。慧护论师说于曼陀罗室之外，东方等处如次树立白及淡黄、黑、灰、红、杂、深黄、绿色八幡，供献诸尊。有谓毗卢、宝生、弥陀、不空及彼四部诸幡，依次立于从火乃至自在四隅，主尊之幡竖于东方，彼部

之幡，各竖自方。前说符顺《总续》，唯除续说东南紫色。又续说为八幢，故知幢幡皆可。为令护方神生欢喜故安立十五幡，帝释者黄，遍入者黑，月天者白，日天者红，梵王者黄，立于东方。火天者红，狱主者黑，离实者灰，各立自方。西方水天者白，地神者黄，毗摩质多者黑。风处风神者绿。北方毗沙门者黄色，毗那夜迦者白。自在者白立自在方。若不敷者，随力奉献。《总续》中说，若幢不足，可供一白色幢，用孔雀翎庄严幢顶。若有多者竖于东方。萨惹哈云："次以香花等，随天数供养。"谓于一一尊处皆应圆满供养一分。

　　寅三　修行供养灌顶分二：卯一　修行供养，卯二　灌顶仪轨。初中又二：辰一　修曼陀罗，辰二　供曼陀罗。初中又二：巳一　修彩土曼陀罗法，巳二　修其余曼陀罗法。　　今初

　　次应沐浴涂上妙香，身著上衣顶髻庄严，以诵甘露瓶水，洒曼陀罗。次诵三字及甘露瓶以守护曼陀罗。执持铃杵，近东门处西向而坐，安住主尊瑜伽修曼陀罗。如此论师所说，宝铠与毗布底亦尔。萨惹哈与答日迦跛说于圆满修法之后，修曼陀罗。修曼陀罗时生三昧耶曼陀罗，与入智坛之规，如《鬘论》云："所绘之曼陀罗刹那空后，观成所修之曼陀罗俱守护轮钉魔碍等，眷属仪轨，如云明妃颜殊妙，年可十五六，香花善庄严欲乐于坛中。德带摩摩格，慧者加持彼，放寂静庄严，佛住虚空界。谓与外印入等至定，若无外印，应与智印入定，以正行欢喜声，召请智轮，供养浴足阏伽为先，入自身内，欲火溶化，由金刚路至莲华中放出智轮，入于三昧耶轮。"随行二师未引彼颂，余说亦尔。洒坛轮已，刹那想为空性，以为净治，次观成所修曼陀罗自性。谓修能依所依皆为智慧所现曼陀罗之自性。若唯修能依所依曼陀罗，犹未具，更当先修护论以及钉魔碍等仪轨眷属。四大重叠乃至座位以及诸尊一切修法，皆如各各修法（仪轨）中说。

　　次入智尊，引证《集密》第四品颂，以真实或所修明妃入等至声召请智尊，由自口门入自身中，溶化以后从莲华出，放诸尊轮入三昧耶曼陀罗中。寂静者谓诸佛。佛住之虚空界，谓彼宫殿。放入彼中是庄严义。为证须从明妃等至界处，放于宫殿，故引彼文。非引彼证三昧耶尊，是证智尊。彼文见于《集密》续中彩绘曼陀罗后供养曼陀罗时所说。其义谓修自部母邑同摩摩格，而于曼陀罗中修内供养。此是《显炬论》说。所绘曼陀罗中不能如是实行，修义应尔。如是应修自身不异彩绘曼陀罗中主尊。而修供养。龙智于修曼陀罗时引述彼文，由与明妃等至从菩提心所生三十二尊，作放出等各往自土，次仍召请来曼陀罗入彩绘曼陀罗诸尊。此说"欲乐于坛中"之义，须如前修。与明妃等至后，放出诸尊之时，须修自与彩绘曼陀罗之主尊不异。所

放诸尊,是智慧尊非是三昧耶尊。如引《集密》证智尊入三昧耶尊,自与明妃等至之时,须自与前不异。如是修三昧耶尊时,亦由自与前尊不异而修。似为应理。又"放佛寂静处,庄严虚空界"者(此与《鬘论》所引文同唯藏人译句稍异耳),龙智意如前说。持祥论师于《札拏曼陀罗仪轨》,亦以自前不异而修,谓住曼陀罗中,自与明妃等至,由菩提心所化诸天,放满虚空。次各安住自处,召请智尊入彼。此则许前者是三昧耶尊。氄衣大师意趣,亦为自前不异而修,恐繁不录。

答日迦跋与萨惹哈,则说自与前异修曼陀罗,故不应执唯一。然此二派皆说生为三昧耶尊,次入智尊。黎拉班唠则说绘曼陀罗以后不更新生三昧耶尊,即降预备诸尊安住其处,再从胎中放出诸尊入彼等中,次复召入智尊。日生则说,由入三三摩地瑜伽,及与明妃等至之声,召请诸佛入自心中,从莲放出作利他事,次复回至曼陀罗角上虚空中,于诸相钩入缚自在。此未说及新生召入智尊。彼二皆是自前相异之家。若是自前相异而修,则于修成曼陀罗前,先应如法修天瑜伽。若不异者,则不别修天瑜伽也。曼陀罗中所安诸相,应修为诸尊否,曼陀罗仪轨中二说俱有。如造标帜之相,若未净空即修为天,不应道理。由先修空后生为天名相生为天故。此于所绘之曼陀罗亦同。入智尊者如答日迦跋云:"洒净想为天,降虚空诸尊,请智曼陀罗,六合为一体。"此说召请举升虚空诸尊及余智尊。六者,预备天中有三昧耶尊与智尊之二,修地轨时举升虚空之曼陀罗亦二,彼四与所请之智尊并彩绘之三昧耶尊为六。萨惹哈云:"前说预备尊,由心变化已,加持曼陀罗,或由心种子,钩召诸智尊,加持坛诸尊。"预备天有二尊,故成四合。《鬘论》于此虽未明说入预备天,然前举升虚空未送往者亦应摄入。预备天仅入地轨时举升虚空诸尊,未摄入余智尊,故是五合。氄衣大师、持祥论师,但说二合。日生则全无合。黎拉班唠说有三合。故从一室六合皆有说者。

次于加持眼等无间,由自心间种子放光钩召诸佛及诸天女而为灌顶,如应印定。其不知部别者,可以金刚萨埵或不动佛而为印定。

巳二　修其余曼陀罗法。

若修布绘曼陀罗时,亦先洒净,如各现观而修,与彩绘同。如《鬘论》云:"次应现起彩绘曼陀罗或布绘曼陀罗或意曼陀罗,于彼以供养等为先,如修弟子善住,修佛像等善住。此于修坛轮后作如是说,意谓修曼陀罗法相同故。前说依画像之三曼陀罗仪轨,未说修曼陀罗,仅说供养等后而灌顶者,意谓易解,当知修法亦同。

《现说曼陀罗》第四亦说布绘曼陀罗,故依布绘佐证甚多。此中有说先将画像诸尊分出,待生起后再令摄入,极不应理,此与开光安住成相违故。不出诸尊即生诸天，无少过故。若不尔者过失极多，彩色生为天已，后绘宫殿及生天时，亦应先出加持彩色诸尊而生。开光佛像及已生为不动佛之弟子，水灌顶后，欲作冠灌顶时，亦应分出不动佛别修宝生等。依此道理余亦应知。

修静虑曼陀罗，如现观修习即可。

修身曼陀罗者，义隐难知。故于彼法有作是念，何为所修之身，所修之曼陀罗复何所似，彼所依身于此曼陀罗之修法又复如何。兹当宣说。灌顶之前三曼陀罗中之身曼陀罗，铃论师云："诸众生本性，所成坛无二。"此说所修之身即曼陀罗。譬如彩绘与布绘曼陀罗，即是彼时修曼陀罗所依事故。彼三虽未修习成曼陀罗，然亦可得曼陀罗名。身曼陀罗名为自性成就，余二名假造曼陀罗。不依由仪轨修成得名，以依此义，三者皆是意所造故。亦非依于本性有无智慧所现能所依曼陀罗而言，以约彼义，三种有无无差别故。若谓众生本有胜乐诸尊，则不应云"不知彼自性，许为彼法器"。以若不知胜乐身曼陀罗成相违故。有以有情身之真实，与曼陀罗诸尊真实全无差别，说为本性成就，则应彩土及画像之真实亦与诸尊真实相同，不应安立彼二为假造者。故铃论师之意，是以生起智慧所现能所依曼陀罗所依之事，须吾从新励力修造而分。以生余二所依诸事，须用彩等从新造作，身曼陀罗生为诸尊之脉界等，不须新造而本有故。无二义谓即依彼事而生诸尊。故修此曼陀罗之所依事，定须本性成就之身。

彼但云"诸众生"，其为弟子灌顶之曼陀罗，为阿阇黎之身，为弟子身，抑是余者之身，或不分别彼等修一总身而为曼陀罗耶。此中修习身曼陀罗，即修身曼陀罗现观，非有余事，如修身曼陀罗现观即将自身修为诸尊，此中亦由修曼陀罗之阿阇黎，修自身为能依所依之曼陀罗而行灌顶，彼中无用余身。此如铃论师云"先暂想三轮，即金刚上师，次弟子如自，后遍修一切"。此说阿阇黎于灌顶之前，先应自修为三轮曼陀罗，次乃灌顶。此是修曼陀罗瑜伽于现观同为一事，故今藏地诸师现有二说，有谓先应如修外曼陀罗现观，于前生起宫殿等已，次于主尊及与师长无异之身，圆修身曼陀罗而后灌顶。有谓先如身曼陀罗而修自起，从彼出第二黑茹迦入自身曼陀罗。后说为善。前说未将本性成就因位之身先修为曼陀罗，故入彼中而受灌顶，不成身曼陀罗之灌顶故。自入何曼陀罗取受灌顶，亦令弟子入彼而为灌顶，是谓灌顶总相建立，若入彼说则应弟子亦非入阿阇黎身曼陀罗受灌顶故。自从主尊分出而入坛者，即彼自前不异之二外曼陀罗亦有。灌顶之境，谓主尊与师长不异。总之，修曼陀罗即是修曼陀罗现观，岂是修一曼陀罗已，另于他曼陀罗自入及灌顶耶。

今当宣说所修之曼陀罗。如何修所依曼陀罗，论说："身一弓四方，即宫殿四方。"有谓彼身本为宫殿想令明显,有谓胜解代替四方宫殿。异说虽多然不应理。若许自身本有四方宫殿之性,自不了知今令了知,如前已破。若仅胜解为代替者,则诸脉界亦应不须修为诸尊唯以胜解代替诸尊即可。故三种曼陀罗,仅是修为能所依曼陀罗之事有异,其所修成之曼陀罗则无不同。如修能依曼陀罗时,须修六十二尊之身面臂等相,修所依曼陀罗须修四方门等相,二者理相同故。《金刚鬘经》亦云:"身成微妙宫,一切佛所依。"此是略标。总摄广说身中何分修为宫殿何分之义,则云"修彼成宫殿"。谓由修身转变为宫殿。龙智亦云:"从梵线发起,分成四方形,显现为宫殿,是行者身坛。"于修身曼陀罗所依曼陀罗时,说修自身成四方等之宫殿故。

若修身为所依曼陀罗时须修为宫殿者,不于宫殿方隅安立诸尊,而于自身安立诸尊,不应道理。此无过失,例如《集密》不动金刚修法中说,于宫殿中修金刚持,次于彼身修身曼陀罗安立三十二尊时,不安立于宫殿方隅,以修宫殿与于身中安立诸尊无相违故。

修能依曼陀罗,谓修脉界成勇识勇识母之相。此无不同。

修彼所依成曼陀罗之理,如外曼陀罗从映噜等字生为四大及须弥庐。此中从二足开展之弓形,与三聚处三角形等,生为地等。如外曼陀罗于所绘墙等生为宫殿。此中于身五色风等诸分,生为宫殿。如云"身成微妙宫"。即由彼彼身分,转成曼陀罗之彼彼支分。如是诸脉脉中诸界,亦转变成诸尊。然此不须如余二曼陀罗空后乃生,即由此等转变生为二种曼陀罗(能依所依)也。脉及诸界,例如外曼陀罗所有标帜。

若尔,铃论师云:"二假造体性,随所化增上,彼非智者修,见真解脱故。"彼说身曼陀罗胜余二曼陀罗,应乖正理,以就所修曼陀罗体假非假造二相等故无彼过失,此中所修之曼陀罗,即诸佛身庄严现为能依所依,是瑜伽师正所得果。此所修事,即是能得彼果方便。如是依何道智而证彼果,即加持此自身诸脉与脉内诸界风,为勇识勇识母,由此堪能而生彼果,故此即是主要方便。外曼陀罗虽亦加持㘑字以及音韵等字,然非如内能生诸道,故由彼二所修之曼陀罗,胜劣应理。"二假造体性,随所化增上",义说依彼二种假造方便修曼陀罗入坛灌顶,为彼非假造曼陀罗引导所化方便,而非不假造曼陀罗之要方便。故说上根所化不须二种假造曼陀罗灌顶者,全非此义,以密咒所化上中下三根,最初成法器时,皆须先入假造之曼陀罗灌顶,是诸经论所共说故。"彼非智者修"者,意谓智者不执前二方便为修曼陀罗之主要方便。所以然者,如实知见身曼陀罗宗要真义,由专修彼宗要义故,能得解脱。若专修余外坛日月标帜等事,则不能解脱故。如《金刚空行》云:"为知真行故,应作假修习,及勤假念诵。"此说于非假造曼陀罗灌顶时,须先于假造曼陀罗灌顶，故当了知彼为因果。此中虽有多义应说，恐烦不述。

辰二　供曼陀罗分二：巳一　正作供养，巳二　息增减过旋绕开门。初又分二：午一　内供诸尊，午二　外施诸食。初又分二：未一　总说供养次第，未二　别释供阏伽法。　今初

此处虽未明说，然须洒净供物，各依自法生起，而后供养。次放出诸天女，以意为体性之供品而行供养。又供双衣宝盖，三字加持之嚼啖舐喝等饮食，以及金、女、象、马、牛等。外由十六或八或四瑜伽母作色金刚母等体，以各供品而修供养。振铃念诵不动金刚等赞，而取自与明妃二界置颅器中，修成甘露而为供养。胜解诸尊由饱尝甘露故，皆成大乐自性。此依实印而说，若是智印，则须如是胜解而行供养。修法为先亦可供酒。

次诵曼陀罗主尊咒一百八遍，眷属真言二十一遍，及百字明。如《现说》第三云："百字于一切，修令咒坚固，具足自己名，杂一而念诵。"毳衣大师说一切诸尊皆诵百八遍，诵后复献供养称赞。萨惹哈及慧铠师等，多说此处亦献会供。黑行论师等多说内护摩。

未二　别释供阏伽法。

阏伽器者，论云："金银铜石木，珠母及瓦螺，叶钵为浴足，洒漱阏伽器，或于余器中。"正说九种，余者亦可。《总续》虽说此等为阏伽器，然实亦是余水之器，此如难胜月云："此皆阏伽支，故说阏伽名。"内物及真言者，若息灾者则用大麦、牛乳、白花、茅草、胡麻、炒米及和以甘露之白色香水，此等称为阏伽七物。诵"嗡啊吽"，部主真言，甘露瓶咒七遍或百八遍而为加持。若作增益用者，则以胡麻、酥酪、黄花、茅草及和甘露之黄香水，如《总续》云："次注妙香水，智者以手洒，用烧香善熏，心意善持诵"而作持诵。陈设之法，谓自左起，安置阏伽、浴足、洒净、漱口之器。于彼等前安三盛器，难胜月云"香花及灯明，熏香等置右，左安阏伽器，前复置盛器。"其诸盛器，置于三足架上。供养印及真言，谓以右拳大指与食指作钳状，取浴足器中之水花于诸指上旋绕，食指渐开，口诵"嗡阿什扎嚩惹茜迦让，跋当扎底刹吽姿诃"，供盛器中。次右手持茅草用茅端取第二器中之水，于"跋当"处改诵为"卓伽曩"，于第二盛器中三返洒净。用业瓶水洒净亦尔。次以右手大食二指，取第二器中之花水，拳口向下，小指渐开。诵加"阿唠摩曩"之咒，供第二盛器中。次用掌擎第三阏伽之器及水，诵加"阿岗"之咒开金刚掌，供第三盛器中。一一各供三遍，如是四水共为三器，以洒净与漱口同一器故。供养次第，多说如上供四水之次第。然亦有余论说别次序者。洒净随宜皆可。有说先供阏伽，有说唯供阏伽无余三水。各随时宜，所供献处，以浴足水沐浴足故想供于足。如是洒净水想供于全身，漱口水供于

手或口，阏伽供于面前或头，花供头上，香及灯明供于面前，食供面前或手或口，涂香供心，一切仪轨中皆应如是知。

午二　外施诸食。

《鬘论》次说令修行伴守曼陀罗，自出室外，以施食法向东方等供施自所依信诸天及帝释等。此宗宣说世出世天俱在室外施食，彩绘曼陀罗与供食之曼陀罗诸尊各异。想帝释等在诸天曼陀罗之诸方隅而施其食，是此论师所许。萨惹哈与燃灯贤等唯说护刹及护方神在外施食，未说在外供出世食。毗布底说自供食后，令他在外施方神食。藏地诸师先在室内俱供曼陀罗诸天与自所依信之护法神等食，后往外施世间神食。施世间食之境，如胜贤云："次出东门外，帝释等方主，先以言奉请，当作如是说，有与佛俱来，安住于此处，皆忆念我故，受我今所有，香花等食物，慈念诸有情，弟子无魔碍。"此说施于请智尊时同来之护方神。然此论师（无畏）则说供曼陀罗诸尊，同时请帝释等变成出世间天而行供食。供食以后，曼陀罗诸尊入自身，十大明王，诸护方神，置曼陀罗室外十方，乃至曼陀罗事未竟而住。又于曼陀罗室之外，各方陈设十大明王土堆，于前施食。外作十五土堆，或在诸小坛上于八方施十五护方神食。再于彼外作八土台或以牛粪涂坛，瓦器盛牛乳等布施诸龙。其外右旋散诸食物，以及酥油、蜂蜜、净水、牛乳、酒等五物。送彩绘曼陀罗以后，供施食等，次摄十大明王入于自身。送护方神。日日供彼等食，如前钉橛时说。若于余事亦如是行，遮止灾难尤为殊胜。食品等之生法，如下当说。藏地诸师供施食讫，作乐前导送食驱魔，护送食等三处，阿阇黎耶压后，次回至室内诵根本咒等。

施食讫应洗净，洗净法谓蹲坐禁语，手置膝内，右手上仰，中指及无明指略屈，持水向口，以少许水漱口多返，触两耳孔、二目、鼻、口、双手、脐、头二或三次，此是《曼殊室利根本经》说，以手持水而洗。《妙臂问经》亦云："水洗手足已，将两膝向外，手在内蹲坐，无声无沫洗，饮净水三口，净拭唇二次。"此说先洗手足，次于左手注清净水，以手指沾水，如前洗后，饮水三口，拭唇两次。有说此除与鬼交谈之秽。然《鬘论》说非尔，以诸方神生为出世间天而施食故。又于四处施食，皆合供护方神与曼陀罗诸尊，然于余处未作洗净。故洗净者为总除不净耳。

巳二　息增减过旋绕开门。

能办者，为息增减故当烧息灾护摩，为曼陀罗得满足故应作增益护摩。次具前说之吽迦罗瑜伽。口诵四吽真言，手持花鬘，如前所说举曼陀罗观想由下蹴入及诵真言，以金刚势入曼陀罗。抛杵振铃作如前说金刚步法，共彼守门四阿阇黎，旋绕三匝，观曼陀罗，次将花鬘供奉主尊。东门等阿阇黎，如次念诵"嗡吽泮，嗡吽阿泮，嗡吽阿阿阿泮。嗡吽哈那摩惹耶，都扎那伽达耶伽达耶，阿阿吽吽"，而入曼陀罗中，以金刚步如前旋绕。《胜吉祥经》说绕三匝。振金刚铃，即能满足增减不圆满过。次每旋绕一匝，开启一门。先到西方口诵"嗡班佐答，伽扎三昧耶，波罗北夏耶吽"，而开东门。如是至北方开南门，东开西门，南开北门。龙智说尔时结吽迦罗印，左伸而住，解印开门。有说随续别作，于母续中当右伸而开门。然《鬘论》于地仪轨时说吽迦罗瑜伽，彼说右伸，故是二续所共，不须作彼分别。自西开东门者，是依身在门内而开，余亦准此应知。次诵"嗡三昧耶波罗北夏耶弥"，供献花鬘。又作舞而取鬘，系自头上，礼曼陀罗而请白言"愿于一切有情施予一切成就之恩。"次修念诵。　颂曰：

　　贤者入内灌顶处　诸佛身土曼陀罗
　　如理修行令欢喜　仪轨次第依论释
　　密宗道次第广论卷十一终

密宗道次第广论卷十二

自入坛受灌顶次令弟子入坛次第品第八

卯二 灌顶仪轨分二：辰一 自入坛请悉地谛语加持，辰二 为他灌顶仪轨。初又分二：巳一 入坛灌顶请其听许，巳二 请求悉地谛语加持。

今初

如《鬘论》云："入曼陀罗室时，诸弟子诵，嗡波罗毗夏，薄伽梵摩诃苏喀，末卡苏让，萨嘣悉地苏喀，波罗当跋惹摩苏喀，邬达摩悉地，唠吽嚶贺，波罗悉地娑。发生欢喜。以曼陀罗自在（主尊）之身，入坛右绕，住于西门等处诵嗡班佐伽札耶三昧耶，波罗北夏耶吽，开东门等。"如此论说弟子入内诵上真言发生欢喜，以主尊慢重行开门。《律生疏》中亦如是说。

此处说弟子入曼陀罗室右绕开门，似未中理。佳谓无畏师造《胜乐灌顶品》说："入曼陀罗室时，师应先于弟子入故。"然胜贤说："主尊阿阇黎，作勇自在身，次于入坛时，弟子如是说。"于阿阇黎入坛时说先诵波罗毗夏真言入内，绕三匝后请降智尊，其后以跋惹摩苏喀真言投花，次取系自头上。《鬘论》之文与彼相同。彼想自师长为主尊，是自入坛之义。故言阿阇黎者是指作法者之师长，"弟子如是说"之弟子，是作法者自己，非自己之弟子。《鬘论》诸译稍未逮也。其《灌顶品》，是熟悉《鬘论》之印师所造，非是无畏自造。理如下说。造彼品者，虽系观察《鬘论》方作是说，然《鬘论》义多随胜贤论师，故此亦应顺彼而说。故阿阇黎自入曼陀罗时，口诵波罗毗夏真言欢喜而入，由门入内先须开门，故此说开门是以主尊慢而开，不同前说住于吽迦罗慢而开。前说以金刚势入曼陀罗，乃至自取花鬘系于头上，其后必复闭门。彼若未闭不须复开门故。弟子入内自门入故。

生欢喜之真言，《胜吉祥经》译成藏语"大乐世尊入微妙，诸成就乐解脱城，以胜安乐妙悉地，唵吽嚾贺善成就。"由见入宫殿之胜利，欢喜入内。龙智于缚眼带时亦说此真言。次《鬘论》云："诵嗡跋惹摩苏喀，夏耶苏拉利达，毗拉萨那弥达那弥得，那摩弥薄伽梵当，唵吽嚾货，黑黑黑黑黑，波罗底刹姑苏曼唵黎，那塔贺，于曼陀罗投掷花鬘。次自拾起以得花鬘灌顶意乐自系头上。胜解于曼陀罗自在师长现前，受彼所授之花鬘灌顶等。下说一切灌顶，皆如仪轨得阿阇黎随许。"《律生释》中亦如是说。投花真言，《胜吉祥经》译为"具胜安乐游戏心，以喜爱手礼世尊，唵吽嚾贺黑黑黑黑黑，依怙愿受手中花。"

若依彼文，似阿阇黎自入坛时，不须投花以前入坛法类。然如胜贤论师于余入坛法类随宜略说，说是略摄智者仪轨。是故此中入坛法类应与弟子入坛无别。燃灯贤与氀衣大师、萨惹哈等，多如弟子入坛说阿阇黎入法。《鬘论》亦云此是阿阇黎入坛仪轨故。

如是若修自前不异，则须自从主尊分出，想师长与主尊无异，作一切师长事，师所作事实由自作。若修自前异者则不须也。圆满入坛受灌顶后，燃灯贤与氀衣大师等说亦当受阿阇黎随许诸事。受法，如唵耶茜那云："次为弟子入，智者如是白，我某阿阇黎，吉祥黑茹迦，诸佛诸菩萨，所说诸仪轨，以圆满仪轨，我作利生事，于此愿听许，诸佛诸菩萨，维愿爱念我。次应自思惟，得彼等随许。"如是白已，想听许云可如是行。

巳二　请求悉地谛语加持。

次为令弟子入，故以大乐体性方便智慧真实性赞为先，求曼陀罗悉地，谛语加持，即是虚空生等九颂。前五颂是三昧耶之三供养歌，次一颂是宣真实义，后三颂是宣谛实义。三歌，谓真实义歌、法性歌、印歌。初中有三，一自性真实歌："虚空生相故，无始终最胜，萨埵金刚性，修不动金刚。"其萨埵者，真如一味无戏论无分别智菩提心，即是金刚萨埵自性。彼由分别所不能坏，故是金刚。何为此中菩提心耶？谓诸菩萨无始相续心性本净，于诸地中渐除诸垢究竟净之法身，彼即胜义菩提心故，无始无终最为第一。如除墙壁等障假名出生虚空。彼虚空相，谓能表之譬喻，于此中有名具彼相。真如性亦尔，由离障明显，假立生名。故无始终生灭。《胜吉祥》之"金刚萨埵"，诸曼陀罗仪轨，可改诵为"不动"、"曼殊金刚"及"胜乐"等。此等是以歌赞供养曼陀罗内诸尊，故不动金刚等可作二释，谓呼赞之境及赐我彼位。以下诸赞亦同。

二圆满真实歌："最胜大悉地，大自在上天，持金刚中王，我修胜不坏。"诸悉地中最胜之大悉地，谓即正等菩提。于十力等皆得自在名大自在。故能超上诸世间天。由得一切身语意金刚故，名为一切持金刚者，诸佛菩萨

一切圆满皆依此故，亦名为王。彼之圆满即是常恒不变之胜德也。

三清净真实歌："尊无过常住，一切贪中爱，世尊大贪喜，我修真实性。"言无过者谓断一切障及习气。常住义谓尽虚空际三身常住。得悉地之一切贪欲，能作贪著一切有情事业，故是具有无缘大悲之大贪者。以无相法而生欢喜故名大喜。有作"以真实"者，义指前三颂中所说。此是寂静论师所解，故以有具声者为善。（具声，即第三啭声）

二法性歌："最清净胜法，本解脱如来，普贤一切性，修菩提萨埵。"由具不退转之清净名最清净。般涅槃为一切法中之胜，胜中最胜谓佛涅槃，是彼自性故名胜法。由自性净故名本来解脱。如实了知诸法法性故名如来。贤者谓善，普谓无余，由此能生彼也，法界是一切法相或自性，故名一切性。有菩提体性之心者，名菩提萨埵。

三印歌："大悉地最胜，大自在胜印，由抛大金刚，我修金刚慢。"初句及大自在如前已说。印谓金刚萨埵身语意金刚自性身。由此印是佛母金刚慢印之主，愿我成就。此说以右手抛掷金刚者，唯是譬喻。

此诸三昧耶，皆说金刚之真实，由曼陀罗诸尊皆是金刚持之自性，故亦即是彼等真实。次宣真实义者"遍诸有情意，住诸有情心，是诸有情父，三昧耶胜欲。"离障清净真如为主之智，是所希欲，故名为欲。是具最胜正智三昧耶者之最胜法，得胜欲名。所希欲之真如，遍于佛及异生心意，此复在佛地时以究竟净遍于佛心，于诸菩萨由断自地执障清净而遍。由缘真如修无分别，能与安乐故说如父。有论作"住于心"，谓由与安乐故令心欢喜，名住于心。此所欲是一切有情之父，诸佛菩萨净智皆从此生。彼二亦是异生之父，以彼等身心之安乐，皆依清净真如而安立故。遍于异生之理，前未说者，准此应知。次宣谛实义者"胜智慧方便，曼陀罗谛实，由彼令依怙，圆满我所欲。诸法如影像，明净无秽浊，无取亦无说，正从因业生。由实性真如，出离谛实义，坛影像明显，弟子见无障。"胜智谓无二智，即是方便智慧无二体性之曼陀罗。诸曼陀罗仪轨，多作"慧方便坛"。谛实者谓由彼无颠倒故，满足意中所思欲乐。诸法谓曼陀罗诸尊。如影像者谓是唯心所现。由离烦恼所知等至三障，故名清净光明无浊。由无自性唯可自证，非余识所能了故名无取。亦非名言分别之境故曰无说。此等之因谓即法界。业即闻思修三慧等。真如实性即正智金刚持，一切曼陀罗尊皆从彼生。影像即所绘曼陀罗。明显谓绘何尊形像，即见彼尊之身。无障或无垢者，谓由谛实，世尊加持，能灭诸罪见曼陀罗。余论作"诸弟子"。无量曼陀罗仪轨中多说此等。善解此义最为切要，故依寂静、无畏论师所说而释。《胜吉祥经》无后五颂，第一颂首谓"嗡虚空"。彼疏所解亦多同前。后四颂于《四百五十颂》及毳衣大师等曼陀罗仪轨多有宣说。答曰迦跋说诵三遍。

辰二　为他灌顶仪轨分二：巳一　为弟子灌顶成法器仪轨，巳二　为天灌顶善住仪轨。初又分三：午一　灌顶仪轨，午二　犯三昧耶还净法，午三　曼陀罗后法。初又分二：未一　依彩绘曼陀罗灌顶仪轨，未二　依止余曼陀罗灌顶断疑。初又分五：申一　入曼陀罗，申二　入后灌顶，申三　灌顶后法，申四　释灌顶义，申五　释后法理灌顶开合。初又分二：酉一　遮面入坛，酉二　见坛而入。初又分二：戌一　入幔帐外，戌二　入幔帐内。
今初

次著装入坛者，若诸门阿阇黎不欲入坛，令余人入，若欲入者即令彼等与前预备具二种律仪之弟子，沐浴清净涂妙香等，安置帐外，生为毗卢佛或主尊。红色等衣诵甘露瓶而为加持。下衣则诵"嗡萨嚩达塔伽达，阿奴达惹，薄底阿朗迦惹嚩萨多罗，补唥美伽，萨穆多罗，萨帕惹拏，三昧耶吽"。上衣则诵"嗡班唥惹卡杭"。顶髻则诵"嗡班唥邬尼沙吽泮"。此是加持披著共同真言。次缚眼带，或红或黄。氎衣大师亦如是说。《摄真实》说各品色别。故非定红。加持眼带之咒谓甘露瓶。系缚咒谓"嗡唥曲奔当跋惹末那耶吽"，然亦非定此咒。系缚之法氎衣大师说中下根弟子全不令见，上根可以略见。用布缚者，以乃至未投花阿阇黎为除眼布时，不得全观曼陀罗故。除后教云金刚应视，始令视故。

次仅说诵"阿康毗惹吽"，供养花鬘。未说请白。意谓前之请白即是入坛之请白也。寂静及跋嚩跋陀罗，著衣入坛未说下衣。余师多唯说执花鬘及缚眼布。

次加持者，先用一切业水洒净，想于心喉顶处金刚莲花轮中有日月轮，上有黑色吽字，红色阿字，白色嗡字。诸字放光照彻全身，口诵吽字令安立于曼陀罗之东门。寂静论师、日生亦说加持眼等，仅广略异。次问种性以及胜解，由业金刚导诸弟子，为入曼陀罗故，阿阇黎当问"喜所喜者汝是谁？"彼答云"我大乐善根。"此问答以答曰迦跋之《曼陀罗仪轨》译文为善，"儿是谁何喜？善根住大乐，应如是问答。"此是问种性与胜解。言善根者，如萨惹哈说为胜子。由表胜解大乐，知其堪能入曼陀罗。《等行经》中问何所喜？答喜善根，此义如上说。《律生经》云："应问汝是谁？答云我善根。"余堪为量者亦多作是说，故知善根是能喜者，非所喜境。氎衣大师如上问后，复问儿欲何为？彼答云"欲行佛胜三昧耶。"义谓汝善根胜解大乐欲何所作为？答云为修诸佛胜三昧耶。《等行》二部曼陀罗仪轨，俱有此问答。

次令发一切瑜伽心。令诵"嗡萨嚩瑜伽即当邬跋达耶弥"发菩提心。《鬘论》及随行者（二随行者谓宝铠与毗布底）皆说令弟子诵此咒发心，极为善哉。《胜吉祥经》于说此咒之前有云"最初令诵一切如来最胜秘密真言一遍而发。"与此咒义"应当发一切瑜伽心"极相随顺。燃灯贤、毳衣师、答日迦跋师等皆说以此真言发心。龙智及跋嚩跋陀罗、黑行师等，亦多有未说者。发心之理，如《胜吉祥经》说："发愿心后更发通达诸佛本体菩提自性之心。"于心间月轮上修金刚而发者，两部经疏皆未见说。庆喜藏诸余曼陀罗仪轨及无上部曼陀罗仪轨亦多未宣说。藏中诸师有于心间唯修白色五股杵者，有俱修月轮与杵者。又《胜吉祥经》云："由略发此心，成佛定无疑，勿舍菩提心，谓是金刚印。"《大疏》释彼义云："空性金刚，谓于月上修五股金刚印，诵云底叉。略发此心即生不退熏习，等同一切如来，故当了知即现在佛。"经说以底叉咒而发，此中未说彼咒。彼论师意谓当上疏所说四礼第一礼时，金刚萨埵入内，于心间月轮上观为五股金刚杵形，此意即发方便智慧之心。《四百五十颂》与寂静论师《释论》，未说四礼。然释"由略发此心"等颂时，《释论》则云："言略发者谓从愿菩提或行菩提心，于心月上想金刚相。"此文若不作发一切瑜伽心解，更无余处可解，故知是此发心之证。《四百五十颂》亦略说"正发瑜伽心，想心间金刚。"又《胜吉祥经》云："由略诵此故，不离一切如来永不退转，映覆诸魔，当知此大菩萨即是如来。"此说发彼心之胜利。彼疏亦云："以由略发此心之力不退转故，由决定得无上菩提等同诸如来故，当知即是如来。"此与"由略发此心"等义同，故亦可作发彼心解。

庆喜藏与寂静论师，于此发心，俱说通发愿心与了达菩提自性之行心。故诸先觉皆说通发世俗胜义二菩提心。庆喜藏说月上金刚是空性体，故金刚配胜义发心，以月轮配世俗发心，亦极善哉。若解此义，则以密咒方便善巧，令于大乘种性决定，最为殊胜。应善分别，于正见上发胜义心，及为利益一切有情发求成佛之愿，现为月轮金刚行相。由于此文及此类文能尽了解，则成众多殊胜因缘，故于灌顶备极赞扬。

次于心间执杵及花，诵云"嗡苏惹得，三昧耶当贺，悉得斑哆耶答苏康，令一切如来皆加持汝，于诸未入曼陀罗者，汝不应说此一切如来最胜秘密曼陀罗，亦不应为不信者说"。贺字以上《胜吉祥经》中有。以下之咒，燃灯贤等多有宣说。如此处心间执杵，《胜吉祥经》亦说。答日迦跋等亦多说于发心前执杵。言"令"等文，此论与燃灯贤、毳衣大师等所宣说，余多未说。末句有译"亦非对诸不信者"，极善，义谓虽已入坛，若于咒怀不信，亦不应为彼说。此是初番安立三昧耶之所无者。

戌二　入幔帐内分三：亥一　入坛绕礼，亥二　立三昧耶，亥三　降智谛语。　　今初次诵"嗡阇曼达枳吽",手牵弟子。又诵"阿康毗惹吽",令入幔内。次诵"摩诃惹达苏枳札,苏朵稞,苏苏稞,斑哆萨埵阿得悉得芒",令其旋绕。此二咒由阿阇黎诵。

寂静论师说以前咒钩召弟子,毳衣大师亦说以守东门母咒钩召弟子。故应想以彼咒召于东门。毳衣大师亦说次以五字令入幔内。《集密》十六品云:"应告彼言,此是入大曼陀罗金刚三昧耶,阿康毗惹吽。"说以此咒入曼陀罗,故事实上虽入幔内,所修则须令入曼陀罗内。凡欲灌顶,先须入曼陀罗内者,义谓是说诸尊殊胜密语之器,须入诸尊之内。此是最初入曼陀罗。故须善为晓示。如毗布底《曼陀罗仪轨》云:"我引儿趣入,最胜安乐宫。"黑行与萨惹哈亦云:"一切如来处,黑茹迦妙城,心藏曼陀罗,我使弟子入。"故是由阿阇黎引导。亦应开示弟子观想,跋嚩跋陀罗说诵此"阿康毗若吽"时,意想与曼陀罗诸天无二,令入曼陀罗之近分。答日迦跋亦说应与诸天无异。义谓令入曼陀罗中,想与诸尊无内外别,与诸天成同分,即是入内之义。旋绕真言,是《胜吉祥经》说,彼《大疏》云:"于东门等,诵一一守门之心咒,想诸守门钩自入彼彼门。后入东门诵此真言。"故是先入东门,退出旋绕。余门亦准此理应知。

次于曼陀罗之东门合掌诵云:"嗡萨嚩达塔伽达,补佐跋窣塔那耶,阿达摩南,尼耶达耶弥。萨嚩达塔伽达斑哆萨埵,阿底底叉芒。嗡萨嚩布答,布佐跋窣塔那耶,阿达摩南尼耶达耶弥,萨嚩达塔伽达斑哆北热哆那,阿底底叉芒。"南门诵云:"嗡萨嚩达塔迦达布哆阿毗克迦耶,阿达摩南尼耶达耶弥,萨嚩达塔伽达斑哆惹那阿毗克哆芒。"西门诵云:"嗡萨嚩达塔伽达,布哆波罗跋惹达那耶,阿达摩南尼耶达耶弥,萨嚩达塔伽达斑哆达摩波罗跋惹达耶弥。"北门诵云:"嗡萨嚩达塔迦达布哆迦摩内,阿达摩南尼耶达耶弥,萨嚩达塔伽达斑哆迦摩姑如芒。"以此五咒如其次第,令礼曼陀罗中不动等诸如来。又于东门解义为先,教令诵云"嗡姑如哆惹娜,跋萨塔那耶,阿达摩南尼耶达耶弥,嗡萨嚩萨埵跋日达罗那堂,阿达摩南尼耶达耶弥。"除第二第五咒,余是《摄真实经》初品所说。此论师说第一为主尊第二为毗卢,依中央为不动种性而说。龙智于不动佛说前二真言等仅作四礼。然于此宗许中央有不动佛者,四方之礼应同《鬘论》。毳衣大师与黑行师、萨惹哈等,先以"那摩得"等,礼身语意三业,次礼四方,则初是礼主尊。彼改诵空行母等各方诸尊之名号而礼。胜贤亦说金刚萨埵等四,以改不动等四而为四礼,以主尊为彼四自性,说空行等四尊加持。

礼时须先解彼咒义"阿达摩南尼耶达耶弥"等四句义,谓将自供养。为何供养,即由四咒上句表示,谓于一切如来为作供养承事,供养灌顶,供养善转，供养业故。"萨嗨达塔伽达斑哚萨埵"，谓是一切如来，亦是金刚萨埵，故同一事。余亦准知。后四咒谓呼召彼等请加持我，为我灌顶，为我善转，为我作供养业。第二咒义准此应知。如是于曼陀罗五方五佛或彼种性诸尊，随时配释。龙智与《明显双运论》说尔时修不动等四尊。

顶礼之法，如《摄真实经》云："初伸金刚合掌以全身体，第二平心金刚合掌，置于额上而礼，第三顶上金刚合掌，置口而礼，第四顶上金刚合掌降至心间以顶著地而礼。"庆喜藏说于四礼时想自金刚萨埵至金刚业，入于心等四处，成金刚等四相而住，由观彼等即是供养承事等四。如《鬘论》云："有说于此，心间安住等至大乐，有说安立心等处者，此不应修，是余规故。"破说于心间修诸尊等至，及于心等四处安立标帜。在此师意，请白各佛之时，唯应胜解由彼加持，堪于一切如来，供养承事，供养灌顶，供养转法轮及事业圆满。未说收入诸尊。胜贤则云："世尊入心中，用意遍观察。"又云："应观宝生佛，用金刚灌顶。"又云："由弥陀自性，善观彼堪能。"又云："想不空成就，为能密供养。"故想各佛分出一尊入弟子身，亦不相违。

顶礼师长之咒，义谓为承事师长故，为尽度一切有情故，两返以自供养。除少不同，是《金刚空行》第三十二品所说。

萨惹哈及黑行论师、胜贤师等，说四礼后受咒律仪。后二师说授律仪时，执弟子手而授。萨惹哈师仅说宣说律仪未说受戒仪轨。意谓宣戒之文即可改为受戒仪轨，易知故略。答日迦跋说用业瓶水浴弟子，系遮目带取花鬘后，即请受咒律仪。彼是预备正行二时俱受之规，若如是行果利极大。

亥二　立三昧耶。

立三昧耶，是阿阇黎教如是作，虽非弟子自受，然亦应须守护同于自受。若唯入曼陀罗不能防护戒者，则不须此。立三昧耶之处，氉衣大师等说是曼陀罗东方。初由说胜利门立于三昧耶者，教云："汝今将入一切如来种性，我当为汝生金刚智，由此智故尚能令汝获得一切如来悉地况余悉地。于诸未见曼陀罗者之前不应为说，说则汝当失三昧耶。"氉衣大师及难胜月说此时应执手而教。藏地诸师将金刚杵置头而作。入曼陀罗即成一切如来种子，故云入彼种性。金刚智者，谓了知三世之天智，如下所说降下而生，即令生彼。由此智故等文，明示发生彼智胜利，即胜与共悉地。言见曼陀罗者，谓须如法入内示知诸尊，不尔，则为未见曼陀罗也。由饮誓水等令有三昧耶，若违所受之誓，即退失三昧耶，现法当害病等，后法当堕恶趣等苦。此是释迦友说。庆喜藏谓一切如来即是五佛，彼之种性，谓即生彼之佛母等。入彼种性有二，入彩绘曼陀罗者谓外入。若诵"三昧耶吽"，由一切如来降一切如来之智者谓内入。此处降智，是由曼陀罗门入内，诸如来之加持，不同下说之降智也。金刚智者，是有初地等自性智。生彼智者即是现证。其殊胜即"由此智"等。《上疏》所说"当生金刚智者，谓无间所入者。"谓以"三昧耶吽"令入坛时，为诸如来之所加持，即内入之降智。"说者，谓说金刚界曼陀罗如此。"此是一例，意谓一切咒中密法。当失三昧耶者，谓教于三昧耶，不可违越。

如是说已，次以金刚置顶振铃告云"汝此金刚誓，若汝对余说，此头当破裂。"此是随《摄真实经》云"此是汝金刚三昧耶，若对余者说者脑当破裂。"庆喜藏、释迦友虽未说此，然云"不许宣说秘密，是汝不可违越之三昧耶。"由此不可坏故名曰金刚，非说置于头上之金刚也。为于谁说说何事者，同前。言裂头或脑者，是身生之过患。

次于心间持杵教云"嗡，金刚萨埵尊，今日入汝心，若宣说此理，无间破裂去。"所说此理及对谁说，《摄真实经》及二部疏皆未明说，意谓于初安立三昧耶时已说自能了知。此处所说金刚萨埵入心，系先来已入弟子者。为何时所入耶？庆喜藏所说见瑜伽部别入法，于此无涉。释迦友说："前请听许之时入阿闍黎。顶四礼时弟子请白，世尊圣言亦于尔时金刚萨埵住弟子心。"如彼所说此中亦尔。《摄真实经》亦说彼颂，唯无"嗡"字。毳衣大师等云"黑茹迦吉祥。"即配金刚萨埵之时。智尊入身不住而去，一切曼陀罗仪轨中，皆说是于未由入坛示知诸尊得见曼陀罗者，宣说秘密之过。故于未由入曼陀罗受弟子灌顶者，虽作微分加持仪轨及传诸余灌顶，即便开示密义，亦为最不清净。

双由胜利过患二门而安立于三昧耶者，次以大指与无名指持杯，取尊胜瓶上水，注弟子口，告云"此汝地狱水，烧犯三昧耶，赐护者悉地，饮金刚甘露。嗡奔嗏阿弥达邬答迦叉。"令饮誓水。此与《金刚鬘经》文略不同。不空足说水注手中。有说三叉字或说一叉字。由治罚故名为金刚，由饶益故名甘露水。《摄真实会》《金刚顶经》及龙智菩萨等说名誓水，谓令发誓，守护密咒诸三昧耶。如《金刚顶经》云"以金刚萨埵，誓心令发誓"。以诸咒师忆及此事，能大策励守护三昧耶及律仪。

次由奉师教门安立三昧耶者，教云"从今时起我即是汝之金刚手，我教作此汝即应作，汝不应毁訾我，令汝未舍苦恼死堕地狱。"此是《摄真实经》所说。教诫此时，龙智说应执手而教。龙智所说"未舍忧苦。"《真实光明论》于余处说损恼或不乐，是违佛教所感。然此是教莫毁师长，是违师教之所感也。如说"由未舍彼，纵经百年寿犹未满，然即尔时或于余时速当死没堕捺落迦。"故有译为"由未舍苦恼"（用第三转）者，译文善净。燃灯贤说以此坚固誓愿。此如难胜月云："安住净信者，恐有未坚固，师长应观察。"

义谓由前安立住三昧耶，犹恐未固，故作此令奉教安立三昧耶也。此注誓水之安立三昧耶，是安立令总受根本支分诸三昧耶。余者是安立于别三昧耶。由于非器宣扬秘密，及轻毁师长违越师教能夺成就，过患最重，故于守护第一与第七根本罪，殷重别立于三昧耶。

亥三　降智谛语。

《蔓论》于此处及余处，宣说共同降智仪轨。降智所为，谓于修悉地前为欲了知修何悉地。降智之境者谓弟子与器。器者有经说为十二岁之男女，肢体圆满，未染聚落法者。然余多说若师长于金刚持前常时修习，集多福德，能刹那顷坚固修者，虽根残缺年老染世，亦能降下。所降之境说须作预备法，二者相同。能降之人，先于山等可意处所，善修承事令心稳固，已得金刚萨埵坚固瑜伽能降下者，依仪轨而请降。若不能者，不作降法，可于授三昧耶水后问其所睹。此是他派。《明显双运论》云："若阿阇黎已得降法堪能，可以龙智仪轨请降，故此不说。"谓自曼陀罗仪轨中未说降智。毗布底亦未说。

降法有二：一随行《集密》而降者，先令弟子在前，刹那想空，次从阿字生为无量光佛。令如《摄真实经》所说而请。"敬请一切如来加持，金刚萨埵降临我身。"想彼心间从朗字生方形黄色地轮，有杵庄严，日上有蓝吽字。毳衣大师说四角上有三股杵而为庄严。想头上从榜字出生圆形白色水轮有瓶庄严，月上有白杭字。喉中从让字生蓝色弓形风轮，二幡摇动以为庄严，月上有红阿字。次想自心种子放光，召请身语意诸金刚，如其次第入三字中。足下风轮，炽燃让字红色三角火轮让字庄严，红色则字放光举升弟子，则字放光从足孔入，吽等光明遍满全身。谓如前修足下风轮，上有火轮，其上两足掌中则有则字。

次烧香炉为先，振铃诵云"啊北夏耶，当跋耶，惹惹惹惹，唠拉耶唠拉耶，吽哈啊则"。诵咒百遍，心住静虑而行降请。《四百五十颂》疏说心间地，喉处水，顶上风，足下如前。毳衣师说想脐处火，心间地，顶上水，足下风及则字猛火炽燃，由风吹则字火上升及脐，与彼火合，然烧地水皆沸，降滴甘露，心生饱足，由风吹起而降。

二以《亿现说经》所说而降，师长作胜乐身右伸而住，弟子亦尔。平心合掌，左手振铃，右熏烧香，洪音诵咒而降。咒为"底叉摩诃卓答，阿北夏耶吽，岂利黑如迦耶毗摩黑，毗耶惹唠耶，底摩黑娑诃"。以此真言劝发勇识。所熏之物，铃论师谓妇女染污之月经带，涂以五肉五甘露及猫粪，和以黑香，于颅杯中烧尸炭火而熏。此是依物降智之法。萨惹哈说："若不降者，于心间修佛顶父母量如芥子，由彼空界放诸红光遍满全身，诵咒而降。"佛顶父母仅是一例。若所降者跳动太甚，尔时于彼顶上修须弥山金刚为体，其上复有大自在轮（金刚地基），再上又有黄色五股金刚，上有阿字，字上有毗卢遮那佛，便得止息。如是降时，想弟子由吽字光明策动舌或月上红色啊字光鬘闪耀，教云"说金刚语"，即能实说若自若他善不善等。此与"主黑班即"义同。

次由自心种子光明，召彼入降弟子之天，入自心间种子。次于弟子头上持杵，先说"嗡汝为等"，次诵"吽哈阿则穆"而送往，此是自宗。若投花后而降，令说善等，次诵"底叉班唠"，令坚固住。从问眼何所见，乃至系于头上，后当送往所降之天。此是叙他所许。此师与宝铠师皆说送往，余曼陀罗仪轨唯说安住。降后问时，想为弥陀或弥陀部诸天而问。

次弟子向曼陀罗住，问云："汝今眼见何色。"若云见白色等，当告令知有修息灾等悉地之善根。次用执金刚之右手，握弟子二大指，以金刚舞诵甘露瓶令绕三匝。作谛语加持云："我令诸弟子，入此正坛场，诸尊种次第，随福如是降。此悉地何等，是何种性器，有何等福力，如是降坛场。"是集《总续》之文。彼等义谓，我令诸弟子众为于诸尊投花入曼陀罗。随是何尊种性次第，愿随彼等福力降落坛中。此是总说谛语。次说别谛语谓"此悉地"等。《总续》作"此修何悉地"，文义较顺。谓上中下三品悉地当修何等，于此坛中愿如是降。言种性者，谓是诸尊种性。"有何等福力"者，谓修彼彼悉地经时久暂有无善根，于投花时愿如是现。

酉二　见坛而入。

次于所执花鬘，念诵掌字加持，生为一妙鲜花，授与弟子掌中，以不全投花鬘，反投其中之一花故。论说尔时胜解彼花为鬘，义谓供花鬘者，想花系诸尊首，亦想以花供诸尊首。自想三字放光明显，洗除众罪。次于师长如是加持恭敬为先，想住于曼陀罗自在之前，意想入于曼陀罗内，口诵"嗡底叉班唠枳朵美跋噬，夏穴朵美跋噬，什答扬美，阿堤底叉，萨噬悉地美札雅刹吽，阿康毗惹吽，波罗底刹姑苏摩阿唠林塔贺"。投花于彼尊首。吽字以前真言，是《摄真实经》说。彼说投花真言为"波罗底刹班唠吽"。若以前咒投花，是龙智规，然彼尚说四哈字及贺字嗡字。氎衣、日生说用掌字加持。不空足说连投三次。《大日经疏》说已得灌顶者，可置花于本尊之上，依彼五色墙内花所落处，观其种性，而授彼尊瑜伽，亦能表示悉地。若曼陀罗有形像者，落于诸尊毫相或头上或顶髻，堪修大印，若落目部或口，当修密咒悉地，落身上中下分，修上中下悉地。氎衣大师说修菩提自在资财。若离身太远者，须长时修，近者速能成就。诸尊处所由格线等分别应知。若落两尊中间，何者相近即彼种性。此是《总续》意趣。若相等者，俱修二者悉地，信乐何尊即彼种性。若落墙外，应再三投。仍落外者，成就微小。毳衣大师说此不应摄受。若落诸外圆线以及外金刚墙之外，全无悉地。然亦令其见曼陀罗，由持咒等成就善根，余时更入。《总续》说烧息灾护摩次乃令入。落于墙上亦如是说。若落主尊说速成就。若落外金刚墙之内须大劬劳。

次取彼花系花鬘上，口诵"唵波罗底格那当，伊芒萨埵摩诃跋拉"系于弟子头上。多经及曼陀罗仪轨，说系头上。《鬘论》则说将彼花鬘置于弟子头上即可。咒义谓大力有情摄受此。《律生释》云："汝大力萨埵，当善摄持此。"于头上系花鬘已乃作如是说。故知言大力萨埵者，义谓称唤投花所中本尊，当摄受此弟子。如《摄真实经》云："由系花鬘，彼大萨埵即当摄受故速成就。"《侨萨罗庄严论》亦云："言摩诃跋拉者，称唤彼天，此是第一花鬘灌顶。彼摩诃萨埵即当摄受者，谓至菩提当永摄受。"《上疏》亦云："次云投花鬘者，谓供花鬘诸尊摄受。为圆满此上中下品悉地说永摄受，故云唵波罗底格那娑弥芒萨埵摩诃跋拉。"

此由师长宣誓谛语，弟子亦如上说观想诵咒。次当至心信念自与何尊有缘即依于彼，而正投花。

次由师长取花系弟子顶，将弟子交与本尊云："汝于此自种性弟子，乃至未证菩提应当摄受。"此即花鬘灌顶，须善开解。作如是交付者，谓若依彼修行速得悉地，一切生中本尊摄受最为重要，故持祥《曼陀罗仪轨》译为"大力有情应当取此。"是译似稍逊也。《无垢光论》（《时轮释》）有云"若于彩色投花有坏彩色之罪，故当于尊胜瓶相上投花。"《鬘论》依于不知者说，故云"善心无过"。次修心月上主尊（主尊种子）额上让字，二目炽燃有二唵字。诵云："唵，现金刚萨埵，欲为汝开眼，金刚眼无上，一切眼今开。唵若哆那曲吽阿娑诃。"除去遮目。《摄真实经》此颂仍存梵语，彼云"黑班哆跋歇"。寂静解云："金刚眼者，谓于一切色中无障碍眼，言无上者，谓如佛眼，一切眼者谓见一切之眼，言今开者谓除诸障。"《鬘论》意亦同彼。总谓金刚萨埵或胜黑茹迦，今为汝开眼，开后成为能见一切之无上金刚眼。弟子亦应作如是想。

哆耶茜那于此处云："次二目月上，唵字心中月，正缘为主尊，由眼视诸光，与坛场诸尊，眼性无差别，次想诸尊眼，摄于二目中。"谓由二目放光，自眼与诸尊眼成无差别，次仍收回。此是胜贤师派，《鬘论》作如是解意趣相顺。缘主尊者，若如《明炬论》说可修主尊，然彼与此不同，故是主尊种子如吽字等。圣天、毳衣等说亦以"若那哆曲"等而开眼。黑行与答日迦跋等说用眼錍诵开眼咒而为开眼。"黑班哆跋歇"者，教令观曼陀罗，非开眼真言也。次令金刚观视，始从主尊乃至守北门者，或至下方妙害明王，由说诸尊名字为先，开示令知。此是《集密》两派之规。毳衣则从东门乃至主尊，持祥等则从北门渐次开示。随作何种渐次皆可。

次当告云："今当以信力，观此坛真实，汝生为佛姓，印咒善加持，诸悉地圆满，成佛三昧耶，金刚莲游戏，正修诸密咒。"此如《金刚藏庄严经》第三品说。唯彼文作"修胜三昧耶，金刚莲胜戏，当知咒本性。"除第七句，余文《总续》亦说。彼云："为悉地护戒，精进修密咒。"次令弟子诵云："我入金刚曼陀罗大曼陀罗，我见瑜伽曼陀罗大曼陀罗，我于秘密曼陀罗大曼陀罗而得灌顶。"令说"三昧耶，贺贺贺。"《贤摄论》于入金刚等三句之首，各句有一吽字。及说"三昧耶贺。"后者此亦应有，以云"令说三昧耶"故。《金刚藏庄严经》第四，虽于传上灌顶供养师后而说，然胜天与难胜月亦于此处说，故与经不相违。言入曼陀罗者，谓前入幔内时及投花时，入曼陀罗投花，故云入彼。言见曼陀罗者，谓除遮目开示诸尊之时。于曼陀罗得灌顶者，此上虽是入坛法类，然是获得第一花鬘灌顶。此处如龙智说开示能依所依曼陀罗之真实。胜贤、哆耶茜那亦作是说。圣天亦云："开眼后顶礼，告示天真实。"堪为量者多作此说。故非限于阿阇黎耶灌顶之后。藏师有谓由先降智获得第一花鬘灌顶而说真实，与"余者成就远"亦无相违。开示诸尊之前说令顶礼，余师亦有说者，故应顶礼。

入曼陀罗仪轨次第，诸大论中有种种说，是故次第无定。彼诸时中除降智等特殊时外，弟子为毗卢佛或主尊像，师长可住主尊瑜伽。此阿阇黎（无畏）总摄经教及诸大论师曼陀罗仪轨之义，编为次第。若略释此义者，入曼陀罗是此处之正行，从著装至教令秘密，是入坛之加行。入曼陀罗是令与天同分。此中有二：入曼陀罗内与彼同分者，是以二咒钩入之时。既入坛内令于诸尊发生信解，礼拜旋绕及令祈祷。修诸悉地以三昧耶而为根本，为令守护三昧耶故次当安立于三昧耶。由降智尊使与诸天同分是内同分，前者是外同分。如是令与诸尊成同分已，尚须观察可否灌顶，故问所现及投花等。由是了知可否灌顶，可者复是何尊种性，于彼种性三品悉地当修何等？修彼久暂经几许时。由彼投花了知可否灌顶，是此时之所为。修何悉地与如何修，是灌顶后之所为也。如是发瑜伽心，二种入内，立三昧耶，获得花鬘灌顶，为入坛之主体。余者是彼支分。

前观梦相若得听许或未遮止，乃得发起灌顶仪轨及于弟子预备之前，岂非亦善观察？何须此处以投花相观察可否灌顶？如是投齿木时，亦曾观察修何悉地，此处何须复问空中所现？总观能灌顶人与请法者可否灌顶，要在观察师长与弟子之德相。然前观察梦相，是为观察有无留难。灌顶师资德相圆满，与生留难，全无相违故须观察。虽于灌顶无难，德相亦具，然非现在决定时至，故投花者是观现在可否灌顶，非总观察。以由投花知不可者，说令悔罪后时入故。虽以投齿木相已观修何悉地，然以现色观察亦不相违，非许一一便足，要以二事决定无相违故。

此诸仪轨嗢陀南曰：

装入正加持　问答发觉心　教秘密入内　旋绕恭敬礼　立誓降智尊
问现色旋绕　谛语而投花　取鬘及开眼　开示天生喜　说入见誓言
最胜大乐解脱城　如法自入受灌顶　坛轮依怙为师长　获得所许歌供养
后令善根弟子入　主要仪轨及支分　分别晓示诸方便　令彼教授极明显

密宗道次第广论卷十二终

密宗道次第广论卷十三

明瓶灌顶仪轨次第品第九

申二 入后灌顶分四：酉一 瓶灌顶，酉二 密灌顶，酉三 慧智灌顶，酉四 第四灌顶。初中又二：戌一 金刚弟子共灌顶，戌二 金刚阿阇黎不共灌顶。初中分二：亥一 五种灌顶共同建立，亥二 各别建立。 今初

此中能灌顶人，所灌顶业，及灌顶之作用方便，三种所缘当修何尊瑜伽。如答曰迦跋云"不动三静虑。"义谓师长弟子及灌顶物三者，皆修为不动佛而行灌顶（此是第一水灌顶）。除名灌顶，余三各修为宝生等三种所缘。名灌顶则修为毗卢二种所缘。此论师等唯说弟子与灌顶物改易所缘，于阿阇黎未明显说，意为可住主尊瑜伽。弟子为受灌顶故须请白师长，师长则须请白灌顶诸尊以为灌顶。是故有二能灌顶者。灌顶诸尊又二，有彩绘曼陀罗所住诸尊，及诸大成就者仪轨所说，师长别更新请诸尊安住虚空以彼灌顶。前者，谓阿阇黎入所修曼陀罗，于彼主尊具受灌顶，得其听许，以三昧耶歌称赞为先，为令弟子入内请求悉地，请于弟子灌顶作证，加持相续。彼曼陀罗诸尊，乃至弟子灌顶事未圆满而住，非灌顶时入弟子身。新请灌顶诸尊，则于每一灌顶之后入弟子身。此是毳衣大师等说，故应摄入。于彩绘曼陀罗得瓶灌顶，其义极难安立。若谓由先入彼曼陀罗者，则上三种灌顶亦同。又非住彼曼陀罗内作瓶灌顶，亦非由彼曼陀罗内诸尊而为灌顶。若以彩绘主尊与师无二传瓶灌顶，即立为于彼曼陀罗获得瓶灌顶者。灌顶之时虽多宣说师长主尊无异，然有众多堪据教典，亦说师长主尊各异而传瓶灌顶者。又但以彼二者无异，亦不能立于彩绘曼陀罗得瓶灌顶。若不尔者，则彼继续传余三灌顶时，理由相同，亦应许彼上三灌顶，可于彩绘曼陀罗得。

故所修曼陀罗诸尊，虽不如彼所请灌顶诸尊，亲手执瓶灌顶唱吉祥等，

147

然须信解于阿阇黎传瓶灌顶作意听许为灌顶事。如龙智云："知自性行者，为弟子灌顶，恭敬请诸佛，劝其仍降临。"此说当修曼陀罗时，为传弟子灌顶请智慧尊。传咒随许亦须请白彼曼陀罗主尊而传，最后复说师长将诸弟子供献曼陀罗主尊等。如是诸瓶灌顶，有彩绘曼陀罗诸尊作意听许，故说诸瓶灌顶于彩绘曼陀罗中得，无相违过。修曼陀罗，为令弟子入内，阿阇黎耶亦须入受灌顶，故不可执修曼陀罗唯为弟子灌顶而作。

  所请灌顶诸尊，或如氀衣大师说请胜乐分为五部之曼陀罗，余尊亦可准彼理趣而请。或如《鬘论》所说，请通常之如来、佛母、菩萨及天女等。龙智意趣，如《明显双运论》说，唯水灌顶时修弟子为毗卢，名灌顶时修弟子为不动，余者皆同余曼陀罗仪轨。《时轮》所说，与诸余经诸曼陀罗仪轨极不相同。以彼经乃特殊意趣，此处是说余经之规。又弟子与灌顶物生为诸尊者，氀衣大师说五种胜乐以三段法生，或准彼理随时别配。若自教中说有五佛即如是修，若无有者，则于主尊开为五部。虽此仅说生三昧耶钩入智尊，未说余事，然诸师长亦修灌顶以及部主印定。《金刚幕》第四云："想弟子马胜，具多罗天女，手振金刚铃，金刚主灌顶。"于铃灌顶说弟子为不空成就父母，此是一例，余时弟子及灌顶物之生起法亦应知。五种明灌顶时（明灌顶，瓶灌顶，皆弟子五种灌顶之异名），弟子须白师长，正灌顶时须诵"灌顶大金刚"等，诸师皆同。唯此论师说内灌顶，宝铠与毗布底亦随此行。《鬘论》除于第一灌顶说内灌顶，余未明说，然毗布底则说余亦同前，是《鬘论》意趣故余亦准知。收摄灌顶诸尊，及传弟子水灌顶后部主印定并供养彼，《鬘论》唯阿阇黎灌顶时说。然氀衣大师、跋嚩跋陀罗、答日迦跋处处皆说收摄灌顶诸尊。其收摄法，前二论师（氀衣、跋嚩）说入毛孔。由何方便摄者，氀衣大师说由师长心间种子放光召入。庄严顶者（部主印定），氀衣大师说第一想顶上为不动，第二右耳上为宝生，第三脑后为弥陀佛，第四左耳上为不空，第五额上为毗卢佛，皆由水成。若如此说，五灌顶后乃有五佛严顶，冠灌顶时则未有五佛严顶也。供养弟子如氀衣大师与答日迦跋所说，亦供花等。又答日迦跋云"供养授清净。"授清净者，如氀衣大师说五种灌顶，以自性净法性、染污末那、第六意识、前五根识，及阿赖耶，转依所成之法界体性智、平等性智、妙观察智、成所作智、大圆镜智而为自性。《鬘论》亦云："由五灌顶而能增长诸智种子，故应胜解为彼体性。"《律生经》云"五灌顶佛体。"慧铠亦说五蕴与五烦恼清净为五灌顶。胜贤师于五明灌顶后云："若如是灌顶，得悉地无疑，即常证彼尊，能作彼事业。"当令弟子了知彼义。《金刚幕》第四亦于五灌顶后云："彼所现一切，及主黑茹迦，诸法性清净，应观为佛智。"余曼陀罗仪轨亦多宣说。天种慧师释彼义云："从鬘灌顶至名灌顶，凡有所现即应观彼为佛五智与净法界。观鬘灌顶即为第六。为何灌顶？曰为法性清净无垢。谓自性清净诸佛法及大圆镜智等六法之垢，以彼诸灌顶而洗除。由与彼等自性无异，故应胜解为彼等也。曼陀罗主尊是彼一切之自性，黑茹迦者唯是一例。"此即释观五灌顶为五智之义。

其洒水等，头上戴冠，铃杵授手，与立名等，是五灌顶之因非是自体。其自体者，如水灌顶，所灌顶处生为不动，灌顶之物即以不动所化之水，灌顶之法由洒于顶上等作用，所修曼陀罗内诸尊作意传水灌顶，祈白新请不动为主灌顶诸尊，正由师长作灌顶事，令于弟子身中熏成能净治识蕴与瞋恚，及能现证法界体性智并由不动门修行念诵，于修悉地获得自在，此胜功能，即水灌顶。余四以及花鬘灌顶，亦准彼理应知。故五灌顶中第一水灌顶，与他灌顶之后用水灌顶，义不相同。彼等皆名明灌顶者，如《鬘论》云："花鬘与水等六灌顶，能令对治无明有大功能，故名明灌顶。"毳衣大师则云："由五无明体性，转成明了五智体故，一切皆以佛眼等明妃灌顶故。"此中二释，前者谓修成明了之灌顶，后者谓由明所灌顶，故非灌顶自体为明。毳衣大师总就得此五种，修持真言闻说经教，皆得自在。《鬘论》破云："闻说事行二部经教，修彼真言可得自在，于闻说瑜伽与瑜伽母教修彼真言犹未自在。"此如前引，意指未能自在闻修圆满次第及说二教，非破彼于闻修生起次第而得自在。如是事行部中唯增说法随许，不须别传阿阇黎灌顶也。

亥二　各别建立分二：乾一　水灌顶仪轨，乾二　余灌顶仪轨。初中又二：坤一　祈请清净，坤二　传水灌顶。　今初

开示曼陀罗后，为受水灌顶故随所有物供养师长，双膝著地合掌请云："如菩提金刚，大供养佛等，今为度我故，空金刚授我。"菩提金刚谓金刚持，如彼于不动等传大灌顶以为供养。如是为于生死大海救度我故，我今归依虚空金刚即是等同金刚持之师长，唯愿传我灌顶。此是《明炬论》十六品所说。毳衣大师等多说尔时应顶礼。

师长次于根本曼陀罗外之东，浴水不致沾及根本曼陀罗处，绘方浴坛，一墙围绕，其门西向对入坛门，内作杂色莲华，若彩土绘或研米汁等绘。或作无牌楼之方坛，西向对入坛门。或造量等内曼陀罗半量之坛，四方四门两重，不作牌楼，东方等处绘轮、宝、华、剑，四隅绘四佛母标帜，中绘八叶杂色莲花。前之两种同是一门，初有牌楼，后者无之，言两重者，谓诸尊处与莲花处。上安绘有八叶莲花木质之座，或绘有月轮之布等狮座，胜解安于彼曼陀罗莲花之上，安彼上时勿触莲花。若无浴坛，唯作彼想，于木座等上修弟子为金刚持，向曼陀罗而住。黑行师与萨惹哈说修为主尊。

《鬘论》于此灌顶浴坛，指如曼陀罗开光时所说。如是胜乐灌顶品中亦指

如前所说,然彼不应道理。以彼论前未曾说浴坛故。盖是未能决定了解而录《鬘论》,故知非是无畏所作,是一善巧《鬘论》者之所造。(此辨灌顶品非无畏作)

次诵甘露瓶咒"嗡阿毗迦南达枳吽",及诵吽字七遍加持芥子,两拳握持,左绕二匝。口诵"嗡萨嚩跋榜答哈那班唛耶,班唛萨埵茜,萨嚩跋榜答哈娑哈",投芥子入火中,右绕二匝。次以两拳持水,亦如是修。次以四白瓦碗,四连茅草之牛粪团,四握食,四黄布,亦如前修作左右绕。然瓦碗等非投火中。

次应洗净,念诵主尊真言,心间涂香,头系花鬘,前供阏伽,灯明,旋绕,熏以诵甘露瓶及七遍吽字之酥合芸香。《金刚幕》经所说驱除真言,依文应是净罪之义。氍衣大师说除不净。毗布底说除遣鬼魅。

坤二 传水灌顶。

师长次于自心种子放光,迎请无边处所诸佛明妃于前虚空中住,奉供养后,请为弟子灌顶白云:"金刚持于佛,为救众生故,传德生灌顶,亦如是传此。"此义准前请白应知。《鬘论》仅说不动本性菩提心之甘露为体,未明显说灌顶物之生法。二随行者则说水生为不动佛,召入智尊。宝铠更说彼化为水。故诸瓶水先为洒净,变成吽字,次后由彼变成金刚吽字庄严,再从彼生不动。次以自心种子放光召入智慧萨埵,奉供养后仍变为水。次《鬘论》说如来溶化为先,次将弟子召入口中而为灌顶。宝铠所说次弟虽异,然于实行为易,当如彼说而作。先召弟子入自口中,从金刚路出住明妃莲花之中。次想弟子刹那空后,先生为吽,次为金刚,吽字庄严,生为不动尊及明妃。由与智慧萨埵无别故,召入智尊。次诸如来明妃等至,大贪溶化,从毗卢门灌入顶中,随金刚路出菩提心而为莲花之上生为天身弟子灌顶,次想面臂圆满天身由莲花出安置座上。此处《幕经》所说之义,难胜月谓"八瓶一切水,为明妃士夫,善修意金刚,金刚持灌顶。"此说兼水灌顶与内灌顶。天种性慧则未说内灌顶。水灌顶前观想次第,谓想诸如来佛眼等明妃,充满虚空。彼等于弟子上执持伞盖幢幡衣服,歌舞作乐,雨众妙花,手略倾斜执持充满菩提心甘露之白瓶,为从佛母莲花初出弟子灌顶。时色金刚母等唱吉祥云:"诸吉祥住众生心,一切体性胜部主,生诸有情大安乐,今灌汝顶最吉祥。圆满众德若金山,三世依怙净三垢,佛眼广长如莲花,汝今寂灭最吉祥。彼说妙法不动摇,遍扬三世人天供,胜法恒令众生寂,汝今寂灭最吉祥。多闻正法多吉祥,人天修罗供养处,僧伽众尊惭德本,汝今寂灭最吉祥。"《金刚藏庄严》第四云:"充满如麻壳,诸佛执持瓶。"故执瓶者非定由佛眼等明妃。作如是胜解后,自亦应先唱吉祥赞。尔时师长应手举瓶,于弟子赞吉祥。《明显双运论》云："执瓶应先诵，诸吉祥偈颂。"

次水灌顶略有三法，谓从尊胜等瓶各取少水，注于颅杯或螺杯内，作水灌顶。或先以尊胜瓶，次以四如来瓶，次以四天女瓶，随所有曼陀罗诸瓶而为灌顶。若唯一灌顶瓶，则于尊胜瓶中不动体性之菩提心甘露，以右手执杵取瓶上华枝略取瓶水，随金刚端流注灌顶。诵云："灌顶大金刚，三界皆敬礼，金刚三密生，诸佛前授与。嗡啊班唞邬答迦，阿毗恳唞吽，苏惹达当阿吭。"若乐略者如是即可。广则更诵："嗡摩诃苏喀，斑唞萨埵阿毗克格那当，阿毗恳唞弥，萨嚩达塔伽达，阿底跋底得那枳朵跋嚩。"龙智及《明显双运论》亦宜说此二咒。应释授与，于何人前，谓诸佛前。授与何事谓与灌顶，大谓此之殊胜，成三界王，故为三界之所敬礼。我今将此授汝，汝应于此善修，此是安慰弟子。金刚者谓不可弃舍。金刚三密不可分离即金刚持，从彼生者即是从此种性所生。此《明炬论》十六品说。如是灌顶之时，应想出生圆满安乐。曼陀罗仪轨等虽未明说置瓶于顶，然诸师长皆如是行。《欢喜金刚羯摩次弟仪轨》及瑜伽部说令饮水。如第十二《穗》云："灌顶，谓以智水洗除一切习气障垢。故以瓶水灌顶，能于顶上印定分别种性。"于现观中（修法也）水灌顶时作如是说，此中亦同。

乾二　余灌顶仪轨。

次明余四灌顶。冠灌顶者，祈请师长之后，想弟子由盎字及宝，什字及莲，康字及钏，嗡字及轮，依三段法生为宝生乃至毗卢。皆如前修。灌顶之物亦尔。冠灌顶物，谓用金及布等所作之五佛冠，弟子之部主居中。在首中央（额）两侧，顶心，脑后，如其次第，念诵"嗡斑唞达底穴曰阿毗恳唞吽。""嗡萨嚩达塔伽达萨埵班即阿毗恳唞种。""嗡惹那班即阿毗恳唞阿。""嗡达摩班即阿毗恳唞什。""嗡迦摩班即阿毗恳唞掌。"诵此五真言而戴于头上。龙智与《鬘论》同。并结手印置彼诸处诵诺真言。次诵"灌顶大金刚"等，及诵"嗡阿班唞穆姑札阿毗恳唞吽苏惹达当阿吭，""班唞都喀耶贺，"令生欢喜。龙智亦说于此处修五佛严首。次诵"嗡吽嚷什阿"真言，系飘带于额上。《明显双运》说于顶冠悬挂飘带，而诵"班唞都喀耶贺，"以平合掌令生欢喜。此是龙智意趣。

次金刚灌顶者，先诵"灌顶大金刚"颂。并诵"诸佛杵灌顶，今为汝灌顶，此即一切佛，为修取金刚。"以金刚杵触弟子心间喉处头上，授右手中。《幕经》于此处云"弟子世自在，九股大金刚。"释论解此颂义，谓修为莲花舞自在。杵虽五股，以上下八股及中股，故说九股。后二句文《金刚幕》作"善修诸佛故，应受此金刚。"《真实光明论》释此颂义，谓一切诸佛今为汝传金刚灌顶，故汝应取受此金刚。以菩提心为杵，智慧为铃，金刚灌顶即是金

刚智灌顶故。以此金刚灌顶，即与空性不离之菩提心自性，故是一切佛之灌顶。应受之理，谓此金刚是一切佛之体，为得彼而修彼，故汝应受。

铃灌顶者，将铃授弟子左手中，令手持铃杵作抱持印状，先诵"灌顶大金刚"等，次诵《幕经》第四所说："嗡班唛阿底跋底当，阿毗恳唛弥，底叉班唛三昧耶当。"次令诵云"嗡班唛根枳疴疴，世尊摄授我，愿正亲近我。"此出《幕经》第十四品。诵后真言及二句颂是龙智意趣。《摄真实经》《胜吉祥经》，许以"诸佛"等颂而作金刚灌顶，"班唛阿底跋底"等咒，作主灌顶。燃灯贤与难胜月等亦如是说。答日迦跋改诵金刚杵颂为铃，授铃灌顶。其咒即主灌顶之坚固法。黑行师等文句稍略，以咒与颂传金刚灌顶后，另以余颂传铃灌顶。彼真言叉，可通作金刚灌顶与铃灌顶解，是故堪为量者有作金刚灌顶，有作铃灌顶者。毳衣大师说以"嗡善具铃金刚，极勇士灌顶，汝住金刚誓，受胜主灌顶"，传铃灌顶。其第三句，即"底叉班唛三昧耶"之义。主灌顶即"阿底跋底阿毗恳唛"之义。毳衣大师之意，总谓"为汝住金刚三昧耶传金刚主灌顶，汝应受取。"庆喜藏释此咒与彼不同。于此金刚及铃灌顶，诸大论师亦多同时传金刚三昧耶、金刚禁行、铃三昧耶之文。跋嚩跋陀罗于铃灌顶后，名灌顶前，并传印三昧耶。亦复以彼传阿阇黎灌顶。然毳衣大师与答日迦跋并此论师，铃杵与印三昧耶等，要于弟子灌顶以后阿阇黎灌顶时方乃传授。余师意趣亦以作如是解为善。铃灌顶亦名主灌顶，义如下释。

名灌顶者，手执铃杵置弟子顶，先诵"灌顶大金刚"等，及《幕经》第四品所说"嗡班唛萨埵当，阿毗恳唛弥，班唛那摩阿毗克迦达。"次随投花所中本尊种性之名，唤瞋恚金刚或痴金刚等，传毗卢遮那本性之灌顶。依于六部立男女名，广如《鬘论》应知。如《摄真实经》云："杰金刚，随是何名即唤为彼。"杰是呼召其名。燃灯贤等又说于彼用吉祥名，如云"吉祥不动金刚"。此是称德立名。非于名灌顶时，问先所得灌顶密名而云杰吉祥也。如答日迦跋云："具吉祥金刚，师长三度呼。"此说以所立名呼召三遍。

此论师于余四灌顶未明显说传水灌顶，可据之曼陀罗仪轨亦多未说。然毳衣大师于余四灌顶后各传一水灌顶，应如是行，此等皆有瓶事随行而名瓶灌顶故，《鬘论》亦说一切皆有如来与明妃持瓶灌顶故，从水至阿阇黎六种同名瓶灌顶故。观想如来父母持瓶灌顶，及色金刚母等唱吉祥等，余四灌顶亦须尔故。以是彼时召请灌顶诸尊等之观想，应如水灌顶修。余四灌顶未说与妃俱生，准前应有。"灌顶大金刚"等，通五灌顶，毳衣大师亦然，余诸水灌顶时，应以阿阇黎灌顶时所说真言而灌。如是传与五灌顶时，须为说明各灌顶体，令其决定明解彼义而传灌顶。

水灌顶唱柁南曰："供养敬祈请，安浴台清净，奉请灌顶天，并生为天形，请白内灌顶,赞吉水灌顶,入身献供养,解释灌顶义。"

余灌顶唱柁南曰:"白请灌顶天,二俱生为天,请白灌顶天,内外二灌顶,水后诸尊入,供释灌顶义。"

戌二 金刚阿阇黎不共灌顶分二:亥一 阿阇黎灌顶建立,亥二 阿阇黎灌顶仪轨。 今初

金刚阿阇黎灌顶与不退灌顶,正诠第六灌顶,假名亦通水灌顶等。瓶灌顶名,通六灌顶,故与前二义有宽狭。金刚阿阇黎灌顶之正行,如持祥云:"又不退转灌顶,于金刚与铃三昧耶,增身加持。"又云:"由此加持令成欲天体性大印,即是印三昧耶。"谓授印三昧耶时即授阿阇黎灌顶之正行。罗睺罗、吉祥友、常住金刚亦说授印三昧耶,作欲天父母抱持状时为阿阇黎灌顶。为证如是印三昧耶,故引"智慧满十六"等。毳衣大师亦云:"此中自欲天身金刚持性,以结合次第加持令作抱持状,即大印三昧耶。"此说以印三昧耶颂令如是行。虽未明了分别何者为阿阇黎灌顶,然其意趣同前。《鬘论》意趣亦同《明显双运》及常住金刚说。若尔,《鬘论》为证余经所说三三昧耶是阿阇黎灌顶支分,云何亦引"智慧满十六"等。虽受印三昧耶时即得阿阇黎灌顶,然说彼三昧耶是彼灌顶支分,亦不相违。以修身为欲天父母,是阿阇黎灌顶之因支故。由证印三昧耶须修欲天父母,故引"智慧满十六"等。意谓应修智印作如斯状。"金刚铃结合"者,谓持铃杵修抱持状。寂静论师亦云:"金刚铃结合者,谓由双手。""为上师灌顶"者,谓由抱持生妙乐三摩地。此中若是父母等至所生乐者,则与依止智印传授第三灌顶全无差别。若是唯修与妃抱持所生乐者,则于五明灌顶修父母抱持相所生妙乐复有何别。初非所许。虽是第二,亦有差别。前者(弟子灌顶)仅是五佛父母一分种性。此中遍五部主第六金刚持与金刚慢母抱持,身境差别如是。又前者虽修父母抱持相,然非专于抱持摄心,不生彼乐俱三摩地,此中则生故。引生之法,亦由金刚意三昧耶及铃语三昧耶,身为欲天父母之身印三昧耶,由依表示如来身语意业三殊胜三昧耶所生乐俱之三摩地,为阿阇黎灌顶。日生以授三三昧耶,示曼陀罗及天真实,并传阿阇黎事业次第等,名为阿阇黎共灌顶。"智慧满十六"等,目为阿阇黎别灌顶。唯授三三昧耶,瑜伽部中亦有,故立前者为共。其后灌顶非彼所有,故名不共。然无上部中授印三昧耶,即可有"智慧满十六"等义,前诸论师意趣在此。

《时轮本释》所许,水灌顶等七,不名瓶灌顶。七种俱有水随行故,名水灌顶。随许灌顶之后,《大疏》(《时轮大疏》)中云:"次将铃杵授于弟子手中,而授某甲金刚之阿阇黎。"谓于瓶灌顶前,由三三昧耶门中传一阿阇黎灌顶。如《略续》(《时轮略经》)云"善授随许摄。"此言摄者,谓即摄入随许之中,

非彼七灌顶所不摄之阿阇黎灌顶。又瑜伽部以下之阿阇黎灌顶，非能说无上续之阿阇黎。故于瓶等上四灌顶，为听闻了知无上续道故，传授上四灌顶，为能讲说无上续故，传上上四灌顶，分为二种传法。如《大疏》云："此上灌顶有二，一为令有情入坛为了知道及听闻教得自在故。二为授大阿阇黎位及为讲说故。"如是第一瓶灌顶者，如《略续》云："初触祥慧乳，即是瓶灌顶。"《欢喜金刚经》于"智慧满十六"等，释为瓶灌顶及以阿阇黎灌顶。是依真实明妃而说。第二瓶灌顶者，谓由抱持触九明妃所生妙乐。唯多寡异，余与前同。随顺余经诸大论师，说圆满传授瓶灌顶即成演说无上续之阿阇黎者，意指续之一分，以未获得上三灌顶，其于闻说圆满次第未得自在，彼诸论师亦共许故。圆满听闻及讲说无上续之阿阇黎，须俱得四种灌顶故。然于得可圆满闻教之第四灌顶中，余经与时轮教有所不同。为讲说故须否更传第四灌顶亦有异同，至后当说。传授水至随许七灌顶法，与余经不同者，谓由此七灌顶，成修生起次第法器，复以生起次第各尊，修治各事。在灌顶时亦顺彼修。义谓由五佛母修治五界，故将瓶水与弟子五界生为五佛母传水灌顶，洗诸器垢，乃有修五佛母悉地之分。由五如来修治五蕴，故将冠与弟子五蕴生为五佛传冠灌顶，洗五蕴垢，有修五佛悉地之分。此上所净二事皆是身法，故随主尊能净身面所向，即将弟子安置北方，生身金刚而为灌顶。由十能力母与主尊父母，修治十风以及左右二脉，由彼二门，传冠带与铃杵灌顶，此是语法，故随能净语面所向，即将弟子安置南方，生语金刚。由菩萨菩萨母，修治六根六境，及明王明王妃修治五业根及作用，由此二门传授禁戒与名灌顶。此由二种根转二境之垢是为心法，故随能净意面所向，即将弟子安置东方，生意金刚。由金刚萨埵父母修治智蕴与识界，故由彼门授随许转法轮灌顶。由二所净是为智垢，故随能净智面所向，即将弟子安置西方，生智金刚而为灌顶。其能灌顶之曼陀罗诸尊，亦皆各住所修曼陀罗中，故是能净所净各细分别灌顶之法。

随余经者，所净之事摄为六聚，谓五取蕴若别若总，或五蕴与真如，以六部佛修治彼等，故由彼门传授灌顶。于修六部一切生起次第皆得自在。依此密意，故于水等灌顶安立不动等名。冠带即是冠灌顶之眷属，随许即是余灌顶之后依。除所净事能净灌顶微有广略，其余净除能障修习一切生起次第法器之垢，则义无不同也。

亥二　阿阇黎灌顶仪轨分二：乾一　阿阇黎灌顶正仪轨，乾二　彼后依仪轨。初又分二：坤一　授三三昧耶，坤二　受三三昧耶开示真实。　今初

其次弟子供养合掌，请白师言："我从师长恩，何能利自他，金刚师灌顶，悲藏愿授我。"称师长曰悲藏，我从师长恩由得何种灌顶能利自他，即阿阇黎

灌顶，愿授与我。答日迦跋说当三请。氀衣师说若欲传阿阇黎灌顶，应于预备时受阿阇黎戒，或此时受五部律仪。意谓欲传五明灌顶必须先具阿阇黎戒。又说若欲唯受五明灌顶，不受阿阇黎戒，可于五灌顶后传授随许、禁戒、授记、安慰四法。如是弟子若欲更请阿阇黎灌顶者，则可唯于此处受律仪后而为请白。如答日迦跋云："得弟子灌顶，为闻经教授，知道若能说，作金刚师故，以此语请白。"此是弟子灌顶与阿阇黎灌顶不一时传之规，谓得弟子灌顶，若能为他作金刚阿阇黎者，乃可请白也。

次想弟子由吽字与金刚，以三段法生为第六金刚萨埵。想金刚杵是从吽字所生金刚，诵云："无始终萨埵，金刚心大喜，普贤一切性，金刚慢主体，世尊第一士。"令以真实性持金刚，授金刚三昧耶。《鬘论》虽未说金刚杵生法，以说铃之生法，故亦应修。氀衣大师与答日迦跋等亦说从吽生为金刚，并诵"嗡摩诃班匝吽"令其受持。所说真实性持，《胜吉祥经大疏》释云："不离空性之菩提心如来心性，是为秘密金刚，持金刚时，即表彼义而持。"主谓一切众生之主。余无始终等文，如前请白天时所释。由缘法界为生本尊大印之因，故立果位金刚持名，谓为世尊最胜第一士夫。此是庆喜藏师所释。

次想铃从疴字所生，诵云："说此一切佛，铃随音而转，佛许胜菩提，汝应恒受持。"令以真实性而受持。真实性受持者，谓摇铃时念诵"一切虚空相"等。《胜吉祥经大疏》谓想铃声宣说诸法皆无自性而摇。前颂出《幕经》与《胜吉祥经》，后颂出《幕经》第四品。如诸佛大菩提体性之慧缘于空性，任运以种种音为他说法。此铃亦尔，表示随音而行之慧。以是诸佛许彼为胜菩提，汝亦应常受持。此是寂静论师等释。有译"慧随音而转"者，较妥。如《胜吉祥经》说，尔时弟子摇铃诵云"三有自性净，自性违三有，自性净第一，萨埵受胜有。"氀衣与答日迦跋等说教弟子亦诵"嗡班匝根札疴"真言。论师多说前颂授铃，后颂令摇。言三有者生死相续，彼自性清净者，即彼自性遍净。增益为我之性，即是违害三有，无损害中而为损害。寂静、无畏俱作"违三有"解。《胜吉祥经大疏》则作"离三有"解。第一萨埵，即是菩萨，彼受第一或最胜之三有。由何而受，谓由自性清净，于彼无实，断尽执著，通达无住涅槃自性。庆喜藏与寂静论师所说如是。此上是授铃三昧耶。

次告彼云"意身坚固性，名印三昧耶，由坚一切身，是故名为印。"又告知云"加持智印已，受用诸欲尘，修一切悉地。"令以金刚萨埵身与智印结合次第加持，作抱持状。此未明说金刚萨埵与彼佛母身色面臂，余曼陀罗仪轨亦未明说。若有经中说有金刚萨埵或金刚持父母相者，即可如彼而修。若未说者，可修蓝或白色，一面二臂，执持铃杵。佛母亦尔。《明显双运论》说，彼佛母是金刚界自在母。亦说是金刚慢主体。

坤二　受三三昧耶开示真实。

　　次若能办，当如上说造沐浴坛。若不能造，修如是坛，安置弟子，修为金刚萨埵之相。《鬘论》说此是受三三昧耶，其上是授三三昧耶。分别授受三三昧耶为二时者，谓前开示受三三昧耶法，令弟子生定解。此时明想为天父母，以真实性持铃杵手作抱持状。从如是修生三摩地，应告知为瓶灌顶故，许于受三三昧耶时得阿阇黎灌顶。

　　次如水灌顶时所说，从自心间种子放光，迎请灌顶诸尊，乃至以金刚端注水，诵"灌顶大金刚"等颂。及诵"嗡啊萨嗨达塔迦达，阿毗克迦三昧耶室利耶吽娑诃"而为灌顶。说于彼时传内灌顶与水灌顶，故此论师亦许此处传内灌顶。水灌顶时，说持瓶上花枝以杵端注水者，谓右手执杵及瓶口庄严，由花叶端洒水顶上，作水灌顶。

　　次想水于顶上成不动佛而为印定，作成宝冠。智体灌顶诸尊入弟子身。念诵"嗡苏波罗底叉班则娑诃"而为加持。供花香等。《鬘论》引《第二观察经》"智慧满十六，二手正抱持，金刚铃结合，许为师灌顶"之文，证于印三昧耶作天父母状时，得金刚阿阇黎灌顶。若未了知如上所引经文，即证于印三昧耶时得阿阇黎灌顶，则不善知阿阇黎灌顶之正行。以随许说法等，仅传弟子灌顶，亦可作后依故。又以开示二种真实，告知本尊之后亦可传故。

　　次应告云"总此宫殿即毗卢自性"等，此是说曼陀罗真实清净。又云"五蕴应略说，即五佛体性"颂等，说天真实清净。亦应示阿阇黎事业次弟，谓于曼陀罗及眷属，绘修供养以及入内受灌顶等，是阿阇黎事业次第。又应告云"如是了知曼陀罗真实等，于修三昧耶及律仪，成就功能。不可违越之性，是三昧耶，防止应作不作作不应作，故名律仪。"能依所依清净，瑜伽部于信等功德之法宣说清净。无上部中俱说道清净与蕴等清净。为遮妄执能依所依，如未净之情器，体各异者，故说宫殿清净。为遮妄执诸尊体各异故说天清净。如是唯依主尊智慧相分，现起种种能依所依曼陀罗相。离彼更非有体。故彼一切皆以智慧为体。广说清净如《穗论》第十八应当了知。此不退转灌顶仪轨，又名为阿阇黎灌顶。

　　乾二　彼后依仪轨。

　　传咒仪轨，次诵主尊心咒等一百八遍或诵三遍，次云"世尊我传授，愿近此弟子"三遍而授。弟子亦诵"世尊我今受，维愿哀近我"三遍而受。尔时作何观想，此论未明，应如毗布底说，想从自心出自口中，经弟子右耳而入彼心中。《佛顶》等经与铃论师说此名咒灌顶。铃论师许于五明灌顶后传授。《金刚鬘经》亦说名咒灌顶，如云"弟子欲故传咒法，真言灌顶第一智。"彼四句出《苏悉地经》。

眼药仪轨。次于金银器中，安置酥蜜眼药。想弟子眼上有辈字，诵云"嗡班唑内达罗阿跋哈惹跋札朗什。"次以金针涂药，诵云"如医王神针，除世间障翳，诸佛今为子，除无明眩翳。"此文出《大日经》。除者，谓修有除去之功能。余师多说针从辈字所生，加持令成般若波罗蜜罗多自性，想眼辈字总摄一切无知眩翳，用针除去或涂眼药而得消灭。诵咒以后涂眼药时，当念咒为除金刚眼障覆之义。"什"是般若波罗蜜多莲华部之种子。

示镜灌顶仪轨。次取明镜，阿字加持示弟子云"诸法如影像，明净无浊秽，无取亦无说，正从因业生，金刚心如镜，彼明净无秽，是诸佛体性，入于子心中。无自性无住，知诸法如是，无等利有情，生为诸佛子。"除第二颂余是《大日经》说。第一颂明自性清净，第二颂明离垢清净。彼谓诸法。明谓无烦恼障。净谓离所知障。无浊秽者，谓离彼二习气。入者谓得加持，及缘彼为所证，并成就彼功能。由眼药针除无明翳，慧眼能见诸法犹如影像。故于彼后说镜灌顶。如《鬘论》云："示镜仪轨说二次者，是未见龙智曼陀罗仪轨。有许为释灌顶法者，示二次之仪轨。"藏师谓此是破庆喜藏师示镜二次。然后句许有示二次仪轨，故非破彼。故破二次示镜唯令了知法相如影像者。此唯示一次如龙智所说。然龙智曼陀罗仪轨无第二颂。庆喜藏与答日迦跋、寂静师等许示二次，谓于前示镜后，作铃以及弓箭仪轨，次诵第二颂示第二次镜。颂文非一，诠义亦异，前者唯令了知诸法犹如影像，后者令知入自心中金刚萨埵之体性故，答日迦跋亦云"金刚萨埵尊，自由彼文知。"非破以此理趣示镜二次，故说许为灌顶法者示镜二次。此师所许，将彼颂文杂于前颂之间，二事同作。然亦不须定尔。

射箭仪轨。次从贺字生弓，诵贺字而授与。诵云："萨嚩达塔伽达那阿奴惹伽耶娑。"或云："愿一切如来皆欢喜。"弟子射时师长亦如是说。此论未明显说箭从贺生。然答日迦跋云："贺字净弓箭，授弟子手中。"故知俱从贺字生也。弟子应诵"萨嚩达塔伽达那阿奴耶弥"。以射魔碍意乐，作射四方四箭，上下各一，共射六箭之状。

此瓶灌顶是于绘画或于身曼陀罗中得，如《结合》第七云："绘画与身业，坛中而得此。"能于初加行等三三摩地及护摩等支分，而得自在。即前经云"三加行及支，正为彼宣说，色等诸境界，达现有远离。"此能清净先造及防未来身垢。即前经云"杀生等前后，清净不生罪。"《明显双运》说修治身金刚。《结合》第七亦云："彼之自体性，谓身金刚性。"日生亦如是说。日生谓瓶灌顶为化身体，安立化身殊胜种子。为立彼功能故，应胜解为化身。瓶灌顶之三昧耶者，藏地智者谓护十四根本及八粗罪。释名如《结合》第七云："成器瓶灌顶，注洒净自在。此是续次第，以教所训释。"此谓成就法器，及如灌注、洒净、洗净之状，故名灌顶。是于"阿毗克迦"之声而加以训释也。

阿阇黎灌顶及彼后依之嗢柁南曰：

请白生为天　　授与三昧耶　　安浴台受誓　　水灌顶摄入
灌顶天供养　　说真实业次　　咒眼药镜箭　　释瓶总清净
六如来性六灌顶　善净弟子心相续　以属六佛生次第
修胜化身之所依　无垢以瓶灌顶体　及彼微细诸支分
如诸咒师之所许　以易解音无杂显

明上三灌顶后依及结行仪轨品第十之一

酉二　密灌顶。

先供物请白者，以幔帐等隔成屏处，弟子胜解师为金刚萨埵，以具足三昧耶之智慧母，生处无坏，年满十二等之童女，奉献师长。如《大印空点》第二云："贤首纤长目，容貌妙庄严，十二或十六，难得可二十，廿上为余印，令悉地远离，姊妹或自女，或妻奉师长。"论说"彼若无者余者亦可"，是说年华容貌等德，非说具三昧耶或可例外，以说"喜依不具足三昧耶明妃"犯粗罪故。次当合掌请云："由师足下恩，我得无上事，是故密灌顶，愿依怙摄受。"修密灌顶物者，次由师长具主尊慢，将俗女身观空之后，生天女身，先应加持金刚莲花，而入等至。念诵"嗡萨嚩达塔伽达阿奴惹迦那，班噁婆跋嚩阿摩郭吭"。此出《幕经》与《集密经》。想以心间种子放光召请毗卢佛与佛眼等入定，从毗卢门入自身中，大贪溶化，经阿嚩都底至金刚摩尼，坚固俱生。如《集密后续》云："金刚莲花合，集诸有金刚，身语意加行，彼悉摄心中，由金刚路出，降于弟子口。"传密灌顶法者，次从莲花取其金刚，以大指无名指取摩尼宝胜解如来化汁与自菩提心无二，恐彼持语金刚弥陀慢之弟子，见而不信，故遮其面，非彼手眼所及，诵《金刚鬘经》所说之"过去金刚持，为佛子灌顶，以妙菩提心，今为子灌顶。"又诵"嗡啊班噁枳吽"等主尊咒，置彼口中。弟子亦应想是毗卢佛等一切如来总集体性，念诵"阿贺摩诃苏喀"而咽。咒义为希有大安乐。次明妃从定起，不著衣服，于莲花中取甘露滴，如是置彼口中。彼亦如上而饮。言如是者谓非眼手之境，亦以大指无名指取，如前诵咒及颂。言如上者谓以总集一切佛心而饮，亦如前诵"阿贺摩诃苏喀"。月称论师、答日迦跋、持祥等说，虽一弟子亦须父母俱传秘密灌顶，缺一不成。从父边得密灌顶理，如《明炬论》第八品云："师长将菩提心安置螺杯等中，和以香水，唱吉祥颂为先，而为弟子灌顶，"如世尊于《月密点》云："由出宝然菩提心，一切诸佛悉憔悴，清净金刚生智水，以无垢宝为灌顶。"如是《五次第论》及《摄行论》亦说将菩提心安置瓶内或螺杯中而为灌顶。《明显双运论》说，师长以大指无名指，授弟子口之后，仍将菩提心放螺杯等中，和以香水，唱吉祥颂为先而为灌顶。引《月密空点经》为证，拏热巴于《集密后续释》说。前者是第一密灌顶，后是略密灌顶。难胜月与《明显双运》说修弟子为毗卢而传密灌顶。秘密灌顶之体，如《大印空点》第二云："由大无名合，受用入内身，尔时生正智，犹如童女乐。"谓以师长父母空点安置舌上，由尝彼而生妙乐三摩地。答日迦跋师云："或是以语业，授解脱体性，唱阿贺苏喀，妙乐充满身。"此说唯以言语灌顶，故令观想明显，于修得三摩地，明密灌顶。此灌顶于世俗菩提心曼陀罗中得。是语金刚自性。于修金刚念诵等风瑜伽而得自在。《结合经》第七云："增上菩提心，曼陀罗中得。"又云："彼之自体性，即语金刚性。妄语等前后，清净罪不生。"又云："金刚念诵体，明如幻三昧，眼等诸内法，达现有远离。"拏热巴于《后续释》中说得密灌顶后，开示幻身教授。《明显双运》虽说"为表自加持故表示慧者，谓即智慧灌顶，是为第三。"然五次第说于密灌顶后，赞叹幻身教授开示幻身。《口授》（智足造）亦云："由彼净刹土，当通达诸法，幻等十二义。"故若得密灌顶即成幻身法器。罗睺罗、吉祥友许此灌顶俱净语意，日生说为报身自性，义如前说。此之三昧耶者，《结合经》说，依五甘露，不害众生，不舍女宝，不毁师长。名义，是以父母菩提心密物灌顶，故名密灌顶。

秘密灌顶嗢柁南曰：

供明妃请白　生弥陀弟子　师长及佛母　二密物灌顶　授灌顶清净

密宗道次第广论卷十三终

密宗道次第广论卷十四

明上三灌顶后依及结行仪轨品第十之二

酉三　慧智灌顶分二：戌一　明慧智灌顶，戌二　明第三灌顶之智。今初

秘密灌顶之后，弟子先以"菩提金刚"等文请白师长。师长次以前所供养，具三昧耶与律仪之明妃，或其余有妙色像者，告云："此悦意色像，佛观汝应依，轮次第给合，当受胜妙乐。由金刚跏趺，心入摩尼中。"令其了知而与弟子。前所供养虽是师长明妃，然可还与，如《集密后续》云："净信慧广大，色妙恒乐修，一加行修习，具三昧耶者，弟子将供事，供养于师长，师长加持彼，应授与行者。"毳衣、持祥、日生等说明妃须住三昧耶及律仪，善巧四种瑜伽三三摩地。故若不具律仪即不堪为明妃。轮谓毗卢等与明妃之轮。次第结合谓钩召摄入及从金刚路出等。此六句义出《口授论》。"由金刚"等二句，显示由受安乐而明第三灌顶。明妃以红花等妙香涂饰，裸体水生示弟子曰："希有妙莲花，具一切安乐，若如法依止，我常住彼前，亲近诸佛等，如作莲花事，自在大乐王，恒于此中住。奔唨木叉贺。"此颂及咒出《口授论》。彼中问答此处未用。仪轨中谓自与明妃生为本尊，加持金刚及莲花等。毳衣师云："承事佛等事，谓在莲花行。"文显易解。木叉义谓解脱，即离一切戏论本尊色身。《鬘论》言由师长说者，谓彼明妃所说诸义，师长为之解说。或由师长说此咒语。奔唨谓应依止，即应依止解脱。

次修弟子生为天身，慧母生为天女，《鬘论》未明生为何尊父母。难胜月说生为弥陀，意为是贪金刚。《明显双运》说为宝生，意为《集密》中说由宝生门持随贪慢。宝铠师说生为胜乐父母。若如此者，则可随时生为该尊父母。除密灌顶，此及以下，《鬘论》与随行者，皆未说须系缚遮面。次修吽字所生

金刚，嗡字所生摩尼。金刚口边有黄泮字。啊字所生莲花，莲花须有啊字庄严。释云应正策发。策发何事，谓于左之左脉。左谓此中明妃，彼身左分之脉，名金刚界自在母脉。如《大印空点》第二云："莲花藏中央，金界自在母，乃至未获此，余事无菩提，彼性欢喜色，细中细最胜。"《口授论》云："当求三那利，金界自在脉，离取婆伽中，由师教授力，须以指了知。"寻求之法，谓食指端及于舌端，想有红色什字。先诵"希达"而正策发。至有所说相时，念诵"嗡希希希哈哈哈娑诃"及"嗡萨嚩达塔伽达阿奴惹伽拏班嘧娑跋嚩阿摩郭吭"真言。由师长教授力了知四喜差别。由自心间种子光明请如来等加持自身，入于身中。师长亦令毗卢及佛眼等无量诸尊入内等同一味，发起欢喜。

戌二　明第三灌顶之智分二：亥一　正义，亥二　断诤。　今初

若谓此处须以师长教授了知四喜差别，四喜云何？如《穗论》第五云："此从波拉根本，从密莲花，金刚摩尼，生前欢喜等三。于摩尼中生俱生喜。此是一种建立。"又引《时轮宗》云："液始从髻处，至毫莲为喜，胜喜与妙喜，从喉心处生。脐处起离喜，乃至密莲花。至密金刚宝，俱生喜不出。"前者从金刚根本起，未至摩尼中央，随处所别，生三种喜。由断上上品及上品中品三粗分别，安立欢喜胜喜妙喜。虽有微细下品，由无粗者立俱生喜。（分五品分别）教诲了达诸教授者，亦是前论所说。四欢喜中安立何者为第三灌顶耶？如《鬘论》云："由慧合吉祥，正表示真实，从金刚跏趺，心入摩尼中。"又云："真实，谓一切法不可思议。顺彼影像俱生欢喜自性慧智，说为真实。"谓四喜中立俱生智为此慧智。生起之时，谓菩提心至金刚摩尼未出之际。有许俱生喜为第三，妙喜为第四者，此为《教授穗论》所破。此所破是寂静论师所许。毗布底师亦说菩提心至金刚根本为喜，至中央为胜喜，入摩尼时发俱生喜，于离喜前及胜喜后，中间而生。金刚跏趺，谓住摩尼，二鼻孔内停息之时。毳衣大师说生时与体性同前，四欢喜中，说于胜喜离喜中间而生。萨惹哈师亦说俱生智为第三灌顶。若传女子灌顶，于金刚处当知为莲。此如妙吉祥《口授论》第三灌顶时云："由虚空界金刚合，具正眼者生大乐，若于正喜离欲喜，见二中间远离坚，莲空金刚摩尼宝，莲藏二合金刚跌，若时见心入摩尼，知彼安乐即为智，此是圆满次第道，最胜师长共宣说。贪离贪中皆无得，刹那妙智于彼显，八时一日或一月，年劫千劫受此智。"正灌顶时受须臾顷，正修习时长时领受经八时等。

第三灌顶之俱生智若安立为证真实者，则与第四灌顶乐空无别之俱生智，全无差别。若未证者，则与多论所说，为于弟子欲以殊胜方便表示真实义故传此灌顶，及说由修第三灌顶所表诠义能证真实，皆成相违。兹当解释，例

如二次第道，随彼补特伽罗根性次第，说有胜劣多种。如是灌顶详细分别，随根性门亦有多种得法。然总经论要旨，第三灌顶之俱生智要能通达真实。如《口授论》开示从色乃至一切种智法性真实。法虽本来如是，然为有情障过之所覆蔽，流转生死，故须通达真实。通达彼之方便，以多道理说是明妃。于传密灌顶后，次云："次为知自觉，喜法身遍空，名曰增上天，故授彼童女。"以此等传第三灌顶。其次乃说生俱生智，如前所引。故为表诠真实义故传授第三灌顶最为明显。此非但由菩提心至摩尼，以泮字等阻令不出，住须臾顷，息灭众生粗动分别，发生安乐无分别心。以唯彼心，虽无通达实性见者亦可生起，以彼未达真实义故。《口授论》云："法身喜遍空，死闷绝睡眠，呵欠及喷嚏，刹那能觉知。"此说死等五位亦能觉受法身。此于息灭粗动分别，假名通达真实，不则应诸有情不待功用得解脱故。故俱生智是于通达真实得正见之弟子，先由师长晓示第三灌顶之智于何时生。次于传灌顶时，由依明妃，于摩尼中持菩提心，息灭粗动二取分别，忆其正见。说此念住正见之智名曰俱生。非唯身心略起乐受，亦非唯由彼力令心无分别住。然于未善了解真实见者，则须于生乐无分别而明第三灌顶。以是住正见上第三灌顶之俱生智，是否现证真实，是最大妄分别生处。以想尔时通达真实须无分别，离分别智，何故不能现证自境。由此故起邪执。若无正见则于无我心未趣向，故计彼智即为现见无我义智，其执反少。如《穗论》第五云"彼是见道耶？曰非尔。"此破印度有诸智者串习密咒，许以第三灌顶之俱生为见道。故此应知表示实义之智，与彼现证无我与总相通达之差别。现证真实之时，是无作之俱生。未现证时，但以胜解作意悟入真实，是有作之俱生，后即第三灌顶所说。如《穗论》第五云："暂受乐时未见真实，但由增上胜解，修习一切胜事相应不离大悲之空体性。证真实时是出世间无诸功用，由无造作故名俱生。未证真实所领受者，有漏非坚未能增广不遍诸支，犹如电闪刹那即灭，是世俗性有诸功用，虽是造作亦名俱生。"第三灌顶之智内有二分，谓证空分与安乐分。前者又名为金刚持安慰，后者又名不动安慰。即前论云："真实安慰说有二种，以大乐智与真空体互相印持，是不动性与金刚持性故，决定出生如来与金刚持。"由得彼道，故能出生如来安慰与金刚持安慰。如云"方便彼生别，第四义二种。一如来悉地，余为金刚持。"第四谓第四俱生喜。总谓自与师长所授具德相之明妃，生为本尊父母。预备金刚莲花为先，了知发生慧智之界，及明尔时安住正见有乐之智，即为第三灌顶。若唯依智印灌顶者，亦须明了观想自与明妃成为欲天父母，持天慢等，胜解父母等至生菩提心至摩尼中，从此生乐。次应令忆正见安住其上，晓示灌顶。由修如是灌顶时所晓示之俱生智，能生果位俱生，故灌顶时必须悟入真实义之俱生。如《穗论》

第五云："此俱生所起真实菩提心，空性大悲无别。离于慧智为别有余法耶？答曰非余，即唯除彼慧智所有逆品说如是相。此是自性最极明显。"此明显说唯由修习第三灌顶身中所生俱生之力，令离垢障，即是果位俱生自性。《珍珠鬘论》亦云："然诸如来所有自证法身俱生量等虚空。此之等流报身俱生，第一殊胜最极清净坚固乐相，彼俱生喜，是此中所修者。彼非余事，即于世间俱生欢喜，如其教授胜解修习，修习圆满即得现证，唯自能知而非先有。"又云："由彼了知俱生欢喜更是余者，以是果性之俱生故。"由彼行相随顺菩提性转，故说生为果性。此等于依明妃生四欢喜时说。由此中晓示弟子与业印明了观为本尊父母入于等至，生起俱生喜时安住正见。则亦当了知行者与业印，或行者与智印，或行者与空色明妃，明了想为本尊父母入等至中起俱生智。以彼同于明想本尊父母入等至时所生空乐，获定解故。如于白牛决定牛相，则于彼类一切皆断疑故。如是依止明妃发俱生者，是由依于和合作用上下弓形业风，吹燃脐部猛利之力，溶化顶上之菩提心，由风下吹，安住摩尼而生。《口授论》于第三灌顶时云："精律动弓形，三叉智火炽，界化十六分，犹如拘摩陀，由风加行催，自性善寂静，唯法身寂灭，乐住摩尼中，刹那无念动，即是大修行。"故说以脉息空点等无量瑜伽，令风吹入中脉。由彼作用猛利炽然，溶化顶上之菩提心，引生三摩地门，然彼皆由晓示灌顶宗要，于俱生现起时，忆念通达真实义之正见，将护修习。不应妄执唯灭粗分二取分别所生之三摩地，即为俱生之义。

亥二　断诤。

《第二观察经》说"是大种安乐，故非真实乐，由俱生所生，说彼为俱生，名自性俱生。"此说依止大种之乐，非是真实俱生。又《智成就》亦云："二根所生乐，恶说为真实，胜佛未曾说，彼是大安乐，凡因缘所生，皆不名真实。"若第三灌顶之俱生通达真实义者，宁不与此相违。答云无过，彼诸经文，是破道时之俱生智，为自性或自体之俱生智。非说第三灌顶等之俱生不达真实，或说彼中无俱生智。此如《智成就经》后云："以彼乐一切，皆非自性有，诸善逝正智，是了知自性，一切乐中尊，故名为大乐。大乐非无常，大乐恒常住。"破彼并真实乐，真实乐是佛地之所有故。故若引彼经文以破通达真实之乐，则应许一切有学道，皆无彼乐。故真实乐及名自体俱生或名自性俱生，义谓不待功用因缘，尽未来际任运相续。《珍珠鬘论》解释"名自性俱生"云："俱生自性，谓此自体生起不待余缘，依止前因一刹那心，生起诸余刹那。有如是自性者是名俱生，与心刹那展转增上乃至虚空未尽而生。"又云："俱生有二，谓暂时与常住。其常住者最为第一，以是最胜，真实，无尽，及无坏故。"此于相续不断及无穷尽说名为常。若谓即初刹那，于二刹那安住名常。是为外道恶见。种者是出生义，由是因缘和合所造故是无常。大是极义。总谓极力所修之无常乐。上是《珍珠鬘论》所释。《教授穗论》解"大种乐非实"之义，亦谓非一切时恒起俱生。

若谓第三灌顶是乐空无别之俱生，则与第四灌顶无差别者，是未了解第四灌顶之谈。至下当释。

《时轮本释》，说于出家唯以语表传授第三灌顶。故可智印以传灌顶。《鬘论》说若胜出家身无余遮缘，可实灌顶。若有遮缘及非胜出家身，应以智印而传灌顶。准此道理，以出家身作密灌顶之阿阇黎，亦当了知。如是第三灌顶之时，随力所能持菩提心，不能持时徐徐放舍，从水生中持味取起，由真实见饮三昧耶自性大菩提心。

于何曼陀罗中得此灌顶，《七加行》云："于清净婆伽曼陀罗得此。"谓于婆伽曼陀罗得。自性如前经云："彼之自性者，意金刚自性。"日生说为法身自性，意为己得证彼之胜功能。所净亦如《七加行》云："贪心等前后，清净不生罪。"三昧耶亦如前经云："遮绘坛场等，授最胜律仪。"答日迦跋说见女人左绕三匝作请白等为三昧耶。于修何道得自在者，如前经云："方便殊胜故，正住如金刚，修胜悉地故，渐依禁仪轨，达诸法远离，能取所取体。"谓于二取空之光明，又名金刚喻三摩地。《集密后续释》中云："弟子依于内外现证菩提次第以贪离贪及中庸贪，渐次现证光明智慧，修成大印。故应先得慧智灌顶。"说此灌顶表示第四光明修习大印。

慧智灌顶嗢柁南曰：

供请授明妃　　生天加持密　　等至发俱生　　饮心释灌顶

酉四　第四灌顶分二：戌一　余经规，戌二　时轮规。初又分二：亥一　明第四灌顶，亥二　第四灌顶之语云何表示。　　今初

《鬘论》未说请白。当如答日迦跋所说，三返白云"由师足莲恩，得主三灌顶，今日第四宝，愿垂恩救护。"《结合经》云："若信解深广，语授宝灌顶。"谓观弟子于深广法有无信解，若信解者可以语言传授第四灌顶。毱衣大师引经文云："由烟知有火，依水鸟知水，菩萨具慧种，由诸相了知，面净若莲花，欢喜诸毛竖，智者见彼相，摄为胜弟子。"以此方便观察，即能了知弟子意乐。次释，应可授与第四灌顶。以何授与唯以语言。此中遮词，意谓非如第三灌顶可领其义。以语传授之规，如云："即彼慧智菩提心芽，由善修习令彼增长。成就无障真实一切诸法不思议性，具足七支大印大金刚持自性，说为第四灌顶。"义谓第三灌顶所说之俱生智，犹如胜义菩提心之苗芽，由修习彼展转增长，成就一切障尽不思议之真实自性。总谓由依明妃，得表实义俱生之智，相续修习乃至障尽，法界明了无别之智，现起具足七支大印天身，

即是第四灌顶。此中所明第四灌顶，宝铠与毗布底亦说。亦是毳衣大师所许，如彼《曼陀罗仪轨》引教云："第四灌顶由师口授知者，如说即彼圆满诸义，由离分别垢浊，不异无上正知，诸能仁众无量光明曼陀罗体，如如意珠，以自性语而为授与。"言即彼者，即《鬘论》说"即彼慧智"之义。离分别垢浊不异无上正知者，谓不异离垢真实之如所有智。诸能仁众无量光明曼陀罗者，即是色身。持祥于《红黑（大威德）曼陀罗仪轨》亦如是说。七支，如语自在称云："满报、结合、大乐、无性、悲满、不断、及无灭，我许所修七支义，遍修正量智者赞。"圆满报者，谓是相好庄严之身。亦摄法身及化身，以三身无异体故。结合者，谓与同等明妃而入等至，若唯报身波罗蜜多中亦宣说，以此结合即胜彼。何为须尔，唯以遍一切身欢喜自性，即能成办一切有情利故。佛为摄受欲界增上贪行有情，故现等至。幻师所化男女稠密不生大乐，从此则起，故云大乐。领受身乐为乐，领受心乐为喜。大谓最广、无漏、殊妙、尽未来际。为显彼佛是无自性非执实有，故云无性。《般若经》云："佛亦如幻如梦。设更有法胜涅槃者，我亦说彼如梦如幻。"《七加行》云："行者于诸法，善遮颠倒故，当说四加行。"又云："一切诸法中，说无性为主，以诸法王子，由修此成办，一切佛圆满。"其无自性是具一切种最胜之空性。空花兔角之空，是无所有不可现证。《宝顶经》说不离布施乃至佛法之空，是具一切种殊胜之空性。故报身等与布施等诸相，是为最胜，以彼等相胜出瓶等诸余相故。具足彼诸相者，是具一切种之空性。如无身相则不能饶益有情，如是若无大悲，亦不能利一切有情，故云悲满。无缘大悲如如意珠，无分别中利益有情。言不断者谓受用身，具足如上所说功德恒相续转。由是不住寂灭与三有之大涅槃故，常恒无断，非有时转有时不转间断之法。言无灭者谓彼报身非暂时住即便断绝，尽未来际随大悲转，及诸有情无间断故。具上七支，语自在称许为咒道所修之果。非但如是，亦是遍修正量正慧清净智者之所称赞。若约非是转止有间释不间断，则与无灭之非暂住即坏，全无差别。应成六支。然不间断亦通化身，无灭则谓尽未来际不入涅槃，故有差别。《七加行》说无比安乐圆满报身，大乐法身，及大悲体性之三身相续，为前不断之义。又云："无比乐报身，遮止舍离故，宣说七加行。"于后者说尽未来际而恒安住，义理全同。《教授穗论》破他，谓前五支，不共波罗蜜多。自许初三不共，后四支共。

亥二　第四灌顶之语云何表示。

七支为无上道所修，虽实是汝所许，亦他智者所赞，然立彼为第四灌顶，以何证知？如《七支论》中云："具如是言故，具亦言义故，作尔言义故，我许四如是。"此义谓诸经云"如是四亦尔。"谓于第四灌顶之时，以彼慧智为喻，表显第四灌顶。解释彼文"如是""尔""亦"三义，成立第四灌顶即为七支。是故我许第四灌顶如前所说。余人所许缺二支等故不应理。言如是者，显示第三第四相同，此如《七加行》云："大金刚持身，观视无厌足，现三面六臂，具胜抱明妃，如慧智灌顶，安住如是相。"谓如第三灌顶之时自为本尊父母住等至相，第四灌顶亦如是住。此明第四灌顶具足报身结合二支。《七支论释》解如是言，虽说是由金刚莲花触所生乐。然药足师所许应是如前所说父母等至之相。以此二师于此等义意趣同故。亦者，显示非唯第三有乐，第四亦有，复胜前者是为大乐，故说第四具大乐支。胜者谓有广大、无漏、微妙、无断、尽未来等殊胜。此非第三灌顶所有，以彼是由业印所生，唯刹那顷是有漏法，以有业印猛利抱持等苦故非微妙，唯住摩尼不遍诸支故非广大，唯住短时故非无断，羯摩印行是无常故亦非尽未来际。要由修行现证之时方能成无漏等。《七加行》于说是否大乐后，又云："然于慧智中，住大乐相似。"又云："虽不住无欺，故亦名大乐。"说住第三灌顶能示大乐体相。虽不久住，然由具足彼支修习于得大乐果无欺诳，故亦立大乐名。大乐支者，诸支中主，余是彼分。是故《七加行》云："应知余加行，皆此加行分。"尔者，谓如第三灌顶，从善巧三三摩地之业印与方便等和合而生，如是第四亦与彼同，从于方便智慧和合而生，非余能生。语自在称未明显说第四灌顶具足余支之理，意谓已说第四灌顶具足报身、结合、尽未来际大乐三支，具余支分亦易了知。《七加行》中于后三支，配于第四第三灌顶，惟未配第四支。亦多有作"第四彼亦尔"者，亦应善知彼等，第三第四灌顶法喻配合具足七支。

　　第三灌顶之时自身现报身相，此后不离佛母，现为父母互抱持相。于彼定中心住了达诸法真实之俱生智。取彼二者为喻，决定第四灌顶之理。谓由修方便支，最后自身成就相好庄严报身及以结合二支体性，非唯胜解修为佛之色身。此心亦非暂住真实，谓是尽未来际所有大乐与无自性二支体性。明此双运即是第四灌顶。

　　以是修成圆满次第法器，须由三种灌顶之理，亦可了知。以圆满次第之宗要，定须自身加持世俗如幻，四空次第胜义光明，以及外身如幻金刚萨埵之世俗身，内心达真实之胜义光明二无分别和合双运三种圆满次第。自现本尊父母，于除庸常慢念之中，由内阿吽等至，引生欢喜及胜喜等，修俱生智，第三灌顶已尽决择。第四若无异前决择之法，则仍不免相符极成。若尔，不许道位有第四灌顶耶？不尔，谓传第四灌顶之时，如前晓示唯以语言令生了解，即为弟子传彼灌顶。弟子亦唯由于语言立为得彼灌顶，是为成法器之第四灌顶。如是第四灌顶，须为晓示第四灌顶之要，故如上引多是晓示果德。然非道位全无，如《集密》中有学双运，及《时轮》中三摩地支，准彼道理余亦应知。第四灌顶顺分,生起次第亦有,以咒所修七支而为第四灌顶,生起次第道中亦须修彼七种支故。云何名有顺分,此如《七加行》云:"无比乐智身,吽等生天相,四成住二身,亦无二加行。加持天女身,明仪轨清净,是大乐体性,大悲增长体,余轨中显示。所说胜空性,是无性加行。于最胜业时,不住上四故,是无断无灭。如是《集密》中,分别瑜伽师,依生起次第,受行第四义。"言四成者谓以四支修行所成。仪轨清净谓随贪行。余执谓最胜曼陀罗。言《集密》者唯是一例。于余修法亦当了知。

若具七支虽是第四,以彼灌顶云何应理。譬如水灌顶等由能净垢立为灌顶。如是所修七支能令毕竟无垢故为灌顶。如《集密后续》云:"灌顶分三种,瓶灌顶第一,密灌顶第二,慧智为第三,如是四亦尔,此续中善说。"彼岂非说三种灌顶,云何引为第四灌顶之据。岂谓闻说"如是四亦尔"耶。虽闻,是说慧智灌顶亦名第四。岂世尊语而有欺诳,如何即以第三说为第四,语虽无欺,以诸憍慢自谓智者,欲离师教解金刚句,为令愚蒙故于第三说第四名。佛岂不具大悲,愚蒙有情自作师悭,云何应理。总诸续中隐语虽多,是为令依师教,非令有情心生愚蒙,故破应理。若谓由修慧智现证之时立为第四,是则证与未证二事各异,非即第三立为第四。若谓佛意四异三者,云分三种与义未合。以灌顶有二时,未现证时有三,证时有一,故无过失。然成就法器之第四,虽非现证,而是以语传授第四,非实第四,故无过失。有谓语自在称论师许以住金刚端俱生喜为第四灌顶。此是未解彼论师教而作是说,《七支论》自释云"彼离七支,我不说为第四。"谓作如是说者不解我意。由诸续说第四灌顶犹如第三,唯说与彼相同,未明显说相同之理。故在印度凡十七家,有说第三住摩尼乐,从彼出菩提心即为第四,有说第三灌顶无间舌尝菩提心为第四,有说第三无间用余明妃为第四等。观察彼等分别臆计,故说我不许为第四,以彼离七支故。其中有说慧智无间,通达一切诸法虚妄之见为第四者,及许专修空性大印为第四灌顶者。以说慧智无间,故于乐上有空印证,意为即是乐空无别。如斯等类现见实多。或以乐空无别,或以二谛无别,或以方便智慧双运目为第四灌顶。彼于无别双运之理未能决断,妄于量所不成增益,许为经义。破彼执已无倒显示第四灌顶之义,造《七支论》本释,《真实宝光明论》本释,以及《七加行》等明了决择。毳衣、持祥、无畏师弟,皆如上说决择第四灌顶。此理与时轮合,下当解释。

戌二　时轮规。

《时轮本释》。如前所说瓶等四种灌顶有二传法,二瓶灌顶前已说讫。为闻经等所传前密灌顶除说由睹业印婆伽获得欢喜,余皆同前。为讲经等所传后密灌顶,谓由师长与自十二至二十岁九明等至,俱种金刚注弟子口,依彼灌顶。如是第三灌顶前者，与一明合受妙欢喜。后者，随与九明等至，即由彼彼所生妙喜。第四灌顶前者，由菩提心住摩尼中不外漏注俱生欢喜，是谓世俗第四灌顶。此于其他咒曼陀罗仪轨，说是第三灌顶。若但得彼未得后者第四灌顶，闻说一切经等犹未自在。由《时轮》中得此灌顶，虽可闻一切经，然以未得上上第四灌顶，仍不能讲一切经故。能俱讲说一切经者，须得第二瓶灌顶、密灌顶、慧智灌顶、第四灌顶。前三余经仪轨未曾宣说。须得后者第四灌顶，则与一切经同。余者易知，胜义第四灌顶或名出世，难了解故今当解说。如《大疏》云："笑视执手交会四种灌顶，非真实义。此中真实义者无互抱持，观从业印之所生者，非无二智。"所说真实义或胜义第四灌顶，为无二智。所无之二，多次说为乐空。经云："从彼无转涅槃乐，俱生不变为第四。"此说不变之乐名为第四。故非任何安乐皆可，要是三摩地支以上安乐。与彼安乐无别之空，亦非任何空色即可，要三摩地以上空色。第四灌顶之乐，总有胜劣二种，胜者如《大疏》云："大印般若波罗蜜多不变大乐最后刹那，现证大菩提相无有间断，此是世尊菩提树下所证，即得第一灌顶。"此说果位第四为第四灌顶之主要最胜。如是果位乐空无二第四灌顶，无二之理又复云何。经云："身净无诸尘，等空相圆满，种种遍三世，离障如梦见，语无断非一，余语他心转，心乐满无动，诸时俱生持。"此明果位身语意时，说身空色离微尘聚，清净无碍，等同虚空，相好庄严。心为不变大乐。身空色自性之智身，与通达诸法真实之乐心，自性无别双运俱转，成为无二。以是道位烟等空色上上转依，成一切种相好庄严之身。经云："地入水中水入火，火入风中风入空，空成十相相转成，一切无尽胜安乐，不可摧坏智慧身，由智成就妙悉地，士夫能于此生得。"此宗乐空之空，多说空色，故多说彼名有所缘，以现显色形色相故。不变乐者谓达真实义慧，故多说彼名无所缘。故不应执于安乐上有见印持，便为乐空无别。此与余经所说空乐略有不同。如《大疏》云："虽有行相而无相，世尊慧母所抱持，具离生灭不变乐，笑等安乐永远离，能生诸佛具三身，正等觉了三世法，遍智最胜第一佛，无二世尊我敬礼。"此说空色明妃抱持行相，固具结合大乐无性等支，不论报身有无其名，其义已具。是故果位第四灌顶具足七支与余家同。劣者道依第四灌顶，从随念（《时轮》中位次专名）后，现无分别空色欲天父母之相，故于三摩地（《时轮》中位次专名）位亦有。说自彼等位后，由空色大印成办不变乐者，非谓任何空色皆可，要是现为空色杂母明妃。尔时虽非真实成为空色天身，然于不待观察心中即如是现。故于如斯空色不变大乐同一智体二无分别名，为第四灌顶。是故不应偏执安乐或空印证等为第四灌顶，以《大疏》解俱生不变即第四云，"离羯摩印与智印因，空一切种最明显相。"多次宣说空色合故。其身能不分别现为空色之天，与心生为不变乐体，从得三摩地支乃有。依此安立道位第四灌顶之理，如是应知。由善分别晓示彼诸关要，乃得第四灌顶，其于唯不变乐或空印持，晓示为第四灌顶者，是未能知经释关要。如是胜义第四灌顶，不论取否第三为喻，总须身心双运，则为此宗余经所同。然《时轮》于第四灌顶多诸特说。

如是师长若于弟子善能如前所说晓示，由能略获彼解即从语门获得第四灌顶。此于胜义菩提心曼陀罗中得，能净三业微细障垢，堪能修成三种金刚无分别身，于修双运圆满次第而得自在。诸灌顶中须说清净，乃是答日迦跛所说。此灌顶之三昧耶者，如答日迦跛云"汝可杀有情，受用他人女，不与汝可取，一切说妄语。"

嗢柁南曰：

于请白弟子　　以慧智为喻　　七支果灌顶　　定解授清净

申三　灌顶后法分二：酉一　禁行授记，酉二　随许庆慰。　今初

此中授三禁行。授明妃禁行者，谓第四灌顶后，将明妃手置弟子手，以自左手执彼二手，以右手持金刚置弟子顶，教云："诸佛为此证，我将伊授汝。"谓以诸佛作证。"非他法成佛，此能净三趣，是故汝与伊，终不应舍离。此是一切佛，无上明禁行，若愚者违越，不得上悉地。"授与明妃禁行。除三趣句，《集密后续》亦说，唯文稍异。如《集密后续》于第三灌顶授弟子明妃时说此，诸梵论中亦多如是。唯此论师别造传授明妃禁行仪轨。舍去具相明妃，以他方便不能速疾成佛。答日迦跛说能清净三趣，义谓三趣由此清净，故汝不应离此明妃。由具相明妃修行大乐三摩地，是一切佛无上明妃禁行。若有愚人违越如是欲尘修道，彼于现法无上悉地。以彼是近因（是《集密》中位次专名）故。

授金刚禁行者，次生弟子为金刚萨埵身，令持金刚，告云："此彼一切佛，在金刚心手，金刚手禁行，坚固汝应持。"弟子应诵"嗡萨嚩达塔伽达，悉地班噪三昧耶底叉，伊喀当，答惹耶弥，班噪萨埵，黑黑黑黑黑吽"。接而执持。此颂及咒出《摄真实经》第一品，及《幕经》第四品。此者谓在自手。彼者即指金刚，如云"彼菩提心即金刚"故。彼为何事，谓彼金刚是五佛之自性。以此一切佛自性金刚，在金刚萨埵手中，为证彼故，汝亦恒应守持，是佛禁行，是金刚手禁行，非他能坏故名坚固。禁行之义，谓为得一切如来悉地故决定应作，如《真实光明》云"不弃舍金刚"。金刚灌顶，是以生为弥陀所出金刚，交与生为弥陀弟子之手，安立妙观察智与弥陀之功能。金刚三昧耶者，是令忆念金刚真实，将从吽字所生金刚，令生为金刚萨埵之弟子执持。金刚禁行，是于生为金刚萨埵弟子，为令了解证得金刚萨埵方便，持不

离五智之金刚。彼三差别如是应知。弟子持时所诵咒义,谓此一切如来所成之金刚三昧耶,入于我中,金刚萨埵应当受持。天种慧师说五黑字表镜智等五智。吽字表示清净法界。

行禁行者,以佛顶或胜乐或欢喜金刚等随一心咒,加持喀敞迦,绛得邬,莲华器等三遍。告云"金刚萨埵印,外内皆正住,故授杖鼓器,勇士应受持",令其受持。器谓颅骨。如是授与,是铃论师《灌顶仪轨》中说。此金刚萨埵印颅器等有内外二印,为忆念彼故应守持。除彼三物,余经说有余行支者,亦以尔时主尊心咒,加持三遍,如前令持。此如《集密》十六品云:"色持顶髻冠,广大同白色,如法作一切,咒律遍防护,诸茎根果实,受一切嚼啖。"此说由受明禁行而作行禁行。于彼第四第五句间,说身语意金刚行者,各与自部明妃同行,意即在此。随是男女凡请行禁行者,女应生为金刚亥母,或无我母,或投花部之天女身,男可生为胜乐欢喜等身,从自心间种子放光,召入智尊。如《第二观察》云:"轮色为不动,耳珰体弥陀,项鬘宝自在,手钏念毗卢,腰绦住不空。"顶轮、耳珰、项饰、钏镯、宝绦,如其次第,刹那想成不动弥陀宝生毗卢不空佛身。于彼召入智慧萨埵。由不动等转成轮等诸印,信解为不动等体性。三诵"嗡答惹答惹,答惹耶答惹耶,摩惹答摩惹答,班哆枳泮娑诃"真言,加持宝轮,诵金刚萨埵颂置彼顶上。三诵"嗡班哆达摩三昧耶当,呼噜呼噜,阿热利泮娑诃",加持耳珰安双耳上。三诵"嗡班哆苏耶达末毗答摩那,三昧耶当,阿杭惹那枳泮娑诃",加持项饰带于项上。三诵"嗡夏穴达跋惹摩,夏穴达,厄诃耶黑,唧那唧吽泮娑诃",加持双钏带二手上。三诵"嗡朴朴黑黑黑般若枳泮娑诃",加持宝绦系于腰间。授女众时颂中"勇士"改为"天女"。正住句后如其次第改为"轮为不动色,双珰语金刚,项鬘即宝生,手钏常住体,腰绦不空成"。诵金刚萨埵颂而授。五真言出《金刚幕经》第九品。即余经所说行支亦令受持之义。

次说男女修得顾视等力。为利他故授受勇士行禁行时,胜乐法门可授颅鬘、虎皮等胜禁行。彼是胜乐特法,于总轨中且置不论。

言授记者,次阿阇黎作如来相,左掌平心握袈裟角,右手结为施无畏印,诵颂咒云"出三有恶趣,为灭三有故,金刚萨埵佛,我为汝授记,喋某甲金刚达塔伽达悉地三昧耶当,布惹布嚩娑"。此师与毳衣大师说,为修投花所中如来相之弟子授记,故于此时应生弟子为投花本尊相。答日迦跋说无畏印或胜施印。萨惹哈云:"尔时黑茹迦,空行母及师,想同声授记。"谓二俱修。《胜吉祥经疏》说应信授记是此印咒功力。此颂与咒出《金刚幕胜吉祥经》。其明妃金刚行禁行与授记等,有经与曼陀罗仪轨亦名灌顶。

酉二 随许庆慰。

于此处作随许是依《结合经》意。彼其第四亦尔后云:"菩提心灌顶,于离罪弟子,次授与随许。"此复有二,总随许者,嗃字所生法轮,授于弟子前或座上,而诵"嗡班唥黑都芒"。"班唥黑都"是金刚因。瑜伽部说,由此令转法轮。以疴字所生螺,念诵"嗡班唥跋喀让"。授于右手。咒义谓金刚语,依瑜伽部说由此能说法。第一母韵所生经函,最后母韵所生铃,诵彼二字,交与左手,令彼振铃诵云:"一切虚空相,虚空亦无相,等虚空和合,一切胜等显,从此略发心,法螺最无上,遍满一切处,善转正法轮。"犹如虚空唯遮一切障碍所显,无实自性。如是一切诸法皆无自性,于胜义中本无生故。等虚空者谓即真如。彼和合者,谓瑜伽师心及心所,等同真如一味。故由瑜伽师智,一切最胜平等真如普遍显现。此是《胜吉祥经大疏》所说。《鬘论》则谓一切法之最胜,由离垢故悉无自性。显谓由修现证,汝亦应如是行。铃表由彼信解应转法轮。彼铃声音表说法蕴。授经函者出《幻网经》。《大日经》于示镜后云:"次于二足下,安放正法轮。次于右手中,授给妙法螺。法螺最无上,吹彻一切处。今后于世界,转诸佛法轮。汝以无疑心,不应怀犹豫。行密咒最胜,善为此世说。由如是善作,方名报佛恩。一切持金刚,悉皆守护汝。"次授诸部别随许者,弟子修为毗卢等相诵云:"为利诸有情,遍一切世界,如种种调伏,当转正法轮,慧方便自性,高如如意珠,无厌离疑惑,如是利有情。"于正法处改诵"金刚,珍宝,莲花,事业",以此五颂传授绘说五部曼陀罗之随许。此五颂出《摄真实经》。其第三句,毳衣《曼陀罗仪轨》作"如种种所化",所译为善。次弟子应顶礼白云"如主尊所敕。我当如是行。"

庆慰仪轨。次云:"顶上掌伞盖,令弟子旋绕,向坛门合掌,降伞作是言,奉献此弟子,当受持诸续。"启白曼陀罗主尊后,伞放余处,当说弟子心所乐语,"汝今成坛师,受持诸咒续,诸佛及菩萨,诸天悉证知,悲愍诸有情,汝应如坛轨,精勤善绘建,令行者学续,由进入及见,胜密曼陀罗,解脱一切罪,汝今安乐住,依此大乐乘,后死汝永无,汝出三有苦,到三有边际,诸佛执金刚,今传寿灌顶,三界法王位,汝定为其主,如离贪欲罪,三界更无余,如是离贪欲,汝终不应为,汝受用欲事,但行无所畏,食五肉五露,亦护诸余誓,不应害众生,不应弃女宝,不应舍师长,三昧耶难违,由慧方便心,无少不应作,汝无罪莫畏,如如来所说,心意净信金刚性,自誓依止无尽乐,少乐诸趣汝当到,金刚萨埵常住性,又诸如法得灌顶者,一切诸佛菩萨令增善故,以清净心恒常忆念犹如爱子,法尔如是。"顶上掌伞盖等六句,及"汝今成坛师"至"令行者学续,"出《总续》中。彼前所作,如《总续》云:"如是灌顶已,令披新净衣,供养花香等,供索及钏镯。"此义如毳衣师说诵一切诸尊心咒咒弟子心，于右手上系守护钏。其掌伞者，毳衣师说业金刚于顶上持伞。《总续》则云："其次由师长，于顶上执伞，令其善合掌，旋绕曼陀罗。"此说师长擎伞，二说随一皆可。答日迦跋师说，次于东门全身著地顶礼，俯首不起，以身供养师长。胜密曼陀罗者，入何曼陀罗中灌顶，随时应加其名，于彼曼陀罗投花后为见，以前为入，由入彼中，即离一切杀生等罪，故从今后乃至未证菩提，于人天中得欢喜住。如《矍论》云："由定不造罪业脱恶趣故，说决定受善趣安乐。由入彼而见故，汝等以后定无有死，以汝已入此大解脱自性大乐金刚乘故。"此《处胜吉祥经》说云："不入及不没，全无畏受用，"希求余乘意乐不能侵据名为不入，由此不堕余乘而不退没。受用，谓当修得金刚萨埵悉地，于三有苦悉无畏故。理谓由见坛及入坛，欲色有等无边众苦汝悉断故。如《矍论》云："出三有苦，谓得法身，到三有边，谓无边有，即受用身，恒相续故。"榜师译为"为修三有际"，则是为彼灌顶之意。三昧耶者，《胜吉祥经》说众多三昧耶。曼陀罗仪轨亦多有说者，《根本罪释》已广解说。由一切佛今为汝灌顶故，已得欲等三界法王之位，故名为主，即是自在欲界之主。定者由生不退种子，现成佛故。如《胜吉祥经》云："今已胜诸魔，入最胜城邑，汝等于今者，成佛定无疑。"于此所欲名欲，即金刚萨埵位，贪谓希求彼欲。"如离贪欲罪，三界更无余，"谓舍菩提心也。是故教云："汝终不应于所欲境金刚萨埵，舍离贪欲。"是《摄真实经》说。此处余曼陀罗仪轨中说"摩诃三昧耶"等，义谓大誓，即是菩提心相贪欲金刚萨埵。"诃那"者谓摧坏，以彼三昧耶摧小乘菩提意乐。"泮"谓破裂。汝受用欲事者，庆喜藏说受用所欲金刚萨埵，余师说是善巧方便受诸欲尘。"不应害众生"乃至"三昧耶难违"，出《结合经》。彼说依五，甘露是密灌顶之三昧耶。此师说彼及食五肉，则是共三昧耶。于成就殊胜智慧方便之瑜伽师，有众多开许故，说"由慧"等两句。此余前后诸文，并出《胜吉祥经》。意净信者谓对师长诸佛心善净信。金刚谓不可坏。自誓，谓自诸尊。依止能授无尽安乐诸尊，谓当修习。汝虽生于少乐多苦趣中，亦能常得无罪安乐。此是《矍论》所说。此上所释，多依《胜吉祥经大疏》而说。庆喜藏说由何能令所化发生欢喜，即名庆慰。毳衣大师说名赞慰。如是弟子已得灌顶庆慰欢喜，应当依教奉行。

次如《结合》诵云："我今生有果，我生具果利，今日生佛家，我今成佛子。"若马若宝及可爱妻子等，随力所能供养师长。亦可施食护摩及欢会等。

密宗道次第广论卷十四终

密宗道次第广论卷十五

明上三灌顶后依及结行仪轨品第十之三

申四　释灌顶义分二：酉一　解释灌顶及后依义，酉二　以灌顶义配道次第。初又分二：戌一　释初瓶灌顶及后依义，戌二　释上三灌顶及后依义。　今初

瓶灌顶中，由彼投花所中如来自性，显现决定弟子性净种性。师取花鬘系弟子首，弟子与彼本尊相见，本尊即当摄受弟子，故传花鬘灌顶。由能净除弟子无明垢故，名水灌顶。为以如来部主印定，及为引生顶髻，故于头上传冠灌顶。为除烦恼等怨敌故，系勇士飘带，是冠灌顶之眷属。有经说此离冠灌顶别作灌顶。复有未说系飘带者，意谓由冠灌顶彼事亦成。令生不异真实，故传金刚灌顶。主灌顶者，如《鬘论》说："空悲无别之无上智，名为法生。表示此者谓铃及声灌顶。为彼主所灌顶，故得主灌顶名。"此谓能生八万四千法蕴，故名法生。出生无上智慧之主，即名法主，体即出生一切诸尊之金刚持。表彼宣说诸法蕴故，以铃及声而为灌顶。为得彼主而灌顶故，名主灌顶，即铃灌顶之异名。由种未来能得佛名之种子故，为名灌顶。由此六种灌顶，能令弟子成何胜缘？第一令彼所化是此如来种姓。第二安立能除障碍成彼如来种姓无明之胜功能。第三令知彼佛部主，安立能成彼佛相之功能。第四安立成彼佛心无二智之功能。第五安立成彼佛语说八万四千法蕴之功能。第六令顺彼佛种姓，名此如来，安立堪成彼佛名之功能。《鬘论》此说最为善哉。

阿阇黎灌顶中，为令弟子从今时始决定了知为证清净双运菩提应精进故，授金刚三昧耶。三昧耶者，是金刚持决定应行，执持金刚不可违越。为令证悟真如，定能宣说八万四千法蕴故授铃声三昧耶。为令成办最极坚固方便智

慧大乐体性正等觉性，故授印三昧耶。印谓天身大印，即是金刚萨埵父母。三昧耶者，谓自身为彼尊不可违越。印三昧耶能令佛身坚固，故《幕经》中唯以印三昧耶，说为正觉灌顶，以余二三昧耶为其眷属。如彼经第十五品说：初名水灌顶，至第五名名灌顶，第六名为正觉灌顶。第四品中名灌顶后，唯说铃杵二三昧耶，未说印三昧耶。故知正觉灌顶即是印三昧耶。不说余二三昧耶为灌顶，故知经意谓是彼眷属摄。余诸经中总说三三昧耶为阿阇黎灌顶眷属，如前所引"智慧满十六"等。然此非谓印三昧耶《幕经》中说是阿阇黎灌顶，余经说为彼之眷属，此《幕经》说阿阇黎灌顶时，曾说"瓶灌顶第七"故。故此是说《幕经》于彼印三昧耶说为正觉灌顶，余经说为阿阇黎灌顶之眷属未说灌顶之名。由洗垢义立为灌顶，印三昧耶不妨立为正觉灌顶与三昧耶为阿阇黎灌顶眷属不立灌顶之名，二俱无违。说此灌顶名阿阇黎灌顶与不退灌顶者，譬如十地不退菩萨，十方诸佛为授灌顶，如是此及三三昧耶，亦是诸佛与自师长，为令与诸有情说无量法成就阿阇黎故：于三界法王位而授灌顶，故名为阿阇黎灌顶，如彼不退菩萨灌顶，故名不退灌顶。非但就此同义，亦以能生殊胜不退种故，名为不退灌顶。故是得不退之灌顶及具足不退之灌顶。依上所说，故或有云"金刚密智三，此名阿阇黎。"许金刚阿阇黎，秘密慧智三灌顶为阿阇黎灌顶者，唯是劣慧恶见之宗。

诵真言者，为令无障碍故，为令熏成息灾增益爱敬降伏悉地种故，为令清净胜义真言无二妙智悉地器故。传眼药者，为除无明眼翳生天眼故。镜者除无明后为令观察通达此种种法如影像故，定解诸法皆无自性如影现者，先须破除法执无明开发慧眼。故此二种能于相续立中观见殊胜种子。即生通达如幻妙慧，须先破除实执通达无明所执治品。授射箭者，为胜四魔，穿彻法界最细鹄的。眼药与镜灌顶，虽能熏成殊胜堪能，以闻思慧通达空性，但由总相通达真实，非善透彻。为令究竟达其底里，以箭灌顶复令熏成殊胜种子。

戌二 释上三灌顶及后依义。

秘密灌顶，为令成为信慧之田，守护三昧耶，及清净语。成信田者，谓于密咒密行不生邪疑，信心坚固。令成发生彼信法器之理，谓将明妃奉献师长，及尝师长明妃等至二界，由师长与本尊力故，生殊胜乐遣除不信。如铃师云："住莲花正行，希有大安乐，启白于大师，弟子灭分别。"成慧田者，《口授论》云："由彼清净田，通达一切法，幻等十二义。"谓由密物着口入心莲内，成为通达幻等诸喻所显幻身义之法器。或成为慧智灌顶之法器。守护三昧耶者，如铃师云："集一切勇识，会一切天女，世俗菩提心，秘密物灌顶，彼勇识天女，大妙三昧耶，具五界妙味，当尝彼安乐。"谓集一切勇识勇识母体脉中精髓，由食二种世俗菩提心故，当依五甘露等食三昧耶，于前所说守护之三昧耶而得自在。五界，如《金刚鬘经》云："五界生精华。"谓身中地界等所生精华。或如《集密后续》所说"住空界中央，具香水及髓。"拏热跋说髓为种子，配余甘露，故是五种甘露。空界，拏热跋谓师长父母金刚莲华交合空界。此中实具二界以及香水，余者集其净分精华。清净语者，谓不异主尊父母之师长父母等至所生俱生喜之密物，与请十方一切诸佛菩萨所化体性无可分别，具大力故，尝彼能生《大印点》中所说如童女乐。如是彼乐下至舌喉等处，能净彼彼诸处脉风，故能净语。由舌尝受菩提心味能净语者，是密灌顶之力。由身领触二界触尘能净意者，是第三灌顶力。如是由彼胜物因缘，加持脉风及菩提心，故成修脉风猛利等瑜伽之器。由修彼等，成自加持幻三摩地之器，故于修习彼道获得自在。

第三灌顶，慧谓胜智，于此有故，是为外印。智谓从彼所生离分别心，清净俱生欢喜，广如前说。由修第三灌顶所示之俱生智，最后离一切障周遍清净，即第四灌顶。此等由大乐味洗净意故亦名灌顶，可知除彼安立功能以及自在彼道立为灌顶，尚有其他安立之理。

为令了知般若明妃是圆满最胜无漏乐之正方便故，初发业者及彼等字所摄智增进位皆不应舍，故授明妃禁行。如《金刚空行经》云："若时无分别，方便行诸业，修无分别故，诸禁行中胜。"已具最胜禁行何用余禁行为，为令专修五智自性菩提心行，故授金刚禁行，终不应离。若离诸行，亦不能证彼菩提心，为令学故授行禁行，此有三种，第一行者谓于内三印中爱乐修习，如《遍行》云："颅杖为天身，观小鼓即慧，""咒谓饮器颅。"天身谓身，阿那哈达或那达者谓不可坏自性猛利之声，领受无二大乐所依谓世俗菩提心。为表此三，明自身为天身，及猛利火，安乐所依拘陀，是为内印。余二易知。其表乐者，谓别释迦跋罗，其岗字与跋罗，可作护乐解释，第一明父，第二明慧，第三所诵真言，是为外印。第二行者受持五种庄严。谓由与瑜伽母具足禁行，引发净法界等五智。第三行者，若得四种视法神通等力，为欲饶益诸有情故，离世间行诸瑜伽师或瑜伽母，由修一切内庄严力，出生悲空无别大菩提心。

授记，谓授记称赞云："汝能通达三界无分别之法性。"此是授记时之咒义，故应释彼咒义，补谓具足风轮等眷属之地下。补噻即是地上世间。娑谓天趣乃至有顶。彼三皆是汝（所通达）故云当。三地自性之真实三昧耶，谓极喜等渐次能证。此即"三昧耶当补补噻娑"之义。《金刚幕》第四云："嗡我今授汝记，脱三有恶趣，金刚心如来，善成诸有故。从今以往，汝于地下地上超地，成为某甲金刚如来。"最后句即达塔伽达悉地之义，《释论》释第四句谓得无住涅槃故。第三句谓所记之可事。

随许,谓如仪轨修成就已,当说法等利益有情。

庆慰,谓汝受用欲尘亦能成佛。由入坛灌顶等,增长堪成佛之功能,庆慰弟子,令知彼义。

酉二　以灌顶义配道次第。

若善了知四灌顶体,及传授彼于修何道能得自在,并成彼果之理,则于经中广赞灌顶能获信解,即以灌顶而为最胜教授。若具此解,即奠咒道之基,成就之本,开启甚深二次第门,能于灌顶珍重,授受皆极清净。传第四灌顶者,师告弟子作如是言,汝今此身修为报身父母结合等至行相,于真实义引发等至俱生妙智。然仅胜解身为天身,非实成佛;汝心安住诸法真实,亦仅须臾胜解作意,由总相门而为通达,非于真实如水注水心无分别,及能常住。然如是修是等流因。若具方便支分修习究竟,非但胜解,其身实成佛之色身,心与真实亦无分别常时安住,此即名为咒所成果。七支具足,亦名第四灌顶。是为晓示双运,已广说讫。

此中所明果位双运,是无上部不共所成。即是道位修自身为欲天父母行相,由收放二种菩提心,修俱生乐为道之力。此果亲因,须离身为天身,心与胜义不能合为一味,及心能时身不能住天身之失,而能二者同时俱转。此即安乐为道胜方便之有学双运。尔时自身虽未实成佛身,然异初次第及幻身以下,须别修一殊胜天身。《集密经》中详说,恐繁不录。有学位中二谛双运,须先别生世俗幻身与胜义光明三摩地。以无单者则无双故。此二渐次,世俗于前,光明于后,现证心与光明一味三摩地后。次即能发双运故。修习此道须传第三灌顶,以彼表诠光明。第三灌顶虽依二印随一而生,然依二印引生四喜,不必先得第三灌顶,唯得瓶灌顶者坚固修习生起次第亦得生故。初次第时,说与智印等至引生四喜有多种故。龙智菩萨于生起次第初加行时,俱说真实修成二明妃故。《明炬论》中亦说生起次第有三行故。若修生起次第得坚固者,依止智印不能引生四喜,则彼无间传受四种灌顶补特伽罗,先未曾修诸天瑜伽,依止智印而传第三灌顶,应有不能生四喜失,许依智印而得第三灌顶,则成矛盾。如是修习秘密灌顶道时,亦依明妃生四安乐,以密灌顶成为幻身教授之器,如前已成。幻身之前,须生起心远离三空之智。彼等诸智亦说依止明妃乃得生故。如《五次第论》云:"一切幻事中,女幻最殊胜,三智之差别,此中明表示。"若谓既云三智,故是不发俱生喜者,如前所说全未修习生起圆满道者,传第三灌顶时尚生四喜,而说生起次第已达究竟,由语远离于风得自在者,依止明妃不生四喜,实为可笑。以是此中观察四喜生或不生,系指如彼第三灌顶时所生者,是菩提心至摩尼中未外出时俱生欢喜。岂有如此俱生,心远离时而反不生。彼论说三智者,意谓即彼三智究竟清净,灭尽微细二取。智与真实同成一味之胜义智，是为俱生，尔时无彼智生，故未宣说一切空光明智。故于初灌顶时四喜，瓶灌顶道生起次第时之四喜，密灌顶道风及猛利等时所生四喜，第三灌顶道光明时所生四喜，第四灌顶道有学双运时所生四喜（或名四空），应善分别。如是唯修由风瑜伽以及猛利燃注之力，溶化诸界，令菩提心住摩尼中不出外时生俱生喜，不须定传第三灌顶。如修瓶灌顶道第一次第，及于密灌顶道修脉息等瑜伽，不安立为瓶密灌顶。如是修习如彼第三灌顶所生俱生，亦不立为第三灌顶。所说得此灌顶能于此道得自在者，意谓得彼灌顶无间于彼诸道闻思而得自在，非说得彼灌顶无间，即可修彼诸道。如得时轮灌顶无间，不能即修三摩地支，具得《集密》灌顶无间，未能即修双运转道。然至能修彼时而修，亦无修彼不得自在之过。

如是发起胜义光明圆满次第，须先发起如幻之世俗幻身三摩地。此复由修风猛利等瑜伽令风与菩提心堪能调柔，引发四喜智德，故须先修秘密灌顶诸道。所言幻身，非谓由达一切诸法皆无自性，后见所现皆如幻化。是由现证三空智力，行者自身转成幻身。此如《集密》应知。一切脉息及菩提心上行下注等诸瑜伽，非谓皆是密灌顶道，以修光明以上亦须多修彼等，故是最初调柔彼等之诸瑜伽。

发起如是圆满次第殊胜智德，先须以瓶灌顶第一次第成熟相续，故由瓶灌顶道成为生起次第法器。

说瓶灌顶成就化身，秘密灌顶成就报身，慧智灌顶成就法身。此中所说报身，虽可作幻身解，然依密乘通义，多指佛语。如是化身，谓佛色身，其等流因谓由修习生起次第及彼所表圆满次第天瑜伽等所成。法身，谓常住真实之佛意。其等流因，谓由修真实义俱生智之所成，如来语（报身）者，谓由修习密灌顶道，于彼语根本风获得自在所成。故说彼三灌顶能成就身语意三种金刚。如是身语意三不可分离，即是第四灌顶。此复由前二道成道位之第四灌顶，由修有学双运，成就无学身语意三不可分离。是故四灌顶中，能摄一切二次第道。

入曼陀罗，预备等时，亦说皈依发心，受二大乘共不共戒，及诸学处。故若善能观择灌顶诸法，即了一切咒道宗要。若善了知二种次第渐次以及双须二者之义，能灭众多妄计。受持瑜伽自在毗啭跛教授之藏地智者，说一切咒道宗要，皆在灌顶中求。诚为善说。

申五　释后法理灌顶开合。

金刚禁行乃至庆慰五法，有谓若唯受明灌顶便满足者，或唯受阿阇黎灌顶以下而满足者，即于彼后传授。毳衣大师唯除行仪禁行，亦说余四可如是传。若未传阿阇黎灌顶，而教说法利生随许，云何应理。无失，《大日经》中唯传水灌顶后，亦说有说法随许故。虽不可说无上部经，事行部经已可说故。故若作彼两部阿阇黎者，可于传受五明灌顶之后而作随许，不须更得阿阇黎灌顶也。咒灌顶至射箭等四，明灌顶后亦可传授。眼药与镜，《大日经》于水灌顶后说故。其咒灌顶，铃论师等多于五明灌顶之后说故，弓箭亦可如是行故。

明灌顶之后依，如寂静论师云："传明灌顶，决定得共菩提，非得正等菩提。为令久后定得正等菩提，故于明灌顶后可传少许禁行，不传授记庆慰，以此二属不退地故。"此说彼后不作授记庆慰，唯传金刚禁行之理。然于少数殊胜所化亦说可传，如云："有时传受明灌顶后，观器殊胜，亦可授与禁行授记及以庆慰。"意谓令彼忆念我得授记及以庆慰，由此增上胜解力故，久后决定得大菩提。义与授禁行同。又有经说第三灌顶亦传明妃禁行。有经末说咒等四事及行禁行，诸总随许，三三昧耶，具善根等。意谓如彼诸义随应摄入余灌顶中。具善根者谓庆慰或授记。云何摄者观察即知。

有经论说随许庆慰，不退灌顶中摄。《鬘论》说彼一切皆异。《幕经》第十五云："初谓水灌顶，第二冠灌顶，杵灌顶第三，第四谓自主，第五名灌顶，六谓正等觉，瓶灌顶第七，第八密灌顶，第九谓慧智，以金刚加行，授金刚禁行，佛为自授记，是灌顶次第。"此中未说花鬘灌顶，以是水灌顶等之因。传授咒等，如其所应有时说为阿阇黎灌顶之眷属，有时说是第四灌顶眷属，有时说是余灌顶之眷属，如余经说应当了知。天种慧论师说，第六灌顶为鬘灌顶。以花鬘及咒灌顶等，于四灌顶随一所摄，《集密后续》故作此说"三灌顶各异，此经所观察，瓶灌顶第一，第二密灌顶，第三慧智定，其第四亦尔。"《结合经》云："灌顶有四种，初谓瓶灌顶，密灌顶第二，第三谓智慧，第四亦如是。"《二观察》中说四灌顶，以阿阇黎灌顶而为第一，于中分水冠杵主名及阿阇黎之六。一切皆名瓶灌顶者，以诸如来及佛眼等明妃执瓶而灌顶故。

若彼皆是瓶灌顶者，云何又说瓶灌顶为第七。为欲显阿阇黎灌顶较诸水灌顶等最为超胜，故说瓶灌顶为第七，非说水灌顶等非瓶灌顶。"以金刚加行"，释中未解，察其含义虽可释为第四灌顶，然有具声（即三啭声）应连下文，盖即金刚禁行别名。四灌顶中若以阿阇黎灌顶为第一，则摄水灌顶等入于阿阇黎灌顶中，意谓彼是阿阇黎灌顶之因故。故或摄为瓶灌顶等四种灌顶，或离瓶灌顶与阿阇黎灌顶而别说水灌顶等，皆不相违。又说十四灌顶各配一地，是于瓶灌顶中开为十一。亦无四灌顶中不摄之过，《大印空点经》云："四灌顶次第，由果说三种，初谓师灌顶，第二密灌顶，三慧智灌顶，第四亦如是。师灌顶十一，密灌顶十二，慧智为十三，如是为十四，每灌顶一地，是诸地自在。"此经说瓶灌顶分为十一，每一灌顶别配一地。《金刚鬘经》亦同此说。复云："三为因灌顶，第四果应知。"十一种者，铃论师云："由师业差别，说四种灌顶，水灌顶等别，四开为十四。"此中最初说水灌顶，故知不数花鬘，从水灌顶开为十一。彼师明说五明灌顶，与咒灌顶、不退灌顶正行等七。余四当是授记庆慰二合为一，金刚禁行，行仪禁行，及随许法别说为三，莫如《律生》别说禁行、授记、庆慰、随许等四为瓶灌顶。若如彼者，唯说五明灌顶，与说彼四以及不退灌顶为瓶灌顶。无咒灌顶，仅有十故。若不尔者，则铃论师《灌顶仪轨》，应未别说十一种瓶灌顶。彼离授记未说余庆慰故。故是略摄庆慰，略不碍广，广开亦可。

未二　依止余曼陀罗灌顶断疑。

于彩绘曼陀罗灌顶如是，若于余曼陀罗灌顶为同彼否。语自在称、无畏论师、罗睺罗吉祥友，及常住金刚等，合说布绘彩绘曼陀罗灌顶法，故依布绘灌顶，当如前说。

所绘之曼陀罗，亦由意修曼陀罗法，成可灌顶之曼陀罗，故唯意修，最为第一。以是灌顶开光及护摩等，此论师许皆可意修，如《鬘论》云："此绘仪轨，亦由意修仪轨方能有果。故唯意曼陀罗仪轨，最为第一。是故以曼陀罗主身，摄受地等，像等开光，弟子灌顶，送诸圣众，以至息灾护摩皆应意作。"何时方可依静虑曼陀罗传灌顶等，即彼论云："若时无有资财不能俱办此等一切，或非道理，或无可得，尔时应修。虽有外物，亦唯静虑为主。"不能成办绘曼陀罗等资财者，《时轮经》于遍舍弟子作如是说。非道理者，意谓纵有资具，然于是处绘曼陀罗有大遮难。无可得者，意谓非但现无资财，后时求亦不得，或是离此资财无可得处，余处莫能获得灌顶。若可依于意曼陀罗，何用更绘曼陀罗为。若有资财可绘坛者必须绘坛，以于此事供舍资财增长无边诸资粮故，即前论云"然世间见，信乐施等，为增福故，许外仪轨。"榜师译为"世间见及信施等。"又可依静虑曼陀罗更有余证，即前论云："诸先师说若无资财可依唯修成办一切仪轨。"是故初发业者由心坚固，可于意变曼陀罗中，如前开光，弟子灌顶。又如《佛顶经》云："慧莲花中坛，亿踰缮那量，于三层坛中，传弟子灌顶。"又云："唯由意于彼，佛许为坛场。"引此文证，谓若非由静虑，不能成立十万踰缮那等。"初发业者由心坚固"，谓须殊胜本尊瑜伽。龙智亦说弟子灌顶共有八曼陀罗，第八即是意曼陀罗，前七是就彩绘曼陀罗之质料而分。身曼陀罗灌顶，铃师论中，除注誓水，及降智尊，开示坛场三法，未说余入曼陀罗法，然亦应作，以铃论师灌顶仪轨，多依释续《金刚鬘》故，此经通说身曼陀罗及彩绘曼陀罗灌顶，于入坛时亦唯说彼三法。以是身曼陀罗，若许弃舍余入曼陀罗法，彩绘应同。彼既不尔此云何然。彼经于行禁行后云："次将经螺等，弓箭与剑轮，如前咒清净，渐授弟子手。"

故亦可传此等。授记庆慰，彼亦合说。总之铃师身曼陀罗灌顶，显依释续《金刚鬘经》。故应顺彼经义而释。

午二　犯三昧耶还净法。

如是获得一度清净灌顶及三昧耶律仪，然由无知烦恼炽盛放逸不敬犯戒四缘而有毁犯。除根本罪，余罪可往有咒戒者之前，以出罪法而出其罪。犯根本罪坏三昧耶，须以灌顶还净，应从师长重受灌顶。若无可重受处，则可如阿阇黎入坛仪轨，自入曼陀罗受诸灌顶及三昧耶律仪而为还净。如《鬘论》云："若自犯三昧耶，此诸灌顶如阿阇黎入坛受法，应如是受。然是师长在极远处，或道难行有诸危害不可往处，非在余处。"如《侨萨罗庄严论》云："弟子入时，师长应先自作入坛仪轨。何者，有由忘念越三昧耶。故阿阇黎应先自入。"此说为他灌顶，亦须先自入坛，净三昧耶。是故若无殊胜阿阇黎处可受，若自己善承事了知清净仪轨，可修自入坛法。除正行时所有受戒清净仪轨，及余唯预备时有者，阿阇黎于自入坛时须善修行，并于尔时传授弟子，如前已说。律仪还净灌顶之前，应如何行，如《鬘论》云："若犯毁訾师长等罪，随力所能先设欢会而行供养，次于师前先正忏悔，如前受戒。"谓应先于师长，三昧耶友，作大施会多修忏悔，次乃受戒。黑三昧耶金刚《札拏经释》亦云："于师长及金刚兄弟，转资粮轮，说犯某罪而行忏悔。"《根本罪大疏》等，说唯除第一根本罪出诸余罪方便不待灌顶，不可凭信，以《时轮经》，寂静论师《札拏经释》《律生疏》《鬘论》等，多说随犯何根本罪，皆须重受灌顶而净治故。《札拏经》第十七亦云："若由放逸故，违师三昧耶，彼当绘坛场，对佛而悔罪。"绘曼陀罗，正为灌顶。黑行论师别分师长与三昧耶，三昧耶者，谓佛语等，说违彼等为罪。如是灌顶还净，务须至心悔前防后，若无彼心，以为先犯后受无过失者，决定不可。如《时轮大疏》云："言犯根本罪为还净故仍入此曼陀罗者，谓若尔时住七灌顶，或瓶灌顶，或密灌顶，犯根本罪。尔时为净罪故，绘此曼陀罗已，为不更犯故当重入。言次得随许仍在众会者，谓住于种性中。言前名为长今成幼小者，谓令谨防不复犯故。言如来决定者，谓诸弟子决定应如是行。"此于防后不复造心，殷重教悔。犯戒后还净者，较前学位须降下座。答曰迦跋《时轮灌顶品释》有云："此说誓不复犯，非无防后心者，如人中毒，医为除故令服药已，仍服其毒。"此等广如《根本戒释》中说。

恒修自入坛法，如《鬘论》云："常修行者，可以智慧方便一味本尊加行，修静虑曼陀罗，从曼陀罗自在，受水灌顶，乃入秘密、慧智、第四究竟、庆慰究竟。"此谓不能常依彩绘及画像者，可于静虑曼陀罗中受诸灌顶。

午三　曼陀罗后法。

次为息灭增减仪轨过故，应作息灾护摩。为满足诸天故，应作增益护摩。此如不能实作，亦可意修，如前已说。《光穗论》云："或彼一切护摩皆以意修。"

先自供曼陀罗，次教弟子随力所能供如来等而行供养。诸入坛者，亦以嚼啖饮食等物供曼陀罗令皆饱满。通夜不卧，与弟子众作歌舞等及菩提心正供养已。告云："汝等入坛者，不应为他说。"次如论云："应受弟子供。彼皆当敬献，珍宝可爱妻，自身及田地，总以如是事，令师长欢喜，师喜得悉地，佛说非从余，由供金刚心，作者无上师，何福不能办，何难行未成。"此中令师欢喜，是最胜因，诸梵论中多有宣说。所施福田亦最无上，《集心论》云："佛等诸福田，行施有差别，二千首陀种，同一婆罗门，二千婆罗门，等同一苾刍，二千诸苾刍，同一离尘垢，二千离尘垢，同一具智者，二千具智者，等一阿阇黎，如是供养田，智者恒供养，瑜伽根本法，如种植良田。"毳衣大师、黑行论师亦如是说。

次安置诸弟子，自往室外，施诸护方神食及供养等。回入室内礼曼陀罗，供主尊阏伽等，回向善根，其次绕曼陀罗三匝，坐坛东门面向本尊，为息增减之过，诵百字三遍。

次手握花合掌当心，为息不全等过，请容恕云："由我心愚蒙，所作多过罪，为救众生故，依怙皆忍恕。由未得无知，或由无能力，此中所犯罪，主尊皆容恕。"所求之事，由请白得成就。次复诵云："嗡，尊利益众生，随顺赐悉地，今往佛境已，仍请时降临，"又诵"嗡啊吽班唥穆"，奉送智曼陀罗，摄智所现三昧耶曼陀罗入自身中。言佛境者，庆喜藏说义通利益有情及以法界。

次诵"嗡阿迦热穆康，萨嚩达摩南，阿得奴奔那朵答，嗡啊吽泮娑诃，嗡啊吽穆。"胜解一切法皆无生，左手振铃，右手持杵，从东门起，顺梵线路，拂拭至主尊处。略取少土置自顶上。次拂拭莲花等。次以杵端，毁拭诸门诸角。诸师长先收诸尊相，次乃用杵毁拭一切。次诵四吽真言"嗡班唥格罗，邬答格罗耶，萨嚩格罗那，班唥答惹阿若跋耶吽吽吽吽泮诃"。拔出诸橛。此处不同他经以"松跋尼"为四吽咒。次诵"嗡茹茹萨朴茹，左拉底叉，悉达罗唥内，萨嚩阿塔萨答尼娑诃"。加持牛乳一百八遍，洗涤诸橛。诵彼真言而洗涤者，《集密》说由彼咒死者能活，义谓悉令诸碍复活。奉送橛上诸尊，若橛钉地，应填孔穴。若有为治疾病等故而乞彩土可给少许。诸余彩土置尊胜瓶或余新瓶，用衣庄严，安置象上或车辇上。又用施主衣庄严瑜伽母，以手扶持。若阿阇黎或令弟子，乘车振铃，唱吉祥歌，奏诸妙乐，具足伞盖幢幡诸供养具，持至河岸或大海岸，或深水边。于彼牛粪涂地，白香作曼陀罗。

莲花中央修金刚萨埵或本尊。于诸叶上四方从东方起，四隅从自在起，右旋依次，想由自心种子放光，钩召无边、莲花、安立、财盛、大莲、螺护、迦廓札、种性等诸龙，安立彼处。次诵"嗡啊阿难陀雅吽娑诃，嗡啊北摩雅吽娑诃，嗡啊达卡迦雅吽娑诃，嗡啊跛苏格耶吽娑诃，嗡啊摩诃北摩耶吽娑诃，嗡啊香喀跋罗耶吽娑诃，嗡啊迦廓札耶吽娑诃，嗡啊姑利耶吽娑诃"。以此诸咒而供白花。次以左手作蛇头状，伸展右手念诵"嗡阿难陀，跋苏格，达卡迦，迦廓札迦，北摩，摩诃北摩，香喀跋拉，姑利迦跋拉，得嚩底，摩诃得嚩底，娑摩希克，摩诃娑摩希克，敦札答惹，摩诃敦札答惹，阿跋罗罗吽卢札难陀，邬波难陀，萨迦惹，摩诃萨迦惹，祷达，摩诃祷达，希根底，摩诃根底，惹那根底，苏茹跋，摩诃苏茹跋，跋札希迦摩贺答惹，希利摩诃希利，嗡跋卡跋卡，阿伽刹，阿伽刹，摩诃那伽，阿底跋底，萨嚩布希嚩。明明娑诃"。以此真言施食供养。次将加持彩土付授诸龙，注入水中，想彼诸龙以大供事迎往地下。若于余食施龙食者，中央想跋茹惹，余处如前，即可施食。以装彩土之瓶，满注净水持回，为息灾故遍洒曼陀罗室，次于牛粪所涂曼陀罗室，与诸童女共作乳糜欢会。如云："次由阿阇黎，普集诸财物，唯应自受用，弟子勿少用，奠基及善住，护摩坛轮财，彼唯属师长，胜金刚持说。"奠基，《四百五十颂》等译为"满穴"。必是灌顶一分仪轨之名，意谓灌顶所得资具。《总续》亦说："一切曼陀罗中资具，唯属师长，弟子若分坏三昧耶，若师不欲，则伞盖拂铃等当供养佛座及烧香涂香等物当供养法，衣与钵等供养僧伽，若无僧伽，可施苾刍、苾刍尼或邬波索迦。"又云："诸嚼啖饮食，随意施贫人，惟于狗鸟等，不应施少物。"于阿阇黎及诸门阿阇黎事业金刚、诸瑜伽母，随力所能，奉施诸药、净牙物等，令生欢喜。作僧欢会及资粮轮。毳衣大师等说未送圣前供资粮轮。此等任何时作皆可。亦于贫苦皆令饱满。

从后依法至后结法，嗢柁南曰：
  三禁行授记　　随许庆慰六　　护摩供受施　　施食供旋绕
  忍送收所化　　收彩土拔橛　　送彩瓶水净　　资粮轮欢会

众多密教，数数称赞如是灌顶，为修诸道与修二种悉地之本，最为重要，故依无畏生护大阿阇黎《金刚鬘论》为本，随顺诸净经论，一切大小仪轨观想次第，皆广宣说。嗢柁南曰：
  由瓶灌顶恒河流　　洗除身垢庸现执　　由尝密智甘露味
  语处风动现真言　　第三俱生欢喜钩　　钩导意夫人胜义
  第四晓示双运义　　直达究竟断众疑　　除斯胜解四灌顶
  当说更无胜教授　　将自所知咏为歌　　供养师长及妙音
  或谓灌顶诸次第　　唯是修道前加行　　弃本逐末意冥暗

为除彼过如是说

明须二种次第双运修大菩提品第十一之一

巳二　为天灌顶善住仪轨。

子二　灌顶支分仪轨次第。

此二科中饱满诸天修妙悉地之方便谓护摩，毁犯还足令空行母欢喜之方便谓资粮轮，受持不失行仪之三昧耶支谓金刚铃杵。大小油构、六庄严具、手鼓颅钵、喀敞迦等依量而作。如是作已守持，皆是咒行清净方便，极为重要。恐繁且止，别如余处应知。

总摄一切教义为一补特伽罗成佛支时，为令知彼何处摄故，令此道次第中已以略义摄彼等竟。

辛二　净三昧耶律仪。

已得灌顶补特伽罗，当先修习何等。先应如灌顶时所受律仪及三昧耶精勤守护，更善修习曼陀罗轮等二次第教授，乃得悉地。若不守护律仪，纵复勤修多劫亦无成就。如《律生》云："若如所教示，勤行三昧耶，由成法器流，修轮等渐次，圆满正教授，乃成就非余。"《平等结合经》云："未入曼陀罗，及舍三昧耶，不知密真实，虽修不成就。"《金刚顶经》亦云："假使经百劫，精进勤修习，世有四种人，虽修不成就，未发菩提心，具足犹豫念，不如教正行，无信不成就。"此复灌顶成就法器未久，即应教诸学处。《师长五十论》云："次授真言等，成为正法器，十四根本罪，应读诵受持。"《律生经》云："若求上成就，宁舍于命根，纵至于死殁，当护三昧耶。"《幻网》第二品云："次说三昧耶，告子汝今后，纵至命及骨，不应毁正法，菩提心师长，承事金刚兄，汝终莫离欲，勿慈愍恶人。"如说宁舍身命当护律仪及三昧耶，应如是行。尤以犯根本罪，损坏身心功德难生，故当勇猛策励莫为彼染。亦应励力不犯余罪，设有毁犯应当忏悔防护如法出罪。若得圆满灌顶，励力守护诸三昧耶，未为罪染。虽未深修诸道，七生以内亦能获得上品成就。若不守护学处及三昧耶，虽复勤修余法，终堕恶趣。善趣尚不可得，况悉地乎。萨惹哈于《佛顶经疏》引《神密库经》云："若正授灌顶，生生得灌顶，由此七生中，不修亦成就，若具足修习，住三昧耶戒，业故今不成，后必得悉地。若犯三昧耶，人生且难得，况云得悉地。"又《三昧耶第五》亦云："若未犯诸罪，十六生必成。"解说月师亦云："无罪纵未修，十六生必成。"

此上所说，凡阿阇黎开讲经论教授为他灌顶，与诸弟子听经教授，俱应修学。虽或未作彼事，凡是得灌顶者，皆不应违。以是现修上悉地等上中下品三类补特伽罗共所行故。经论数数宣说师长即是悉地根本。依此，昔诸先觉说修师长瑜伽，是为修道初门。广说第一根本罪类，摄入《师长五十颂论》三昧耶中，此即诸学处中最重要者。故若了知诸咒学处是胜教授，则如是等一分修持，道前行者，悉皆摄入护三昧耶及律仪中。是故智者当知二次第之前行，即是灌顶护三昧耶。名称幢师说此义云："未经成熟信密乘，纵修深法感恶趣，佛说不得余上果，故当依师受灌顶。灌顶而求深教授，纵于世间遍寻求，主要教授三昧耶，无此便同颓废屋，若善成熟护誓愿，二次深教纵未修，十六生中必成就，众生亲友利者说。我虽寡闻无慧眼，由见净教最善说，当受灌顶护誓愿。恭敬合掌普劝请。"此是了知续部宗要之言，我今亦当如是劝请。令知如是学处是师长事，若不教示师长犯罪，教而不行是弟子过。此于《师长五十颂释》以及《根本罪》中三昧耶品已广宣说，如彼应知。经于一切学处，诸于根本三昧耶中，唯师长三昧耶最为重要应善了知，随力所能策励防护。以请师长及勇识瑜伽母作证，守护所受律仪不可少故。

辛三　住彼如何修道分二：壬一　闻思了知其道，壬二　修习所知之义。

今初

如是已得灌顶如理护律及三昧耶，次修何事。《解七庄严论》云："先应由闻慧，闻知于文续，次乃以思慧，学文义相属。"谓若自修及教他等，皆须先以闻思求无谬解，自若未知不能教他及自不知无可修故。随自所知而如是修，知若谬误修亦错失，修无错失必须正知无倒谬故。《欢喜金刚》释难《珠鬘论》云："无慧而无闻，无闻亦无思，离二无瑜伽，离行无悉地。"又《五次第》释难《显义论》云："闻圆满生慧，思惟亦如是，具二善修习，成无上悉地。智者思择已，先勤求闻义，恒常精进者，悉地在其手，若于文犹豫，焉能达其义。"又《五次第论》云："若敬信师长，恒勤修承事，能受持所闻，是为胜弟子。"此说弟子德相为持所闻。《平等结合》亦云："不知密真实，虽修不成就。"若是具足大慧大精进等，可学续部。不尔应学随一智者所造密论。最低限度定须闻思具显生起圆满宗要之论。若作金刚阿阇黎者，开示他人咒教授等，尤须于彼二种次第与曼陀罗仪轨应得善巧。若视诸大经论，唯是依据断外增益，更执别有甚深教授为彼所未说者，是于诸法究竟全无爱护，及是于大咒典发生恭敬并彼现为教授之障，是令密教速灭最大因缘。当依师长教授，于诸经论现为教授方便，励力修学。如《五次第论》云："《胜集密经》中，印封此诸义，当随释续行，从师语了知。"此说究竟教授五次第之真实，佛于《集密》根本教中以印封护，须从师语乃能了知。此说究竟深处谓诸续部根本教典，了知彼教须依师长。师长非可随意而说，须先了知随诸释续，解根本续。故教授者即是随行释续无倒宣说根本教义，易令弟子相续，发生了解之胜方便。从师语知，准是应知。非谓经中隐而未说，唯从耳根次第相传。故凡最胜教授，须于彼义久修习已，次观续部定量教典，于多教义能与定解。若持教授观察教义，全不能与定解，则是慧劣或义有失。随于显密何宗，皆须先以闻思了知所修，次乃修习所决择义。如彼乘马，先示所行之地。现时至心欲修行者，于学诸大咒典视为可笑，彼于续部学与未学，二者修行全无差别。诸有乐求真解脱者，于是等处应审观察。

密宗道次第广论卷十五终

密宗道次第广论卷十六

明须二种次第双运修大菩提品第十一之二

壬二　修习所知之义分四：癸一　破离二次第之妄说，癸二　不离二次第之修法，癸三　增进二次第之方便，癸四　彼等为三士道之理。初又分二：子一　破离圆满次第说唯生起次第成佛，子二　破离生起次第说唯圆满次第成佛。初又分二：丑一　述宗，丑二　破执。　今初

如《心庄严论》云："毗穴弥多罗仙、童军持明大阿阇黎、胜足论师与宝论师、贤友婆罗门等，说修诸法自性清净，但为破除分别，佛果系由福德所成，以生起次第道，断庸常事，以妙色身饶益有情成正等觉，故应无倒修行天相胜行。"此是妙吉祥称论师叙述外计。彼等意谓饶益有情是大乘人所欲作事。能作此者乃妙色身，得色身时即成正觉。故当无倒修习诸天瑜伽与三昧耶律仪诸行，以修生起次第，能断凡身，而成相好身故。经说应修诸法自性清净之空慧者，是于真实义中为破邪执分别而修，非成佛因，佛是福德资所成果故。以是若得无倒空见，于真实义能断颠倒邪执，即于实义无所迷乱。若有彼见与天瑜伽以及诸行，是则方便智慧二不分离定能成佛。彼等虽许生清净见，然不许修彼见倍复增长，意谓《中观论》等决择空性，是为破除内外道之邪执，若得无谬正见，彼执即遣，更无余执可遣，何庸更修空性，所依教证即前所引《金刚幕经》之文。意谓"破斥空见为成佛之方便，佛说空教唯为遣除颠倒分别。若修坛轮诸天瑜伽，速得成佛，故当以此方便而修。"彼等非是未习续部，诸续部中亦多说脉息等瑜伽，修或不修虽未明说，意谓彼等摄入行中。

丑二　破执。

此等不须令其更修诸余咒道，即彼所修空性当令倍复增长。亲能饶益有

情之佛诚是色身而非法身，色身实由福德所成。然若未得法身即亦不得色身，以是法身亦应证得。汝若修习福德资粮，何故不修智慧资粮，理无别故。若谓亦修智慧资粮，以有通达无我真实见故。此不应理，以汝不许修无我见倍复增长，唯具正见不能圆满成佛之智慧资粮故。若不尔者，则应生起次第，已得了解能依所依曼陀罗义，不须更修即能圆满福德资粮。若谓修习正见为于实义遣除邪执，获得无谬见者，即彼相续更无于真实义颠倒妄执邪分别故。此是未辨分别俱生邪执之别。若时正量所引真实义见作用未失，尔时虽无宗派所计虚妄分别。然无始来，不待宗派所转俱生我执犹未遣除。若不尔者，则得真实正见无间，一切见修所断皆应顿断，生起次第亦应不劳修矣。以是非唯了解无我即可断彼诸障，须于见所决择真无我义数修现证。应知《中观论》等决择无我义时，破内外道，非唯破除宗派邪执。障解脱者是俱生我执故。若唯宗派妄计而为障碍，则诸未为宗派转者应无解脱之障。然若欲破俱生我执之境，必须破斥妄计实有诸宗，以彼成立实有性故。故《中论》等破内外道计实有者，是破俱生我执境之支分。彼论决择之无我义，亦是破除俱生我执所显。仅得彼见虽不能遣俱生我执，若更修习则能遣故。

子二　破离生起次第说唯圆满次第成佛分二：丑一　述宗，丑二　破执。　今初

《心庄严论》又云："又空慧婆罗门、迦湿弥罗光明论师、庆喜金刚、悉昙迦惹居士、吉祥狮子论师、光明金刚、大乘祥群苾刍、善施贤、青裙大师、胜足论师、宝论师、贤友波罗门、欢喜苾刍尼等，说修生起次第及诸行等，是为破除断见，及明以缘起因成缘起果，并为方便摄受世间怖畏甚深义者而说。正等觉者是无二智不可思议，非从不顺因生。此中空性不可见相，不可思议断诸戏论，诸瑜伽师由自意乐说于世间具殊胜果。"此出他宗。胜足等三，前派已说而今复说，疑书有误，应更考察。彼等弃舍生起次第及诸行品，说欲成佛唯应修习圆满次第。由何所见而作是说。实无正理，仅依相似道理及昧经意唯依于文而作彼说所依理者，彼谓所得正觉，是无分别无二妙智，故得彼之方便，理亦唯应修无分别。由修生起次第行等有分别事，不得彼果，以有分别是所断故，修有分别唯生随顺分别果故。若尔佛说生起次第及诸行品应不中理。彼答，宣说彼法所为之机，盖是怖畏甚深空义世间有情，此为方便暂摄受彼众生而说。又此宣说诸行，为除毁谤染净因果之断见故。宣说生起次第为显由天瑜伽、诵咒、护摩、及药物等缘起，成就息灾等法，剑丸等悉地诸缘起果故。一切垢染对治，是证空性离诸戏论，诸瑜伽师唯由修此修至究竟，得殊胜果。是故唯应修此，何劳修余法为。所依教者，如《金刚空行》第五十品云："如世诸仙人，造诸声明论，自心所动转，士夫假造事，唯

随相续转，策励而生苦，是故勤励行，坛等事仪轨，远离于解脱，士夫唯烦恼。"《结合第二观察》第四品云："能引共悉地，修及三昧耶，身像并慢心，咒印复何为，由本尊加行，即能证所证，佛果最究竟，三地如虚空。"前经破生次第，如《律生释》所引。又修生起次第，且不能成正三摩地，况能成佛。以此由多分别扰乱身心，三摩地是心一境故。虽多修习稍可明显，如多贪者爱女之相，是一刹那非能长久。假立瑜伽，较诸世间假法尤为虚幻，如修骨锁。故错乱想于胜成就全无所益。此是宝铠述敌方意。此有二派，一谓修胜成就，全不须修生起次第。一谓利根不须，钝根须修。

丑二　破执分二：寅一　正破，寅二　断诤。　　今初

通达真实离戏论慧，虽是成佛无二智之亲因，然唯修彼，任经几久终不能至最极究竟：以离方便支故。譬如种子虽是苗芽亲因，若离水肥等缘终不生苗。以是通达空性之慧能到究竟要待方便，方便能到究竟要待空慧。此是大乘共轨，尤于密咒大乘二身之因，要修空性与天瑜伽二相之道，前已数说。

又修分别若定不能入无分别，则修分别。所修之境，应定不能明显。以彼境相明显与缘彼境为有分别，二相违故。正理王（法称论师）云："分别所随逐，则义非明显。"以是若极明显不杂时处，不能成立为离分别，则诸外道许诸根识为有分别，应不能遮。若修分别不能明显，则多贪者数数作意可贪境界，应不能见彼相明显，而起捉触等事，及于鬼等极恐怖者数数作意，彼亦不应显见彼相。正理王云："不净遍处等，非实而修习，说修力如化，无分别明显。"论谓经作是说，则应诽谤如来经典。又对不许有解脱之外道，成立可有瑜伽现量因之同喻，外道尚不否认而今否认，则对外道成立有圣者之能立，失坏无余。故于修境令其明显，不论境之真妄，唯随修习而转，正理王云："故随其实妄，凡能善修习，至修习圆满，明显无分别。"《遍行》第十一云："随于何种法，诸人正作意，由此成彼体，同杂色摩尼。"若许久修分别境能明显，则已成立离分别义，纵不安立无分别名，亦唯言说有异。若谓境相明显虽离名义分别，然犹未离二相分别，非无分别。若从二相分别定不能生离分别心。乃至未得圣果已还，一切心意皆是二相分别则从资粮加行二道，定不应生无分别智。如《辩中边论》云："三界心心所，是虚妄分别。"又圣菩萨诸后得智，亦有二相，彼等亦应非成佛道。又说不从不顺之因生不顺果，因果随顺义何所在，若谓无分别果定须先有无分别因，则应许从无始生死，即有无分别因。若谓佛无分别智因，是于道中即须先有通达真实无分别智，修习生起次第之心未证真实，故破除者。许生起次第位全无通达真实之心，极不应理，至下当说。若以修显色等相状生起次第不证真实，故非修胜成就之方便者，则应未证空性全无成佛方便，是为大失。又说生起次第不能成就

三摩地者，凡有善性心一境性，无论久暂，皆是三摩地摄，故许全无三摩地者不应道理。若谓不成奢摩他者，设以彼理破是成佛之道，最为错乱。如于慈悲及菩提心，亦以多相观察而修，斯类非一。然修生起次第非皆观察而修，俱有止修观修二故。此及发生明显久住之理，至下当说。《金刚空行》五十品云："为证真加行，当修假加行，及以假念诵，若证真加行，假行为外事，证真加行已，不应修假行。譬如乘船筏，能渡河彼岸，到彼则应舍，假行亦如是。曼陀罗等业，由假心所造，于初发业者，赞显诸外事，非于明佛者，悉地皆住此。"其后乃云"如世诸仙人，造诸声明论"等。此是未得坚固圆满次第，必须修习生起次第，坚后乃舍之据。引为修胜成就初发业者，皆不须修生起次第之据，等同呓语。即以筏喻亦可了知，到河彼岸虽应弃舍，未到彼时须依止故。

圆满次第是无造作坚固证德，非如生起次第造作修空及天瑜伽。安立生起次第"非于明佛者"，谓非唯以风息猛利瑜伽便名圆满次第。经于初发业者称赞生起次第，故于初发业者彼极重要。《五次第》与《摄行论》说，生起次第未到究竟，一切皆名初发业者。前说勤修坛场等业远离解脱，及说士夫唯烦恼者，是说不修空等圆满次第，唯修能依所依诸天瑜伽，唯增疲苦，终不能得最胜成就。《结合》与余类似诸经，皆应作如是知，经中多说修习生起次第一尊功德，如《结合》第二云："行者如是修，等金刚萨埵。"修生起次第能给胜成就，教证无边。若唯依教成立，如前诸经可广引说。

断彼不须修习生起次第疑已，次应明了显示。《第二观察》第二品云："说满次瑜伽，其乐为大乐，不修满次第，生次第何为。薄伽梵告曰，希有大菩萨，由信力失坏，无身有何乐，不能说安乐，如所遍能遍，乐遍诸众生，犹如香在花，无花不知香，如是无色法，乐亦不可得。"此问初发业者不修圆满次第，而修生起次第何所利益，以彼大乐俱生，即圆满次第瑜伽故。答云，汝由修解圆满次第之力，失坏生起次第。次乃成立生起圆满如花与香为能所依。心证真实是修圆满次第而成，身成色身是修生起次第而成。身是心之所依，故说彼二为能所依。即在道位亦有随顺能所依也。即如上根补特伽罗现世成佛，若不许有初发业位，应如支那堪布，许有顿悟众生。若许有者，说彼成佛不须生起次第，则违一切密咒教典。若谓往昔多生已修密咒之机为上根人，说彼不须修生起次第者，是失时处之谈，以此是明入咒初业渐修道时须否初次第故。又于彼机，亦可舍置多种圆满次第道故。此如观察成佛是否须从资粮道起，而答证初地者不须始从资粮道行。提婆菩萨特破此执，如《摄行》云："金刚弟子问曰，我等异生从无始来贪著种种外事，执有执无，非有非无，执一执异，孰俱非俱，及常断等，由习气因执著分别，学习圆满次第三摩地时,为当如次渐修学耶,为唯以师教授,一刹那中皆顿学耶。金刚阿阇黎答,当渐修学,非能顿学。"次引多教证成渐学。又说先学佛乘意乐,次乃学习生起次第。总之若说第一次第非是成佛必经之道,则亦应说下三密部全无殊胜咒道不共波罗蜜多大乘。诽谤下三部教与无上部多分教典,如是咒师实属罕见。凡说波罗蜜乘上根所化不须修学施等波罗蜜行,而有成佛之道,与说咒乘上根所化,不须修学第一次第,而可成佛,此大邪执二无差别。善能融贯佛经前后文义智者,皆当远离。以彼下至诸大论师于修法等名为胜乐修法,欢喜金刚修等立名之义,亦未知故。语自在称与宝论师,于彼《七支论疏》,及《律生疏》,广破彼等邪执,恐繁不录。

寅二 断诤。

如《无垢光疏》云:"如来所宣说,种种分别道,十六四差别,离道不能得。生次第说咔,泮等离分别,即次满瑜伽,彼非余修法。"又云:"修色等分别,曼陀罗轮等,成世间悉地,岂有大成就。"此说离于圆满次第,无余成佛之道,及说生起次第唯成世间悉地,无胜成就。又说修主尊时无东方等诸尊,如是亦无面部标帜等相。次云:"故瑜伽师为修大印悉地,不应修诸分别。"以由分别心无曼陀罗轮为因,故说为成佛故,不应修学生起次第。若谓生起次第是成佛道,则与上文有相违失。答云,是汝未解教义妄说。其第一颂,是说若离十六欢喜圆满次第大乐之道,唯修生起次第不得成佛,非说成佛不须生起次第。第二颂说无余修法,准是应知。所说生起次第不成大悉地者,是破唯修能依所依诸尊身色首臂等相展转增长,修至现显坚固,即为成佛之计。谓此仅能成共悉地,不成最胜,非说成佛不须生次第。如《无垢光疏》云:"若现证遍处界或一曼陀罗轮,即能现证三界及一切智等者。尔时不应为得一切智果,而再现证一切智、道智、道相智。以现证遍处或一曼陀罗,即能成正等觉,更不求得声闻独觉及诸成就。"又云:"诸瑜伽师,若除福德智慧资粮,唯修蕴处界等为曼陀罗轮相,由修分别增上力故便成佛者。则应余少福者,除福资粮,但自思惟我是国王,即能成就。然无此事。"此破不修福智资粮,唯修生起次第证曼陀罗便为成佛,最为明显。故若不修余道唯修生起次第,仅能成共悉地,不能成佛。《大疏》之中亦数宣说,故不应说时轮教中破生次第为成佛道。言便能成佛者,义谓汝许尔时为佛,非破依彼而当成佛。如《大疏》云:"有作是念,由修习力,蕴处界等成曼陀罗轮相,岂非佛说彼即成佛。"又云:"然彼失坏一切智道,彼由邪慢所覆,自谓我是具足十力金刚萨埵。此非十力,此是十力违品极大愚痴。此瑜伽师所得佛果,从来未有最极罕见,以具一切障故。"谓于尔时便得佛果,是大愚痴成佛违品,具足诸障而许是佛,诚为昔所未有,是可笑处。《大疏》中说为得大印悉地,不应修习生起次第分别，以修主尊时无东方诸尊等相为因。藏地诸师即以此理谓一心中不能俱现诸尊支分，不能全修曼陀罗轮，故说非修胜悉地之方便。此极非理，纯相违故。若果尔者，则别摄等诸支，随修一时无余可修，应亦不能俱修六支。应非为得大印悉地所修。又自安立彼理而复破他，说所立时无因可立，理相等故。又彼所许，与《般若经》及彼教授《现观庄严本释论》中，敌者所说前发心时无后白法，后时亦无前时白法，得大菩提不应道理，同一宗要。以是应知彼因之义，疏说若何刹那修主尊相，则彼刹那不能修东方等诸尊。是说修右面时不能即修左面，非说现起右面之心不现左面。正理王云"二分别心不顿见。"谓二分别不同时生。然一分别有二相现，现量极成，如观杂色之心。若不尔者见眼之时见鼻相违，见眼中时与见二边亦应相违，则分别心应无所见。《七支论释》中说，见人前时，不见后及内藏，应不能见女等。又屋柱等亦然，应无房屋可知，以如是等众喻而破作是计者。《律生释》中亦广破斥。修右面时，纵许不能修习左面，然依彼理云何成立生起次第为胜悉地所不应修。答曰实尔，然彼经论意趣，是破通达诸法真实，非破是修大印悉地方便。作是破者，以前疏中所述敌者，谓修天轮明显现证，以五蕴为五佛，诸界为佛母等，便许成佛。彼宗不许别有通达诸法真实之道，然复不许未证真实即能成佛，故许唯修天轮即是修真实义。今破彼执，如汝所宗，为得大印悉地，仅以分别而修曼陀罗轮，实非能修胜义真实。论出"无一切故"因者，谓于所修，唯应渐修不能顿修。成立彼时，谓修主尊时无东方等尊，修右面时不能修左面等。成立决定，谓修无我真实诸所修义可顿时修。

若说如是许者是时轮宗，则与《大疏》所说诸品次第，成相违过。与明所为究竟所为亦犯相违。与释七灌顶果，现证曼陀罗轮此身即成七地自在，未得此果离十不善，死后余生当证彼果，是由福德资粮而证，亦成相违。如是教证文繁不录。

若谓无二无分别智，不从异类分别因生，生起次第分别瑜伽，非成佛因。《金刚藏释》亦作是说，如汝所破云何应理。如云："从同因生果，一切皆共见，非从㤭札跋，能生粳稻果，从有分别因，生有分别果，从无分别因，生无分别果。"答云无过，彼义盖谓如㤭札跋种子，不可作粳稻种，唯修能依所依天相生起次第，非是无分别智亲因。非破生起次第能为无分别智助缘。譬如水肥土等虽非麦芽亲因，然生麦芽定须彼等。即前释论亦云"初为修治田，下㤭札跋种，后于所治田，种粳稻种子。"此以先下㤭札跋种善治彼田后下稻种为喻。次云"于人清净田，下无缘悲种，由是故能生，空性如意树。"谓以生起次第清净田已，次修无缘大悲大乐圆满次第，果易发生。故彼文是定须先修生起次第之据。如是分别非说任何分别，其无分别亦非全不思惟。谓得佛无二智,须先修不分别二种我相,了达无我真实之道为同类因。故与彼释"于深广诸法,舍离善根性,我宣说可意,印坛及咒等。未来诸论师,有是魔眷属,说印坛咒等,是佛金刚心。"亦不相违。以初颂义,谓于暂离圆满次第善根咒所化机,为说生起次第。非谓凡说生起次第之机,现世定无发生圆满次第善根可能。第二颂义谓如前引《无垢光文》,唯修天轮瑜伽,至彼明显便为成佛。说此论师是魔眷属。《金刚藏释》引《喜金刚根本经》云:"由见三类人,堕入分别网,如如能度脱,说彼彼方便。分别习气缚,先说分别轨,知分别自性,方入无分别,所说坛轮屋,及生起诸天,召智与灌顶,如是轮及脉,界性诸风息,为令愚夫入,故世尊宣说,了义观余处。坛轨及诸天,召智与灌顶,观所修身界,不知喜金刚。"此明了说先修生起次第,次修圆满次第。若不知此,偏依一二宣说生起次第是不了义与戏论法之教,便舍彼而不修。则如此说"界性诸风息"乃至"不知喜金刚"。有多经论亦说脉息空点瑜伽,是不了义是戏论法,彼等非为上根补特伽罗而说,则应彼等亦非咒道成佛必修之道。若尔究竟可修之道,唯是心不分别枯寂而住,便当弃舍一切佛经。是故有说波罗蜜乘所说行品是不了义是戏论法唯应修空,及说密咒生起次第修持念诵是有分别是戏论法是不了义,若知了义则不须修。如是二说全非真实,诸有智者应远应舍。应于方便智慧双运转道,生起圆满双运转道,渐次修学。了知永离戏论中道深义,依止诸三昧耶,趣入双俱二理大车轨道。故《心庄严论》云:"暂见一分而趣入者,非于正等觉道能获定解。应于彼分离见而住。正见之理,谓当通达离诸戏论,于生起次第圆满次第三摩地渐次修学。依止诸三昧耶,了知渐修诸行,即于大乘发生定解。金刚持道证真实已乃具欲尘修道次第。应正受持如此二理。"此是叙述如前二派敌者,次出自宗之义。

癸二　不离二次第之修法分四:子一　二次第之名义,子二　二次第之数量,子三　二次第之次第,子四　二次第之修学。　　今初

藏中先觉有谓龙猛师资正以凡常生死为生起与圆满,彼由次第而成次第而灭,是为次第。故所净事是实生起与实圆满。如次而修能治之道,是假名生起与圆满。此如《摄行论》云:"生名世俗谛,死名胜义谛,师恩得二次,此是未来佛。"

彼非龙猛师资所许,生起次第之生,不许即凡夫身由自因而生故。《摄行论》文之生,亦非说是生起次第。当如《明炬论》说"别说施设与圆满次第之方便。"生起次第多次说名施设次第。故是由心施设或是由心生起。非以大种生起得名。又彼《摄行论》文之前,说若究竟生起次第,已得圆满次第未及修行,则当于正死时证胜义谛,死后生时起于幻身俗谛,随其愿力如是成佛。是知

彼颂所明，追述前文释二次第，非说生死为二次第，若不尔者，赞二次第由师恩得是未来佛则为无用，以诸有情已得如是二次第故。若引彼教，证瑜伽师死时与光明合，生为幻身，应许彼二俱是圆满次第。

有云："《菩提心释》说圆满义谓无增进，即胜悉地，修此之次第名圆满次第。由能渐生胜悉地故，于共悉地说明生起，修此之次第名生起次第。是由果法立名。"

彼诸论中虽多宣说圆满次第修胜悉地，生起次第修共悉地，然彼生起圆满之名，未见作如是释。依毗嚩跋与种毗跋专就道上立名，最为善哉。以释生起次第道位圆满次第之义，唯就道立，如寂静论师云："次第，行相，分，品是诸异名。是谁次第，谓瑜伽者。"确定二次第名所诠之事，以及确定释名之义，后者尤难。以若定解此中深义，则能分辨生起圆满不共差别。诸大论师皆未明了广释名义。又二次第，《金刚空行经》中亦别名假瑜伽与真瑜伽。《春点经》云："舍假曼陀罗，诸假护摩业，及诸假修道，诸假念诵法，此一切假法，由性瑜伽舍，善行外假事，为证自性故。"并说筏喻。是故生起次第，或曰施设次第，或假瑜伽，皆是第一次第之名。圆满次第，曰非施设次第，曰真瑜伽，皆是第二次第之名。生起等三，谓是由心生起施设虚伪。所待圆满，即非由心施设圆满成实。

若尔，何为由心假设非假设耶？答云此二次第，虽各自依方便，修成完具天身，然其修法不同。生起次第，从音韵诸字及所生日月，或从种子及标帜等方便，自身生为完具天身。唯是由心生起假设。圆满次第，则依音韵诸字及日月等所表法义，由于二界及风息等调柔之力，现证明相增长近得三智，由此增上唯从风心现起幻身。如此完具天身，非是由心施设假造。以是生起次第完具天身方便是心假造，从此方便所生天身亦是假造。圆满次第完具天身方便（脉息空点瑜伽等）非心假造。由此方便所证空性及彼所起天身亦非假造。《摄行》依此密意说云："始从生起次第，至身远离三金刚等，亦唯增上胜解其相，故身远离亦无天身。"此谓未得幻身以前，三种远离与生起次第时，唯除由心胜解天身无余天身。以是三远离之天身，虽是圆满次第所摄，非实智身。设作是念，若尔则应唯以字等所表法义及风点等瑜伽圆满次第方便生起天身，何用字形标帜与日月等方便而生假天身为。若云非尔，若未修习假立方便，不能圆满真实方便，故若未修假方便生，亦不能证真方便生。依此密意宣说如前筏喻，譬如彼岸有施主家可受饮食，有水间隔不能往受，当乘船筏而往彼岸。如欲受圆满次第饮食，有凡常境执水于中间隔，不能受用，当依生起次第船筏，度越凡常境执彼岸。又如船筏但是能往彼岸方便，办饮食等须余方便。如是生起次第唯能成熟相续引生圆满次第，其能成办圆满次第空与天身诸受用事，别须风息点瑜伽等方便。此中显示生起次第须到究竟，然唯生起次第犹非圆满。生天身之瑜伽，虽皆有以字形标帜及月轮等引生方便，然若以彼方便表示引生猛利空点等诸瑜伽而作成熟相续最胜因缘，唯无上部乃有此义。若于如此方便说名生起次第，生起次第即非下三部中所有。彼根本经若时说有生起次第，则于彼金刚句，可作了不了义二种解释，故亦应许俱有生起圆满次第。此是《集智金刚经》规，如《明炬论》应当了知。

二次第之名义，《欢喜金刚经》释《珠鬘论》云："由真言标帜等次第，生起天相，谓瑜伽之生起，何处有彼，彼即生起次第。圆满者谓俱生，行者本性俱生，信解为真实性，诸瑜伽师何处修彼，即是圆满次第。"前者如上所说，后者但是圆满次第一分，以亦有天身故。其次第者，如彼释说"行相或分或品。"非说时间次第。善根金刚虽云"言生起者由月等生故名生起，余谓次第。言圆满者谓大空智，由于方便圆满有彼，或由圆满彼故功德圆满，名曰圆满，余谓次第。"然以前释为善。

子二　二次第之数量。

如《集密后续》云："诸佛说正法，皆依二次第，谓生起次第，及圆满次第。"说道决定为二次第其理云何。二次第中各有现品天轮及空性法，故非由天及空而定数量。此二次第决定之理，如《集密后续》云："由共胜差别，许二种承事，共由四金刚，胜由六支分。"谓所得果现前究竟有二悉地，故能成彼果者决定有二次第。"共"有二义，一者因共，谓初次第，于修胜成就及八大成就皆须生起；二者果共，谓八大成就等悉地，通为二种次第之果。彼续文义，如《明炬》云："上说由四加行次第，已令金刚萨埵欢喜，今当说以六支次第圆满大金刚持。"谓令金刚萨埵欢喜圆满二事决定，故二次第决定。初义如《明炬》云："如是恒常四座修学，成熟善根，证金刚喻三摩地已，即于现生获得大印悉地。"谓如上说成就众多殊胜因缘成熟相续。四加行者，即是四支承事。

子三　二次第之次第。

要由生起次第成熟相续，乃生圆满次第，若未以此成熟，圆满次第虽有少分可生，然必不生能入胜道圆满次第。故经多说先修生起次第，次修圆满次第。如《金刚空行经》说如筏喻，《解脱空点》与《春空点》亦如是说。《二观察》后《观察》亦云："由生次瑜伽，行者修戏论，知戏论如梦，彼成无戏论。"《五次第》云："善住生次第，欲得满次第，佛说此方便，次第如梯登。"《摄行》亦云："诸初业有情，转趣于胜义，正等觉说此，方便如阶梯。"种毗跋云："善慧先应修，生次第手印，音咒悉清净，定不离正念，具足一切甲，善慧次应修，刹那具一心，修圆满次第，以此离三有，恒思俱生乐。"是故未教第一次第，便以第二次第引导，显违一切圣教，故若至心欲修大瑜伽道，先应生起第一次第。然于修时，为未坚固第一次第第二次第全不修耶，为上半座修第一次第下半座修第二次第耶。龙猛师资许如前义，《摄行论》云："若时已学佛乘意乐，尔时应于新乘学一念三摩地。若时已于新乘学一念三摩地，尔时应学分别瑜伽。若时已学分别瑜伽，尔时应住初发业三摩地。若时已住初发业三摩地，尔时应入百部差别。若时已由百部差别知身远离，尔时应住身金刚三摩地。住身远离，应由阿利、迦利入语远离。若时已由金刚念诵次第了知命力，尔时应住语金刚三摩地。"此中扼要宣说已学第一次第，乃学第二次第，第二次第之中学前前已，次学后后。铃论师与毳衣大师《胜乐修法》亦说"如是殷重相续修习令心坚固，应修满次第三摩地。"燃灯贤师分初发业作四位学，故可了知亦如是许。藏地大咒师中如果译师及其徒众亦如是许。然苗原论师与玛跋译师善学密部之流，则许上半座修生起次第，下半座修圆满次第。

此道次第最为重要，若有错误，任何勤修全不生果，或于所生相似非真，虚废时日。若能善知次第无乱，则随所修皆达扼要，正修之道易生，由彼力故果亦易成。总之修习圆满次第，初发业者或能不能，其能修者，若未坚固生起次第而修，虽非不生随顺功德，然不能生如彼已以第一次第成熟相续之所生者。若见弃舍生起次第，亦可生起，风息及猛利等随顺功德，即舍生起次第专行彼等，失道宗要，实为不可。若于第一次第未坚固时，修此为主，兼修风息及猛利等，则无大过。若唯修于空性，则共波罗蜜多大乘。若兼修天瑜伽则下三部亦有。然彼等中皆无圆满次第。故说唯修空性，即修圆满次第，误之甚矣。故于第一次第亦须修习空性。

观慧精进船筏小　　复无知识智商主　　未见密咒教法海
欲一分道而度越　　破彼光显智者喜　　龙猛大车善妙规
二种次第渐生起　　以具足道往佛地
密宗道次第广论卷十六终

密宗道次第广论卷十七

明生起次第品第十二之一

子四 二次第之修学分二：丑一 学生起次第，丑二 学圆满次第。初中又二：寅一 总立生起次第，寅二 别释现观次第。初中又三：卯一 生起次第之对治，卯二 生起次第之差别，卯三 尔时云何修空性。初中又二：辰一 明所断事显破彼理，辰二 明修显了及安住规。 今初

生起次第不共所断，谓于能依所依现凡常相，及于彼执凡常之慢，如《幕经》十四云："为破凡常相，故说当正修。"《摄行论》云："诸蕴处界，从无始来住凡常慢，为显彼是一切如来微尘所成体性。"此述经说，由无始来于五蕴等住凡常慢，其能对治谓修蕴等为佛。此虽是说身远离位，然与生起次第不共所断相同。为遮如是境执，故于能依所依修殊胜相，唯是咒乘胜法，波罗蜜多乘之所无。对治凡常境执，说修生起次第，所依为宫殿，能依为诸尊。是故应修所依宫殿能依诸天之相，遣凡常相。应修自是不动，或毗卢佛之见，遣凡常慢。除凡常慢成天慢者，如于降智尊时，忘自我执，起是天想。次应改不动毗卢等假想，转成天慢。此时有生真实天慢而能所依不明了者，有能所依明了而无真实慢者，有俱有者，有俱无者，共有四类。如《总论》云："初发业者，入曼陀罗得三昧耶律仪灌顶，为离凡常慢故修四座天瑜伽。"余论多说"除凡常慢"。故对治凡常慢，以修能依所依曼陀罗慢为主，遣凡常境修能所依殊胜之相，是彼支分。所断之凡常相，非五根识所见情器，是于意识之所现者。言以生起次第断除彼相与凡常慢，非如出世间道永断种子，亦非如世间道损害种子伏其现行。若尔云何，谓若无余违缘，住能依所依曼陀罗慢时，便能转成如所说慢，明想彼二曼陀罗时，如所明想能极明显。于意识前遣除凡常境相，即是伏除凡常境执。然非片时略伏，要极坚固。

如金刚阿阇黎以如是理先善承事，于修地规敕魔等时，宣说"我胜金刚持"等，以自修金刚持等慢，乃生彼彼真实天慢。若非尔者，唯成语言慢耳，故先承事极为重要。非唯语言之殊胜慢，要由先修唯言假造之慢而生，是故先应于彼勤修。多修习住天瑜伽时，眼等诸识不现余境，是由意识专趣彼义，令眼识等退失等无间缘之力而暂不生，故暂不现青等余相。非由生起次第破彼等相。此如正理王云"由识著余境，无力取他义"。故若于意识前，能以胜相灭除凡常等相，即能办所为果。虽于事实未成本尊，若能发生真实天慢，所为之果亦能成办。

辰二 明修显了及安住规分三：巳一 修几现观，巳二 修显了法，巳三 修安住法。 今初

修学生起次第，为如修学圆满次第，修一一缘前坚固已转修后者，为于一座前后一切俱时修耶。于一修道补特伽罗，就生道位别为四位。彼四各修几许，及如何修，皆应了知。燃灯智云："早起皆如前，善诵为初业。已略降少智，具咒戒禁行。加持眼身等，中间善策诵。一切种圆满，能为收放者，得少智自在，昼夜修瑜伽。正得智自在，刹尘三胜轮，天身如影像，作利众生事。"此中初发业者乃至得少智自在之一分，是生起次第位。正得智自在者，已达圆满次第高上之时。

第一位时，须圆满修修法所说生起次第一切仪轨，如寂静论师云："善诵为初业者，谓初业者，应依一切仪轨而正持诵。"持祥论师亦分四位，说第一位俱修四种瑜伽。《穗论》第十二云："初发业瑜伽师，乃至本尊粗支如现见事，于三座中修四瑜伽。"如《四百五十论释》云："粗分身曼陀罗须臾现前，略降少智而住。从最初修，乃至粗分身曼陀罗未能须臾一切毕现，一切皆是初发业者。"《五次第论》与《摄行论》，乃至究竟生起次第，一切皆名初发业者，是待圆满次第而立。此中是就第一次第分位立名初发业者，故不相违。次略降少智者，如《四百五十论释》云："粗分身曼陀罗若能须臾现前，而微细地藏与身金刚等犹未现前，具足咒戒及诸禁行。由得彼力，名于智慧略得自在。"此与本颂"略降少智"义同。此中粗分谓彼曼陀罗中所立诸尊。细者谓彼诸尊眼等处内所立诸尊。所言粗分须臾现前，非如初发业时，要由次第明想彼等，乃能明显，不尔不现。随所想时彼尊一切支节皆能顿现。此非暂现及有时现，即为满足，要得坚固。如《穗论》十二云："若得如所说相于初瑜伽令心坚固，即于少智略得自在，应修须臾变曼陀罗。"修现观时，粗细二尊，虽非修有多寡，然粗者易现而细者难现。例如主尊曼殊金刚之眼，与彼眼中地藏全身，明显有其难易。此处虽未明说宫殿，然亦要能须臾现前。

若乃至地藏等未能现前，皆立为略降少智者，则与《札拏经释》所说乃至

能见细身有相违失。彼说"若时已见粗支,乃至现见微细身金刚等,名略降少智"故。答云无违,说微细身渐次明想虽能显现,未得坚固顿时明显,即立为略降少智故。若尔此与初发业者,修现观法有无差别。答曰有别,如《四百五十论释》云:"彼于一切座间令曼陀罗须臾现前,加持眼等身等,随令欢喜,供养称赞尝受甘露为先,应慎念诵。"此时亦须分座而修,故云"一切座间"。于每座中如何修者,论云须臾,谓能依所依曼陀罗现前及加持诸处等。修法自体虽与初发业者相同,然如不动,三面诸手及足目等一切支节,不须渐诵渐想,皆能顿时忆念,是故语中所诵与彼随言所修,其量多寡有大差别。然修微细天身,仍须次第明想徐徐而修。言随令欢喜者,谓修父母等至胜曼陀罗。论虽未说召入智尊实亦应修。若如此者,云何《札拏释》云:"从护四座,至最加行须臾明想,于大瑜伽恭敬修习。"答云此由曼殊金刚修法,于生果位金刚持后加持眼等。《札拏》修法,于生最胜曼陀罗后加持诸尊眼等,故有差别。然于细天殷重修习则无所异。

得少智自在者,如《四百五十论释》云:"若一切种由能圆满收放加行,令曼陀罗须臾现前,故名得智自在。此亦由得降智乃有,未得则无,故名为少。"此通二次第位,始从细身须臾现前,乃至未得正智自在,皆此位摄。"此亦"等者,谓初业者,必须先修前前,乃生后后。即破天竺有说利根修行不须此等次第之执。《律生》第三虽云"修生次第坛,钝中根应思,利根刹那相,唯心曼陀罗,刹那相瑜伽,修圆满次第",然释论意,约彼先须渐明想时,名为钝根。次能一时圆满现时,名为中根。次能俱修圆满次第曼陀罗时名为利根。犹如一人幼壮老位。依一行者,修习浅深次第,作是安立。如云"此钝根等差别,可明一人修行次第,如约一生分少壮等。得亦多人明此差别,如待他人有幼壮等。"于此等文,若不善解彼义,则执初业利根,不须生起次第,而即弃舍。是故就修胜共悉地所立诸根次第。及于一一补特伽罗,就生智德分位所立诸根次第,应善分别勿使杂乱。虽诸细天支节等事能须臾现,若未坚固仍是第二位摄,至坚固时为第三位。如《穗论》十二云:"若于所修诸曼陀罗心得坚固,即是得智自在。能由收放广利众生,以菩提心为先随证法性,应除微细诸垢。"此说得智自在须心坚固。《札拏释》云:"若自在见身金刚等如掌中果,彼即于智获得自在,不定时限,应修下说圆满次第。"此说得智自在须自在见。前说证菩提心除微细垢,与此说修圆满次第,二义相同。说至此位不须定分界限,故不更须日夜别别新修现观。然于此位仍须修习生起次第,如《四百五十论释》云:"此瑜伽师为欲增进究竟果故,应当日夜修彼瑜伽。"谓应修习粗细天身须臾现前瑜伽。非至此位生起次第便到究竟,此后尚应究竟生起次第,次乃修习圆满次第。

正得智自在者，《四百五十论释》中说，自利究竟，唯以静虑能利众生。《穗论》十二说，证此大印悉地，能作无边利益他事。此如《札拏释》云："次住空性，从定起已能如所欲加持现境。是名于智正得自在。又名解脱自在成所作事士夫。"

如上所说，生起圆满须渐次生，理极明显。余诸定量经论宣说此义，文证非一。故二次第定应如是而修。

巳二　修显了法。

生起次第于身生起之理，藏师有说"先于一尊修成坚固明显奢摩他已，次乃圆满修习现观。"有说"先圆满修四座现观念诵，再缘一尊一份，渐次修令明显。"然诸修法唯说圆满修习现观，无彼二说。就此第一次第，有修明显与次修安住二法，应别了知。若令境相明显，但于彼境数数作意，即能成办。正理王云："欲畏忧恼逼，及贼梦等害，见诸虚伪事，宛如现前住。"谓多贪者，数数作意可爱境相，现见彼境如在目前。是故引生明相，不须先修安住。亦不以未分分俱修而即不生。又生明相不必定修真实，随所修习倒非倒义，皆生明相，法性尔故。正理王云："是故正非正，随其善修习，修习圆满时，明无分别果。"续中亦说随思何事即成彼相，如玻璃喻。

初发业者，始从加行积集资粮，乃至收摄而修，于一一事皆修明显，然非唯现彼相，当起有力执持，行相明显任持天慢俱须修故。最初如其所应于短时中，始终心不沉掉，令所修心无间运转，励力学习，次渐延长。后每一座从始至终无沉掉碍，渐次学习。尔时因修未久智力未宏，多不明显。故以增上胜解为主而修。如《四百五十论释》云："此三瑜伽增上胜解为主，非以明见为主，以时短暂或力弱故。"此明显与天慢，要以观慧观择修习渐次生起，若由幻境忽尔而生，不可凭信。生起次第获得堪能，当随自心所想而现，非未想者，如想而现不越彼量，若杂幻境则于彼量不忍观察，故若先作是念当如是修，次观想时即于彼量能不增减，是为修行已得堪能。此于初修纵依彼量亦难成办，后久修已当如是观。修天慢法准彼应知。必须如是修者，如修无常与悲心等，若于各各所缘行相，由专修习渐生领受，则能随心所欲，明显所缘行相，皆能生起，若杂幻象忽觉彼心似甚有力，然自欲时则不能生。总之若修生起次第但是缘自为天，令成明显殊胜天慢，则下三部，皆有生起次第宗要，但修一尊亦能成办，则修曼陀罗轮悉成无用。故将所修凡常情器，修成能依所依曼陀罗轮，应如智者所解经义圆满而修，由此能成众多能治所治殊胜因缘，成熟善根引生圆满次第殊胜智德。成熟相续之力，须修四次曼陀罗轮，故于修法应数修学令其明显。生明显法，当如诸大论师教规，于一切分平等修习，一切明显同时引生，此力最大。如是学习圆满修法，纵于各别支分未得明显,然由仪轨圆满成熟相续亦甚有力,得明显时必于一切粗分皆发明显。梵典多说,生天法后次于所修修习疲乏,应修念诵。此为观修,为于天身心专住修。堪依教典皆未明说。彼时尚修令天明显,故以观修数数明想为主。此复初修天法,与念诵前修法完毕,及于彼能所依行相明想之后,当起是慢"此实是彼"。由说此时是将果位刹土眷属佛身等事持修为道,即是最胜念佛。故非于毗卢不动等,略忆身色首臂等相略起彼慢。应须胜解实是断一切障,具一切德之佛。由如是修殊胜明相天慢,任运皆生,如熟诵经。《珍珠鬘》云:"悉地谓心坚固,自身天相天慢于日日中任运而得。"以是由修彼二,每一大座从始至终,以成殊胜相慢之力,已能灭除凡常相执,尔后当修令心坚住。此就身心无新违缘而说。尔时不须自是彼尊之念全不间断,但由前生真实天慢之力,能灭我慢即足。譬如有人非人所附,虽或意散未起我是非人之心,然彼势力未退失时,亦不还生是彼本人之想。

要修几久诸尊乃能如现前事。《摄真实经》疏云:"三三摩地为先,若修六月或修一年,乃至金刚界曼陀罗,如现量见,应日日修。"此中所说修习时量,余处亦未宣说长于一年,故若善知修法,住三昧耶及以律仪,发大精进无间励力,不劳太久,曼陀罗轮诸尊,便得具显。譬如钻木,若不长恒猛进,中多休息,终不生火,故当相续而修。如吉祥勇《摄波罗蜜多论》云:"由无间瑜伽,应勤修静虑,若数数休息,钻木不出火,瑜伽法亦然,未得胜勿舍。"

巳三　修安住法分二:午一　于初二位修微细点,午二　于第三位修微细点。　今初

有作是念,初次第时,于粗细能依所依曼陀罗,数数作意,成明显相即尔便足,不须修奢摩他,以第二次第时,宣说脉息及猛利等瑜伽,多种修定之方便故。又若此时修奢摩他,应以细点等瑜伽修。《总论普贤修法》堪依诵典中说,于胜曼陀罗后念诵之前修行彼等,须以数数作意行相杂观择而修故。然彼等不成奢摩他,如前所引《修次第论》与《后静虑释》等,说彼已得奢摩他者,若过观择退失住分,尔时尚应修止,何况未得奢摩他时。吉祥勇师亦云:"应于一所缘,坚固意思虑,展转多所缘,意反生散乱。"此说若修静虑不专一缘令心坚固,展转多缘不能成故。

兹当正释,若唯数数作意修习行相,虽生明显,然不能得坚稳安住,如修爱怖所起明显。故唯转成殊胜明显以及天慢犹非满足,须能坚固安住。以无坚住则不能得灭除凡常境执真对治故,正为灭彼修生起次第故,其于粗细能所依曼陀罗圆满明显心得调柔定须获得奢摩他故。以是初次第时,次定当修正奢摩他,及以细点瑜伽而修。于微细标帜或微细点中,修能所依圆满曼陀罗者,非初发业略降少智二位所修,第三位中始能修此,以于眼等所立诸

天能须臾现，立为第三位故，于微细曼陀罗能令收放，说为得少智自在故。如云"一切种圆满，能为收放者，得少智自在。"点瑜伽者，智足师弟，说于自身智萨埵心中标帜上修三摩地萨埵。初发业者亦修彼事。修彼所为，如祥米金刚论师云："如是精勤修瑜伽师，若时心掉或复沉没，应如是修点瑜伽等。"谓于勤修胜曼陀罗等时，为遣心随沉掉转故修点瑜伽。是故初发业者修点瑜伽，非为修奢摩他，是破修习生起次第心生沉掉，于所缘境不能坚固相续而转之失。尔时虽未得三摩地于一所缘相续久住，然于修观灭心沉掉最为殊胜。此时又由持心细点，能遮风息向外散动令于内住，如如来金刚云："由于脐处修细音韵瑜伽，或于心等修习点等瑜伽静虑，能遮命向外转，故名命力。"故于上下二鼻或脐或心等处，修习细字及细点等强摄心者，由修习处与所缘事关系，渐为向内住息之缘。虽杂众多观择之境，然由渐次调息之力，能速灭前掉举等过，故不同于余论所说修学三摩地法。

若尔初发业与得少智位，修微细点其法云何。《四百五十论》云："心光所化佛，断自邪分别，令众生成佛，回入心种内，住心标脐中，于月心点形，修自意光明，由光鬘醒觉，善修智萨埵，意语身金刚，想光入心中，降自智甘露，次一切内心，毛孔放光明，普照一切处，圆满利众生。"此说修点瑜伽次第，谓于自心智慧萨埵心中，标帜脐内月轮上有种子，从彼光明化生诸佛，断除有情邪执二障，皆成正觉。次召请彼与种子合，彼种子点不异自心，具大光明。次由彼光渐照标帜内外，智慧萨埵及彼住处，身语意三金刚及彼住处内外。次想如光显照次第，仍复收回集前点中，降智甘露。后想自身悉皆光明，一一毛孔放净光明照触众生，若心沉没，想彼光明，乃至沉销应如是修。若心掉举，即缘细点令心专注，乃至掉息应如是修。此是祥米金刚所说。彼师又说除沉没已，数十次出入息，由彼收放次第，能觉智慧萨埵。此如《教授穗论》所说出息时修放光，入息时修收光。他伽那说"咒变为点"。或即修咒点之瑜伽。如《总论》云："生一切坛已，安住轮中央，次修细瑜伽。"此说修胜曼陀罗讫，复于主尊鼻端修细瑜伽。《明炬论》谓于上鼻端修细标帜，及于秘处鼻端修微细点，并于后者之内修能依所依曼陀罗。此复初二位时，但修微细标帜及点。第三位后，兼修细相之内二曼陀罗。《摄行论》说学一念后，当学分别瑜伽。《明炬论》云："于此芥子学习分别瑜伽，当思动与不动金刚萨埵。"此说于细标帜及细点内，修有动情界诸尊与不动器界宫殿，是在已学一念之后。龙猛派之已学一念，与智足派之第三位，其义相同。龙猛派于初二位时，若于上门修细相者，谓于鼻端，想主尊标帜蓝色五股金刚杵，量如芥子，缘彼专注。若于下门修细相者，观想父母等至，溶菩提心成微细点，于鼻端处量如芥子。此复沉没增上修上鼻端，掉举增上修下鼻端。

已说令心坚固方便点瑜伽法。别有于心修习之法，想三摩地萨埵光明，顺于阿嚩都底，溶化顶上大乐轮中之菩提心，仍由彼道入心间吽字等三摩地萨埵之点中，缘此摄心。余于脐间修习点瑜伽法，谓于脐心项顶四脉轮中，脉结孔内，依次明想"暗吽嗡杭"四字。次由秘处脉轮之风，吹动火轮。猛利自性阿字炽燃放光，溶上三字，降入脐间暗字，成无分别。当观俱生欢喜自性细点而摄持心。释迦护师亦说修细点形。毳衣大师说四轮字形色，由下依次，杂色向上，青色向下，红色向上，白色向下。又说修彼脉轮诸字最极明显，许为生起次第支分。

次云"如是修胜解成熟已"，释迦护云"修习圆满"。谓于上说所缘能摄心已，想从彼点放微细光，成一焰聚。次由彼光溶滴甘露，充满空点，光焰随息。次于空点令心专住，乃至见坚固相应如是修。若得见坚固相，想彼光焰照种种色，则观一切如掌中果，亦能速满妙三摩地。

心间脐中修点瑜伽，是无畏论师说。智足派于细点瑜伽，亦通母部，是第一位。第三位者，依《三补扎》《金刚空行》等经，于四脉论不立诸字，唯四主尊。

午二　于第三位修微细点。

如是于初二位，修习细点瑜伽心坚固已。次修曼陀罗诸尊及彼眼等处所立诸尊，善令明显。后于细相之内，具修曼陀罗法，《四百五十论》云："又修自细相，住明妃鼻端，自证能仁轮。"谓于明妃鼻端观想主尊标帜量如麦许，于中具修曼陀罗法。祥米金刚说于父母随一秘处鼻端。药足论师说于金刚摩尼瓶中标帜之内修曼陀罗。若心沉没应于上鼻端修，是为教授。若于明妃莲花标帜中修心生沉没，想自五股金刚中股，变成钩形，钩至明妃鼻端而修。是故修处无定。此中药足论师，说由自心种子放光，钩召诸佛，溶化成菩提心降至秘处变成标帜，于中而修。《教授穗论》亦说彼义，及前所说脐间细点降至秘处，于中修曼陀罗。彼二细相瑜伽处所，说金刚与莲花鼻端，随一即可。《明炬论》文虽明显说于细点修，及于明妃莲华中修。然彼二者秘处相同。祥米金刚说修细点瑜伽圆满，于标帜内修微细天。药足论师亦云："又者，谓修点瑜伽已，为令心坚固故复修细相。"此说第三位所学习，及于细点瑜伽串习得心坚固乃修细相。故龙猛派，亦从彼后，乃学上门细相，令心坚固。此坚固已，乃学细相收放。学习此后，相生为天学天收放。此后乃于密处鼻端俱修微细诸尊。又可先于上细标帜令心坚固，及于下门具修微细诸尊，此坚固已，次于上门收放标帜及于下门收放诸尊。生起微细曼陀罗法，《教授穗论》说须臾生，是为顿生。此若未坚固时，不修开放，若得坚固相已乃修收放。一切皆同。相者，寂静论师、药足论师、祥米金刚、他伽那等，说见阳焰及轻烟等五相。《明炬论》说坚固，谓所修金刚等安住不变。《摄真实经》，亦谓先修粗显诸尊瑜伽圆满，后修细相。量者，《真实光明论》说细相坚固应修两月，收放应修一月。此约缘微细相修奢摩他而说。以是于初发业及降少智二位修细点者，正为修现观时断除沉掉。其于串习细相令生坚固修安住者。是第三位所修应善分别，以修细点所为，界限，如何修法，是初次第中最胜教授故。释迦友说上门细相坚固，即得身心轻安。《瑜伽》等论多说彼在获得奢摩他时，故于尔时成奢摩他，次以观慧数修收放，如余论中缘尽所有性修毗钵舍那。由如是修，能得止观双运胜三摩地。如是瑜伽已得坚固，即立彼为究竟生起次第，《集密》二派共作此说。

无上部中缘微细点善持心时，左右二息不向外转于内安住，依此诸界由顶降注，引生大乐，心离沉掉，安住所缘生三摩地能久住等，恐繁不录当从师知。

卯二　生起次第之差别分二：辰一　明四支与四种瑜伽之总颂，辰二　明六支与三三摩地之总颂。　今初

能摄生起决第总颂，《集密》中说承事修行四支差别，如《集密后续》云："一切瑜伽续，瑜伽师恒赞，承事法第一，第二为近修，修行是第三，大修行第四。"初承事支又分四法，如《集密》云："应修承事定，胜菩提加行。"所说二次第中承事之义，如《明炬》云："由是承事乐解脱者所应学故，名为承事。"药足论师说是近义。承事支中别分四法之承事者，梵文训诂，含有所近与所缘义。《明炬论》中于总标时说是真如，但广释中缘菩提心说名承事。故是"由此而缘，"非"缘此"义。菩提心缘真空性故，是为承事。定者，由心于彼专一安住，名三摩地。

胜菩提者，谓修观察"虚那达"咒所显真如诸大菩提，即名承事。缘真实之承事，悲足论师说护轮后修习空性，故非唯于胜解诸尊收入光明始修空性。

善加行者，从生智地乃至胜解诸尊收入自身，是承事三摩地与善加行。《明炬论》意承事及三摩地并如前说，中间诸法收为彼支，故立为承事支，如是从生智地乃至胜解诸尊收入自身，立为承事支者，是《后续释》与悲足师所说，即《明炬论》意趣。准此例余，从修，空性至生宫殿诸座，为承事支。

近修支者，《集密根本经》云"近修于胜成，观察金刚处。"《明炬论》说始从修日轮等，至身圆满生大印形，为近修行。擎热巴师亦作是说。所以各近修者，悲足师云："近谓近前，能近清净大印，要待最初依怙清净，故是大印。"所近之处，谓清净天身之大印智身。能近彼者谓最初依怙身，此能成就圆满次第时风心所成之受用身。故清净者谓圆满次第之智身，不清净者即是咒身。

唯净不净之别。若尔不立余法为近修耶。善根称等虽有余解，然悲足说乃至最善瑜伽，一切皆是近修。妙符《明炬》总标之意。若尔，余法云何释为近修。答云："最初依怙正为近修，余法是彼支分，或近修之眷属，摄为近修。成者，谓成大印之身，悲足师谓于彼成就而安立等。言金刚者，谓从毗卢乃至妙害明王三十二尊。处者，谓从色蕴乃至足心。悲足师谓此明安立字处。言观察者，谓知安立身曼陀罗因果而安立之。以往似说安立于最初依怙身，实须安于转成化身之身。准此释余，谓从五相生起主尊乃至加持诸处。

修行支者，《根本经》云"由修习咒主，说修时策发。"咒谓嗡等。主谓三重萨埵。由修习彼及为加持三业策发身语意三金刚，自与金刚平等一味之三昧耶，名为修行。由此能令三业与三金刚互无差别，及成三重萨埵，故为修行。

大修行者，《根本经》云"作大修行时，自咒金刚形，于冠想部主，当成智金刚。"智金刚者，谓具本尊瑜伽咒师，彼先加持金刚莲花而入等至。"班喳枳"等自咒所生诸尊，名有金刚。彼等形者即修大印，想以各部部主印定，当得悉地。《明炬论》说胜曼陀罗与胜事业，由能修成广大利他，名大修行。据此，当知胜业亦是大修行摄，亦显彼前三支为初加行与修自利。如是龙猛派说，唯除积集资粮与修护轮二种加行，其余一切能依所依瑜伽，须以承事修行四支总摄。但于能依若于一尊，则不别配四支，智足派于主尊明妃胜曼陀罗诸尊，别配承事修行四支。许彼如次，名为下中上品四支。胜事业时亦配下中上三。承事者谓生三昧耶，近修者谓加持诸处，修行谓加持身语意，大修行谓灌顶部主印定。此复如药足说，由近三有寂灭无住故名承事，由近修行故名近修，由修三门成三身故名为修行，由灌三界法王顶故较前修行尤超胜故名大修行。如此诸师所说则一一尊生起次第皆有承事修行四支。然圆满修承事修行四支，则须具足三品，须修曼陀罗轮生起次第。

此等是瑜伽续总摄生起次第差别。随顺父续《札拏经》中亦作四聚总摄生起次第。如云"初修谓瑜伽，第二随瑜伽，第三善瑜伽，第四大瑜伽。"其《广释》亦如彼经云："金刚萨埵满，此说名瑜伽，彼等流天身，称为随瑜伽，一切轮圆满，许为善瑜伽，加持身语意，及诸尊眼等，召入智慧轮，大供养称赞，名为大瑜伽。"《红大威德》第十九品亦如是说。总释瑜伽之义，《集密后续》说为方便智慧和合无别。此中则谓由五相证菩提，所成法界智性因金刚持之三摩地。随瑜伽者，寂静论师释为相似，与前瑜伽相似，即是果位金刚持之瑜伽。若天瑜伽较前最为广大，名善瑜伽。谓由父母等至，放莲花内所生天轮，各住己处，坛轮圆满。其次加持身语意等，召入智尊灌顶印定，供养称赞，尝甘露味，从修念诵至送智轮收摄三昧耶尊，为大瑜伽。持祥师说如此，此中未摄中间瑜伽，修习资粮护轮加行及生所依，亦非四瑜伽中所摄，童月论师，从请福田至因位金刚持，摄为瑜伽。《总论》依《金刚鬘经》意于初加行分四瑜伽。此等不于一尊作论，依修曼陀罗轮而说。

辰二　明六支与三三摩地之总颂。

母续总摄生起次第差别，《金刚幕经》摄为六支，彼第七云："圆满佛住处，修普贤实法，五相成本尊，如是修坛轮，供赞甘露等，由此次第修，谓六支加行。"义如难胜月论师云"修金刚随贪，别修佛宫殿，灌顶尝甘露，供赞修六支，修六支瑜伽，速得妙悉地。宫为毗卢佛，灌顶不动佛，尝甘露弥陀，供养即不空，称赞为宝生，贪为金刚心。"谓由六部分为六支。第一支者，谓从毗卢修生佛处宫殿，如《幕经》云"当修习法生，想彼为佛处。"又云"大胜毗卢佛，从法界字生，由彼生佛处，"义谓色是身心所依，毗卢亦是诸佛色蕴自性，故以彼生所依宫殿为第一支。第二支者，如《幕经》云"应修五种相，先想为士夫，次放空行轮，乾闼婆善入，堕化后随念，四隅天女请，劝已轮导师，眼等立痴等，三金刚三处，次金刚随贪，善入智慧法。"第六支中从五相证菩提，生起因位持金刚父母已，加持二尊秘处，起随贪慢，后出坛轮天女安立各处，以歌劝请，令从定起，召入智尊加持眼等。非谓不许彼等随贪支摄，故自修五相证菩提生能依天，乃至生起圆满三昧耶轮，召入智尊，加持诸处，一切皆修金刚萨埵及彼随贪之慢。从自出生坛轮故是第二支摄。此处金刚萨埵修随贪者，系由父母菩提化为坛轮诸尊，当以主尊而修随贪，此许主尊即金刚萨埵故。余四支者，《幕经》一句明一支云："八明妃灌顶，亦当尝甘露，八天女供养，称赞轮导师。"由不动尊作灌顶者，以此灌顶是水灌顶，彼是不动体故。由弥陀尊尝甘露者，以弥陀佛是语金刚，由尝甘露饱足语金刚故。由不空尊修供养者，以不空佛是羯摩部，供养诸佛益有情事彼自在故。由宝生佛修称赞者，是赞功德，以分身语意业德五法时，宝生属功德故。此五无别即是金刚萨埵，由彼六部能摄一切能依所依瑜伽。余念诵等例彼亦能摄故。瑜伽与母二续所共《金刚鬘经》，说以最初加行胜曼陀罗及胜事业三三摩地，总摄生起次第。如云"瑜伽随瑜伽，善与大瑜伽，略为初加行，如是胜坛王，胜业王瑜伽。"二种胜王为二瑜伽，加四瑜伽是六瑜伽。初四摄为最初加行，故名三三摩地或三瑜伽。诸母续中亦多以此三三摩地作修法总颂者。此依父续母续共续直列彼名而说，实则承事修行四支之义，与六支等，非不更互相摄。

若依无上部释三三摩地，初加行者，谓化起曼陀罗诸尊之主尊父母三摩地。生于余二之前，故名为初，方便智慧和合无二故名加行。此随胜说，据实从起所依至生父母，一切皆此中摄。从彼二尊菩提心化出曼陀罗诸尊，乃至安立各处，由于曼陀罗中安立坛轮圆满，名胜曼陀罗王。其后诸尊作诸事业净佛土等，为胜业王。若龙猛派，于初加行以上，有广生三身法，说为自利圆满。摄彼承事修行四支之前三支。二种胜王，是成佛后所作事业，即大修行。故依果位佛土身业，取修为道，由三三摩地与承事修行四支，而作总摄。其待所修治事，与修圆满次第安立要旨，《建立次第论释》已广说讫。寂静师等，多依三三摩地次第，配自性、受用、变化身。意谓初加行者，初成自利，能化天众，是故立为自性身或法身。彼所生者，利他色身之最初故，胜曼陀罗王立为受用身。彼住本处而各放出诸天，往十方界饶益有情，故胜业王立为化身。若如此义，则是修彼三身为道，故修三三摩地。为令了知第一次第瑜伽不出六部，故作六支总摄。一切生起次第根本瑜伽，摄为四瑜伽者，初二瑜伽修主尊父母为下品，第三瑜伽于上加修圆满天轮，立为中品瑜伽，最后修与智尊平等一味，加持眼等，立为上品瑜伽，是为了知第一次第破除逆品有上中下三品能力。智足派安立下中上三品，亦于前前增加后后，依除逆品粗中细立。或与药足所说相同。

智足派依七支为道，而作生起次第差别，最为重要，如前已说。彼等皆是第一次第希有总摄。若本彼义，而审观察生起次第要旨，是否圆满，即可了知。

密宗道次第广论卷十七终

密宗道次第广论卷十八

明生起次第品第十二之二

卯三　尔时云何修空性。

是否初次第时，唯修现品天轮，第二次第方以修空为主。答曰：初次第时亦须修空，以是成熟相续引生圆满次第圆满智德之方便故，若不修空，则不能如是成熟故。又密咒乘《无量经》中，于生现品天轮之前，皆说先修"娑跋嚩"等真言，真言，即无我胜义故。又于初次第时，须修三身为道，法身为道，须修空故。又于生有死有中有三所净事皆须净治，净治死有须修空故。又有无边经论多次宣说，能依所依瑜伽须于幻中修故。如《五次第论》云："咒及印加行，曼陀罗等事，护摩施食事，常应如幻行。息灾与增益，自在并降伏，及钩召等事，一切皆如虹。受用嬉戏事，习近歌乐等，及行诸艺术，皆当如水月。若于色声香，并于味及触，眼等转趣时，常观如幻事，金刚乘行者，凡诸所缘事，皆当观如幻，何须絮絮说。"尤于此道，若获正见而不相续忆持，智祥《除二边论》说犯意三昧耶。《十四根本罪》中亦云"于离名等法，分别名十一。"故非不修亦可，若不修者则为犯罪。又初次第，须修曼陀罗轮行相显现，与达无我义慧和合无别，以此故能灭除我执三有苦本，此义，智足论师明了宣说，如《普贤修法》云："非离庸常分别外，更有所余三有苦。与彼行相相违心，即是所当现证事。所有甚深广大性，分别于彼皆不现。"此所断疑，如他伽那释云："前已广说修天瑜伽之理。有作是念，若此精勤一切皆为解脱生死，则修所说初次第道，应不能脱生死，以未修无我故。为答彼难，故此论明初次第道违彼生死根本之理。"药足亦云："今为总结此品，故说以上所说曼陀罗轮不思议性即是对治三有众苦。"智足派诸师释，皆同斯义。此中庸常分别，藏印诸师或有说为不现天相唯现常相之分别在，绝非智足之义。如他伽那释云："庸常分别，谓分别我我所。"《四百五十颂释》亦云："寂静亦说，此中庸常分别，谓我我所，所取能取行相意言。说名三有自性苦者，谓是三有自性苦之正因。"祥米金刚与药足、普贤等，亦皆显了说为我执。即由其时亦能了知，我执庸常分别由是三有苦本，故亦假说名三有苦。与彼相违心者，诸释皆指曼陀罗轮行相之心。相违义谓行相相违，即是二心取相正相乖违。即此坛轮行相之心为修行者所当现证。《普贤修法》所说"所有甚深"等文，即明与彼相违之理。意谓正起坛轮行相之心，庸常分别即不现起。若有难云：非彼生时不见我执便由彼力能灭我执，应修空无边处亦能灭故。寂静论师答云："由曼陀罗行相之心，于破一切虚妄分别转故，非唯由彼不俱时现。"又云："空无边等，不于无我相转，以彼不遣我见，故亦不遣以彼为因之苦。又此多生展转所受老病死等，是谓苦谛。苦因之我见等，是谓集谛。集之对治曼陀罗轮，是谓道谛。为令毕竟苦不起故，心相续相转依，是谓灭谛，彼即此中胜义。"此分别说，空无边处之心不趣无我，修习彼定无损我执，故虽修彼终不能脱三有。坛轮行相之心，则破我执。于无我转，是故修彼能遣我执。又通达无我慧，由行相相违门，破除我执，亦因是否倒心而定。成立此义，须观有无所依正量。如正理王说云"彼等谁有量，即能损余者。"智者起疑之处，谓若无有与彼系缚根本我执行相相违之无我见，则失能得解脱生死道中心要。此等问答之理，是二次第之所共须，智者应知。

由如是门，若能一次观见彼为能治所治，修能治品。其所修事，如如增长，所治品即如是减少，最后乃能根本拔除。如《普贤修法》云："若有于诸相违事，观见一次此进展，由所学习极增长，便能灭除所治品。"《释量论》云："灭及增长依，皆有不顺品，修成彼体性，故有漏尽者。"即是此义。寂静师说转依不退，引《释量论》"无害"等文证成。祥米金刚则引"有我知有他"等，成立我执为生死本。故他伽那、祥米金刚，多引《释量论》文，决择《普贤修法》所说正见。密宗论师余亦多据《释量论》教而善成立。故有起如是见立如是论，二正理王（陈那法称）所有诸论，总于内明，别于密咒，全无用者，彼是顺正理慧力用劣弱，故于难思大慧所趣正道净理建立无所堪任。而对精审正辨数理智者，出此狂言。

如祥米金刚说，坛论行相之心，转趣无我真实瑜伽，是三三摩地之通规，当知亦即智足意趣。故初次第虽以修习现品天轮为主，然于诸法无自性义，亦当引生猛利定解，令一切法皆现如幻。修习天轮之后，缘天为境，修无自性行相，发胜解慧转入空性，其慧相分现为能依所依天相，如是甚深明了无二瑜伽，每次修时皆当修习。《欢喜金刚》由见此义故云："由生次瑜伽，行者修戏论，戏论悉如梦，即戏入无戏。"《释续金刚幕》云："譬如水中月，伴虚妄无实，如是曼陀罗，明净为自性。"故二次第皆须修空，非谓咒中所修空性一切皆是圆满次第。所修天身如水月现或空中虹，然无自性犹如幻事，生起次第亦有如此瑜伽。此与自加持之幻身，亦应分别。《摄行论》云："若修经义（显教）或住生起次第诸修行者，虽亦宣说增上胜解，一切诸法如幻如梦犹如影像。然以彼喻不能了知自加持教，唯由智慧之所圆满意性天身。"

如是智足所说定解空性相现为天甚，深明了无二瑜伽，印度诸大论师并多依据，如持祥论师《札拏修法》云"除此更无余。智足大师等，明了说此义。"

寅二　别释现观次第分三：卯一　修时之瑜伽，卯二　中间之瑜伽，卯三　安立彼瑜伽为广大之理。初中又三：辰一　瑜伽加行，辰二　瑜伽正行及其支分，辰三　结行。初中分二：巳一　成顺缘集积资粮，巳二　除违缘修守护轮。　　今初

如《普贤修法》云："暇满极动摇，世善友难遇，故当修最胜，慧方便作意。"此说暇满难得复极摇动，值遇善友修清净道尤为难得，若知此已当修心要。诸修行中最殊胜者谓金刚乘，此复当从第一次第而修。修行处所如前论云"若具清净水，妙树善庄严，于此山应修，妙音薄伽梵。"此说当于悦意远离之处，修曼殊金刚等。房内先涂栴檀等香，散诸奇花，预备铃等用具。修初座时，若因洗浴能助三摩地者，则当洗浴，否则不浴亦可。当先施食，海生、黑行论师俱说先施食故。若毁犯三昧耶，为圆满故（还清净也）诸先觉说应修金刚萨埵诵百字咒，当如是修。身者《幕续释》说，居静虑室，于安乐具结跏趺坐，手结定印。枳迦卡惹说目注视鼻端，齿合微启，身不倾动。面所向方，修《集密》者药足说向东方，《胜乐》向南方等，当依经说。次于心中安种子字自生为天，未明说者虽多，然亦多说安立尔时主尊种子，故当生为尔时主尊。《教授穗论》并说先净为空，次俱明妃刹那顿生。毳衣大师则说心间种子放光，充满身中乃至毛端，自住欲天之慢。是故随修一尊即可。祥米金刚说从心间放出标帜种子庄严，余师所说多唯种子，随一皆可。祥米金刚次说从种子光化为福田，毳衣师等说由光明显现福田，无畏师等说以光明召请福田。故非定一。召请，《十二穗》说，从色究竟如灯分焰，钩至近自前虚空中，摄自光明收入种子。福田，毳衣大师与《教授穗论》等，说如所修曼陀罗论行相，智足师等则说如佛菩萨常相。故亦无定。《金刚幕》云："供佛金刚持，当修七清净，发大菩提心。"谓于福田修集资粮。此说师长亦在福田中摄，《幕续释》等多说师长与曼陀罗主尊无别。毳衣大师则说于曼陀罗东方尸陀林中帝释天前，坐宝莲座，以如金刚萨埵庄严之所庄严。

七清净者，《释论》说是悔罪、随喜、回向、皈依、请住、说法、修道。予此等前先修供养，多论说从自心种子，化生众多天女，奉内外等供养。皈依，多论说是二种大乘所共皈依。毳衣大师与海生之《修法》，则说曼陀罗主尊为佛宝，佛所说咒即为法宝，眷属诸天等为僧宝，于此皈依。《金刚坐行》十二，《结合》第三观察第四品中于此说受五部律仪，故当别受共与不共二种律仪。佛密说是已受律仪以此方便令得坚固。次如《二观察》说当修四无量心。毳衣大师说："后诵百字咒，思诸尊加持。"次持祥等说送福田。毳衣大师说想皆不可得。余师多未明说。

《教授穗》云"应令彼义明了持诵"。谓初勿随沉掉流转，唯除当时分别相续而转，不使其余分别间断。又于彼义当令明了，莫落空言。能如是者，先须决定所修数量次第，发猛利心不令改动。若随意修终无所成。时间宜短次渐增长。余所修事皆如是知，寂静《札拏仪轨》《教授穗》等皆说此等是集福德资粮，次修空性是集智慧资粮。智资粮者，谓修"虚那达"等或修"娑跋嚩"等咒义。此处咒师当缘见网所缚诸有情类，如是想修胜义菩提之心，嗟此有情本自具足涅槃体性，然由痴暗所覆而不自知，当以如何方便令彼自觉。如《普贤修法》云："悲缘此世间，普为见网缚，无等菩提心，咒师如轨修。""虚那达"即空性，以一切法永离自性，因果空故。"若那"谓与空无相无愿之空性等同一味之心。"班唥"谓空性境与能缘智二无分别名曰金刚，以非逆品所能坏故，能摧所治品故，无始终故。犹如法界无始无终，缘彼之心亦得彼名。以缘真如为彼相故。"娑跋嚩"谓自性，由自性净即住离垢之体性故。"阿达摩迦"者谓体性，"阿杭"谓我，谓自性清净之体性即我。以是空性智者，表自虽系通达空性总相，然能增上胜解法性究竟自相。金刚，表胜解彼为究竟净。自性，表至究竟于自性净亦无所增。体性及我，表彼清净于自成为自性清净。此依寂静论师意说。嗡字含阿邬摩三字，是自己身语意三业。谓于三业空悲一味自性安立为我。《普贤修法》亦云："离自性故空，离因故无相，由离诸分别，故诸法无愿。"释三解脱门后说前真言，此颂即明彼真言义。"虚那达"等咒义，有修三解脱门义者，如药足师说空无相无愿三者，就名增上安立为异，若就胜义唯自性空便摄余二，此与龙猛菩萨《菩提资粮》所说相顺，如云"无性空故空，以相复何为，灭一切相故，智者何所愿。"虽说有三，空解脱中亦摄余二。药足、祥米金刚说以离一异理，决择诸法皆无自性，即是彼空。故于此时当忆诸法决定皆无自性之见。境即"虚那达"，心即"若那"。由无明力别现心境，破除此力令无分别如水注水即是"班唥"。通达诸法自性无别离戏论智虽须新生，然彼心境真实无别之自性净，于因果位原无差别，即"娑跋嚩"。彼于自身本性安住，离彼之外自亦非有，即"阿达摩迦"与"阿杭"。此上释咒义为三解脱门。又可释为三种金刚，嗡字明身金刚，空智金刚自性明意金刚，此义易知。安立我为语金刚者，我无实体唯依言说而假立故。又可释咒义为五部，谓嗡字表大圆镜智，空性表示平等性智，智表妙观察智，金刚表示成所作智，自性表示最清净智，后二表自为五智体大金刚持自性。后二种释，即于初释缘空性智，就义别开。《教授穗论》谓此三释皆是世尊续中自说。又《结合经》与《四座》云"先思性空性，洗涤众生垢，"于此皆说抉择十八界无自性。印度论中亦多于此说无我见。故有人说不须通达无自性见，但得粗显二取如虹消灭，即是修彼"娑跋嚩"等咒义，全非经论真实意趣。当如寂静论师所说"诸余加持真言，凡有'班噘娑跋嚩阿达摩廓杭'等文，义皆准此应知。"谓"娑跋嚩虚答"等显示空性之真言，文虽不同，然当如前所说忆念其义。寂静与药足等说此真言为能坚固及能加持，故诵此咒加持先应明想咒义。又以妙观察智抉择生死涅槃一切诸法胜义空时，其所现境虽未除二取相，然所定解已灭二取，是故不须别修灭除二取相之所缘。如是定解一切诸法远离二边无性为相，是真法界永离一切诸戏论相。此如《入行论》云"若时性无性，皆不住心前，尔时无余相，无得最寂静。"谓一切法无得为体皆入空性。若尔为何修空。如《扎拏修法拘摩陀开敷论》说：由前福资粮与后智资粮，出生主尊。迦摩罗惹其达师说，防护魔碍最为第一。彼等皆是所为一分，正所为者，谓如下说所修一切皆为任持色身天慢，彼慢由证法身之力乃能任持。种比跋大师云"先修自性空，行者忆宿愿。"此说入空性已，随念宿愿而起定故。海生《修法》与铃论师《欢喜金刚修法》亦作如是说故。又为将一切相收入光明起诸天故，又由先发猛利定解正见之力，后修诸相乃能现如幻事故。《欢喜金刚修法断谬论》说："入空性中无现相者是无分别智性，从彼起相修护轮者即是清净世间智性。"此说护轮仅是一例。凡能所依一切现相，务当胜解是无二智相分，现为彼彼行相。以是此处修习空性，所为非一。是故非唯短时修空，乃至获得猛利定解，当勤修习。

巳二　除违缘修守护轮。

于修空后，未修护轮之间，有修不修表中有字两派，修者复有三说，如《穗论》十二云："于二红色贺字中间，或修种子，或修三字，或有唯修那答，三种皆为生成身语心故。"谓于二贺中间，有修吽字，有修嗡啊吽三字者，有唯修那答者。若于此处不如是修，于后生主尊时随其所应说修彼彼诸字。罗伊跋之学者，说于未生护轮下基之前，唯修那答。

共护轮者，谓从嗡字出生日轮，彼上吽字生羯摩杵，杵脐吽字庄严。从彼放光犹如劫火，其杵各股体皆炽燃。《幕续》等说同此。无畏、普贤论师说所放光变成金刚墙等。普贤说彼一切皆是羯摩金刚,与《二观察》相合,如云"日上有吽字,出生羯摩杵,想即由彼杵,结为墙与幕。"无畏论师说为五股,结成一片全无间隙。上至色究竟天,下至金刚地基。毳衣大师则说墙形四方,宽量随诸行者所乐。幕下,墙上(即幕与墙交合处),悬金刚盖。顶上四周,围有箭网。慧铠论师说修五股杵形箭网,作箭镞形。于彼等外应想火鬘。

殊胜护轮,谓修十辐黄轮。轮轮毂中间修作吽明王,于十辐上修十明王。无畏师说此系多法通用。此于辐毂内修护轮主尊,如《穗论》十二云"自住十辐毂之中央"。又云"于轮毂内自身之下"。谓于彼中修四大种,故毂有中空处。毂内上下二端,为上下辐,于彼安立上下二大明王。余八明王安于方隅八辐,稍离未触。无畏师说黄轮向右急旋,火光四射。种比跋师虽亦许护轮主尊为作吽,然未说轮旋转。于破魔时则说顶转轮王以为主尊,轮向左旋,诵"那摩三曼达"等咒。临睡修已,诵咒七遍,是《十真实》中说。若无大障可修共法,若障大者则修十大明王以及黄轮,钩诸魔碍,用橛钉之。若彼魔碍有大神通,更当殷重修于空性。将所护者安护轮内,义同将所绘曼陀罗安于护轮,如前已说。

辰二　瑜伽正行及其支分分三:巳一　生所依宫殿,巳二　生能依诸尊,巳三　圆满之支分。　今初

十辐护轮有修不修两派。修者,龙猛派于修护轮后,净为空性,生起风火水地四轮,彼四合为一体,生起金刚地基,其上有嚆噬字出生宫殿。《总论》中云:"虚空界中央,二吽从漾字,当修为风轮。"虚空界谓法生,中央者谓莲花,及由四大合一生羯摩杵。此如《鬘论》所说。于法生及莲花脐上,从四大种生羯摩杵,唯于此上出生宫殿。龙猛父子多未说此,唯龙智云:"牌楼金刚端,其外谓轮围,金刚鬘有光。"此显然说有金刚墙。故亦当生幕盖、金刚地基及光鬘等。于彼中央修法生等。

《穗论》十二中说:不收十辐轮及明王,而生所依,有于毂中生起四大与须弥山,或有自从护轮主尊变金刚持,再变法生,于法生中生起莲花,花上生羯摩杵,杵上生起宫殿。

不修胜护轮者,如罗伊跋于《胜乐法》,说修共护轮后,修习空性,起定修习风火水地须弥,羯摩杵上莲花,次于彼上修五相证菩提,顿生一切所依能依。无畏论师谓彼于莲花上生金刚杵,然无法生。阿底峡尊者则说修法生。罗伊跋及弟子,说能所依同时而生。《集密》两派与毳衣师、海生、种比跋等说前后生。又种比跋与海生师于无我母及欢喜金刚修法中,虽说于共护轮内修法生,于彼次第生四大种,彼与自心和合,生为宫殿。然非不许修莲花与

羯摩金刚，以种比跋弟子难胜月师于《六支论》亦作是说，而《贤摄论》则说于法生中，什字生为莲花疴字生为羯摩金刚，于上修四大种，此上修嗡嚩字变为轮故。又此与《断谬论》亦说四大和合修为宫殿。则化大种生为宫殿，非唯限瑜伽部，即于瑜伽部中，亦但一分，非皆如是。

于护轮中不修四大层次，唯于法生、莲花、羯摩、金刚之上生宫殿者，是《集密》、智足派与持祥论师（大威德）派。

修法生法，智足论师等说，由金刚持或名普贤，变化而生。毳衣大师等说从鄂字生。《断谬论》等，则说由金刚持体性顿生为法生相。随一皆可。又《教授穗论》等，多说为白三角下细上宽中有空处。是故当于三角竖立之内修生宫殿。

《集密》、龙猛菩萨派与毳衣师等说宫殿从嗡嚩字生。智足论师等说嗡嚩生轮，轮变毗卢遮那，次生宫殿。此二唯是详略不同。说由四大和合而生，与说能依所依俱从五相出生，如前已述。

如是生宫殿法，有生不生四大层次两说。生四大者有在不在十辐轮毂中生两说。不在毂中生者，又有四大化与不化两说。化四大者，又有顺次修逆次修两说。四大化后又有生起羯摩金刚与生宫殿两说。生不生须弥山亦有二说。其生宫殿则系顿生，渐观令显，并诸座位，皆令显现。

巳二　生能依诸尊分三：午一　正生天法，午二　以所净事配能净道，午三　摄诸要义。初又分二：未一　依止五相生起法，未二　化后歌劝生起法。　　今初

五相证菩提者，谓从真如证于菩提，从月、种子、标帜，及从身证菩提。此圣父子所许，如余应知。诸余论师多如《结合》第三说从五智现证菩提，"月为圆镜智，如是平等智，本尊种子帜，说为妙观察，合一成所作，像圆满清净，智者说仪轨，当修五种相。"然从父音生日轮否则无决定，即前经云"于月轮中央，有二月菩提。"于修《金刚萨埵法》中说修二月轮故。《结合经》于此处，但说十六母韵与三十四父音。须否加倍修习，智足论师未见明说。燃灯贤论师云"韵字具妙相，伽等随好光。"加倍修否亦不明显。寂静论师所造释论，举他不加倍修，成立自宗应加倍修。持祥论师说加倍修。毳衣大师与罗伊跋所造母续修法亦说加倍修。寂静论师《欢喜金刚双身修法》则说从不加倍之音韵等生起本尊。种比跋《无我母修法》与难胜月《欢喜金刚修法》加倍修否俱不明显。加倍修者，罗伊跋说各各皆应左绕右绕。祥米金刚说韵白色在内，音为红色在外。药足则说韵下，音上。此皆先安音韵次乃生起之派。持祥论师说于母韵所生月上，安布父音。故知随一皆可。智足派与持祥及罗伊跋，说从父音出生月轮。《欢喜金刚双身修法》等，与毳衣大师《胜

乐十三尊修法》中，说生日轮。持祥与无畏论师说第二月为红色。无畏又说修满月相。《给合》于说月轮时云"三角广大性"。此谓月如拘摩陀色，阿字庄严，生为三角法生。是于果立因名。（法生三角，非说月形三角。）

倍修母韵之理，《教授穗》说十六母韵表示身内诸处之十六界。此分方便智慧成三十二，故于韵字亦加倍修。《引契经》云："如世尊说，阿字拇指根，啊字在胫上，伊字于两股，咿字处隐密，邬字在脐根，邬字居脐中，日字于乳间，呿字在双手，利字于项处，唎字居唇上，厄字于两颊，呃字在眼中，鄂字居耳根，谔字住于头，昂痾在顶上，智者如是想，白分如斯住，黑分则反尔，女性金刚心，男性一切时。"《律生经》等亦同此说。《律生疏》云："左者谓于白分，拇指至顶，依身左分渐向上升。于黑分时从顶至拇依身右分渐次下降。"此说菩提心十六分。于分方便智慧二品，引《二观察》证云"界相谓世尊，其乐谓欲母。"此谓母韵所表之十六义，可分方便智慧二品，故十六字亦分两聚。《教授穗》说由遮非界非乐各有十六分故，分三十二。亦就上说彼彼身位而分。次从迦至羼字有三十四父音，于上再加"楂答也惹拉嚩"六字共为四十，再加一倍。三十四上所添之字，有多不同。父音分八十者，《教授穗》说"父音摄为五界，每界有四，共为二十。地至风界各有四者，如云凡有一界即有四界。空界表喜，有四喜故。此二十界各具尘分，故成四十。此复各有智慧方便空乐二分，故成八十。"意谓父音正表尘分，此分五界与尘差别，故能表字亦如是分。《教授穗论》又云："此阿字等如余处说当观能诠所诠无别而立，如云阿字虚空界等。"此就信解能诠所诠无异，亦当了知。

总摄诸字为五界者，如"迦俄娘拏娜摩诃羼"是表空界字，"伽哈杂哈择答答薄也也霞"是表风界字，"伽杂楂楂陀婆惹惹卡"是表火界字，"喀刹叉叉颇嚩嚩"是表水界字，"哆查达跋拉拉萨"是表地界字。

持祥与药足说次由音韵所生二月合为一体。《教授穗》等多未说此。

次想二月或日月中，从种子字变成标帜种子庄严。生标帜中，难胜月与寂静论师于《欢喜金刚双身仪轨》说生父母两标帜，《普贤修法》等则但说生一。

次从标帜种子放光饶益有情，复收为一。多有不说收放光明，但说合为一者。此后当观身相圆满。

此中安立五智，《教授穗》说："母韵父音之异熟果与等流果，如其次第是即大圆镜智三十二相平等性智八十随好。标帜上有种子庄严即妙观察，放收合一即成所作，身相圆满即法界体性智。"许第二为日轮，多同此说。持祥说二月为大圆镜智，彼二合一为平等性智种子为妙观察智，标帜为成所作智，身相圆满同前。药足师亦说二月合一为平等性智。若无化后劝请，前四立为因金刚持,第五则为果金刚持。若有劝请,则前五相皆是因金刚持。然于因金刚位,不从表中有字,修于圆满种子。

未二　化后歌劝生起法。

如是因金刚持化后,以歌劝请生起果金刚持。余论多于此处宣说化后劝请,《总论》则说于最胜业时修。其化亦非化表中有之字,复是化入光明。于此初加行位化者,如《幕续》云"乾闼婆入已,堕后忆溶化,四维天女请。"谓表中有之字已溶化。智足派与持祥、难胜月等说三种子字入二贺字中。有说种子及那答等入彼中间,如前已说。罗伊跋意,于前证菩提时唯那答入。入内之法,如祥米金刚说直入佛母莲花,药足则说入本尊口由金刚道入母莲内。又有说从顶上入者。故非定一。由此入为缘故,父母俱被大爱所化,成空点形。由佛眼等天女,以歌劝请。多说从空点生种子标帜圆满天身,此是三段生法。《教授穗》云:"两返修习五相证菩提者,为令了知于因果位,皆有大乐。"谓于此处亦修五相而生。

生眷属时,难胜月说,由因位金刚持父母入等至已生八天女。是随《幕续》而说,如云"当修五种相,先想为士夫,次放空行轮"。《断谬论》等说于果金刚持,从胎出生。《欢喜金刚法》中亦无定准。智足派等亦多说由果金刚持父母,从胎中生眷属。

金刚持身于因果位,如欢喜金刚法,难胜月说前者白色(因位)后者蓝色(果位)。《断谬论》说二位色同。曼殊金刚,有说身色标帜不同,面臂相同,其说非一,不可定执。《教授穗》说无所化时唯住大安乐身,有所化时则现色身作利他事,顺此义故,化后以歌劝请。又于利他其身常现,刹那不灭,依此义故无化请也。

午二　以所净事配能净道。

《时轮本释》与《建立次第论》,明显建立顺所净事生起诸尊,余经论中未明说此。如前所引《幕续》略说中有入于因金刚持佛母胎中。《教授穗论》广例余所净事,当如彼说。此如先造受胎生业,死后成办中有。次彼中有入母胎中,后产生已娶妻生子女等。随顺此法而修生起次第。先缘福田多集资粮,如造生三有业。即此亦可配资粮道,《教授穗》云:"如是即菩萨资粮地,犹如过去有支,造因同故。此修施等福德,前造善不善业。"此中愿心行心等道,共波罗蜜多乘。义同《摄行论》说"先学佛乘"。即须先修共道之义。虽罗伊跋说于修护轮后方缘佛田修集资粮,余诸论师多说于彼前修。此依多说。又修空性,《总论》与罗伊跋虽说于守护轮后修,此在前修亦依多说。次修空性,如同死有,决择我我所执五蕴无性,彼相悉灭,如舍旧蕴。此后乃至未入表中有字,所有一切配加行道,《教授穗》云:"趣向死殁如加行位,胜解行地,是决择真实之加行性故。后由过去有灭,生中有位,如是由加行位临最后刹那灭,即最后刹那性极欢喜地无间道位。"初地之无间道,即加行道最后上品世第一法。以下十地配胎中诸位故,《庄严经论》亦云"尔时速当证,无间三摩地。"于世第一法作如是说故。从入表中有字,乃至天身未满,是见修道,配十地位,《教授穗》云:"其后如中有生,色灭之后成入胎位。当知菩萨无间道灭后为十地,以此诸地有障在故。"此中有二,如无乾闼婆入化者,则从那答等表中有之字,入二月轮中间,是住胎位,乃至种子,标帜,收放光明。其未别说表中有字入月内者,则于二轮中间初种子字,即中有生。第一月表界,第二月表尘,此从女性月经出生,犹如日轮,故余处说从父音生日轮。月轮红色亦即此意。表中有字入彼中间,犹如中有入于父母赤白二渧混和之中。次从种子生标帜五股杵,《教授穗》说:一端五股表四支及头部,余端五股表手足有五指及头部有五根,各摄为五聚故。标帜,如欢喜金刚为顶骨,红大威德为棍。但能表示胎中成就业体即可。

若有乾闼婆入化者,则由五相现证菩提,圆满生起因金刚持,犹如父母。次中有入内至身未圆满,以配胎中诸位。

其那答者,为摄三字自性,三字义即广大,同表中有。入二红色贺字中者,《教授穗》中叙述二派,一表中有贫增上覆,二表父母所生方便智慧自性之贪。亦有论说表为甚深广大所缚。表中有字趣入之相。《教授穗》云:"依此密意,或有修法说乾闼婆从金门入,有说从口,有说从余门入。如世尊续部中应当了知。"金门谓顶,与《建立次第》说中有从毗卢门入者义同。言余门者,如《对法》说从胎门入。共有三门。从此诸门入胎之理,谓欲吻其唇者须从口入,欲执其发便从毗卢门入,有说贪男性者从父而入,贪女性者则从母入。有说唯从母入。虽有多说最后皆入胎中。此是《教授穗论》所说。《金刚鬘续》与《大印点》则说从父口入。《律生》密意亦如是说。

由中有入胎有种种不同,故诸经论亦说种种修法。又当中有入胎,父母俱为乐所闷绝,为顺彼相,故于中有种子入母胎后,父母俱现溶化。化后以歌劝请,若依果德而释,是由四无量心,发动利他,于诸有善根者现起色身。若约所净之事,则四天女谓四大种,中有入胎之后,羯罗蓝由地持,水摄,火热不腐,由风增长,如《缘起经》中说。迦摩罗惹其达说歌劝后,歌劝之天女亦摄于彼点。先虽未修曼陀罗四天女,至溶化时诸大论师多说彼四劝请,故不相违。(临时观想也)

主尊父母身相圆满,如出胎位。由父母生胜曼陀罗诸天,如生儿女。如《教授穗》云:"果相圆满受用诸境界者,如出胎后受用一切诸境界故。次生子等,喻放化身诸尊之位。"此配无学地说。如是果金刚持如所生子。前初二证菩提说为因果金刚持者，犹如父母与子，与此相同。中间二相证菩提者，说为因金刚持，其因果理与此稍异，如文易知。

《教授穗论》为证彼义，引《结合》云"十月即十地，有情十地王。"释此意趣，谓从入胎，至未出胎，配十地位，故此中间即见修道。出胎以后配无学道，未入胎前为加行道。然于福田修集资粮是资粮道，似须从修空性，方立为加行道。祥米金刚说为对治生死中有，故造《普贤修法》，应顺彼三而修。然亦此中摄也。

午三　摄诸要义。

生起次第，须明所净能净之理，即如生死中有三事而修，故此应说受生之相。能受生者谓修道之咒师。彼受何种身者谓受果金刚持主尊父母之身。于何处受身者谓从金刚墙至宫殿诸座，正谓宫殿中央座上。由修何业而受生者，谓缘殊胜福田，修集礼拜供养发心受戒等诸资粮。如是胜妙天身，若不弃舍庸凡五蕴不能受生，故当修空性灭庸凡相执。舍前凡蕴未得后生殊胜天身，其间若无中有不能生起天身，故于修空性后，果金刚持未圆满前，须住那答等行相之瑜伽。祥米金刚于此设问：何故不于修空无间受取天身利益众生而修贺等五字？答谓以此修法，对治三有，故亦须顺中有而修。此说善哉。次由五相所成因金刚持父母入定，中有行相由见彼故而入母胎。此亦如祥米金刚云："由见金刚萨埵入大乐定拔济一切众生，故往彼处，为得上妙境故起欲乐心。当生如是胜解，有情虽具烦恼所知二障，然一入此法生印中，即得成佛，我为获得普贤尊故亦当入此。此念坚住，表中有之五字，犹如灯灭，入智慧秘密莲花中。"此说由见何利，如何入胎。

次溶化后以歌劝起，是圆满生有位，如前已说。若善了知溶化歌劝之理，则能了知说佛地中不须色身唯以法身利有情者不应道理，及知正利众生色身不容或少。故大乘人以修色身因之方便为主。

受此生后所作事者，即下所明，谓生胜曼陀罗诸尊，生已各作事业利益众生。

若不溶化，唯由五相生主尊父母者，应知亦取彼喻配合而修，易解不说。是故应舍仅知配合诸所净事，便谓已知能净所净之见。当起如前所说定解。此于曼殊金刚、胜乐、欢喜、大威德等，皆不容少。圣龙猛菩萨派，明顺生死中有所净能净最为无上之理，如龙智论所说，前于《建立论释》已广说讫，兹不繁述。

又舍凡蕴别修天身，须顺生死中有次第而修。修习此门，圆满次第诸道最为殊胜，故圆满次第时，当知依于脉息空点等瑜伽力，身生智德通达空性，犹如死有。次从彼起，如月轮标帜等，以三智及息为因故，生幻身及双运天身。若不尔者，圆满次第则缺净所净事之义。故当顺所净事，了知二次第之宗要。而于初次第为第二次第作因之理，更当发起坚固定解。《集密》龙猛菩萨学派说此最显，如彼当知。

密宗道次第广论卷十八终

密宗道次第广论卷十九

明生起次第品第十二之三

巳三　圆满之支分分二：午一　召入智尊印证供赞，午二　尝甘露味修念诵法。　今初

若知修习主尊仪轨要义，修眷属法则易了知。当俱修三昧耶萨埵。此中灭庸凡慢，自心现为面臂端严之天，即三昧耶萨埵，《教授穗》云："有亦说种子，有唯说种子。"此述二派，有说天身及种子字为三昧耶萨埵，有就唯种子为三昧耶萨埵者。三昧耶者，梵语"三梅底"为正往，"弥拉底"为摄远。如《教授穗论》云："以此体性中具无二智性，智慧萨埵能正往还，名三昧耶。"此是三昧耶之训诂。言萨埵者，如前论云："能饶益有情故，是清净有情名所诠境故，名为萨埵。"云何种子得有萨埵之义？即前论云："种子如羯罗蓝亦名有情。"此举虽无头臂行相亦可名为有情之喻，虽曼陀罗诸尊容有多少，然最少者，亦须加持诸处或身语意等尊，堪为定量诸曼陀罗现观，亦皆顺所净事具足能净诸尊之数。故若不修堪为定量之曼陀罗修法，则难具足生起次第修上悉地之扼要也。召入智慧萨埵，如《摄真实经》说："三昧耶尊之眼等与智慧尊之眼等，下至极微皆应合杂无异。故当坚固胜解平等一味。"《教授穗》说："如是胜解与如来一切同体者，是为信解其平等性，有时胜解与一切众生同体者，是为通达自性清净真如相同。故于自心相续出生之智萨埵应信解为一体，于他身之智尊应起平等性之信解。"

召智尊后灌顶，诸论多说是水灌顶，多说从瓶取菩提心自性之水而行灌顶，亦有说从颅钵取水而灌顶者，谓以智水洗除一切诸垢习气。故灌顶水集于顶上为印证者，是明种性之差别也。又海生之《修法》与罗伊跋《现观》之觉窝释，亦说受四灌顶而后印证。若知《教授穗论》所说印证之理，则能

了解印证总相,故当解说。恭敬顶戴是为印证,为令满足非令苦恼。以部主印证者,子随父行,为令了知从彼生故。六佛互印证时,以不动佛印证毗卢等四佛者,是以自性印证有性,不动是心,为令了知彼四亦是心性,色受想行体唯心故。无畏论师不许外境,受等三法亦许,但是心之分位。菩提心从空性生故,以不动佛印金刚持是为以果印因,以金刚持印不动佛则是以因印果。说金刚持为五部之冠者,是表五智皆彼体摄,如痴金刚与地藏等六部以外余尊,是五如来三摩地之一分,故以五佛印证。若尔,地藏等五与色金刚等五,佛眼等四,皆应以毗卢佛印证,彼等皆是色一分故。此亦无过。虽立五蕴为五如来,然于一一蕴皆有五佛故。故于色蕴,以余蕴如来为部主亦不相违。印证十二处者,以毗卢佛印眼处天,最清净故。不动印耳,与虚空相等故。宝生印鼻,若中有位或诸余位于缘香受生欢喜故。贪性弥陀印舌,缘味之贪最有力故。不空印身,不空成就体性为风,遍全身故。不动佛印意根,意随诸根转故。《普贤修法》说随诸根印证色等。《总论》更作余说。以毗卢佛印色天色金刚,色是痴所依故。宝生印声,由称赞等声引生慢心故。弥陀印香,由缘红花等香生贪著故。不空印味,满一切肢遍于诸肢转故。不动印触,遍诸根故。于法亦尔。于四界中以毗卢佛印地界天,由坚硬性为大愚痴之所依故。不动印水,等同虚空,能断能穿亦彼摄故。弥陀印火,以有光故。不空印风,能遍动故。痴金刚等印佛眼等,彼是痴金刚等之明妃故。印诸明王之理,从东方起至东北角与上下二明王,每二明王,如其次第而以毗卢、宝生、弥陀、不空、不动印证,是于愚痴我慢贪著嫉妒瞋恚五惑,受用断尽为体性故。《集密曼殊金刚》之八明王,则以不动印证,以是从心出生胜德为体,及是忿怒性故。然害狱主明王与莲边际明王则同前说。或有论说摄五部主入菩萨中,为显彼等体无异故。余经代替两部集密(以不动为主之龙猛派与以曼殊金刚为主之智足派)之五佛与四佛母者,在《胜乐》法,则为主尊与四空行母为五并能随母等四尊。在《喜金刚》,则为主尊与白色母等四尊并补迦茜等四尊。在《大威德》,则为害狱主等五尊及唵兹迦等四佛母。代地藏等(《集密》法中诸菩萨)者即痴金刚等,其印证及清净,如理应知。

次献内外供养称赞,应如各法所说而行。尤于供赞之境、作者、供赞,应以无性如幻之心而行。

午二 尝甘露味修念诵法。

次尝甘露修天瑜伽,至疲倦时当修念诵。念珠之料,《结合经》第三十品云:"泥珠母珍珠,及余白界等,于息灾羯摩,数珠殊胜相。金银与诸铜,以及莲花珠,增益法殊胜,知者应数用。红花等妙香,一切香和丸,善为制造已,许为爱敬用。金刚子槵子,如是男子骨,用修降伏法。"白界谓骨,等者谓白石及余白珠等。《四座经》云："红花或余香，各别或一切，作丸复染色，许为爱敬用。"《金刚空行》亦说用珊瑚及紫檀。男子者指人。通一切法皆吉祥者，如前经云"息增爱降伏，菩提子皆通。"念珠之数，即前经云"修咒用五十，爱敬彼半数。息灾用一百，增益再加八。降伏用六十，持配诸羯摩。"言修咒者，谓随顺诸羯摩，即修一切业咒。念珠之索《金刚空行经》说用金丝或童女所捻棉线九股为索。

次自住于金刚持慢，观想右手五指刹那变成五股金刚，从㤭生日轮以㤭字加持。又想左手五指刹那变成莲花叶形，从㤭生月轮以㤭字加持。两手所持珠索中线想为金刚萨埵本性。方维八线想为莲花手、弥勒、虚空藏、普贤、金刚手、妙吉祥除盖障及地藏本性。珠粒想为毗卢佛等五佛体性。想佛头珠刹那变成力无畏等法蕴之塔。次从心间种子放光召金刚萨埵等各入自体，诵咒加持，"阿喀茹迦茹那茹，阿莎黑，阿门达，毗萨茹伽尼阿，阿桑枯阿利茹悉唥，伊当达毗萨茹，嗡跋得跋得，摩诃若那萨嚩补答，摩诃跋北，吽吽吽贺贺贺啊康娑诃。"次用瓶水灌顶供养。"嗡跋得"以下出《结合》第八。《鬘论》《教授穗论》，皆说彼咒，即《结合经》与《四座经》之善住法。若略修善住者，如《鬘论》说修语金刚，钩召智尊合一，变彼像成念珠之相，散洒瓶水，供养，诵语金刚心咒一百八遍。

数珠之法，《金刚空行经》云："息灾放食指，增益置中指，爱敬用无名，小指作降伏。大指作钩状，想召一切天，善住定诵咒，定成就无疑。"《结合》亦尔，又《结合》云"由真实成就，不明显则远"。释论谓若想两手为金刚莲花，修为空悲不离，右手数珠及能了知天身无性真实则能成就，余则不成。想大指为钩状，由彼钩召诸天降念珠上，《结合》与《四座经》亦如是说。善住定者谓心不乱，众多经论殷重说此，故心不乱极为重要。念诵快慢等者，如祥米金刚云："明显者，谓不离韵量，不急不缓，出息入息，声勿太猛，致妨诵咒，令咒不显。"寂静论师、莲铠论师亦说，当如是诵。量者谓字音韵长短之量。

出不出声诵者，如《欢喜金刚修法》《断谬论》，与铃论师、毳衣大师《胜乐修法》，俱修金刚念诵忿怒念诵。寂静论师、莲铠论师《札拏修法》，唯修忿怒念诵无意念诵。此是大威德之别法。二种念诵如祥米金刚引文云"金刚语念诵，金刚语离声。如《集密》云：忿三昧耶智，自金刚坛宣，咒字句可闻，名金刚念诵。"《明炬论》云："忿怒谓大威德等咒，三昧耶智谓知驱逐等法，坛谓自身，金刚谓舌，由彼所宣，意谓自他可闻念诵。"

念诵之所缘者，铃论师与毳衣大师说想所诵之咒，从自心间种子分出，自金刚端入明妃身，由天女口入自口中，回转如前。想一切口及一切瑜伽母皆悉念诵。海生师说：从天女口入自口中如前回转。《教授穗》说四种念诵，安住一切平等性慢，先想咒鬘入自口中，从金刚出入莲花中，缘中脉向上行，从妃口出入自口中，回转修行诸字缓诵鬘咒，是为回曲念诵。若先自妃口入如前回转，字音粗壮，是为忿怒念诵。若猛诵心咒等，是为明王念诵。若诵心咒及心中心，想从心间种子出曼陀罗诸尊，利益众生，次随入息与咒同时入心中种子，如引珠绳然。诵各尊咒，收放各尊，是三昧耶念诵。此说初二是诵鬘咒粗柔二相。第三乃是鬘咒心咒心中心咒念诵，第四是心咒或心中心咒念诵。又第四种，《普贤修法》亦说，并说放出诸天遍虚空界。燃灯智云："放智身念诵，诵由命放出，咒由力收回。"谓出息时放出诸天，入息时则收回。寂静论师立自宗云"随顺咒量，诵一或二或复多咒，呼出长息为命，彼所摄者，谓即诵及放出之时，如是诵者心不散乱。"并说每诵一咒即放出时后即收回，为他师宗。若铃论师、氀衣大师所说，想彼诸尊诸口（面多者）皆在念诵，眷属诸尊亦皆念诵，则此念诵成尔许倍。《断谬论》云："当胜解一切口及一切天女口皆悉诵咒，此由一切天女诵故，本尊念诵便成八倍。"如是想本尊口与明妃口回转念诵，及观想从咒鬘放收诸天念诵，总有三种观想。又如寂静论师与三昧耶金刚《欢喜金刚修法》所说，想于心间种子咒鬘绕围，咒向上立光明晃耀犹如灯鬘。若心缘彼念诵如意写字若与一切口及一切天女口念诵（前者默诵后者出声）为二念诵共成五种（连前三种观想为五）又哆伦答日跋说前者各圆体念诵，后者名三昧耶念诵。《教授穗论》与慧铠论师等多于此时说缘风修三字金刚念诵，恐繁不录。

如是于正修时，离念诵过专心持诵，入念诵数，中间所诵不入数中，然可念诵亦无有失，如不动金刚《札拏修法》云："起座以后，应缘佛身持诵密咒而不入数。"

咒之色者，海生论师说由羯磨色分，此谓息灾增益爱敬降伏如次色为白黄赤黑。或如修承事时诸尊身色不变，如是咒色亦随诸尊为种种色。或如藏师所说，为于诸尊自在当修红色，如善根金刚云："念诵之时，方便如旋火轮，如掷索枪，或如翎束，或如结绳，或如钩连，随时应知。"藏地师谓初是息灾，次是降伏，三是增益，后二爱敬。彼是咒字。咒光之相。余师未见明说。从口至口旋如火轮，海生说分四羯摩色。般若因陀罗茹资于《宝炽然论》亦作此说，次智者诵咒，从父母口中，旋转如火轮，色由羯摩分。

如是从入智尊乃至念诵，是为所生诸天圆满之支。忆清净者，多如难胜月说，至不能入定时忆念清净，故于修天瑜伽疲倦时行。此又多如寂静、难胜月、种比跋所说。于正修时忆念，海生与唥耶茜那说于施食后忆念清净。此则于中间忆念也。多依慧铠师等所释罗伊跋《修法》之意趣及海生之《修法》所说，渐次收入光明，许为即《五次第论》所说之随坏。若修此时应忆正见而修，微细空点，随各各法所说时修，缘彼修习坚固住心，灭除沉掉，守护正念正知，并得奢摩他之量等，显密所共，如《共道次第》中广说，当阅彼论而求定解。修天及修空时，如来金刚云："此中从上午至中夜，唯应修天而住，次应修空。"此约别修空性而说。

辰三　结行分二：巳一　养身修食法，巳二　修天供食法。　今初

修行疲倦休养身心之法，燃灯贤以《集密》所说方便修养，如云："顶月嗡润泽，降注胜心水，满足身语意，当如法降注。"此法当想顶上一张手处空中，有一月轮嗡字庄严。彼注甘露，充满全身，乃至足下，一一微尘悉皆润泽。祥米金刚说："想由出息入息导引钩召甘露，从顶下注。"寂静师云："由嗡字光召自十方，次以命力令入身内于筋脉转，周遍全身。"言命力者，谓以入息令降身中，又说休息之后，仍修念诵，是故随疲倦时皆可休息，非唯限于座末。

次下座时，《普贤修法本释》中说："复当供养赞曼陀罗，尝甘露味送曼陀罗。"此是将曼陀罗诸天摄归主尊，说为送遣，非往他处。

若能于四座后皆施食者，即如是行，《现说经》云："以此法渐次，四座间行施。"若不能者，则当于座末后施食。海生师说："将曼陀罗摄归己身而后施食。"《教授穗》说："先施食已，将曼陀罗摄归己身，故于末座或一座后，随宜而行。"施食仪轨虽有多种，然《结合经》及《四座经》《金刚空行》意趣相符。兹如《教授穗论》解释《结合经》意而说。施食法者经说为息障碍与修悉地，初后最要，故定应行。施食之时，《结合经》第九云："下半月十四，尤应于八日，及上月初十。"此是特胜之时，余说日日应施。施者之天瑜伽，如《集密》不动佛，说若俱修现观，或以四支仪轨渐修，或刹那顷顿生金刚萨埵。随修一种即可，余准应知。施食仪轨有广中略三法，广者修甘露食之器，《结合经》说"莲花器"谓颅器，《教授穗》说盘等亦可。《红大威德经》于台或于铜盘。《鬘论》说瓦杯盘亦可行施。故可随宜。食物，《鬘论》与《教授穗论》说：用面、豆、肉、鱼、粥、饼、酒、水、葱、蒜、牛乳等。若不具者，唯面与水亦可。陈设供物法，《结合经》云："阏伽等供物，鱼肉诸食品，酒为左所需，能醉品亦可。右侧设水器，阏伽器陈前，此一切供物，以五甘露净。"第三句文释论作"酒能令欢喜"。若有肉与鱼肉所作食物，分陈左右，以五甘露净者，《教授穗》说或放甘露丸或修为甘露而净。食物修法，《鬘论》所说即《结合经》意趣，《教授穗论》亦说。如《鬘论》说《集密》《胜乐》《欢喜金刚》三部修法亦同。法谓想从漾字出生风轮，上有啦字生为火轮，从疴字生白色颅器，安于三种子字所生三头之上。于中吽等十种子字出

生五甘露及五肉，以彼种子加持庄严。种子谓吽𡅥鄂什康，仲吽尚掌。于何方隅而生（谓何字在何方生为何物），《鬘论》《教授穗论》俱未明说。《结合》与《四座经》亦尔。《红大威德经》说："名为廓姑答哈那之五肉，如其次第即毗卢等体性，自东方至中央，从仲鄂藏康吽五字而生。名毗惹虚摩穆之五甘露，如其次第即佛眼等性体，自火（东南）隅至中央，从即芒邦当旺五字而生，即以彼等庄严。"

《鬘论》《教授穗论》，说五甘露以及五灯，虽作如是次第（先说甘露后说五肉），然《教授穗》又云："胜解如是行相五智体性，即五如来，谓五灯与五钩。"此说五灯五钩为五如来。又云："不动毗卢宝生弥陀不空是为五钩。"次第又如此说（先说中央后说四方），故前五种子字生为五肉，从中央起右绕乃至四方，吽等五字如其次第生大肉等，彼字庄严。从火（东南）乃至自在（东北），仲等四字如其次第生大香等，彼字庄严。大肉共（通肉与甘露）故仅说四种，亦有说五甘露为五佛者，如《大印点经》云："宝生说为血，液为无量光，不空为大肉，不动即香水，毗卢为大香，此是五甘露。"铃论师之《胜乐修法》，亦如是说。如云："吽𡅥康鄂掌，小大香大肉，菩提心妙华，又即芒邦当，牛犬象马肉，皆有种子严。"毳衣大师亦如是说。此说四方左绕，四隅右绕，种子颜色，小央与四方蓝白黄赤绿，是毳衣大师说。又说风上有幡，火上有焰庄严。颅器为整块者（颅有一块两块等别）内为红色。此二师说，甘露为如来，诸肉为佛母，由种子即可知。梵本之《修食法》，多从五佛佛母种子出生十物。《扎拏释宝炬论》，阿底峡所造罗伊跋《释论》，并唼耶茜那说十物各从自名第一字生，唼耶茜那更说从东南隅右绕乃至中央，从白蓝红绿黄色，从廊姑答哈那五字，生为牛犬象马大肉，彼字庄严。从东方左绕乃至中央，从白绿红黄四色，从毗穆摩惹阿五字，生大小香大肉血液，彼字庄严。前二论师亦于彼物安立五佛种子。从自名第一字出生之规，此为最善。总之施食器用颅器，食物生为十种物品。就种子论，有从五佛佛母种子字生及从各物自名第一字生两派，约生处辨，如《扎拏疏宝炬论》说：唯于中央四方五处安布十物五佛种子庄严，及于方隅皆安布之两派，后派又有中央四方安布五肉，四隅出生甘露及与彼相反之两派。又有肉为佛体，甘露为佛母体，及与上相反之两派。然彼皆是不动佛居中央之规。五甘露者，大香小香赤白二界前四相共，第五有多异解，拏热跋、药足等说为大肉，跋嚩跋札《四座经释》说为痰涕。《律生》中说肉中脂肪，骨中髓肉头中脑膜，为下中上三品。五肉亦名五钩五灯，以能钩召及光显悉地故。次想食物有诃贺什，如其次第净除寻常之色香力，变成胜妙色等。《教授穗》与《鬘论》于修食法，未说生为三佛，《结合经》与《四座经》说修诃字为弥陀，贺为毗卢，什为不动，《四座释》说诵阿诃货什三遍，净除过失，色香味三生为三佛。

次当观想风动火燃，溶化诸字变成液汁色如日出，由彼蒸气变成吽字生喀敵迦金刚庄严，由彼溶化三次落颅器中，变成甘露。其上嗡字变成月轮，月上有嗡啊吽三字重竖，从彼放光钩召十方佛菩提心甘露，大海等中甘露，入三字及月轮，三字月轮溶入颅中，次诵三字三遍加持清净成水银性。此是《鬘论》所说，《教授穗论》说从阿利迦利变成三字。毳衣大师与铃论师所说同前，是依《律生》意也。

尝甘露之仪轨，毳衣大师与铃论师亦如是说。如是生已，想诸天舌根有吽字所生白色金刚，量如大麦。从彼放光如管，吸饮甘露，悉皆饱足。次以大指与无明指弹洒供养。《四座经释》谓齐舌端，眉尖，顶上三处弹洒。

巳二　修天供食法。

如《结合》等三经，说三角坛，外白内红，量广一肘。《释论》说以红花紫檀涂内令红，其外应用白檀等涂，或用颜料染作彼色，于彼中央弹四线成九格。于中格中刹那生曼陀罗诸天。《鬘论》于《集密》施贪法亦说香坛，故知《集密》亦如是修。其余八格，《教授穗》说，有护方神女神围绕，此中当说诸护方神，东方琮字，生帝释天黄色千目，乘护地白色象，手执金刚。南方冈字出生阎罗黑色，伸展右足立水牛上，怒发上竖，结恐怖印及执骨杖。西方啖字出生水天白色，乘七头龙，手执蛇索。北方碑字出毗沙门黄色，乘人，其身肥短，手执鼬囊及幢。火方嚨字出生火天红色，眉须发髻烈焰炽燃，忿怒肥壮，骑山羊上，作皈依印及执念珠水瓶棒杖。离宝方喀字出罗刹黑色，裸体乘尸人骨庄严，开门獠牙手执弯刀颅器。风方漾字出生风天绿色，跨黄色鹿，手执风布。自在方阿字出生自在天白色，乘牛王上，结发髻著骨饰，手执三尖杖及小鼓，帝释右侧吽字生遍入天，黑色乘鹏，手执轮杖法螺及㤭都跋。毗沙门右侧穴字生碍神，白色象头，乘鼠，执罗卜杖食团珠鬘。上方啊字出生日天红色乘车，威光赫赫莫敢仰视，手执莲花。日之左侧昂字出生月天白色乘轮，执夜开花数珠。嗡字出生大梵，黄色乘鹅作皈依印，执莲花及珠杖。下方啖字出生善织（阿修罗），黑色乘车，手执利剑。郎字出七地神黄色，坐莲花上，手执莲花。除上已说庄严，所余一切皆著宝冠，面带笑容。帝释、水天、风天、碍神，及毗沙门（药叉）、月天、大梵、地神、坐月、轮座，余坐日轮。大梵天地神是身部（毗卢部），唯日天是宝部。毗沙门自在天水天皆是语部（弥陀部），风天是不空成就部，所余诸尊皆不动部。帝释天等皆有相等明妃，地神具有相等方便。各从三昧耶生。彼等之外，想有诸龙王及一切有情。

次以各法迎请仪轨，请世出世诸天与三昧耶合一，献阏伽与浴足水等为先，供养食物，后为令曼陀罗诸尊欢喜及除增减等失，并成就一切事业故。摇铃诵百字咒，次旋绕手印令诸天欢喜，收束手印作抱持相，次以左手当心作金刚拳，伸展右手按九格地，作执诸天足想，次对乐为成办所作之智尊及眷属，而诵"唵阿达磨底叉吽娑诃"。想从格地升起。次随入息入自身中应为一味，复当供养。次以抱持印三弹指，复诵"唵萨嚩都喀札，格哈那格哈那，伽刹吽泮"。想诸护方神回自处。此是广施食法。

若诸格中不修三昧耶尊，但请智尊，余事如前供养，是为中法。

若想诸护方神皆为本尊形状，随宜而住，各施所爱食物，是为略法。尔时不须作三角坛，及修三昧耶尊召智尊等。

此是生起次第施食仪轨，圆满次第，不动智慧方便，唯略思维即请智慧方便为体性之本尊与帝释等，供献智慧为体性之食物。寂静论师说于供养或献食后，诵普贤愿文等。有多论师说于座后诵百字咒，当如是行。此是初座次第。

《欢喜金刚现说尊长》等经，《合经》等论，多说日修四座。四座修法。唫伦答日跋云："言四座加持次第者，谓于早晨，日中，下午，夜间。"药足亦作是说，故当如是而修四座。早晨初座应如前修，余座广略有无别耶？毳衣师说，初座广修一切仪轨。日中下午座间，自化光明变成吽字，由此变成能依所依曼陀罗已，灌顶以下全修。最后一座，广修一切仪轨。铃论师说亦尔。《珠鬘论》说，余座自修无我母已，从于心间种子放出十四天女眷属，各安其处。清净，加持身语意业，灌顶以下，圆满修习。黑行论师与三昧耶金刚亦说，余座从自心间种子放出坛轮，安立其处，召入智尊，灌顶以下圆满修行。诸师许先未收宫殿，故彼修法与守护轮集资粮等，皆可省略。忆念第一加行，最胜曼陀罗轮唯从心间放出。《四百五十论释》亦云："言座间者，谓于日中，日边，夜半，刹那现起圆满曼陀罗轮，供养称赞等如前修，至睡眠时，应当眠卧。"此说《集密》亦如是修，故与前同。《穗论》第十二云："若忽忙者，随余座仪轨行，若有暇者，应修一切。"此说初座暇修一切，忙则略修余座仪轨。药足师说"忙者初座俱修，余座于自座上住本尊慢，以三字放出曼陀罗诸天，灌顶供赞尝甘露味，随住某一细点而修念诵。"略法如前。此处似须召入智尊，如三昧耶金刚所说。

如是初末两座广修中二座略，与初座广余三座略，非关忙闲，是常修法。于事忙时，或初座广余三座略，或第一座因忙暇而广，余三座略，是《教授穗论》之修法。若有暇者，可如毳衣大师等说而修，长时修天，易于增进，净所净事生起次第之要，亦无所缺。

卯二　中间之瑜伽。

如是前座已毕，后座未修，中间亦应作诸善事，此即清净受用瑜伽，谓自忆持主尊天慢，根缘境时，当观诸境体为诸天，由彼供养。若依总清净者，当观一切皆以无二智为体金刚持为相。若修各别清净，当观色为毗卢，声为不动，香为宝生，味为弥陀，触为不空。此是方便清净，若依慧清净者，当观五境为色金刚等五天女，而修供养。复以三轮不可得慧任持。若能一切时中依止正念，即是速能圆满二种资粮方便。如《普贤修法》云："由离邪分别，圆满一切事，供养诸佛轮，此为最殊胜。"如是知己，随自受用何境，及施他等，皆应如是而行。

清净业瑜伽者，相续依止明想主尊之念，行住坐等诸身语业，皆成结印诵咒修集资粮。如《普贤修法》云："身等彼彼业，当知常住定，由具彼相心，身语意诸业，诸佛咸说彼，成印咒行相。"《金刚心庄严经》亦云："若住平等性，随身所动作，语中所宣说，悉皆成咒印。"此谓先将无记身语，化成善性。迨后力渐增时，虽于除人为不善者，亦能变为增长广大资粮方便。

清净犯三昧耶之瑜伽者，如《普贤修法》云："犯三昧耶想心月，心咒变成杂金刚，三昧金刚瑜伽师，想诸众生本性净，当于杂色莲叶中，由前次第受灌顶。"祥米金刚释此义谓"想自心间地轮，上有杂色莲花，彼上月轮中央，由吽字变成羯摩杵，上有慷字，变成宝剑，再变为不空成就佛，智慧方便为体。次想一切诸法本性清净，智慧萨埵心间种子放光劝请，虚空诸佛放光，出佛眼等天女，手捧宝瓶甘露充满，为自灌顶，一切微尘悉皆润泽。"此立自宗，修天为先，依止五甘露等，对治毁犯续中所说护密咒行诸三昧耶。破他派说溶化自身为不空佛三昧耶形而受灌顶。又《四百五十论》云："犯三昧耶还出者，微妙不空金刚轮，心间想业金刚慷，一切皆为自灌顶。"寂静论师释云："自修不空成就，想曼陀罗主尊心间有羯摩杵上有慷字，自受灌顶。"此二随修一种，能净轻毁师长等罪，最为重要。

食瑜伽者，谓受饮食等时，忆自为天，加持食物生为甘露，作供天想而食。

浴瑜伽者，如前灌顶时行。

眠瑜伽者，如《教授穗论》说："增上胜解空性，为俱生喜自性，我是光明自性，故以智慧方便自性而眠。"如此说者最多，当如是行。

起瑜伽者，想由小鼓声或天女歌声，劝请而起。

卯三　安立彼瑜伽为广大之理。

通达自心真实，修习增长，若时一切无明都尽，内心真实所依色蕴等相悉皆不现变成佛身，则知凡身是杂染因所起客法，佛身乃是尽虚空际永不离法，如《口授论释》引《集智金刚经》云："秘密主，绳蛇非有，然由眩翳如是妄现。若诸士夫断除眩翳，则唯见绳不见余事。秘密主，如是于常等上误为色等亦非是有，然由贪著色等习气故现。若诸士夫修真实道，遣遍计执，唯见常等不见余事。"常者是毗卢佛异名。《解脱点经》亦云："离翳则于绳，不得余少事，离戏论于坛，全不得生死，故由深明坛，我常般涅槃。"是故心性所依寻常诸蕴，唯是无明染污之力。若一切时心入真实成无二智，则寻常身毕竟隐没非彼所依，相好庄严之身乃彼所依。未为无明染污之法，即是毗卢等身。故以抉择一切法空之慧，修习"娑跛嚩"等咒义，后时当起毗卢等身。

如是随顺未染有法与法性理，咒师所修天轮，即安立为广大，《四百五十论》云："所施等无得，仍是凡常性，无我不坏凡，胜坛无彼事。"寂静论师释云："彼所施等虽无所得，然布施等仍是寻常体性，以时处相所限局故。虽证无我不坏有量。"又云："若不限局时处相者是广大性，故名广大。若法体有时处定相，即狭小性，故名寻常。"（寻常亦即凡常庸常等）谓波罗蜜多乘能证无我有甚深义，然无违反寻常境相之天轮故仍为狭小，咒有彼法故为广大。

由于时处有量无量，安立名为大小，义谓若达诸法实性一味，依彼未染有法修天瑜伽，则诸如来色身等德，不为时处分量所限，普缘一切而修，故名广大。若无此天瑜伽，虽有甚深瑜伽，通达一切诸法无异真如，然就有法犹未能越限量，故为狭小。如寂静论师云："由修自体诸法，为最清净地与波罗蜜多自性之力，则以一切诸佛波罗蜜等，令自所修波罗蜜多等行，于心一切刹那皆悉圆满。供养自他亦即供养一切诸佛，以微劣物亦成胜妙供养，是故易得菩提，此即菩提道之自性。言是故者，显唯由此法能速证菩提，如云，唯由此瑜伽，速当得佛果。"此说若如前配能净所净及胜解为无边佛法体性而修，则能成熟一切圆满次第善根。故下三部虽亦修空与天，然有极大差别。此最胜之广大圆满次第时之所有。波罗蜜多乘中虽修随顺法身之道，不修违反寻常境相随顺色身之道，故于圆满色身因之资粮时极久远。密咒乘中俱有彼等，故易圆满资粮。

若善了知依未染法，修习甚深光明无二之理，则知说心一一刹那皆能圆满，无量资粮等理。

余乘要历无数劫	方具广大福资粮	此以少力便能满
色身众因善方便	生起次第净所净	云何能于自身起
今依净教及正理	全无臆度显了说	

密宗道次第广论卷十九终

密宗道次第广论卷二十

圆满次第总建立品第十三之一

丑二　学圆满次第分二：寅一　圆满次第总相建立，寅二　圆满次第最初所修。　今初

无上续道二次第中主要者，谓圆满次第。若知诸大论师种种释彼修道之法，则于续义获决定解，不为似道所引，缘此即能令彼善说久住。详明所缘以及引导次第易可了知，故今当说总相了解生起方便。

此中分二：卯一　父续圆满次第之建立，卯二　母续圆满次第之建立。初中又二：辰一　龙猛派圆满次第之建立，辰二　智足派圆满次第之建立。初中又二：巳一　明二谛别之圆满次第，巳二　明三远离之圆满次第。　今初

凡能具足进趣圆满次第，须有坚固生起次第，此则诸师皆同，如前广说。《集密本续》十二品云："承事智甘露，一切应观察，此即能修习，一切咒真实。"《明炬论》释须以六支甘露，修胜承事，如《后续》云："由六支瑜伽，修胜承事事，若以所余法，不得胜成就。"六支与五次第义无差别。如《龙猛菩萨》云："由得风真实，渐入咒真实，了达咒所缘，学习金刚诵，金刚诵行者，能得缘自心，住如幻等持，以实际修治，从实际起定，当得无二智，住双运等持，更无可学者。"金刚诵或名语远离，缘自心或名心远离，加持幻身或名世俗谛，实际光明或名证菩提，无二智即双运，故成五相。《摄行论》亦说身远离，并说始从生起次第乃至双运，须学前已方学后后，若无前前身远离等，后则不生，次第定尔。如是即成三种远离，及于二谛别修双运三种圆满次第。

此若未知何为所修不共之果，则于生起圆满诸道易于肯讹，知则以彼为

例，即易了达诸能修道。如《五次第论》云："正学大瑜伽，已修习双运。"双运虽有学无学二，然是一类，故合说之。所双运事，虽多异说，要在世俗胜义二谛。如《五次第论》云："世俗与胜义，了知各别分，何者正和合，说彼为双运。"双运之理，彼论又云"此如彼次第，自加持光明，唯此二和合，是双运次第。"此谓身现自加持之清净虹身，心成胜义真实一味之智，此二非是一有一无各别存在，谓得同时和合智身。此于无学位时，心既恒住真实，身亦成就相好庄严之究竟身；有学位时，则与彼异。然二俱是心从三相（明、增、得三）身由五色光息所成。虽以已修治故非异熟身，然于此时犹应暂现任持异熟身相。此与幻身之差别等，若尽抉择篇幅繁长，欲于余处广说，故今且止。

有学双运心身，是彼佛位心身最胜亲因，即是殊妙圆满次第。故他诸派若于将近果位有学位中，不修同此或复类此最胜圆满次第，则必不能趣证究竟所得之果。此有学双运位，如云"了知各别分"，故若先无二谛各别圆满次第，离只无双，即不能成，故别修幻身以及光明。幻身是三空后所成，双运则是于四空后唯从逆起风心而成，如《五次第论》云："具自性诸光，兼具足六识，自加持次第，现起利众生。如从净河流，诸鱼疾跃起，如是一切空，现起幻网身。"《摄行论》《明炬论》亦数宣说，故于双运之前，须入四空以后微细二相毕竟净之光明。此复数说须净三心境相乃能入此，故是现量亲证。能得此者，先须得自加持幻身之世俗谛。如《五次第论》云："自加持正定，及以光明处，以因果差别，宣说为二谛，由加持次第，乃得真光明，是故金刚师，先说自加持。"

其幻身者，谓三空后，唯由逆起三心与风，自身现为金刚萨埵之身。如《五次第论》云："真实与风俱，经于三识后，仍生行者身，说彼为幻身。"《摄行论》说此如梦中意身。是故但就行者，心前似得此身，说为智身，而非实得。此与有学双运实身，虽同由彼风心而成，然有大别，此与梦身相同之理，余处当说。故《五次第论》云："由镜中影像，应了知幻身，诸色如虹霓，周遍等水月。"此义是说前述唯从风心自身，现为金刚萨埵之身，如彼诸喻。非说仅觉自身非骨肉等粗体，明了显现清净无碍如水月等。以于生起次第亦能如是修故，即于生起次第未坚固时，亦多明了显现胜于眼见，清净无碍犹如虹色。又《摄行论》说从生起次第至三远离，皆无幻身。以是生起次第究竟，于细点位，虽能于一芥子量中圆满现起能所依曼陀罗，明了坚固，然非幻身。是故此等，全无幻身之义。如是天身犹如虹霓，现起清净无碍身时，忆念正见，虽觉全无自性如幻相现，然亦无幻身义。以《摄行论》说生起次第人，以幻等喻胜解一切诸法皆如幻事，然不了知自加持义，论于执彼为幻身者特破斥故。彼文前已引说。又生起次第位，渐收情器入空性时，灭显色等一切粗境，明了安住唯心，后从定起，虽不作意，亦能显现天身及现清净无碍，然彼亦无幻身之义，以幻身者，要由究竟第一次第及身远离，于语远离风得自在，修心远离引生三空智后方得生故。此派成就幻身之法，最为难解，故若未知心远离位于三空后成幻身法，则于光明及光明后成双运身之理全不能知，故于通达彼义当勤修学。

幻身收入光明，论说由整持与随坏静虑，顿将一切境相收入光明及渐收二种方便。其入光明必须幻身之理，有说若未了达有法如幻，则不能证法性光明。有说于幻身上有幻执垢，要由光明修治，故须收彼幻身入于光明。此是全未了知幻身之言，以无性而现，虽是如幻义，然彼全未涉及幻身之义。提婆菩萨说，波罗蜜乘与生起次第，虽能如是抉择修习，然未了知自加持义，特破执彼为幻身故。由见幻身是入光明不共方便，故令生起。幻身非幻执垢，亦复非由幻身增上而生幻执垢故。

是故幻身是三空后唯由风心所成之身，未证三空智时，则必不能入第四空。证三空已，若不能修风心所成之身，则于第四空后亦必不能成就彼身。故光明前须修三空及幻身者，俱为光明双运而修，非但为光明而修也（此说双运之前要有光明，光明之前要有幻身）。

巳二　明三远离之圆满次第。

修成如是幻身，须先生起心远离三空智，如《大印空点》第五云："说欢喜即明，明增为胜喜，知妙喜为得，俱生即光明。"《教授穗论》亦如是译，最为善哉。此说四喜同四空者，约通义说，如以增上胜解收入空性，亦即说名收入光明。譬如但修光明与五次第中之光明，有大差别。如是应知通说之三相，与心远离之三相亦有大别。此三相是究竟第一次第与身远离，修语远离风自在后之所生故。《摄行论》说身远离等六支，若无前者，后不生故（此说幻身之前，要有心远离）。

心远离智之外缘，虽如前引"一切幻事中"等，要依明妃乃能生起，然须先依内缘，修调柔脉与空点之殊胜方便。此于续部虽亦说有多种，但依龙猛父子所许，修风调柔最为切要，故未说余猛利（火）与空点等众多所缘次第而唯说风瑜伽。如《五次第论》云："一切有情命，谓风作诸业，此即识所乘，五性亦是十。"此中意说因位众生为风自在，是故于风若得自在，则易发生诸道功德（此说心远离前，要有语远离）。

能自在风之瑜伽，续部虽亦说有多种，此处唯取金刚念诵。依是密意，金刚乘中多次宣说，诸修行者，当以自身三业与如来身语意，和合无别而修诸道。能于自身遣庸常慢成佛身者，谓初次第与身远离。其从修种子等生为天身，即是第一次第。其能通达诸法性空真实一味，即由与彼无二之智现为天身大密金刚持之一部，从此出生身语意三部五部，乃至百部，以此身远离三摩地净庸常慢而修天身即身远离。依此密意故说身远离，为身金刚三摩地。此与生起次第所断庸慢虽同，而能断则大异（此说语远离前，要有身远离及生起次第）。

如于所修天身，能修之三摩地虽有无边，但至究竟唯是大密金刚持之一部，如是所诵真言虽有无边，念诵胜利亦无量种，但辨咒有了义不了义说。了义咒即是金刚念诵，故于语根本风能得自在，亦唯称赞金刚念诵为语金刚三摩地，一切念诵此最究竟。如《摄行论》中说，如是从生起次第乃至身远离修成天身，乃成究竟能诵咒者，即以彼身持诵究竟念诵，于发语风获得自在，即由风力而能任持、引导界等，故若结合外印燃猛利火溶菩提心，即能任持不坠灭八十种自性分别，生三空智证得意金刚三摩地，此后乃得生起幻身。由生圆满大空智力，乃能入光明一切空。由大空后唯从风心圆满生起幻身之力，乃能于入一切空后现证双运转身。次由修习双运转义，以彼等流而往佛地。此即龙猛父子诸论要旨。

此等皆以生死三有，为二次第所修治事，故于三有现为三身之理，务当获得清净定解。第一次第能治所治之理，《建立次第释》中已广宣说，故不繁述。唯是圣派（龙猛派）教典，辞义古奥，极难明了。若能不以浅尝略修而自矜足。能久祈祷师长本尊，依智者论精勤修习，自能窥见彼诸教典为教授也。

由是诸入此法修心要者，先当勤修第一次第，生身远离。次当善巧命力金刚念诵，要以修风为主。以余派风点等瑜伽之所为者，此亦能成办故。

辰二　智足派圆满次第之建立。

文殊菩萨摄受智足大阿阇黎口授甘露，名为《曼殊室利口授》。此论师依菩萨听许所造《解脱点论》，即广抉择圆满次第。此派在天竺曾出无量有智行者，故成大车轨道光如日月。此派圆满次第建立，今当略说。如《解脱点论》云："故深显菩提，证无二解脱，非唯证甚深，亦非但明显。如是甚深空，解脱非我信，故证无二性，现世定得果。离一切分别，超越思议境，如空净出生，离执名甚深。任持大印色，如幻如虹霓，修治自他身，说名真明显。"此说大印如幻天身与入真实之心，和合不离深显不二之智，为圆满次第之主旨，生起次第之天身为咒身，圆满次第之天身为智身。此又有智身、清净身之二。即前论云："二次第差别，分咒身智身，智身中有智，与清净二身。"释云："智谓略得智自在者，所证略清净之幻身。清净中有住德相之不欺诳身，与如实之果身。"前者与幻身同，第二即是有学双运，第三正同无学双运。此如《口授论》云："诸法从色等,至一切智性,清净如虚空,深显无二智。"又云："远离诸分别,胜因难测量,显现为大印,光明熟自他,无二性最胜。"初远离等二句,意说甚深,其次二句意说明显。是故圆满次第究竟要旨,或名二谛无别,或名深显无别、乐空无别。无别之义,即能成佛之亲因。此于诸大论师圆满次第,皆当了知。由此因缘,亦于生起次第说由"娑跋嚩"等真言入空性中,次起天身。诸余圆满次第,亦须修办双运智身。故当思惟云何修习,乃能摄持圆满次第宗要。如是建立咒身智身,亦是圣派之所共许。

如是最后圆满次第,是已究竟生起次第细点瑜伽,于第三瑜伽略得智自在之瑜伽师,修习圆满次第之所成办,彼所修之圆满次第,是由四欢喜门收为四义之道。其依俱生喜之圆满次第,《口授论》说当于心间智慧萨埵行相标帜中央,如前生起次第所说修圆满曼陀罗。从彼主尊心间不坏空点,放诸光明,渐收器界有情及曼陀罗诸尊,后于空点尽力而持。次依收摄次第,渐令明显,修习现品之三摩地。由数修习此二法故,便有地入水等五种相现,此后乃成深显无二智身。次修诸行即得成佛。

收入光明之理,如《五次第论》云："从头乃至足,直至于心间,行者入实际,说名为整持。先摄动非动,令入于光明,后自身亦尔,是随坏次第。犹如镜上气,一切尽消灭,如是瑜伽师,数数入实际。"此二静虑中之随坏次第,与《口授论》所说相同。然以不坏空点光明收摄之理,则多差别。《口授论》说从光生心,从心生风火水地等流转次第,与地入水等之还灭次第,与圣派同。不坏空点如《口授释论》云："无二智谓甚深光明无二正智,净如虚空。彼云何住世俗色者,谓住五色空点,最如嗲那迦粒,言彼坚固已者谓从彼生风等。"本论亦作此说,故是与五色风无分别转表心之空点也。生时既从彼生风火水等,收时亦复还入于彼。顺所净事修三层萨埵已。入三摩地萨埵光明之理,此与圣派所许相同。此是发生情器之本,故于第一次第亦说此点安立字形,《口授论》云："住三昧耶印,心间行相上,诸佛最胜智,于初次第者,显现为字形,不可坏本尊,种子五光明。"是故应知咒乘生起能所依时,多修一字为因而生,要旨唯在于此。余不能坏,故名不坏;不舒散故,说名空点。此住心中,如《口授》云："若人不可坏,乃至住身中,业非业差别。"其《释论》云："乃至住身中者,谓此空点住于有情心莲之中。"由此亦当了知心中修字形或修空点之义。如是生死流转还灭不共次第,及如死时渐次入光明法,俱由多修收放,后从不坏空点五色光风之因,修成深显无二智身。是故此派圆满次第究竟要旨,与龙猛派最相符顺。于此深显无二俱生欢喜圆满次第之前,当修变化空点,即是修风金刚念诵。此与圣派有多差别，说由修此之力，能达一切诸法皆如幻等。于此之前当修密点，即降心间空点下至密处摩尼任持，于此点中修能依所依圆满曼陀罗。于彼主尊心间空点任持其心，及有多种收放差别。又说此时有五相现，云何五相？如《口授释论》云："空点光明，明不明显之喻，如阳焰起。"又云："言如烟者，谓较阳焰明显，然非青色或白色等。"此中非说生阳焰等，是喻后后明显于前。

心成无性处者是为取支（六支之一）。其后放出标帜与天身等，是随念支（六支之一）。于空点持心，说是灭息支，谓由于彼持心则风入于中脉。在此之前，于如上说圆满曼陀罗中主尊心间，依于不坏空点多修胜收放已，说于空点持心。论文恐繁不录。圆满次第所修空点瑜伽与彼生起次第之细点，亦大差别。故或有说智足派于他派第一次第细点说名满次第者，实是未知此派而妄宣说。

修心中不坏点与摩尼中密点，及上鼻端之变化点三者，如其次第，是依欢喜、胜喜、离喜而修。又修不坏殊胜点已，如彼随坏次第修收放者，是俱生喜。总之，由前二修空点瑜伽，第三修风瑜伽，以风与点堪能之力，顺逆收入生起光明，数数修习，成办深显无二清净智身。次即由此等流进修其果。

卯二　母续圆满次第之建立分二：辰一　时轮派之圆满次第，辰二　诸余派之圆满次第。初又分三：巳一　明所得之乐空无别，巳二　决定修彼道之数量次第，巳三　别释不变之乐。　　今初

所得究竟乐空无别之果，即前第四灌顶所谓大乐心与空色身，二法体性无别、尽一切垢之无二智。此于《第五品》之《大疏》，多返问答而善成立。如彼《疏》云："如来岂不宣说，若无蕴处界离二根和合，则不能生慧智自证，以无流注事故。诸瑜伽师云何能于自心所现，自心起贪，净自心障，受用不变大乐之智，以无微尘所集身故。故此诚大颠倒，如说天授乘自肩上而往聚落。"此叙他难，故当且说敌者之意。此是攻难前说（《时轮》中之前段文）以水银喻系菩提心，无蕴等障，由修自心所现空色手印而得成办。难云：若修大印无诸微尘合集之蕴，诸瑜伽师唯与自心所现空色入定，而能受用不变大乐妙智，不应道理，以无微尘合集身故。成其决定（无不定过），故言如来岂不说等，引教显示。意谓佛说若无微尘合集之蕴，则无二根交合不能流注诸界，若界不能流注，则应慧智不能了证自境。前《时轮》说"无蕴等"时，说于果位遣除微尘合集之身，故是所许。

总之，彼谓若无微尘合集之身，唯现空色父母受用不变妙乐，理应相违，故兴攻难。《疏》中答时，不答已许及因不成，而答不定，故是果位之净。乃至未得果位乐空，未能永尽蕴处界等之粗色故。

言汝此语，如说乘自肩而行者，是难心所现之空色，还以能现之心为体。以于此难之前，经说镜影喻故。又经与疏处处皆说"知与所知同一身"等，多说彼二同一性故。永尽微尘合集身时，空色明妃抱持空色方便，若许彼二同一性者，则说天授自乘肩行亦应无过，此出齐头过失。

《大疏》答此难云："诸愚钝者说离微尘合集为体之蕴处界，唯心慧智不应自证，实非如是，以由客心习气力故。此云蕴处界者，谓由客心习气由此力故，心有苦乐。若以胜义观察，非唯此身而有损益。"如是广说，义谓他说若无微尘合集之身，唯心不应能受乐者，不应正理，唯由内心习气之力即能受苦乐故。此言"微尘合集为体之蕴处界"，故前文中虽但总说"无蕴处界"，理亦应加此简别也。所言"若无微尘合集之身，不能受慧智"者，此文可显微尘身受与受苦乐，二不相违。然此非许蕴处界等为心习气，是说由心习气之力所成蕴等。言"胜义观察"者，若解为二谛之胜义而答外难，义不相关，故是就正理观察之义也。如在梦位，虽微尘身安卧床上无所损益，然似梦中身往他处遇损益事而受苦乐，故受苦乐不须微尘合集之身。义谓若总成立受诸喜乐不须微尘合集之身，则亦能立别受不变妙乐不须彼身。如是励力成立之所为者，是为成立永尽粗界果位，以空色身为受最胜不变妙乐之身。三部疏中多次称赞修空色者，其称赞之密意，应知亦尔。既说空色唯是自心，故许离心别常法，亦是臆说。此如《第五品》云："身净无尘如虚空，一切相好皆圆满，种种一切三世间，清净离障如梦现。语音无断俱多音，能于他人心中转，心满妙乐不倾动，一切时中俱生持。"此明永尽微尘清净无碍，等同虚空之空色身相好庄严，不变妙乐不为心。故此品说由烟等诸空色，上上转依最后成彼智身。如云："地入水中水入火，火入风中风入空，空成十相相转成，一切无尽胜安乐，不可摧坏智慧身，由智成就妙悉地，士夫能于此生得。"如《集密》龙猛派赞自加持、幻身、俗谛，为彼双运虹身之不共因。三部疏中称赞空色以代彼义，应知亦尔。《胜乐上疏》于《幕续》中"复应自加持，以随顺轨次，外表示诸相"作是释云："自加持者，谓由别摄（支名）见世俗谛。相者，谓如烟等相现，此是初见灯炬究竟。"此中说自加持与世俗谛。挐热跋师亦说："其所修者，谓以别摄与静虑支（六支中之支名）善坚固已，三界明显体性即世俗谛，由随念支（六支之一）正开放彼瑜伽。彼瑜伽者，谓世俗谛瑜伽。正开放者，谓当观察遍诸空界。"空色究竟即是相好庄严佛身，故彼空色之无性空虽是胜义，空色仍是世俗谛摄。故或说为自在常住，乃未了知为何修空色也。

如上所说烟等空色上上转依，乃至第六支时空色欲天父母之相，即是果金刚身不共亲因。尔时唯现如是相身，身实未成空色之身，以粗色界犹未尽故。故欲修成彼身，必须灭尽尘聚色身，如以变金之汁点铁为金，如是由系身中菩提令无漏泄，而能尽诸粗色。《第五品大疏》云："如由火力系缚水银，化一切铁皆令成金，如是由以法生加行系菩提心，令蕴处界皆成无障。"又云："如炼水银能化铁石，任持彼等大色（即其精华）而住，然非粗界，以彼大色着诸铁石，铁即离垢，石变成宝。如是修菩提心，能化蕴处界等及诸命根，任持彼等大色而住，然非粗色。"此处不变之乐，即当龙猛派中所说心为光明。此中乐空之空是世俗身，乐是契入胜义之智，与余经中所说乐空略有不同。由系身中菩提令无漏泄，不变妙乐最圆满时，一切粗界悉皆永尽，界亦无存，尔时界与妙乐，能所依之关系，皆已灭故。如《灌顶略标》云："能依所依系，乃至不变乐，得心不变时，无能依所依。"乃至顶中界未充满，有能所依。既充满已得不变时，则无彼依。故于空色金刚身如虹霓，莫起如乳满腹之执。

巳二　决定修彼道之数量次第。

何故圆满次第安立六支非多非少？以所证佛果有身语意三，故能修之圆满次第亦唯六支。谓由别摄静虑二支，于前所说空色，未生令生，已生令固，成相好庄严之佛身。由命与持二支，于语根风获得自在，成一切种相之佛语。随念是乐近因，三摩地是妙乐自性，由二成不变妙乐之佛意。以是经论于彼彼三，说名金刚身、金刚语、金刚意三摩地。有学位中能俱时有三种金刚三摩地者，要得三摩地支以后。

六支数量决定如是，次第决定理复云何？谓如上说果位乐空无别，要等流因乃能成办，此即自身现为空色欲天父母，由随爱力自心趣入，能取所取二空真实？得不变乐，身心双运三摩地支。如《胜乐上疏》云："三摩地者，谓由随爱欲天所得不变妙乐，即此一心离能所取，诸佛说名三摩地支。"发生此支要依随念，由随念时猛利火力溶菩提心，从顶降注摩尼中间引生四喜，其第四俱生喜，即不变妙乐三摩地支故。尔时现无观察空色之天。如《胜乐上疏》云："次修天影像者，由任持力，于脐轮间燃猛利火，修瑜伽师自见大印离一切障犹如镜影，放无边际佛光明云，光轮庄严，说此名随念支。"又《修法品》明随念云："若抱虚空慧，安住俱生乐，自心即解脱。"主尊修法随根分三，其大印母，非指随一空色，是须现为如杂色之明妃。若此不能增长妙乐，亦可用余方便，如《大疏》云："若由色门不能欢喜，尔时于莲华中以金刚声或徐修习。"

生如是随念者，要由执持，于中脉中持风不动，要由此力燃猛利火溶诸界故。

如是执持要赖命力瑜伽，摄令左右脉风入于中脉，以未入彼不能持故。

其左右脉入中脉者，复有赖于别摄静虑修治中脉，是故次第决定应尔。修治中脉之义，谓由别摄修成十一种相，次以静虑坚固，于风略得堪能，左右脉风自动欲入中脉。此后，修诸加行遮左右风，最为切要。若在此前虽修不入，故初二支即明修习命力之量。故若未生十一种相，生或未固，应善策励修初二支。若已坚固，其力圆满，齐此应修命力。若仍唯修彼二，则是未能判于界限。如是遮左右风，趣入中脉坚固不动，命力功能由此圆满，此后应修执持，以于中脉坚稳安住非命力之果，要由执持方成办故。若风入中脉，入已安住，次以随念猛瑜伽力，燃猛利火溶解诸界，下降至金刚端不向外泄，成办俱生不变妙乐。

总之，由初二支成办金刚身之因色，修治中脉。由第三支令左右风，入于所净中脉。由第四支持所入风，不令出入。由第五支依执持修三印随一，溶菩提心任持不泄而修不变妙乐。由第六支于初二所修成色，自成欲天父母空色之身，随爱大印得不变乐，展转增上最后永尽一切粗色蕴等，身成空色金刚之身，心成不变妙乐，一切时中住法实性，证得双运之身。当知此是总摄三部疏中心要之义。

此派空色身与不变妙乐，等于龙猛派之幻身光明，已如前说。有谓此派别摄见境（别摄之身相）与龙猛派幻身相同，不应道理。以别摄是风瑜伽之加行，而幻身是语远离得风自在已，于三空后，唯从风心所成之身，体性时位俱不同故。如是此派之不变乐，可于见道前得，光明则从现证圣谛方得安立，以说清净三心，微细二相亦清净故。然续部中诸金刚语一一可作多种异解，故非定须说为相同，然亦决非更互相违。故拏热跋解说《集密后续》之六加行，如《明炬论》解。于《灌顶略标疏》中六加行，又依《时轮》释也。

巳三　别释不变之乐分二：午一　明由不变妙乐证无我理，午二　破以全无思取为时轮轨。　　今初

不变妙乐，名不变者，非说因缘所不能生，上曾屡说界向外泄名为变坏，故是系界不漏名为不变。从此所生之乐，非谓于身系界从身内可意触起身乐受，亦非以此为无间缘意适悦相所有乐受，又非依于乐受为因所发无分别定。是以通达诸法无性正见为亲因缘，系界不漏为增上缘，所生通达真实之妙乐也。是故此经说乐为无得，空色为有得。如《第五品大疏》亦云：“空谓诸法无生无灭自心所现，智谓证彼之不变乐。”此说通达空色于真实义生灭性空，无性之性，为不变乐。

任于何派，凡许通达修习彼义，能永清净系缚生死根本及习气者，则皆安立通达彼义为甚深义与无得义。此派亦许我执能为系缚生死之本，故应许达无彼所执我义，净治生死系缚及习气故。此如《第五品大疏》云："若由

贪爱习气流转生死，则违经说由无明力流转生死。答云，经言无明，此中说为有情无始贪爱习气。"此说余经所说无明与此续说贪爱习气为生死本，其义相同。《第二品》云："由幻愚迷诸有情，于诸苦事执为苦。"《大疏》释云："此中由于生死幻事执我我所，愚迷有情，于彼地狱、饿鬼、旁生诸苦，执以为苦。"此说由我我所执而愚迷，故许彼为萨迦耶见。以彼即是贪爱种子，故亦说名贪爱习气。

许我执为生死根本，大小显密诸乘所共，故许证无我慧能断生死系缚根本亦最明显。以是《第四品大疏》云："次当忆念三种根本，谓发大菩提心，清净意乐，断除我我所执。"此说能断我执之道，以证无我慧为道之根本。又说中观诸师修不变无二智，亦由二无我门而修。如《第五品大疏》中云："诸中观师修习如幻不变无二智者，谓人无我与法无我。"其破人我如《第二品》中说，破法我者亦如《第二品大疏》云："故中观师说，若识胜义有，亦非智者许，由离一异性，犹如虚空华，非有无非俱，亦非二俱非，远离四边性，中观师所知。"此说离一异理。又云："故果非从自生，非从他生，非从共生，亦非无因。"此说金刚屑等正理，皆如《中观论》等所说。又《续》及《疏》略说无我性已，亦说广如余论应知，如《第二品大疏》中云："成无我等，此但略说，于诸大论，应当广知。"又《大疏》云："金刚者谓不坏不断，即此是乘，名金刚乘，谓即咒法与波罗蜜多法，果与因性合为一性。"如前《灌顶略标》所说，咒法果谓不变妙乐，波罗蜜多法谓决定境无自性之空。故有说时轮派不许正理决择之空，不许随顺中观理聚之正见者，显是倒说续疏之义。故具慧者，当知多次宣说空色离于有无常断，如幻梦等之义，等同龙猛父子《中观论》中所说，于胜义中离一切边，于名言中虽无自性，然缚脱等一切作用皆悉应理，以如幻理断边执缚，往解脱位，莫于法我实执转深转固。

午二　破以全无思取为时轮轨。

若未如是求解无我，无有正见抉择引生定解可资修习，而说随取何义皆是分别，是故全无所思为时轮轨。此是倒解《续疏》之义，以《第五品大疏》中特破彼执故。彼复先叙敌者所宗，如云："如是《般若波罗蜜多经》中，为令证得正等觉故，世尊宣说如来无思惟智，非有思惟，以有贪与离贪性故。若时有情有思惟转，尔时于胜妙所欲事而起贪着，于不欲事而离贪着，由此生死。若时无思惟转，尔时于所欲事无诸贪着，于非欲事亦无离贪，如是则无贪与离贪。由无彼故则无生死，无生死故成等正觉。以故能成佛者是由如来无思惟智，非由诸余有分别定。"略释此义，谓世尊说。说何事者，谓修如来无思惟智。为何故说，谓为成佛。何经说者，谓《般若》说"若于有无、空非空等而修行者，是行诸相，非行般若波罗蜜多。"于此经文而起误解。若有所思即非能修甚深成佛之道，以有思者即是分别，分别或于所欲相转，或于非欲相转，发生贪与离贪之瞋，由此即能系缚生死。故由全不思惟能遣欲非欲相随转分别，由遣此故即灭生死而得成佛。是故成佛之道，唯是全无所思，非余有分别定。

此言如来智者，指成佛道，非果位智，以是能修如来智故假立彼名。《大疏》于彼，有破执与释难两段。初中又二，先以理破，如《大疏》云："若无思智能成佛者，一切有情何故犹未成佛？彼等于极重睡眠位，亦有无思智转，于诸欲事无有贪着，于非欲事亦无离贪。"此说若全无所思惟，唯止住修能成佛者，则于重睡眠时有彼现起，彼复是从无始即有，故一切有情当皆已成佛。总之，若无正见所抉择之无我可修，唯以不执诸边而住，谓即能成佛之无分别者，则重睡眠亦复相同。若就不执一切边义，重睡眠中亦容具有，若约安住正见，彼中则无。此是不执诸边与远离边二义不同，以此关要，彼有所说过转。莲华戒师破和尚时，敌方亦如是许，破时亦以闷绝位之无分别破，与此义同。

次以教破，如云："此中宝炬若无所思或无所现，云何得名宝炬三摩地耶？如是余三摩地亦非无思，以是自证相故，非色与空性故。"此引《般若经》破。若谓此说自宗之三摩地有所现相，破他无所现相之无分别，若有空色相现而全不取，则虽不修抉择无我义之正见定解亦是修甚深义。此不应理，以彼敌者所许谓全不起执取，唯修住心之无分别。《大疏》中说若如是住一日之内即现空色，汝亦自许，亦可修验。则彼敌者所许之修，亦应是修甚深义也。故知《大疏》之意趣非尔，在释难时所说极显。

以教破后即释难云："若诸愚夫作如是问，若谓如来智是自证，云何如来说一切法皆无自性。答云，如来智者通达一切诸法无性，非无事相重睡眠心。"（境非全无事相名曰无性，智非如重睡眠心全无知觉名通达无性也）此以前说非无思惟，因云"以是自证相故"。他即出过破云："若如来智是自证者，说一切法皆无自性，则犯相违。"如来智指为成佛道修甚深义，如前已说。所言"是自证相"，若指唯明了性，或就了别自体而言，则不可作"非全不思"之因。故是"于所修义决定有所了别"之义。他说"若有如斯了别，则违无自性"者，盖彼心想"其所修义若无自性，则都非有，应无少处可执是此。若如是者，则于所修深义，心无所了。"以是乃起诤难。

答彼难云："无自性义，非无一切事相。"此破说"无自性是全无事"之宗，即"执性空缘起相违"之空。故自宗是"虽无自性，然缚脱等一切有事作用皆应道理"之中观宗。又说"修甚深义之智，是能通达一切法无自性，非重睡眠之心。"是说"若无自性都不执取，如重睡眠之心，不能安立为修深义。"以是若无定解无自性义正见可修，说唯现起空色全不思惟而住是修深义。或由智慧恶劣，于无自性执为全无，于有便执实有，而说全无可执之处。余复有说"为转法轮故说有等，凡所说有，皆是实有，中观正理聚等则说断空。"此等（指上三说）皆出时轮宗外谤清净教。

若以教理抉择无自性义而修定解正见，是为修甚深义，则于略标正见，云何乃说"观察蕴性空，如芭蕉无坚，具一切胜相，空性非如是"？汝若许修教理抉择善除妄执之义，为无坚实之修，诚乃昔所未有。是故彼教，非说不可修习观察蕴无自性之空，若不尔者，既说通达一切诸法无性而修，一切法皆无性之决定解，若不能以教理观察寻求，唯作彼宗（作如是想）而修习者，是愚夫之修故。论说"诸中观师以离一异之因及空花喻，观察识蕴无有自性，了达真实"，亦相违故。

若尔，彼义云何？谓所说之无自性空，于诸有法虽无差别，然与彼（无性空）俱修之有法，非复微尘集合之蕴，乃是空色之相。谓以定解空性之慧，与彼所现空色，修习身心无别，乃能成为智身，其微尘集合之身，不能成为智身故。如是破空，非破一切空性，是破不善观察，执为一切无事之断空也。此如《第五品大疏》云："微尘集合为体之法，观察之空远离断空。"此于蕴说别蕴（非一切蕴，指一种特殊者），于观察空亦说别空。

如是若不以修不修抉择无我之见而为判别，则亦不能破除敌宗为修深义。总之，若于我执未少除去，许为现证无我义者，是诸智者耻笑之处，故于异生，无我非现。若不许由总相定解无我，则所修道如何能害我执，汝当审思彼大乘加行道上品世第一法，尚许由总义门定解无自性义，而谓初修业者发起无我定解而修，是分别执，非修真实，究何居心而作此说。

若谓"《中观论》等说无分别智前，一切二取相悉清净，然此《续疏》说于无分别定前有种种（《时轮》明妃之名）空色相现，故二相违。"此亦非理，以空色相与证无性之智体性无别，能缘所缘各别现者，现相与体性非如实相符。故异生地境智各别现时，能知所知有别系属。现证无自性时，则灭系属成平等味。如《第五品大疏》明显说云："于无生灭自心所现，合智为一。智与自心所现平等一味，非有能知所知系属。"然此是说于圣无分别智，不现空色之相，非说尔时全无空色。如《集密》云："从真际起已，当得无二智。"说双运位如虹之身与入光明之意，自体不可分之为二，于入光明智前，三相皆净，故无二取，然于尔时非无身相。若不尔者，说空色为有得，不变乐为无得，不应道理。要有种种相现乃名有得，在得圣者不变乐前，亦要有种种相现故。以是当知，尔时虽有，然于无分别智之前为无，义不相违。

此中虽有众多邪执，当引《续疏》详审抉择，恐厌文繁，不复广显。

若说瑜伽、瑜伽母续与智慧方便无二续为相违者,《第五品大疏》中已破。《内品》自说时轮教为母续。彼以三年日数,说明瑜伽母续之天数时,《大疏》释云:"三年分别,是瑜伽母续之定义。"此等极显。

总之,凡入此法修心要者,当以守护三昧耶与律仪为本,坚固意曼陀罗生起次第,次如上说次第引发六支。如《大疏》说道有三种根本,故于清净无我定解,坚固大菩提心必不可少,当俱此二,善为修习。

密宗道次第广论卷二十终

密宗道次第广论卷二十一

圆满次第总建立品第十三之二

辰二 诸余派之圆满次第分二：巳一 胜乐金刚之圆满次第，巳二 欢喜金刚之圆满次第。 今初

罗伊跋大师云："前想音韵字，大瑜伽休息，修圆满月轮，住于脐根处，最胜字转依，应于彼中修，身语意金刚，当修诸天身，此超越诸色，是无事法性，想彼不思议，不应观心性，由想不思议，当得陀罗尼，颅杖为天身，慧是小鼓声，昼世尊金刚，夜为瑜伽母，涅槃出诸勇，第六心变化，清净法所化，现为亥母身，室利无二智，黑表离因等，茹字离集合，迦表无所住。"此为生起抑为圆满，《现观论》中虽未明说，然氇衣大师云："如是殷重心坚固已，当修圆满次第之三摩地。大瑜伽休息，前想音韵字。"乃至"当得陀罗尼。初现如鹿爱，第二相烟色，第三如萤火，第四明如灯，五相无遍计，如虚空离云。获如斯相已，当得大手印。"次云"室利"至"无所住。"

黑行论师亦云："次欲以圆满次第三摩地坚固其心，先想音韵字。"乃至"当得陀罗尼"。故于生起次第坚固之后，亦应配修圆满次第。阿底峡尊者《疏》中亦以音韵判别：前为生起次第圆满，后明圆满次第。慧铠论师及如来金刚之《疏》中，未明说彼为生起抑圆满。但如来金刚造罗伊跋《修法疏抄》中，以配圆满次第。并说此于四座生起次第末座时修。彼文所说之义，虽是随坏渐次，二次第中皆可修习，然此处如氇衣师说，是已坚固生起次第，于圆满次第时所修。

铃论师《摄胜乐圆满次第》，为五次第，其第五不思议次第，即此所说，故是圆满之主。阿底峡尊者解释彼义云："月是金刚萨埵之座，最胜字者是三摩地萨埵，身语意金刚是智慧萨埵，超越诸色谓心三种识相依次收入，此

之体相谓是无事。想彼不思议谓修习光明。不应观心性是任心方便，其教授谓，为令世俗因入胜义果故，从三摩地萨埵放光，遍照一切有为化成五种光明、护轮、宫殿、守门八尊、身轮、语轮、意轮、四方四维天女、主尊四面，次第摄彼前前入于后后。主尊父母、智慧萨埵、三摩地萨埵亦如是收入。次想渐细，当于细点策励住心而修。此心当离三种识相，住于光明。从是不思议光明中现起幻身。名为得陀罗尼，以得如幻天身之念故是无二双运。颅杖等四句是修行教授。广说前义，谓涅槃是光明，彼所出生谓二十五勇识。支分（即颂文中第六二字）谓诸慧天。总即方便智慧六十二尊。此等皆从三心及风之所变化。本颂作'支分心变化'。清净法胜义谛所变化者，谓现亥母身形，世俗谛所化者，谓主尊等。为显无二，云'室利无二智'，即是双运。因等谓离自生他生共生及无因生。集合谓虽住坏（成住坏空）之聚。无所住谓双运大印。其教授谓随力随能心住光明而修。次从彼中刹那顿起如幻之天，于彼当以智慧观察而修。"于初二句未加解释。慧铠释云："想彼阿利（母韵）迦利（父音）咒鬘具五色光，随右息出，放出三轮（身语意轮）诸天，令诸众生皆成三轮体性，与无始成就之勇士勇母，合成一味。次从左鼻孔入，成为脐上月轮。前者谓初。于彼月轮中央，想从最胜处金刚持种子吽字，出生胜乐金刚，白色伸展右足，一面二臂，手执铃杵，犹如虹霓。金刚亥母红色，一面二臂，手执金刚颅骨，等持而住。以幻化声，召三界入尸林，彼入外轮，外入身轮，身入语轮，语入意轮，意轮四方诸尊入于空行母等，四维诸尊入于有色母等，彼四复入四面，主尊父母入于一面二臂及智慧母，彼等亦由大爱所化，成一吽字色如黄丹以及赤珠。吽之邬入诃字，诃入字头，头入半月，月入空点，点入那达，当观那达如发端百千分之一，是为超越诸色之义。利根见彼亦无可得，谓即无事心性。不可思议即明前义。不观心性者谓于不思议亦不应观。明观彼者谓'由想不思议'。陀罗尼即大印悉地。天身即黑茹迦之身，或观脊骨为颅杖之体性。智慧空性，当了知小鼓声犹如谷响。由有所得名昼，由无所得名夜，涅槃谓死，从彼出生，谓神通相好庄严之中有智身。勇识者谓世尊，即修为世尊身。或涅槃谓法界，为利有情从法界起智身。第六，谓彼能量法界之心，依所化机各别现故，名心变化。清净法等二句如前。若入光明心疲倦已，当起天身修金刚念诵等。"如来金刚亦同此说。

从"前想音韵字"至"当得陀罗尼"，出《遍行经》第十二品，颅杖等四句出第十五品，其室利等四句出第九品，涅槃等四句出第十七品，此后四句《遍行经》作"次黑茹迦因，说心为无垢，清净法"等，义同。

黑行论师、氀衣大师并于生起次第圆满之后如前而说。铃论师与氀衣大师虽说生起次第末座依次收摄，然亦别说生起次第坚固以后当修圆满次第。故生起次第时所修收摄次第，与圆满次第之收摄次第种类虽同，然说前者便是圆满次第不应道理。

铃师虽未引《遍行经》收摄次第之文，但义则如是修，此师之《俱生修法》云："彼作意广大，有为戏论流，如是常修者，当随念光明，杂色莲及日，作怖与时相，爱母主空宝，五如来以下，身及最胜支（头也），月点那达等，令此渐隐没。如镜上吹气，一切皆消灭，如是瑜伽师，数数入实际。"此如《集密五次第论》所说，谓以随坏次第广大天身入光明中。此中如佛所说，加持身、观察身、不思议身三种圆满瑜伽差别，彼说不观种子，刹那顿生圆满胜乐，为入俱生光明之所依者，非生起次第身，是圆满次第之天身。是故第五不思议次第云"第五圆满次，无漏俱生者"，亦非唯修光明。其《五次第论》云："由色等引摄，自性散动心，于心间坚固，与慧俱自在，由离能所取，心离诸所得，不思议性故，全不应思惟，令心入空性，令空入于心。"心入空者是如上说收摄次第。空入心者，是从彼现起之次第。修习智慧萨埵父母之处，无畏论师《胜乐修法》，说脐上或心间是罗伊跋师意。铃论师与毳衣大师之修法中，说从心间放诸光明渐收摄已，仍收于彼。故与"于心间坚固"文，全不相违。

如是摄已由入光明任持其心，说有地入水等五相现者，义同毳衣大师所说"初现如鹿爱"等。

总之以随坏静虑法，渐收清净未净情器，于光明中数修入出，成双运身，是罗伊跋及铃论师、毳衣大师、黑行师等所许。故阿底峡尊者所说入光明法，从彼起时由三心及风力成就天身，室利字义之无二智即双运位，皆可善知。

如斯圆满次第，为于生起次第坚固无间而修，为于中间尚须修余法耶？若以随坏次第而修，则虽初修生起次第亦可修习，如前已说。然于圆满次第时修彼者，则非生起次第坚固无间而修，中间须修余法，以是不思议次第故。如铃论师于修彼前说四次第，黑行论师亦说咒次第等。

《胜乐五次第释》，有本传为铃论师造，然于自加持次第时，说从五空点生胜乐五尊渐入光明。又羯摩金刚次第时，说从吽字生胜乐等。与铃论师所说不依种子刹那生起，及令彼入光明之理，皆成相违。又彼说五次第时各修一生起次第，亦与铃师《五尊修法》所说生起次第坚固已，后修圆满次第，及《金刚空行经》说如筏喻，圆满次第善坚固已不复更修生起次第，皆成相违。如是说者，由执凡修天身皆是生起次第，未能分辨二次第修天法之过。又彼论说具别解脱戒者，发菩提心，其戒即转成菩萨戒，若犯密咒三昧耶时，即失三戒，此亦乖理。若受后戒须转前戒，则无同时具三戒者。又若由受密戒，身中余二戒即转依，故说密咒之根本罪，是坏余二戒之因者，违汝自宗，以说诸戒得因舍因各不同故。故有余本说是不空金刚所造，当是彼所造也。

圆满次第时修二静虑者，如两派集密说，是于众多风点瑜伽获得能力时修。若风与点先未堪能。其收情器世界入光明中，较之生起次第所修，全无增上力故。以若胜解作意而修，则于生起次第已修习故。故自加持次第、羯摩金刚次第、满摩尼次第、唵楞达惹次第，此四次第，是由风点猛利瑜伽，调伏脉风空点，令入光明之胜方便。其由随坏次第，数收情器入光明中，如死渐次入光明者，要摄左右命风于中脉内以猛利炽燃力，溶菩提心，依彼引生四喜，此是唵楞达惹次第所作，铃论师云："脐与膀胱界，修五色空点，表示五佛性，三角轮赤白，遮命而修习，刹那即炽燃。"由此能令猛利烧燃，故名持然（唵楞达惹）。又彼论云："从余孔而出，界由余速入。"此说钩召诸佛甘露从顶而入是为持然次第。顶上之孔，《四炬论释》说是七万二千脉网出生之处。若如此说则是"持网"之义。其先依印引生四喜，即满摩尼次第。此有四印，三昧耶印，谓依所修智印引生欢喜，是前加行。业印，谓依真实明妃引生妙乐，是为正行。法印，谓忆所受守护其乐，是为结行。大印，谓依彼等修真实义。

此之前行，第二羯摩金刚次第，即是空点瑜伽，无种子之自加持者是风瑜伽。若由此二令风点得堪能，乃能与印相结合故。有种子之自加持者，是于心间等处空点，强摄心之方便。

如是生起次第先坚固已，次钩五境散动之心。于心间处任持，此坚固已，当于鼻端缘风出入，修风瑜伽。次于四轮脐中坚修空点瑜伽。次依内外二印溶菩提心，修习四喜之后，渐摄情器入光明中，及从彼现，由多修此瑜伽之力，即成前说无二智身，即此相续近果加行。铃师之《五次第》与黑行师之《真实炬》及《春点论》多说圆满次第。若于彼议总摄为四次第，获得定解，则于余师所造胜乐圆满次第要义皆能通达。引文广说，诚恐太繁，故此不录。

巳二　欢喜金刚之圆满次第。

欢喜金刚圆满次第，收为三灌顶道，修习之理，如毗嚩跋大瑜伽师所造《道果宗要》，及持彼教授之历代智者，皆已显了宣说，当于彼知。此中是于诸大论师所造圆满次第总轨，未显了者欲令显了，有邪执者欲除邪执，以彼教授无此二故。

种比跋大师所造《甘露光修法》，宣说春点圆满次第猛利瑜伽。如彼弟子难胜月云："此所生悉地，由于六近支，第一见如云，第二见似烟，第三为电相，第四如燃灯，第五普光明，犹虚空无云，最后同幻相，梦相一刹那，脐间燃猛利，焚烧五如来，亦焚佛眼等，由焚抗出兔。"此说由修六支引生如云等相。此六支非生宫殿等之支,是《甘露光修法》所说六支。如彼论云:"先当修黑色,第二当修赤,第三修黄色,如是第四绿,第五为蓝色,第六白色相,行者修六支,后远离诸色。"寂静论师《断谬论》中亦云:"次以六支瑜伽修平等性,黑赤次黄色,绿蓝白渐次,唯于俱生喜,想坛轮诸尊。"

修法,如海生论师之《修法》,及畛楞达日跋所造《释》说,想由主尊心间吽字黑色,变成空点,此放光明从主尊毛孔出,一切能依所依皆成黑色。余色亦如是说。《论》中虽不明显,《释》中具修六支。坏色虽有二法,由说此是入光明之方便,故知此是由修六色,后入光明任持其心,而生如云等六。

坏色入光明之方便,如海生论师《修法》云:"次从世尊心间日轮月轮中央吽字,放出阿利迦利光聚,由出入息收放,入自真实,成为一体,于月与日结合之内,住种子身。尔时应如是想,无始亦无终,非生死涅槃,非他亦非自,此是最胜乐。如是种子字与月日合成甘露自性光聚行相,及如灯焰渐灭,乃至无所得时而修。"此所标义,《释论》广说,《释论》解此义谓从自出息之道,放出阿利迦利,以彼光明照三世间合为一体,入曼陀罗,如其次第曼陀罗八天女,收入八面,佛母收入主尊,后住月日中间种子之时,诵无始等,渐修彼义。次收主尊入于光明,字及月日三合为一,是为明显增长近得三智清净。甘露自性者谓光明,犹如灯焰渐灭,大光明聚展转摄入,最后识入如虚空之光明。次说现起次第,如《释论》云:"乃至证菩提,如是修出入。"圆满次第出入光明次第如是修已,如前于《胜乐》与智足派时所说,于彼持心则现如云等相,亦是种比跋及难胜月之所许。此如前引种比跋说,先坚固修生起次第,后以随坏次第而修圆满次第双运。此前所修圆满次第,谓修猛利春点。故由专修第一次第及猛利时,坚固生起次第以及调柔风点,或名坏色次第,或名越色次第,是以随坏出入光明之宗。如是两派《集密》,与胜乐欢喜之圆满次第,最后要以二静虑之随一收摄情器入光明中,要以出入次第而修双运智身,及于生起次第先须究竟,诸派相同。要由风点堪能乃能出入光明,亦复相同,然令风点堪能之法,则有多说。如龙猛派摄入金刚念诵。智足派与《胜乐》则说多种空点瑜伽,及猛利风瑜伽。种比跋等则以专修猛利为主。

此外虽有多种圆满次第,然若能于上述获得定解,则皆了知,故此不录。

嗢柁南曰:

吉祥集密与时轮	胜乐轮及喜金刚	圆满次第道修法
总建立规一切说	审观深细诸教理	善能究了诸正义
辞句详尽明显说	三处空行垂悲恕	

明最初修圆满次第与诸行及道果之次第品第十四之一

寅二　圆满次第最初所修分三：卯一　明修行所依之脉风，卯二　如何专住，卯三　依此修空性法。初中分二：辰一　释脉，辰二　释风。　今初

身脉总有七万二千，其中主要有百二十，其尤要者有二十四，最切要者则有三脉。如《律生经》第七品云："七十二千数，为身随行脉，脉与随脉等，各依处而住。一百二十脉，说为脉中主。脉处与诸境，数为二十四。此中有三脉，为所依遍行。"《释论》说脉为风所乘为识所依之主要者，心间法轮八脉，喉间受用轮十六脉，顶上大乐轮有三十二脉，及脐间变化轮六十四脉。其中能为爪等身中二十四界增长安住之因，故说顶等二十四处诸脉为主。《律生》第七品云："拉拉那等脉，一切脉中主，故为他所依，如余（水）入恒河。"此说三脉为主之理。

《结合经》第六云："心间莲花脉，八瓣及中蕊。"又云："诸瓣中四瓣，有四大种脉，犹如灯自性，安住于四方。又有四支脉，安住于四隅，常降五甘露，供养住自色，故说彼自性，名为四供养。又于身心中，有五脉安住，由身语意别，说为二十四。"此说心间八支脉轮，四大种脉安住四方，四隅则为四供养脉。

脉在胎中生起次第，如《教授穗论》云："在胎位中，先生心间五脉，其后生三脉等，谓有八脉。"然此非说先生三旋母等五脉，后生主要三脉，以《律生经》说彼三脉为余一切脉所依故。故应是说先生心间主要三脉以及五脉，次生家等诸脉。

于三十二脉中，除三旋母等最后五脉与左右中三脉，所余二十四脉，住顶间等二十四处，是为身语意脉。所言有八脉者，谓余八脉。

破魔母脉，共中脉难住于中央，如《教授穗论》云："三十二脉中之破魔母脉，共中脉合杂住，上自舌端乃至脐部，是为时脉，诸瑜伽母遮遣为相，流注正法。"又云："三旋母脉为色，欲母为声，家母为香，猛利为味，破魔母脉为法。"又云："其中四瓣四脉，立为诸大种脉，以四方脉是四大种注彼自性。"《律生释》云："此五脉谓法轮，如其次第是地界等自性，故表从此曼陀罗往余曼陀罗。"经论皆说破魔母脉依止中脉，三旋母等四脉是四方脉。心间四隅四脉，如《教授穗论》云："四隅四脉各别流注大香、小香、痰及精血，为大种脉作增上缘，由能流注色香味触，故是供养自性。然此体性实即大种，大与所造无异体故。"此说大种与大种之所作无异，故许四方大种脉以及四隅供养脉，皆同流注大种或色声等。此是三旋母等四脉，各分二脉故成八脉。次由八脉转成二十四脉。如《教授穗论》云："谓与中脉俱生五脉，

其后三脉，次谓二十四脉。"《珠鬘论》云："心中莲蕊以及四方花瓣，如其次第，即是三旋欲家母，猛利破魔母。"说此五为心间五脉，是否即四方及中央，应更观察。《孤穆枳论》亦以五脉配色声等。跋嚩跋陀罗师亦说流注五种甘露。故许八脉皆能流注彼等。

若说三十二脉流注三十二菩提心，是依通相。若说流注齿爪等者是依别相。然破魔母不能流注，《欢喜金刚经》云："策励断诸余。"说脉为瑜伽母之体性时，说除彼脉。故由彼脉虽令世间生为乐性，然以不见彼轮终归死亡。此就有障时说，若离障时，《教授穗论》亦说彼中菩提心得充满。

《结合经》云："菩提心自性，三十二胜脉。"《珠鬘论》云："有许彼说系依花瓣之数。而实不尔，无依花瓣数之文故。亦说心间莲花中之脉故。"此破三十二脉非是顶脉，以彼经中无有三十二脉为脉支数之明文故，及说是心间莲花中央之脉故。后义如前引《结合经》于说心间八脉之后，又说由身语意差别，分为二十四脉，共为四八三十二脉。说初八脉为心间脉，故非顶上脉支。以是彼经所说"由处等差别，安住处随处，顶上所生脉，说名为顶生"，亦非顶上脉支。若不尔者，则应处随处等二十四处，一切皆成顶上脉支。故知是约同一脉系而说。三脉齐何而住，如《教授穗论》云："脉谓阿嚩都底，从顶髻至摩尼及足心际，然于顶髻、顶喉、心、脐、密轮、摩尼中央，如其次第有四、三十二、十六、八、六十四、三十二、八支，于莲花及薄伽轮中，作脉结形。"又云："拉拉那与惹萨那等诸脉，上自头轮乃至密轮，结如铁锁，缠绕阿嚩都底而住。"此说于六轮脐中缠中脉而住。此亦上自头顶，至摩尼端及足心中。《结合经》云："从项左边脉，为受用身母，于脐间休息，口下流能醉。从脐上右脉，如是口上流，于项间休息，说名注血脉。能醉说名月，说血名为日。"《释》云，言于脐间及项中休息者，非说彼后脉不流通。《教授穗》说江摩（左脉名）少杂血分，多注身分、心力、月分，故名身脉、心力脉、月脉、方便脉。亦名彼等之道。热摩（右脉名）少杂精分，多注语分、尘分、日分，故名语脉、尘脉、日脉、慧脉。是依多分而说。中脉多注精血、意分、暗分、罗睺，故名心脉、暗脉、罗睺脉、不定脉。《结合》亦云："二脉生处中，及于左右处，左脉名精识，右脉名为血，由彼互相摄，是摄为法界，心力身尘语，暗意为自性，能生心力精，宝尘及暗分。"

《教授穗》说自脐轮以下，江摩降大香，热摩降小香，中脉降精分。又说右脉降精分，左脉降小香，中脉降大香。

热江二脉各有上下二孔，而说江摩向下，热摩口向上者，如《律生经疏》云："言下孔者，虽二孔皆是口，然由下脐间脉，能作取舍，如口作用，故说是口,故名下口。上口亦尔。"谓由能不能取舍精血而说。《律生经》云:"入道从左脉,右脉是出道。"说左脉为入道及右脉为出道,如疏所说应知,彼云:"入者,从右脉出取境无间,乘风之识由拉拉那脉入。"

此身在胎位中,系由精血转变而成,诸余身分是彼变相,故说赤白二分,乃是身界之主。又顶莲花白分增上赤分微少,脐间相反。《教授穗论》云:"中间诸位,头莲花中白分增上尘分微少。密莲花中与上相反。"应知密为脐间,此类甚多。白界或亦暂居余轮,于一切时多居大乐轮中,如《教授穗论》云:"常者谓一切时,意谓暂住余轮非一切时。"脐间赤分亦准此理应知。故应于彼二处观想燃注。

又有师许热江二脉与中脉相连接,如是左右风点入中脉中尤为便利。《教授穗》说四大种渐收已,风入明了,明入明增,增入明得,得入光明,一切空光明即死有,从此起大空得,是寻香心;从此生起方便明增,是欲取心;生起智慧明了,是受生心。次由中有随入三门,从人中结生相续而起风,从风起火,从火起水,从水起地,从地起五蕴等。为证此义,引《大印点经》云:"由依识体性,先于四大种,由决定自性,尔时入自位,从识出生风,从风出生火,从火出生水,从水出生地,从此等生蕴,从此生诸处,从此生识性,一百六十种,如此生次第,今灭亦如是。"提婆菩萨亦云:"地等四大种,如是四种空。当知是八事,为生灭之因。光明生大空,从空出方便。从此生智慧,从此出生风,从风出生火,从火出生水,从水出生地,有情生如是。地界入水中,水界入火中,火亦入风界,风界入心中,心入于心所,心所入无明。此入光明中,如是三有灭。从无始时来,流转三有轮,乃至如幻定,未见此本性。"论说断此生死,当以二种次第修如幻三摩地。

总扼由脉等成身之要理,如无著菩萨说:"中有心识最初入处即成心藏,故由识入赤白中央,圆满蕴等,最后死时,亦渐收摄仍入彼处。如死次序而修道时,亦由心间之三摩地萨埵,或替此之空点,放光收摄情器世间,最后渐入光明,如死光明,现起地入水等诸相,入光明中如水注水。次成虹身,如彼唯由心风所成之身。此于瑜伽续中所说最多,母续《大印点经》亦说。如上所说,于母续之圆满次第随坏静虑亦最切要,意趣相同。复有要义,谓若了知三脉住相及于彼处上下有赤白菩提心,如临终时赤分上升,白分下降,由会合力明了等相渐次收摄,乃至于死。如是行者当知赤分火增,白分下引,由会合力引生明了等相,渐入光明圆满次第,后起幻身。

辰二 释风。

《金刚鬘经》说有百八种风,《密意授记经》云:"命下遗上行,周遍平等住。龙龟及蜥蜴,天授与胜弓。"此说十风。《金刚门》经说持命等五风及

行、遍行、正行、善行，与决定，行为十。彼以行等名字说龙龟等。

此等住处如《摄行》云："心间、密相、喉内、脐中、一切身节，如次即为持命、下遣、上行、平等，周遍之处。眼等五根为行等五风处。此等作用有二，各别作用。如云：由根门相续，有命力游行，一切时中行，故说名为命。风小香大香，如是诸精界，导下为下遣，行者恒应知。尝唊及舌舐，遍饮与吸吮，若常时等住，是名平等住。上行及收摄，食诸嚼尝等，与识俱和合，当知上行用。周遍与任持，若往及回还，由遍一切节，故说名周遍。"《摄行》所引是五根本风之作用。《教授穗》云："由命与力长远广大，为命为息，故名为命，成十种风。"又云："住脐饮食等，等引故等住。"又说上行者谓从鼻孔等上行，收摄者谓入息，与识和合者谓流注十风。

《教授穗》说五支分风之作用云："依止眼根引生色识，是行风用。"余四亦如是说。如《五次第论》云："诸风微细色，与识合难已，从诸根道出，缘虑诸境界。"《摄行论》以五支分风说为五境，其密意亦如是应知。

如《五次第论》云："一切有情命，名风作诸业，此是识所乘，五性亦十性。"先于风能作业之理获得定解，次当修令风自在之瑜伽。故风与三字共不共之用，于《摄行论》应当了知。由论说"五性亦十性"，故就自性唯有五根本风，其支分风，是彼分位。此如前引说持命风于根门转，故知多是彼风。如是摄为五根本风，谓上鼻孔游行四风，与唯死时游行上鼻之风。此复左右二鼻各行一风，二鼻共行二风。此五风配五部之理，如《金刚鬘经》云："安住五佛种，从鼻端孔出，五风于上行，遍行一切身，于世俗鼻行，从此门而出，左右与二俱，徐行为四种，从右所出界，是火曼陀罗，最胜赤红色，是莲主游行。从左所出界，是风曼陀罗，现为黄绿相，是业主游行。二鼻所出界，现见如金色，是大自在轮（地轮），即宝主游行。徐缓无动界，清净如水晶，刹那为水轮，金刚主游行。出生一切界，取能依所依，是毗卢佛身，死时乃现起。""从鼻端孔出"等二句，义谓从男性金刚与女性莲花鼻端，出风光明向上游行，《摄行论》说是从上鼻门出之义。

自风界自性为度母之主而论，应先说不空风，此中先说弥陀风者，《律生疏》谓依金刚念诵语金刚而说。修行次第亦应如是。《律生经》说四风游行，亦同《金刚鬘经》。

所说左右行与俱行，藏师有说为每鼻孔之左右者，不应道理，以《摄行论》说是从左鼻孔，从右鼻孔，从二鼻孔中游行之风故。从右鼻行者谓上行，左鼻行者谓平等住。此色《摄行论》说是黄绿色黑光为性。二鼻所行之黄色者谓下遣风。徐缓无动界者《摄行论》谓游行缓慢。《律生》亦如是说。《结合经》云："火性与风性，地性及水轮，心之所行处，上侧平下行。"谓火在上，风在侧，地直出，水在下行。《摄行论》云："周遍，谓遍四界轮风，不动而有普遍光明。谓毗卢遮那佛，虚空平等体性。然于一一光明生时，亦有五光俱生，以一界轮遍四界故。"此中说周遍风，现在不于鼻孔中转，普遍四轮为虚空风。此周遍风，虽不遍于鼻孔中游行时然遍身内所住四输亦不相违。第五大种虚空界之风者，即于四轮行时而行，故未别说。又说此为引生安乐之风。《教授穗》说中脉所行之风，离四轮风无别风体。又《教授穗论》云："密意授记于说二十四半座时，未别说有虚空之风，《金刚鬘》中由摄于虚空风内亦唯说四轮。《无二尊胜》亦于四轮各说一主要作用及三副作用，办二种事。未别说虚空风成办何用。故无别虚空风。《时轮》中别说者，为引外道令入法故。"《律生》《结合》《金刚鬘经》，《无二尊胜》《密意授记》，同说离四轮风无余轮风游行。其四方便主风，一一风有四慧妃风。各经二百二十五次，毕已，移动一尊，此是九百一换之规。如《密意授记》云："白衣等念诵，二百二十五，四种善配合，四行摄九百，所说九百风，二十四渐次，彼各别现起，二万一千六。"白衣等者，谓莲花主风中，火中之火谓白衣母，火中风谓度母，火中地谓佛眼，火中之水谓摩摩格，各有二百二十五风。余三准此应知。《教授穗论》说此有二十四半座。如是方便四大种风，各有智慧四大种风，于一日夜，如说数有二万一千六百次风，是瑜伽续所说，然从何脉轮转则未明说。瑜伽母续则说四脉轮中一日夜间风行次数，如《律生》云："说梅齐为座，四座为一日，夜四座亦尔，转支十六风，是一日夜数，常于鼻孔中，每半座而转。"又云："说脉三十二，一座之四分，亦名脉及时。日夜杖杆数，共为六十四，半脉时名杖，为一座八分。风出入鼻孔，说名为一息。"此说出入二息合为一息，于一日夜有二万一千六百息游行，脐间脉轮六十四脉一一有三百三十七次半，是为一杖之息。顶上脉轮三十二脉，名有杖息两倍，是为一时之息。喉间脉轮有十六脉，各有时息两倍，为一改换之息。心间脉轮凡有八脉，各有改换息之两倍，是为一座之息。《律生疏》说，此与欢喜金刚派同。此是改换十六次之规也。《时轮》亦说换十二次。

《教授穗》云："一切共许，三脉之中一日夜有二十一千零六百息。"此谓诸气息调和者，就三脉门一日夜有二万一千六百次息，是所共许。

卯二　如何专住分二：辰一　风瑜伽，辰二　火瑜伽。　今初

《结合》与《律生经》说四轮风之动相与差别，虽未明说金刚念诵，然诸《释论》亦说修习金刚念诵。金刚念诵瑜伽续中明了宣说，如《金刚鬘经》云："如是四坛轮，住定常念诵，咒师数念诵，昼夜恒持诵。"《密意授记》亦说于风念诵。《摄行论》云："此说圆满次第，谓从阿利迦利，以女男不

定相出生三字，三字决定配入住出，由四坛轮次第，修命力自体之金刚念诵。"又云："此中蛇等诸咒，皆从阿利迦利而生，此等真实谓从不坏所生三字。"此说咒之真实。所说不坏如彼论云"谓俱生字，如《金刚曼陀罗庄严经》中为显阿字故云，心中不可坏，明了等同灯，不变最微细，阿字最殊胜。"如是了知金刚念诵扼要，应修瑜伽。此于三字为一切咒之主，及彼三字从不坏生之义，又彼三字与风和合本性已成，唯令明显，此等皆当了知。金刚念诵建立，说者虽多，然说一切要旨，为《摄行论》，惟彼文极古奥，故为师者，应为弟子广解其义。

由此念诵能调柔风点者，如《教授穗》论云："修金刚念诵者，遮止左右风动，令入中脉，尔时猛利本性炽燃，溶化诸界，证大乐轮。"龙猛父子论中所说要义。余处应知。

数息念诵亦能摧坏非时横死，《律生经》云："住定瑜伽师，乃至亿等数，无声恒念诵，无声诵十万，圆满修行者，虽年寿已尽，五年活无疑，恒应于晨起，数风一千遍，是故风瑜伽，常应安住定。"先修本尊瑜伽，每于晨朝数一千遍曾无间断，定能摧坏非时横死。

下中上品修瓶相风亦能免死，即前经云："或瓶相加行，皆能胜于死，自了至心足，一切风遍满，由依于瓶相，三品能摧死，下品三十六，两倍是为中，三倍为最上，瓶相皆能胜。先了知瓶相，自结跏趺坐，手摩搓三返，次应六弹指，乃至三十六，而修瓶相风，三倍最上品，数为百零八。"此亦先修本尊瑜伽而后修习，余经说此是发功德大风瑜伽。

先修本尊瑜伽，次于心间莲蕊月上白色吽字，令心坚住，修上下风结合，亦能免死，《律生经》云："心间花上风，等同白吽字，思维而住定，不为境界缚，生死风上行，涅槃风下游，无住大涅槃，安住心花蕊，上下游行风，由意令结合，修习此瑜伽，当得坚固位。"

疏说彼三，是依"钝中利根差别，修不死之方便"，非唯免死，亦是引生功德最胜之风瑜伽，故当修习。如《律生》云："不知风瑜伽，或知而不修，彼为众苦逼，生死可怜虫。"师长亦应为诸弟子详说此等。

密宗道次第广论卷二十一终

密宗道次第广论卷二十二

明最初修圆满次第与诸行及道果之次第品第十四之二

辰二　火瑜伽。

《结合经》于"八瓣及中蕊"后，又云："到此中之脉，以灯为自性，犹如芭蕉花，伸展口向下。勇识住彼中，粗细如芥子，不坏吽种子，滴注若珂雪，有情心欢喜，故说此名春，以马火形色，无我母名点。由业风行动，于脐轮炽燃，由得春知足，由安住等至，勇祥黑茹迦，此名春及点。"略标广释春点二文，即是猛利瑜伽根本教典。初四句说中脉，到心间脉轮莲花之中者谓住彼中。于猛利火烧燃之时，色如油烛，光明为性。如芭蕉花微开之状，入脉结中之口，向下伸展。其次四句，说中脉内之字，住中脉中能摧逆品分别故名勇识，即是吽字，量如芥子。不坏谓作所乐他不能坏。此是依猛利生乐之种子。滴甘露光清凉如雪。由此能令有情喜乐炽燃，故名为春，与春相似故立彼名。其次二句说点，譬如马口（海中出火处之名）之火，能竭一切海水，如是脐中火色能尽烧五蕴薪，即无我母离一切戏论之空点。此由脐下风吹生长广大，脐轮炽燃。业谓由修猛利所生内心作用，即由此力策风。释中解为由业策风所动。得春谓滴注菩提心，知足谓生欢喜，彼二相合名为等至，说彼名春，亦名为点。

《结合经》广释春点云"脐间阿字形，说是最短音。心中有吽字，长有二摩莫，喉间嗡字形。三摩莫悬远，额上杭字相，声点不可坏。"《春点论》中译为"心中有吽字，长及于二量，喉间嗡字形，量诵三字长。"（摩莫当是量字也）短、长、悬远（即最长）三者，义谓有一、二、三短音之量。此是内诵时量非语中诵，修猛利时无语言故。

所书四字，是入圆满次第方便生起次第所修，圆满次第时者，《教授穗》

说短阿谓尘画体，吽谓心，嗡谓语，杭是连接杭字形脉之菩提心，初后二字表赤白分。故是身摄，及余二字即身语意三业。此是四字所表之义。

《结合经》云："甘露形滴注，昼夜恒安住，以此发声音，火能令欢喜。"疏解此云："杭字明显及不明显体性猛利，殷重无间修习，下品修习流注甘露，中品大注，上品无间极注。由修方便续体性圆满次第曼陀罗，若意坚固，猛利决定炽燃，由此炙迫，持兔亦注，尔时真实杭字流注，那达猛利尘画，增长超胜。"谓圆满次第时修道，要由猛利火溶化杭字乐为道而修。诸说皆同。

此虽有多不同次第，今依《结合经疏》，依于补特伽罗增上，分四及二，四中初者如前细点时说，由心修习坚固之力，其俱生慧猛利尘画，本性炽燃，量同发端百千之一，犹如电光，修治诸脉。溶菩提心充满其中。《结合经》云："彼慧为俱生，是故安住形，由业风所动，脐轮遍炽燃，说明无我母，亦即名春点，发端百千分，等同电光明。"若不胜解此者，当以金刚念诵，坚固命风，将下遣风提于脐间，缘虑大印令风回转，猛利炽燃，大乐由此亦能显了。此若亦不能者，可修息上行时，尘画上炎，风入内时，想滴注杭字月作空点形，流注脐间。此亦乃至左右二风，内外行时，数数修习。若又不能如是修风出入，则当唯以增上胜解，修然滴之观想。

增上胜解而修字者有二，若乐略者，当自脐轮乃至顶轮四轮，修习红昂向上，黑吽向下，红嗡向上，白杭向下。先令昂字体性薄伽梵母猛利炽燃，由此炙上二字，杭字溶化向下流注，与中二字等同一味，当如上说安住脐中。若乐广者，常想脐间向上，红莲蕊中月上有昂，东方等叶右旋依次而有阿迦啰札达跋耶沙八字。有谓安布八字是随所化而说。脐内轮有四字，其次有八，再次十六，再次六十四字。心间向下，红莲蕊中月上有吽。东方等叶上有啊伊邬鄂四字，自在等四隅有耶惹拉嚩四字。喉间向上，白莲蕊中月上有嗡。东方等叶啊咿嗡鄂四字，自在等隅有哪噒啦嚩四字。顶上向下三十二脉杂色莲花蕊中月上有杭，东方等叶各隔一叶，如其次第有十六韵。想阿迦等诸字，皆有半月空点那达，犹如降雪，令昂字体猛利炽燃。彼渐上行，想一切字悉皆溶化等同一味，向下注时，住于正见如前休息。

生起次第学者，亦应缘上所说四相之一，修令一切瑜伽母轮自性猛利炽燃，此炽燃火由中脉向上升。遍诸毛孔毛端乃至额际。炙迫三轮以及诸蕴，从右鼻孔眉毫孔出，犹如电光遍十方界。照解生死有情声闻独觉与诸菩萨，皆悉成佛。想彼等与已成诸佛入左鼻孔，照大乐轮。彼等一切由大贪爱火光发动，从自眉际毫孔入内住大乐轮，与菩提心同时溶化，等同一味向下流注成为智慧方便一味大乐自性，安住脐中。由如是修当得诸佛圆满加持。《教授穗论》以此配于生起次第，诸余论师以配圆满次第。

此诸猛利瑜伽，未说持结合风而修，仅说所缘坚固燃火之法。余教授中亦说持瓶相风而修。

此诸主要猛利瑜伽，《结合经》与《金刚空行经》等明了宣说，唯一二点以余教授而为补充。黑行论师等梵本论亦多显说，故是最可信处。如是风与猛利瑜伽获堪能已，猛利烧燃，溶菩提心，系缚不堕，依此引生上降下固四喜证德。于此之后当起天身，以由空性起天身者，总于二种次第，别于圆满次第最切要故。师长应为弟子详说此等。

卯三　依此修空性法。

如是了知脉风空点生成要义，若以专注彼等瑜伽，令风点得调柔，虽能依界流注回返引生四喜之三摩地，复有安乐明了无分别而庄严，然尤当依彼方便而修决择无我义之清净正见。若不尔者，唯修彼三摩地，不能度脱三有。如《菩提心释》云："若不知空性，终非解脱依，愚夫常流转，六道三有狱。"以是当入静室修无我义。《结合经》云："次住静虑处，当正随观察，一切法无我。"又此经《后续》云："又于此中何为空性，谓人及法无自性空。"此摄所修空性为二无我。《金刚藏庄严续》云："了知一瑜伽，往静处勤修，罪净令成佛，善修法无我，能证一切智。"此说往寂静处修一瑜伽即能成佛，其一瑜伽谓修诸法无我。经中如是说者无有边际。身中生起此见之法，要依教理以观察慧观察乃生，如《菩提心释》云："诸行菩萨密咒行者，发生愿行菩提心已。当由修力发胜意菩提心，故当说彼体性。"后以正理破外道所计之人我，与内道两部所计之法我，而决择无我义。由修习力引胜义菩提心，先当如是求无我见。此由解释《集密》六如来各说一菩提心中，毗卢所说"舍离一切事，断除蕴处界，及能取所取，法无我平等，自心本不生，空性自性者"之义，故名《菩提心释》。

如是龙猛菩萨，说以正理破除二我，修所决择无我之见，名为修胜义菩提心，诸行密咒菩萨亦应修此。故亦善破有说修观察慧观察之见，是显教规非密宗者。《金刚庄严续》亦云："心观六分尘，析为十方已，此明了法义，心净最无垢，过去未来心，如是无所得，无二无无二，虚空亦无住，如是观察已，一切众生空，是无垢瑜伽，想自心无体。"此说观察微尘分析十方为修空性。跋啤跋陀罗于《金刚空行释》中，如《中观庄严论》分成十方观察微尘决择空性。持祥师云："一切法无实，远离初中后，如是于坛轮，断真实分别。蕴界皆无我，所修妙乐形。"此说分初中后三时修所决择无我。《宝鬘论》云："如刹那有边，当观初中后，成三刹那性，世非刹那住，又初中后三，如刹那思惟，即初中后性，亦非有自性。"又说此法，"智足等大师，明显此等义。"谓智足论师于《普贤修法》与《入修我方便》,如《中观》所说离一异等理,咒乘中亦如是决择。下三部续亦须如是于身生起,前已说讫。故学金刚乘者生无我见,当如显教而修。

又彼正见虽已了知诸法真实,然由无始二种我执熏染之力,心境不能如水注水平等一味而转,由二取力各别显现。故以猛利火溶化菩提心任持不令外泄,由此力故,粗分二取收摄寂灭。尔时若能忆持正见住见而修,能令彼慧渐近真实,心境当能一味而转。又若其心未了无我,则都非修无我实义。若心已了达者,则不出于现不现前二门。若谓异生现证无我,诚属荒谬,故是不现,尔时彼等通达无我,但由总相(影像)通达,故若说异生以离分别心修真实义,非应正理。当知此心是后无分别智等流胜因,故非未趣向真实之分别。由总相门观无我义,故亦非是都不分别,如《集密释掌华论》云:"虽观真义,当非分别,非无分别,何故名非分别,以能随顺引发无分别故。何故非无分别,以分别真义故。非从无分别生无分别智,以诸凡夫无彼智故。亦非从于自性分别而生,以此是彼真对治故。然是安住真义观慧,由心随所修转,故能无功用心安住无戏论之法界,即此名无戏论无分别智。"如《无分别陀罗尼》云:"又此正行,随教示转,随修习转,随多作转,随作意转,故无功用任运触证无分别界。"《决定量论》亦云:"于思性慧若多修习,当能现证远离错乱无垢无坏真胜义智。故世尊说诸欲通达无分别菩提者,当修观察真实。是此所宗。"寂静论师说若无分别智,必须以无分别为因,凡夫无彼,则应成过,并引法称论师所立,由多修习思所成慧而生无分别智。《教授穗论》亦云:"观察虽是分别,然能随顺无分别智。随顺者谓亲因。"《第二观察经》云:"以分别分别,以诸有诸有。"寂静论师解彼义云:"即以观察真义分别,发修习力。展转引生无分别智,唯以念住等世间道,引生菩提分等出世间道,故以分别而断分别,及以三有而尽三有。《教授穗论》亦如是说。由修分别生无分别,《迦叶问品佛》以两木相钻出火还烧彼树为喻,显说此义。"又《教授穗论》云:"若以慧眼决定观察发正智光,一切诸法都无所见。故真实瑜伽师,一切威仪安住定者,虽见一切诸法都无所见,如是方名无见,非如睡眠闭目全不作意。唯离疑惑名于色等拔除执着,非如拔刺。"此说要以观慧观察,诸戏论法全无所得,乃可安立为无所得,非故作意全不分别即修真实。除心过失,非如拔刺,要以能对治品遣除增益与疑惑也。此与莲花戒师《修次第论》所说无别。故密乘所化与显乘所化,系缚生死之因非有差殊,其主要系缚之我执,要以逆品无我乃能遣除。正理王云:"未破除此境,非能断此执。随逐德与失,贪瞋等断者,由不见彼境,非以诸外相。"提婆菩萨亦云:"若见境无我,当断三有种。"

若谓《结合经》云："不应修习空，不应修非空，行者不离空，永不离非空，若执空非空，当生多分别。"及《菩提心释》云："无生与空性，所说我皆空，下根所修者，非能修彼义。"云何此说全不应执空不空耶？答曰，前文是破世俗都无之断空见，与胜义不空之常见，非说无自性空亦不可取。以彼上文"法界平等性，当取如芭蕉"，说无坚实或无自性亦可取故。其释亦云"如芭蕉者，谓由无明增益无胜义自性故，通达彼无坚实，非世俗无，何者，以法界与无自性中平等性之色等，彼等体性非异事故。然亦非一，于世俗中各别异故，是故不具断常体性，故俱破修空与不空。"既但破世俗无与胜义有之断常为所修，则修胜义无性之空与名言中有色等之不空，俱非所破。如《教授穗论》云："既说唯胜义无自性，即世俗有色等自性，故说断除空与不空，不应道理。"经说执不空当生多分别者，谓执常断而起之邪分别，非说一切分别。若不尔者，唯依"不应修空"之文，则彼经与余经所说当修空者极多，皆成相违。龙猛菩萨等说高深圆满次第，尚须以二静虑多修分别收放而入光明，亦成相违。以如汝说，则一切分别修，皆是现证光明之障碍故。

其第二文，义如《出世赞》云"为除诸分别，说甘露空法，若复执著空，佛说最可呵。"是说于空无我不可执实，非说并无自性而不可执。若无自性不可执者，则应破除诸法无性。若破无性则成有性，如《回诤》云："若遣无自性，即成有自性。"

总之，若谓于胜义中破执无性，彼非所许，破之何益。若谓于名言中心不可执无性无我，故不应执彼者，则应全无通达真实义者，谤解脱及一切种智。如是邪执，是由未解何为中观因之所破，故说一切分别皆是实执。破彼邪宗，余已广说。故具慧者，于金刚乘亦当以闻思慧如《中观论》求无我见，获得无谬见已，当修了解无自性之定智，以定解智与增益执，是能所治。若不执于无我，由于无我心未趣入，则于我执全无损故。《不动明王经》中依此密意故云："菩提心坚固，说得咒悉地，余则修咒轨，所作皆无果。由略想诸法，一切皆无性，定得菩提心，非唯余能得。"此如《教授穗论》所引。

癸三　增进二次第之方便。

诸行，谓由了知欲尘体性，善巧方便受用诸欲。持咒之初业者虽亦有此，然今是说增进二次第之胜行，谓有戏论及无戏论，最无戏论三行。此三种行，有于生起次第坚固后而行者，如《明炬》云："最胜修行与凡常住，修习有戏论等三行之瑜伽师。"诸先觉说初次第时所修，为修诸共悉地，若修胜悉地者，当于圆满次第时修。此复有三，谓有得心远离后修，与得幻身后修，及得有学双运后修也。有戏论者，谓于胜处与二十明以结手印及歌舞等加行，昼夜勤行而得大印。《摄行论》说因陀罗薄底王，即依此行而证大印。无戏论者,谓依五明或依一明,以修欲尘为道,而得大印悉地。最无戏论,谓与心间智印等至,而能圆满大印果位。此三系由智慧、资具、年龄而分。经六月等常恒无间受用诸行,先能成就自在功德,次即成就大印悉地。《摄行论》云:"如是下中上别,随顺年龄有三种行,学习半月,或一月或六月,即能出生将得大印悉地之相。相谓细色、轻触、周遍、正得、光明、坚固、自在、如意。"若欲现世修大成就,定当修此三行之一,令道增长。如《摄行论》应当广知。

癸四 彼等为三士道之理。

如是无上瑜伽部一切道,若顺所化修果次第,摄为三类,上者现世成佛,中者中有成佛,下者转生成佛。其先修习共道,次受清净灌顶,守护三昧耶戒,三根皆同。其不同者,初是能学二种次第及行。于此若得幻身,现身决定成佛。如《五次第论》云:"自加持次第,若未获得者,经续及仪轨,徒劳空无益。若得自加持,一切佛本性,则能于现生,成佛定无疑。"第二谓已满足生起次第,圆满次第得心远离,然于现生未修三行之一。于临终时,先发是愿,愿能现证死有光明真胜义谛,于死有后当起幻身。如是死时,顺死渐次而修入光明之次第,即能现起死有光明。由此力故,于余凡人成中有时,即成幻身,《摄行论》云:"若修行者虽证圣谛,然由宿习串习之力,务农、营商、承事等事,种种散乱,于三种行俱未修行,及余行者因缺资具,不能圆满经说仪轨故未修行。此等于命终时为更受后有耶?为即得成金刚持耶?答云:"若已证得圆满次第一切皆修,则于现世而般涅槃,无可疑惑。若知真实但由资缘不具,未能如经所说而修诸行,然能离一切见而命终者即胜义谛,次受生者即世俗谛。谓证真已若入光明弃舍凡蕴,当发坚固愿心,以自加持次第而起。若能如是作意而住,则余生中亦定不舍彼作意,故能证得一切种智。"此说若得幻身,则于此身定能成佛。《宝性论》云:"圣者永拔除,死老及病苦,业烦恼力生,此无故彼无。"此说大乘圣人永断业力之死。菩萨地说,入地已后不乏资财。故此所说未得幻身而证光明,未断业力之死,由资具匮乏故如是行者,是未得幻身之异生。此于死后得幻身者,是最初得,若现证此中之光明,必须先得幻身,故于死时证光明者,亦非现证。此是死后不起中有而成幻身,成就唯从风心所起金刚萨埵行相之身,非成凡常中有身已再依彼身,而修幻身。得幻身已次于彼身修所余道,即于彼身而得成佛。《口授论》说即生成佛道次第云:"自加持次第,是故瑜伽师,当于多劫中,正勤讲说此。"后云:"自心入法界,明喜如虚空,次成有神通,五龄童身时,乐圆满无比,次往他生时,现诸变化身,皆悉能善证。"此与《摄行论》同。说成中有乐圆满无比者,谓成报身。此是道位三身,以《五次第论》说幻身为报身故。即于初次第时，《释论》亦说入光明为法身，最初依怙为报身故。故非究竟之三身也。《口授论》中虽说颇嚩如是成就，然说颇嚩能否是成就实有二类。能成就者，谓"五龄童身时"。是于成中有时能起幻身，非是成中有已次修幻身。故如《摄行论》中所说智德，须于现身证得。成彼身已再修余道，亦如上说。

若不能得如是三身，则说生为持明之主，渐修大印悉地。《口授论》云："若未成三身，则成持明主，渐次修大印。说以此三相，而成彼悉地。"此说现生、中有、转生三种成佛。其中有成佛者，即如上述由离方便，到中有时，以有善巧方便教授，成就金刚萨埵行相天身，即于彼身成佛。如是现生成佛以及中有成佛，唯由修未修行之力，果有远近，其道相同。其转生成佛者，有灌顶已唯护三昧耶与戒律，未多修道，有虽修道唯修生起次第以下，或有得心远离以下圆满次第。以此为例，余部诸道亦应准知。颇嚩非是现生成佛之道，以《口授论》说是中有成佛转生成佛之共道故。

龙猛、智足二派论中，说修中有为报身相，除前述之道外，未说余道。成报身后修行余道，虽未明说，意谓于前现生成佛之时，已说得幻身后，现证光明，依彼教授即能了知。

又为于死有时能知死有光明与彼和合，至中有位能自了知中有而修中有教授，临受生时能于男女交会灭除贪瞋生胜妙处。故于现在当发决定空见，修习道位光明，及缘生起次第天身明了坚固，修幻教授，解脱道者修猛利火，贪爱道者依止业印不离乐空之心，弥拉师说此是麻跋大师心要教授。

为欲将来认识死光明故，现在修习与死渐次最相随顺睡眠光明，是善方便，此谓渐收明相至最微细，顿入睡眠，现起无念重无分别，即是近得。以此亦应比知明增二相。次于已过无念重无分别未起梦境之间，现如无云之虚空时，正是睡眠光明。《摄行论》云："次经多生展转修习，学无我法，了知清净加行，当与本性境相合杂，以此渐次缘胜义谛。其渐次者谓令蕴等入微细界，细界入心，心入于思，思入无明，以是加行而入睡眠。心思入无明之刹那，即成忘念。后无忘念智性，即是光明。又解脱时得风自性，便有余梦相起，乃至识未散动当于尔时观睡光明。此即名为各别自证离身语相真胜义谛内证菩提。"若未能知睡眠光明界限，则或有以无念重无分别为睡光明，或以梦位引生无分别定为睡光明。

此虽是于究竟生起次第，三远离等圆满次第已有力者，修习最无戏论时说。然于未到彼位之前，亦可与彼随顺而修。睡眠光明根本，乃至风未动时而有，风散动后即入梦相。故欲任持彼时，先当发愿任持不失勿令入梦，即于尔时摄持其心。此即"乃至"等义。又于尔时当忆正见所抉择义而修，非但修习如无云之虚空而已。次若不能安住彼定须起定时，莫令入于凡常梦相应勤现起金刚萨埵之身，以生起次第时空后多起天身，圆满次第亦如是故。渐收现境如无云虚空者，随顺死有，故从彼起定时极似中有。若于死有修习法身，中有定须修报身故。

此任持睡眠光明之教授，不依余缘，但能持梦，即能修习。此光明与起梦身法，是合修死光明与合修中有之教授心藏。故师长应详为解说。

辛四　现证所修之果。

修二次第以及诸行之果有三，最上成佛，中品获得八大悉地，下品成就息灾、增益、爱敬、降伏四种事业。《明炬论》云："亦当说所为，谓息灾等法。如是八悉地，成佛为最上。"此说生起次第最坚固后修前二悉地者，谓能如实成就彼等。若非如实，则初修业咒师修之，亦能成就众多相似悉地。又有观想、念诵、药物、护摩多种修法，故当顺自能力与所为而修也。

若于一曼陀罗已经专精念诵修习，若息病魔，若增寿慧，若欲摄受不信正法者等，若于非极粗猛难降伏者作治罚等，但于彼天瑜伽略为变改，皆可修作。不须别求延寿增慧等诸教授。

修上成就地建立者，《金刚藏庄严经》说十二地，谓普光明、甘露光明、虚空光明、金刚光明、宝光明、持莲花、业光明、无譬喻、离比喻、慧光明、一切智、各别自证地。《现说尊长经》云："极喜等十上，无喻与具智，金刚地十三。"说十三地。立十三地，《教授穗》有二说"于十一地，加胜解行地共十二，加初修业地共十三，或加胜进道性无比喻地及加佛地无间道体具智地共十三。"后说但于十地中分，即十地与胜进道无间道为三，解释《现说尊长》意趣。寂静论师说于共计十一地上加异生地，是《欢喜金刚经》十二地之义。《金刚藏庄严经》所说十二地同。《释续金刚鬘经》如前所引说十四地，亦但共许之极喜等十地与异生地，开合不同，非说较波罗蜜多乘所说十一普光明地，更有超胜之地。

经彼诸地成佛之理，波罗蜜多乘有于色界天身成佛欲界人身成佛二说。诸声闻部不许前说，于后说中许最后有未成佛时仍是异生，如《俱舍》云："父母病法师，最后身菩萨，设非证圣者，施果亦无量。"《大游戏经苦行品》亦云："假使大地碎百分，宝山须弥成大海，日月星辰皆坠地，虽是异生我无死。"大乘经中亦有宣说菩萨最后身时仍是异生与十地菩萨者，依此等经故于印度亦有多说。然解密意堪为量者，多说彼是示现，非如实义，《宝性论》云："大悲知世间，普观一切世，不动于法身，以种种化事，示现而受生，及从睹史没。"说生睹史天等，亦是已成佛之事业。《分别炽燃论》引经云："诸佛等正觉，于色究竟宫，断障成佛已，化现此成佛。"是故菩萨成佛之身，于波罗蜜多乘,唯应许色究竟天身,如《入中论》释云:"由得第十发心,自知能得佛法,复于佛地精进修行,发动精进欲得之无上智,诸佛世尊唯于色究竟天中得。"《本地分》说过净居天,别有大自在天。是说超圣声闻能生之色究竟,别有第二色究竟天。

佛薄伽梵唯一刹那证得一切种智,《入中论》云:"如器有异空无别,诸法虽别性无差,是故正知同一味,妙智刹那证所知。"此谓永拔一切二取习气,智与一切法真实性,一味无别,安住法身永无动转。尔时由住报身而证,如《入中论释》云:"诸佛如来,安住色身现证法界,此身具足百福庄严,成就种种不思议法。彼即菩萨受用法因转依而成。"此与《分别炽燃论》说龙猛菩萨意许相同。《分别炽燃论》说:"金刚军说彼身为异熟身,无著说彼为受用身,为力等法所依止故,亦是法身,于瞻部洲示现化身成大菩提。"论师多说此义。

无上瑜伽即生成佛之身说是人身,如《无垢光释》云:"言于此身给佛果者,谓能于此人生而给佛果,非于天等五趣之生。是为教王。"《金刚藏释》亦云:"言于此生给佛果者,谓由数数生人乃成,非是天及阿修罗等。"《建立次第》亦说是南瞻部洲之人身。然如上说中等补特伽罗成佛之身容有例外,以彼先于人身有修道之力故,故以咒道即生或于中有成佛,要如是身。然成咒中所说之佛则非定尔,咒中亦说色究竟身成正觉故。成佛之理,谓修道后,身成色身,心恒安住法身成就双运,如前广说。《不共密教》及《无垢光》亦说,我等大师久已成佛,今于此间示现成佛。余咒说者亦多。故说大师化现成佛非新成者,显密相共,因陀罗薄底王,虽于此大师教法中得大菩提,然无一教法中有二大师之过,以彼实际虽已成佛,然于有情不共显示成佛事故。犹如此土大师眷属有弥勒等。《摄行论》云:"此中行者谓世俗谛,行谓胜义,所行谓无二智,遍知彼因果无二者,此即名修。《一切秘密经》云,果以因印证,因亦由果证,余经俱胝劫,终不得悉地。"此说若无世俗幻身,胜义光明,无二双运圆满次第,纵经百俱胝劫,亦不能得悉地。《集密后续》如上所引,若无六支圆满次第,不得上品成就。诸余无边经论,亦说若无圆满次第要旨,唯以生起次第不得上品悉地。故若唯修下三部道,不能现身成佛,以彼等中不共咒道较之生起次第无过上故。若尔彼诸续中云何多说即生成佛?彼诸续中虽作是说,然彼所说非定具足一生成佛之道。若不尔者,则诸堪为定量经论,凡说依此能成佛者,则于彼中当说一切成佛之道。如是应知或明一分生起圆满次第,亦说由此现生即能成佛,然唯修彼非能一生成佛。故若所化不欲久经无数大劫而成佛者,当入无上瑜伽之门。

总之,咒中共有三种成就建立,说新成佛之身,有色界天身欲界人身之二,及久已成佛,今于欲界人身示现成佛之一。至成佛时,如语自在称说,虽有唯身、唯智,二俱寂等多种主张。然共许为有相好庄严之色身,复非粗色而是智身,与此智身体性无别,有如所有尽所有智,于彼身智获得自在即是成佛。此为智者,略示果位观察之门,可观察处虽有多种恐烦且止。

如是先修共道净相续已,承事师长。追知能修清净甚深灌顶,乃受灌顶律仪及三昧耶。次于所受三种律仪,如法谨护。次以四座瑜伽修初次第,成熟能生圆满次第胜智善根。殊胜圆满次第渐次生已,再修双运智身。如是了知一切经续要旨,皆是一人成佛顺缘。自能住持能仁圆满圣教,亦能令他增长。

嗢陀南曰:

久远亲近善知识,少学经教勿自满,精细分别经教义,于所闻义勤修习。
能熟灌顶解脱道,于所修果皆不愚,以金刚乘道进修,善巧彼者名咒师。

回向颂:

普显密义日今出,高深广大观慧空,善说千光照十方,开敷无边圣教莲。
善根明慧六足众,喜笑音声遍十方,采取花蜜设欢会,学金刚乘获悉地。
四部续宝之所成,具足灌顶四层级,二次威光观无厌,四身果德顶庄严。
含种种界圣教水,由慧进风所鼓动,于此雪山金刚际,凝成佛教海中饰。
此由多闻破愚暗,如理修证调自身,增上净意为圣教,众多正法亲友等。
及大福力生贵族,殊胜善行护众生,荷宏法担无疲厌,住持密咒所劝请。
常时祈祷增上尊,随从恩师善巧言,于持明咒圣教海,审谛观察而造此。
然由慧修念力微,我今所有诸过失,对佛菩萨至诚悔,愿罪因果咸清净。
勤造大密道次第,所集广大二资粮,回向能满众生愿,速得双运金刚持。
一切生中悉地本,承事大乘善知识,如法传四净灌顶,愿成甚深道法器。
尔时师长勇识众,请为见证而善受,应守食依三昧耶,所有制限皆不违。
二次及行续部义,愿以无尽清净理,尽断无知邪解疑,精勤修行为心要。
如是学习广大行,愿有力者恒相助,令诸灾难名亦无,顺缘如意皆圆满。
深信唯有佛圣教,乃是众生善乐本,纵失身命不弃舍,以大志力持正法。
今此善显秘密义,愿于大乘无边行,能助教典成教授,令圣教藏常光显。
犹如霞云绕金山,上击帝青为顶髻,紫金色身殊妙顶,靛青五髻最端严。
妙音于我一切生,欢喜摄受施大恩,于最难测正法海,智慧无碍皆能入。

此依善闲教理随闻正行荷负圣教戒律精严,胜依译师多次劝请,又有众多先求了知金刚乘道修心要者恳请广造四部密法修道要旨,又有迦举行派帕摩主巴绍尊位者,噶哦大师后裔,咒师福称,于法法师获不坏信志宏密乘,数数劝请广释密乘。以此今造《大金刚持道次第开显一切密要论》。

释迦苾刍持金刚者东宗喀人善慧名称吉祥,曾由解行圆融义成宝恩师处于金刚乘最初成熟。次依具择法眼童慧大师等诸知识甘露言教，及于密乘无边教义审谛观察。于雪山聚阿得贡贾山中慈氏洲造。雅德福祥贤书。

以此功德惟愿圣教遍宏十方。

密宗道次第广论卷二十二终

民国二十八年正月二十七日译在缙云山编译处，并承印顺法师详为润色。